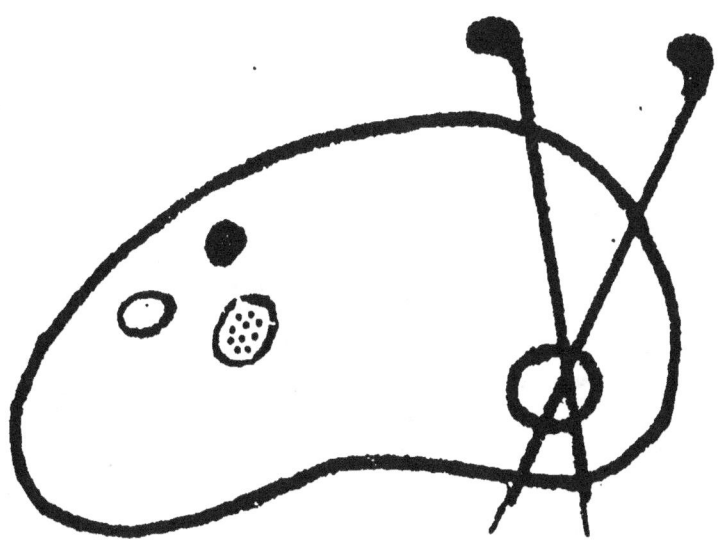

Couvertures supérieure et inférieure
en couleur

RECTO ET VERSO

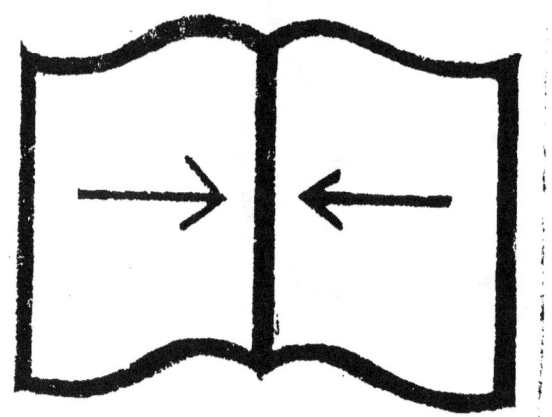

RELIURE SERREE
Absence de marges
intérieures

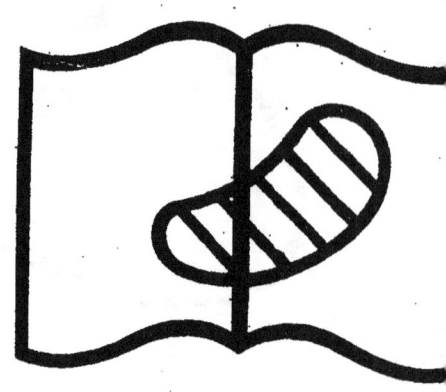

Illisibilité partielle

VALABLE POUR TOUT OU PARTIE DU DOCUMENT REPRODUIT

BERGERET ET FRAGONARD

JOURNAL INÉDIT D'UN VOYAGE EN ITALIE

1773-1774

PRÉCÉDÉ

D'UNE ÉTUDE

PAR

M. A. TORNEZY

Ancien Président de la Société des Antiquaires de l'Ouest

PARIS
LIBRAIRIES-IMPRIMERIES RÉUNIES
MAY ET MOTTEROZ, ÉDITEURS
7, RUE SAINT-BENOIT, 7

1895

BERGERET ET FRAGONARD

Phototypie Bellotti — Saint-Étienne

BERGERET (Pierre-Jacques-Onésyme)

D'après un portrait peint à Rome, en 1774, par VINCENT

(Appartenant au Musée de Besançon)

BERGERET ET FRAGONARD

JOURNAL INÉDIT D'UN VOYAGE EN ITALIE

1773-1774

PRÉCÉDÉ

D'UNE ÉTUDE

PAR

M. A. TORNÉZY

Ancien Président de la Société des Antiquaires de l'Ouest.

PARIS

LIBRAIRIES-IMPRIMERIES RÉUNIES

MAY ET MOTTEROZ, ÉDITEURS

7, RUE SAINT-BENOÎT, 7

1895

BERGERET ET FRAGONARD

JOURNAL INÉDIT D'UN VOYAGE EN ITALIE

1773-1774

INTRODUCTION

Le Journal du voyage que Bergeret de Grancourt a accompli en Italie avec le célèbre peintre Fragonard, en 1773, n'est pas complètement inconnu. Le manuscrit a été communiqué à MM. de Goncourt qui l'ont jugé digne d'une sommaire analyse. Elle figure sous forme de note au fascicule consacré à Fragonard dans leur ouvrage : *l'Art du XVIIIe siècle.*

Il a semblé à la Société des Antiquaires de l'Ouest, propriétaire de ce manuscrit, qu'il devait être publié.

La famille Bergeret a occupé un certain rang en France. Elle vaut la peine d'être connue. C'est son histoire qu'à titre de préface je place en tête de cet ouvrage, certain qu'elle est de nature à intéresser le lecteur.

Receveur des finances de la Généralité de Montauban,

Bergeret a occupé sa place parmi ces seigneurs opulents, dont l'existence, tout entière consacrée aux plaisirs de la vie, aiguillonne notre curiosité. Mêlé à la société élégante du xviii° siècle, il nous fait pénétrer parmi ce monde volage dont la vie n'était qu'une suite de jours consacrés à la joie. Ami des artistes de son temps, artiste lui-même, il est l'un des types de ces financiers voyageurs qui, pendant leur séjour à Rome, hébergeaient peintres et dessinateurs chargés de leur copier des chefs-d'œuvre et de leur dicter sur la peinture, la sculpture, l'architecture italiennes des opinions sérieuses et raisonnées que leur titre d'amateurs n'eût pas suffi à leur procurer.

Il n'est point inutile, pour connaître à fond le personnage dont le journal artistique est ici publié, de savoir quels ont été ses ancêtres. C'est chez eux, en effet, qu'à travers le temps il a puisé les qualités qui le distinguent, les défauts qui le déparent, les originalités qui contribuent à éveiller notre intérêt.

Pierre-Jacques-Onésyme Bergeret de Grancourt était de bonne souche. Sa famille, d'origine parisienne, descendait du Chancelier Boucherat et avait occupé dans les diverses fonctions de l'État des places importantes.

Son grand-père, avocat général au Parlement de Metz, quitta cette charge, entra dans les affaires étrangères pour lesquelles il se sentait des aptitudes spéciales et devint premier commis de Colbert de Croissy, Secrétaire d'État de ce département. Il n'y demeura que peu de temps ; le 10 avril 1684, il traitait avec Talon de la charge de Secrétaire du cabinet du Roi ; il la payait cent mille livres et, le 15 du même mois, la nouvelle en devenait publique à la Cour. Le mardi 7 novembre suivant, Bergeret, après avoir prêté serment entre les mains de M. de Créqui, prit possession de son poste et des entrées au petit coucher du roi auxquelles lui donnait droit la charge qu'il avait acquise (1).

Il jouissait à peine des prérogatives de ses nouvelles fonctions qu'un honneur plus grand et peut-être inattendu lui advenait.

L'Académie française venait de faire deux pertes, dont l'une était irréparable. Le grand Corneille — le « Bonhomme » comme on l'appelait d'habitude — était mort le 14 octobre 1684, et quelques jours plus tard, Géraud de Cordemoy, lecteur du Dauphin fils de Louis XIV, auteur d'une histoire générale de France qui n'était pas encore imprimée, mourut lui aussi.

Voilà deux fauteuils à pourvoir. Pour le premier, le candidat était tout indiqué : « Le jeune Corneille, » — Thomas, — devait succéder à son frère. Pour le second, trois candidats étaient sur les rangs : Louvois, Ménage, alors bien connu, fort estimé dans le monde littéraire, et — Bergeret!

Bergeret? — Mais quels étaient ses titres?

Il avait l'honneur d'approcher à toute heure la personne du Roi, presque de pénétrer dans l'intime vie du protecteur de l'Académie.

Qu'avait-il écrit?

Une histoire de Louis XIV, du vivant même de ce souverain.

Qu'a-t-il laissé?

---

(1) Journal de Dangeau, t. I, pp. 6 et 7.

Rien, — son ouvrage a sombré dans l'oubli et personne, je gage, n'en a ouï parler.

Arrive le lundi 4 décembre 1684, jour de l'élection. Racine, alors directeur de l'Académie, présidait la séance. Thomas Corneille fut élu sans peine ; — il n'avait pas de concurrent. L'assemblée passe au second fauteuil : Louvois fut immédiatement écarté ; Ménage réunit 12 voix et Bergeret en eut 17. L'historien de Louis XIV devenait immortel ! Le soir même, Racine allait communiquer ces élections au Roi qui daignait les approuver.

Grand tapage dans le monde des lettres ! Furetière, déjà exclu depuis un an de l'Académie, donne libre carrière à son esprit caustique ; Benserade aiguise sa plume pour rimer autre chose que des rondeaux et des sonnets ; ce fut à l'époque un gros scandale, tant Ménage était considéré comme le seul digne de compter parmi les Quarante.

La séance de réception des deux nouveaux académiciens eut lieu le 2 janvier 1685. Racine répondit à leur harangue avec éloquence et avec cette grâce dans le style dont il était coutumier.

Son éloge du grand Corneille, «dont l'Académie a regardé « la mort comme un des plus rudes coups qui pût la frap- per, » est à la hauteur du génie disparu et de celui qui le louait. Il est à lire dans son entier, ce magnifique dis- cours dans lequel Corneille, « ce génie extraordinaire, » est peint de main de maître, dans lequel son émule en l'art tragique, devançant le jugement de la postérité, prédit à l'auteur du *Cid*, d'*Horace*, de *Cinna* qu'il « vivra dans « la mémoire des hommes aussi longtemps que les plus grands héros ». Aussi, dit-il, — lorsque dans les âges sui- « vants on parlera avec étonnement des victoires prodi-

« gieuses et de toutes les grandes choses qui rendront notre
« siècle l'admiration de tous les siècles à venir, Corneille,
« n'en doutons point, Corneille tiendra sa place parmi toutes
« ces merveilles. La France se souviendra avec plaisir que,
« sous le règne du plus grand de ses rois, a fleuri le plus
« célèbre des poètes. »

Puis, Racine, terminant l'éloge de Cordemoy :

« Nous lui avons choisi — dit-il — pour successeur un
« homme qui, après avoir été longtemps l'organe d'un
« parlement célèbre, a été appelé à un des plus hauts em-
« plois de l'État et qui, avec une connaissance exacte et
« de l'histoire et de tous les bons livres, nous apporte
« quelque chose de bien plus utile et de bien plus considé-
« rable pour nous, je veux dire la connaissance parfaite de
« la merveilleuse histoire de notre protecteur. » — Puis, se
tournant vers Bergeret : — « Eh! qui pourra mieux que
« vous nous aider à parler de tant de grands événements
« dont les motifs et les principaux ressorts ont été si sou-
« vent confiés à votre fidélité et à votre sagesse? »

Viennent alors deux pages superbes dans lesquelles
Racine énumère rapidement mais avec un art et une délicatesse de style merveilleux toutes les grandes choses du
règne de Louis XIV, puis il termine par cette péroraison
qui soulève les applaudissements de la salle : « — Heureux
« ceux qui, comme vous, Monsieur, ont l'honneur
« d'approcher de près ce grand prince et qui, après l'avoir
« contemplé avec le reste du monde dans ces importantes
« occasions où il fait le destin de toute la terre, peu-
« vent encore le contempler dans son particulier et l'étudier
« dans les moindres actions de sa vie, non moins grand,
« non moins héros, non moins admirable que plein d'é-

« quité, plein d'humanité, toujours tranquille, toujours
« maître de lui, sans inégalité, sans faiblesse et, enfin, le
« plus sage et le plus parfait de tous les hommes. »

Il est presque inutile de dire que cette magnifique harangue eut un immense retentissement. Tout le monde voulait connaître le superbe éloge du bonhomme Corneille qui en formait la première partie, et la belle et éloquente page qui, dans la seconde, chantait la grandeur de Louis XIV.

Le Roi, qui ne détestait pas la flatterie mais qui savait admirer les grands hommes de son temps, fit appeler Racine dans son cabinet le 5 janvier 1685 au matin, et là, entouré de ses courtisans, il lui demanda de lire son discours, qui fut trouvé aussi complètement beau à la Cour qu'à l'Académie. Le mardi 20 mai suivant, ce fut Mme la Dauphine qui, à Versailles, demanda au célèbre poète de lui dire sa harangue. Racine emporta tous les éloges des assistants et sa renommée grandit encore de cent coudées.

Mais Bergeret, pour ses débuts dans la docte Académie, eut à passer un moment vraiment cruel.

Benserade était un homme de beaucoup d'esprit qui possédait une qualité rare : une fidélité à toute épreuve aux amitiés qu'il avait su se créer. Il ne pardonnait guère lorsqu'il croyait avoir des raisons de se plaindre. Il se vengeait la plume à la main, et ce poète, dont les œuvres se composent de pièces légères à l'adresse des dames et demoiselles de son temps, rimait parfois des satyres mordantes contre quelques-uns de ses contemporains.

Membre, lui aussi, de cette Académie qui venait d'appeler Bergeret dans son sein, il ne put oublier qu'elle avait repoussé la candidature de Ménage, son ami, cent fois plus digne, à son avis, que celui qu'elle avait élu d'occuper le fauteuil laissé vacant par la mort de Cordemoy.

Sous le coup du dépit que lui causa l'échec de Ménage, il rima une longue pièce de vers intitulée : *Liste de MM. de l'Académie française en 1684.* — Cette liste scandaleuse, dit Furetière dans son deuxième factum, n'a jamais été imprimée ; elle circula en copie dans le temps même qu'elle parut. Cependant, aucun de ces manuscrits n'avait survécu et, malgré des recherches nombreuses et persévérantes, on ne savait où retrouver cette liste fameuse, lorsqu'une copie en fut découverte à la Bibliothèque Nationale. Elle fut publiée dans le n° du 15 juin 1864 du journal *l'Intermédiaire des chercheurs et curieux*, et c'est grâce à cette heureuse circonstance qu'il est possible de se rendre compte de l'effet que dut produire la lecture publique de ce pamphlet car, — et c'est en cela que la chose devient piquante, — Benserade le lut en pleine séance académique, le 5 janvier 1685, le même jour que le Roi avait, dans la matinée, entendu la réponse de Racine aux deux récipendiaires.

La pièce commence par une flatterie à l'adresse de Louis XIV.

> « De ce corps célèbre et rare
> « Louis le Grand se déclare
> « Le protecteur, le soutien ;
> « Et l'on peut mettre à la marge
> « Que tous les Rois voudraient bien
> « Qu'il s'en tint à cette charge. »

Il prend ensuite chaque académicien, et décoche à tous quelques flèches acérées. Il arrive à Bergeret :

> « Le jeune Corneille vient
> « De succéder à son frère ;

« Grande est la place qu'il tient.
« Pour avoir celle qui vaque
« L'on fait une rude attaque.
« Les cartes se brouillent fort ;
« Il faut un gros personnage
« Qui puisse mettre d'accord
« Et Bergeret et Ménage.
« Le nombre va s'accomplir :
« Qu'on dira de belles choses !
« Tous les métaux seront or,
« Toutes les fleurs seront roses,
« Si Louvois le veut remplir.
« Il me semble qu'on se moque
« D'employer là ce grand nom
« Et c'est, contre une bicoque,
« Faire marcher le canon.
« Bergeret de la victoire
« A les honneurs éclatants ;
« On tient que les mécontents
« Ne sont point sans quelque gloire,
« Appelant comme d'abus
« Au tribunal de Phœbus. »

Cette lecture blessa profondément quelques membres de l'Académie, et cependant je me rangerai volontiers à l'opinion de l'abbé d'Olivet qui, ayant lu cette pièce fameuse, la trouva froide. — « Et c'est assez le sort des plai-
« santeries qui tombent non seulement sur la chose, mais
« sur la personne, de n'avoir qu'un mérite local et passa-
« ger. »

Au surplus, Benserade garda longtemps sa blessure et ne pardonna pas à ses collègues de l'Académie l'élection de Bergeret. Dans une pièce de ses œuvres intitulée : Réponse à Mme Deshoulières, il drape encore quelques-uns des Quarante :

« J'ay tout le grand corps sur les bras ;

« Et Ménage qui n'en est pas !
« Je n'en dis rien, mais j'en enrage, »

— dit-il, — et je laisse à penser la discorde qui régna dans la docte assemblée à la suite de ces satyriques écrits.

Bergeret n'en siégea pas moins à l'Académie. Il y remplit sa place sans grand éclat,

« Travaillant au Dictionnaire
« Qui, ne s'en émouvant pas,
« Suit toujours du même pas
« Et va son train ordinaire ».

Entre temps, notre Académicien avait fait un heureux.

Il était fort répandu dans le monde et l'un des hommes dont on parlait le plus à cette époque, qui excitait le plus la curiosité, blâmé par les uns, excusé par les autres, l'abbé de Choisy, était de ses amis.

Personne n'ignore la singulière manie de cet abbé fort galant, dont les Mémoires suffisent à montrer le degré auquel était arrivée la licence chez certains membres du clergé. L'abbé de Choisy passait sa vie habillé en femme.

Si, plus tard, le chevalier d'Éon revêtit lui aussi le corsage orné d'une guimpe, la jupe garnie de paniers et ajusta sur sa tête l'élégant bonnet tout tuyauté de dentelles que nous montre La Tour dans son gracieux pastel, il pouvait prétendre qu'il obéissait à un ordre du Roi et aux nécessités des missions diplomatiques secrètes auxquelles il avait été employé soit à Pétersbourg, soit à Londres.

Chez l'abbé de Choisy, rien de semblable. C'était de sa part pure originalité, — à moins que ce fût autre chose. — Mais, — que les friands de détails les aillent chercher dans les mémoires du temps.

Quoi qu'il en soit, le déguisement de l'abbé était connu de

tous, parfaitement accepté et il sortait, il allait à l'église, il assistait aux réunions mondaines des pendants de perles aux oreilles, des diamants en rivière autour du cou, des mouches assassines sur le visage, si bien transfiguré, si artistement ajusté que chacun déclarait à l'envi que c'était là une femme charmante.

A la longue, tout lasse, — même les succès de ce genre. Un jour vint, en 1684, que l'abbé eut des remords et songea à modifier sa vie. Pour ce faire il se retira au séminaire. C'est là qu'au cours de cette année 1684 Bergeret, son ami, l'alla visiter.

Il était fort question à ce moment d'une ambassade que Louis XIV voulait envoyer au roi de Siam, pour l'amener à embrasser le christianisme. Le chevalier de Chaumont avait été désigné pour aller accomplir cette délicate mission.

L'abbé de Choisy qui, pour lors, avait dévoré au jeu tout son patrimoine, rêvait de refaire sa fortune. Il crut trouver l'occasion favorable à la réalisation de ses projets. Il s'en ouvrit à Bergeret. Pourquoi ne solliciterait-il pas la direction de cette ambassade? N'était-elle pas bien plus du ressort d'un ecclésiastique que de tout autre? Il avait de l'esprit, il ne manquait pas de courage, il saurait avoir l'onction nécessaire.

Bergeret l'y encouragea; il s'offrit même à l'aider, et il fut entendu que le cardinal de Bouillon serait chargé d'en entretenir le Roi. Notre Académicien s'y employa de toutes ses forces; mais quel titre donner à cet étrange diplomate? On ne songeait nullement à déposséder le chevalier de Chaumont; il devait rester le chef de la mission. On chercha longtemps; la chose parut étrange au Roi, une vraie bouffonnerie et, pour rester dans cet ordre d'idées, Louis XIV créa pour le galant abbé le titre de *Coadjuteur d'ambassade*. Choisy partit pour Siam ; il remplit ses fonctions de coadjuteur avec un sérieux imperturbable, passant partout après l'ambassadeur, tenant fort à son rang et, de son voyage, il rapporta de curieuses notes sur lesquelles, une fois rentré en France, il rédigea le *Journal du Voyage de Siam*, qui eut un immense succès, tant et si bien qu'un jour de l'année 1687 le duc de Saint-Aignan, membre de l'Académie française, étant venu à mourir, Bergeret, qui était alors président de la docte assemblée, songea à la candidature de son ami le pseudo-ambassadeur. On vota : — l'abbé de Choisy fut élu. Son esprit, ses relations, l'aménité de son caractère, le succès de son journal, à défaut de titres plus sérieux, parurent suffisants pour qu'il fût appelé à occuper le fauteuil du défunt.

Bergeret prononça une harangue en réponse à celle du récipiendaire. Je ne crois pas qu'elle ait eu le grand retentissement de celle dite par Racine en 1685.

Notre Immortel avait deux frères ; il eut la douleur de les perdre tous deux presque en même temps.

L'un s'était fait d'Église. Il avait obtenu une abbaye sur la Sarre et mourut le 31 octobre 1690. L'autre, qui avait suivi l'état militaire, était devenu commandant de la citadelle de Strasbourg. Il mourut en 1691, laissant sa veuve fort affligée. Le duc de Luynes, dans ses Mémoires (t. II, p. 83), nous raconte en quelques pages l'histoire de Mme Bergeret.

Restée veuve à 31 ans, elle avait continué d'habiter Strasbourg. Le maréchal de Villars, lorsqu'il allait commander les armées du Roi, tenait essentiellement à être accompagné par la Maréchale. Il exigea qu'elle le suivît également lorsqu'il fit la campagne du Rhin, en 1712. Mme de Villars ne pouvait pourtant pas être aux côtés de son mari sur les champs de bataille ; elle prit son quartier général à Strasbourg et, un peu isolée, sans relations intimes dans cette grande ville pour elle inconnue, elle rencontra Mme Bergeret. Elle avait de l'esprit ; — le maréchal et Mme de Villars la trouvèrent aimable ; — elle leur parut animée des idées les plus élevées ; — il leur sembla qu'elle avait l'âme remplie des plus nobles sentiments ; ils lièrent connaissance avec elle et, la campagne finie, ils l'engagèrent à venir demeurer à Paris, profitant de toutes les occasions pour lui rendre service.

Après le départ de Villars pour l'Italie, où il mourut en 1734, la Maréchale proposa à Mme Bergeret de venir loger chez elle. Elle accepta cette offre et y demeura toujours depuis ce moment. Elle s'éteignit à Paris le 13 mars 1751, âgée de 82 ans, la tête fort affaiblie depuis un an ou deux. Tous ceux qui l'avaient connue particulièrement s'accordaient à déclarer qu'elle s'était toujours conservé l'estime et l'amitié non seulement de la Maréchale, mais même de tous les domestiques de la maison et que la reconnaissance qu'elle devait à Mme de Villars ne l'avait jamais empêchée de lui dire son sentiment avec franchise et vérité lorsque les circonstances le demandaient.

Quant à Bergeret, il suivit de près ses deux frères dans la tombe. Il mourut à Paris dans les premiers jours d'octobre 1694. Il était à Fontainebleau lorsqu'il fut surpris par les premières atteintes du mal qui devait l'emporter. Il n'eut que le temps de se faire conduire à Paris et il arriva chez lui pour y mourir. Il ne fut remplacé comme Secrétaire du Cabinet qu'en 1698 et ce fut le marquis de Callières que Louis XIV pourvut de cette charge.

Bergeret laissait un fils, Pierre-François, qui, après la mort de son père, ne tarda pas à être pourvu d'un emploi dans les Fermes.

L'Académicien avait laissé de la fortune ; par son mariage, son fils l'accrut considérablement et peu à peu, sa situation ayant grandi, son influence ayant augmenté, ses relations s'étant étendues, il obtint du Contrôleur général ce poste, alors si recherché par tous ceux qui, de près ou de loin, touchaient aux finances de l'État, il devint Fermier général. C'était plus que la fortune, — c'était l'opulence et, après quelques années d'exercice, il allait de pair avec ces nababs du xviii° siècle qui s'appelaient Paris de Montmartel, Savalette de Magnanville, Samuel Bernard, qui tous s'entouraient des merveilles des arts et créaient dans leurs hôtels ces admirables musées dont nous pouvons apprécier l'immense valeur, grâce aux catalogues de leurs ventes après décès.

Bergeret, lui aussi, possédait dans Paris un hôtel tout encombré des plus belles choses et, dès le début de la faveur de Mme de Pompadour, il sacrifia au goût général de ces superbes seigneurs ; il acquit une terre aux environs de la capitale.

Turmenyès, garde du Trésor royal, possédait le château de Nointel, distant de huit heures de Paris et d'une demi-lieue de la petite ville de Beaumont. Il résolut de s'en défaire. Bergeret l'acheta et y fixa sa résidence d'été.

C'était un domaine princier. Le parc, qui avait cent arpents, offrait aux yeux une scène des plus riantes et des plus variées. Une grande avant-cour suivie d'une belle cour conduisait au château, dont l'architecture était très régulière. La droite était occupée par l'orangerie, dont l'emplacement était de forme circulaire, et par les potagers divisés en sept jardins avec chacun une fontaine ; le plus grand était pour les légumes et il y en avait un pour le verger.

On découvrait, en face du château, un parterre avec un bassin et sept pièces de gazon comparties à l'anglaise suivies d'un octogone qu'on avait pratiqué dans le milieu d'un pré. Ce pré coupé de huit allées formait une étoile qui aboutissait au grand bassin dont le jet s'élevait à cent vingt pieds et était de la même grosseur que celui de Saint-Cloud, qu'il surpassait de trente pieds.

Les environs du château étaient ornés de plusieurs bosquets. Ceux de la gauche formaient : une grande salle circulaire décorée de boules d'ormes et de portiques avec un bassin ; une autre salle carrée avec son jet et deux où l'on avait ménagé des fontaines. A droite, on pouvait voir une petite salle dont un bassin et des boules étaient tout l'ornement. A côté, était une pièce d'eau et un parterre de gazon terminé par un escalier et un théâtre de verdure.

Les jardins hauts étaient plantés en bois partagés en étoiles. Le principal escalier qui y conduisait était coupé de plusieurs paliers dont plusieurs agréablement interrompus par des bassins servant de réservoirs. Sur la gauche, il y avait un bosquet orné de figures et d'arbres taillés en boule et au-dessus, un quinconce terminé par une pièce d'eau d'où s'élevait un beau jet.

Au haut du grand escalier, on trouvait à gauche un bassin qui faisait jouer plusieurs fontaines. Une belle allée conduisait de là dans les parties les plus élevées du parc. On y voyait le grand réservoir appelé *le Mississipi*, où se jetaient trois grosses sources. Ce beau morceau, qui avait cent toises de long sur trente de large, était soutenu de terrasses et boisé des deux côtés. Il fournissait vingt fontaines qui, pour la hauteur et la grosseur, n'avaient guère leurs pareilles que dans les maisons royales.

Bergeret, on le voit par cette description empruntée à Dargenville, s'était installé avec tout le grand luxe de cette époque. Il est vrai de dire qu'à Nointel il n'avait rien créé ; il avait acquis le château et le parc après que les précédents propriétaires y eurent accompli tous les embellissements dont il profitait. Turmenyès, en effet, possesseur d'une importante fortune, — il le fallait bien, puisque la charge de garde du Trésor royal était taxée à la somme de douze cent mille livres, — avait à la Cour une situation tout à fait favorisée qu'il devait moins à sa puissante position qu'à une certaine liberté d'allures, à un certain laisser-aller, à un sans-façons qu'il avait su faire adopter et qui lui permettait d'agir, de parler en présence des princes, du Roi lui-même, avec esprit il est vrai, mais aussi avec une franchise parfois brutale. Il suffit de lire les Mémoires de Duclos pour apprécier comme il doit l'être ce franc parler qui choquait tout le monde.

Il avait un fils auquel il avait donné le nom de ce beau domaine et qui, lorsque son père mourut, le 8 avril 1702, était maître des requêtes et intendant du Bourbonnais. Il s'appela désormais Turmenyès de Nointel, il obtint du Roi de succéder à la charge de garde du Trésor et ce fut lui qui, plus tard, avec son collègue Savalette de Magnanville, retint à une fête d'amis M. Le Normand d'Étiolles pendant que la future marquise de Pompadour s'établissait définitivement dans les lambris dorés des petits cabinets de Versailles.

Il avait été des plus ardents à prendre part aux rêveries

financières de Law. Il s'était jeté dans le Système, était un des gros actionnaires du Mississipi, avait, au contraire de tant d'autres, réalisé dans cette opération des bénéfices considérables, et ce fut à l'époque de cette opulence inespérée que, pratiquant une vertu bien rare, la reconnaissance, il avait donné au grand réservoir de cent toises de long et de trente de large auquel venaient aboutir trois grosses sources le nom de Mississipi, — souvenir vraiment touchant des flots d'or que ce fleuve béni lui avait apportés.

Bergeret acheta donc de Turmenyès de Nointel la superbe création de l'ancien garde du Trésor.

Pendant la belle saison, il y recevait une compagnie nombreuse et des plus choisies. On y trouvait tout ce que la Cour comptait de plus relevé, et surtout de plus aimable. Fusée de Voisenon, cet abbé bel esprit, qui devint le chevalier servant de Mlle Duronceray, plus tard Mme Favart, était l'un de ses commensaux les plus assidus; l'illustre maréchal de Saxe ne dédaignait pas de venir prendre sa part des divertissements de Nointel; les femmes les plus à la mode, les seigneurs les plus haut placés se rendaient à ses invitations et, puisque le nom de Favart est venu sous ma plume, c'est le moment de conter une aventure qui lui advint en 1734, qu'il a racontée dans ses Mémoires, que son petit-fils Charles Favart a mise au Théâtre en 1801, sous le titre de: — *la Jeunesse de Favart*, et que M. Desnoiresterres a reproduite dans son ouvrage : *Épicuriens et lettrés au* XVIIIe *siècle*...

Simon Favart était fils d'un pâtissier qui eut la gloire de perfectionner, — quelques-uns disent même d'inventer, — les échaudés, bien délaissés aujourd'hui, mais qui, alors, firent courir tout Paris dans sa boutique. Cet artiste célèbre mourut jeune, après avoir gagné une petite fortune qui fut dévorée par le Système. Il laissait à son fils pour tout bien son étalage et ses recettes. Simon, qui déjà s'était essayé à rimer, prit le sage parti de continuer le commerce de son père, mais le diable n'y perdait rien et il employait à chansonner et à fabriquer des vaudevilles tout le temps qui n'était pas occupé par les commandes. Ce fut ainsi qu'en 1734 il fit jouer sur le théâtre de la foire St-Germain une petite pièce intitulée : *les Deux jumelles*. Ce fut son premier succès.

Bergeret assistait un jour à la représentation. Il fut tellement charmé qu'il résolut de connaître l'auteur, qui ne s'était point nommé. Nointel possédait, nous le savons, un théâtre de verdure, et le fermier général voulait régaler ses hôtes d'un divertissement. Il se renseigna. Quelques instants après, son carrosse s'arrêtait devant la boutique de Favart ; il en descendait vêtu en grand seigneur, et pénétrait dans la maison.

Favart qui, à ce moment, exécutait une commande de pâtisserie se présenta le bonnet à la main, les bras nus, le tablier blanc autour des reins, prêt à répondre à ce client d'importance. Quels ne furent pas sa surprise et son embarras lorsqu'il entendit Bergeret, qui s'était fait connaître, le féliciter sur le succès de sa pièce, lui prédire un brillant avenir et lui demander sans plus attendre de se rendre immédiatement chez lui ; il avait besoin d'une fête pour Mme Bergeret, plusieurs personnes de la Cour devaient y assister, Favart seul était capable de composer ce divertissement du jour au lendemain.

Notre auteur se gratta la tête un instant, réfléchit, songea qu'il avait à exécuter une commande pressée et était sur le point de refuser, lorsque Bergeret fit cesser ses hésitations. Il offrit d'envoyer ses cuisiniers qui confectionneraient le chef-d'œuvre attendu. Vaincu par tant de bonne grâce, Favart jeta de côté sa tenue de travail, revêtit son plus bel habit et suivit dans son hôtel le fermier général. Dès son arrivée il se mit à l'œuvre; il est presque inutile de dire que son divertissement eut le plus grand succès, qu'il contribua pour une large part à mettre le comble à sa réputation et qu'il devint presque un auteur à la mode.

Le piquant de l'aventure, en effet, c'est qu'il rencontra chez Bergeret le maréchal de Saxe qui, séduit par son talent, songea dès lors à l'attacher à sa personne. Plus tard, il emmena à sa suite Favart, alors marié, à Bruxelles, à Louvain, à Anvers, où il le fit « Directeur de la troupe de S. « A. S. Monseigneur le Maréchal comte de Saxe », et ces relations constantes avec le vainqueur futur de Fontenoy eurent pour l'avenir du pauvre vaudevilliste de funestes conséquences, puisque la célèbre Justine ne tarda pas à devenir la maîtresse de l'illustre Maurice.

L'acquisition du château de Nointel n'avait pas suffi à l'emploi total des fonds dont disposait le fermier général. Une circonstance se présenta qui lui permit de faire un nouveau et important placement.

La terre de Négrepelisse, en Quercy, avait été érigée en comté par Charles IX, en 1566, en faveur de Louis de Caraman, que le roi tenait à dédommager par cette faveur des tribulations que lui avait fait éprouver, pendant les premières guerres de religion, la turbulence de ses vassaux et du zèle avec lequel il avait pris la défense de la foi catholique.

La fille unique de Louis de Caraman, Catherine, épousa en premières noces Henri Ébrard, baron de Saint-Sulpice, tué à Blois en 1576. Deux ans après, le 27 décembre 1578, elle se remariait avec Jean de Beaumanoir, marquis de Lavardin, maréchal de France, qui mourut après peu de temps de mariage et ce fut à Henri de Beaumanoir de Lavardin, son fils, qu'échut le comté de Négrepelisse en vertu d'un acte de partage en date du 1er Août 1615.

Mais Henri, qui avait pris avec ses frères des engagements qu'il ne pouvait remplir, se vit dans la nécessité, pour éviter une saisie générale, de mettre en vente tous ses domaines qui furent démembrés et vendus par morceaux. Le château de Négrepelisse et ce qui restait du comté, avec le titre, devint, le 13 juin 1616, la propriété de Henri de la Tour, duc de Bouillon, prince souverain de Sedan. Il mourut laissant le comté de Négrepelisse à sa veuve, Élisabeth de Nassau, fille puînée de Guillaume Ier, prince d'Orange, et de Charlotte de Bourbon-Montpensier, et ce fut leur fils aîné, Godefroy-Frédéric-Maurice de la Tour-d'Auvergne qui, en 1638, recueillit le comté de Négrepelisse dans la succession de sa mère.

Mais bientôt, à la suite d'arrangements de famille, il céda tous ses droits sur le comté à son frère Henri de la Tour d'Auvergne, plus tard le célèbre maréchal de Turenne, qui, désireux d'être le bienfaiteur de ses vassaux, légua à la ville une somme de vingt mille livres destinée à la fondation d'un hôpital.

L'héritier du maréchal, Godefroi-Maurice de la Tour-d'Auvergne, duc de Bouillon, ne conserva pas ces riches domaines; il morcela son héritage et le comté de Négrepelisse devint, le 3 décembre 1719, la propriété d'Antoine

Bonnet, écuyer, conseiller secrétaire du Roi, moyennant le prix de neuf cent mille livres.

Il laissa à sa mort une succession fort obérée. Le comté de Négrepelisse fut saisi sur la tête de Bonnet de la Vernhes, son troisième fils, et vendu judiciairement par arrêt du Parlement de Paris. Il était adjugé, le 6 février 1751, moyennant trois cent soixante-douze mille livres, à Pierre-François Bergeret. — Et voilà le traitant devenu grand seigneur, Bergeret, comte de Négrepelisse, le successeur dans ce titre de toute cette lignée illustre des La Tour d'Auvergne dont les membres avaient contribué pour une large part à écrire en caractères indélébiles l'histoire de la France (1).

Aussitôt la nouvelle de cette acquisition parvenue dans le Quercy, le conseil général de la communauté de Négrepelisse s'assemble, le 7 mai 1751, au son de la cloche, sous la halle de la place de la ville, pardevant M° Nicolas Rouere, conseiller du Roi et maire.

« Le sieur Michel Bessay, consul, expose à l'assemblée
« que M. de Bergeret, fermier général, secrétaire du
« grand Sceau, ayant acquis la présente comté, il convient
« que la présente communauté assure ledit seigneur de son
« respect et de sa soumission et lui demande en même
« temps l'honneur de sa protection. Sur quoi ledit sieur
« requiert la présente assemblée de délibérer.

« Sur quoi, ouï le sieur syndic de la commune, a été
« unanimement délibéré que les sieurs maire, consuls et
« syndics de la présente communauté sont priés d'écrire
« au seigneur de Bergeret au nom de ladite communauté

---

(1) Ces détails sont extraits de l'histoire de Négrepelisse par M. Devals aîné, publiée dans les *Mémoires* de l'Académie de Toulouse en 1862.

« pour lui demander sa protection et l'assurer de la fidé-
« lité des habitants de la présente communauté, qu'ils au-
« ront pour ledit seigneur les sentiments les plus respec-
« tueux et les plus soumis qu'il leur sera possible ; qu'ils
« espèrent de trouver en lui un père dont la protection
« paternelle leur en fera ressentir les effets dans les occa-
« sions et qu'un extrait de la présente délibération sera en-
« voyé incessamment audit seigneur (1). »

Je laisse à penser quelle bouffée d'orgueil dut monter au cerveau de Bergeret à la lecture de cette adresse toute remplie des témoignages du respect, de la soumission, de la fidélité absolues de ses nouveaux vassaux. Ce fut bien autre chose lorsqu'advint le premier janvier de l'année 1752. Ce jour-là, le conseil général de la commune s'assemble de nouveau sous les halles, et le sieur Bergalasse, nouveau Maire consul, expose à l'assemblée :

« Qu'il est de convenance et de devoir que la présente
« communauté réitère au commencement de cette année les
« assurances de son respect à monseigneur de Bergeret,
« seigneur comte de Négrepelisse, en l'assurant de la bonne
« année que ladite communauté lui souhaite et à toute sa
« famille, avec toutes sortes de prospérités et de bénédic-
« tions du ciel. »

Et monseigneur de Bergeret, seigneur comte de Négrepelisse, accepta sans doute avec une dignité sereine ces compliments de nouvel an qui durent accélérer les battements de son cœur, tout rempli, je le suppose, des sentiments les plus paternels à l'endroit de ses sujets.

---

(1) Cette pièce et celles qui vont suivre sont extraites des Archives communales de Négrepelisse et m'ont été gracieusement communiquées par M. Dumas de Rauly, archiviste de Tarn-et-Garonne.

Dans le courant de cette année 1752, le nouveau seigneur de village songea à aller visiter ses terres. Il choisit pour accomplir ce long voyage la plus belle saison de l'année, l'été qui, dans le Midi, est tout ruisselant de soleil, tout embaumé du parfum des fleurs, tout verdoyant de l'épaisse frondaison des arbres.

Dès qu'il eut annoncé sa venue prochaine, ce fut partout un grand émoi. Le conseil général s'assembla le 13 août sous les halles de la ville ; le maire, Bergalasse, annonça :
« Que messire Bergeret, seigneur du présent comté, devant
« arriver ici pour la première fois pour la visite de sa terre,
« il convient de lui faire une réception autant grâcieuse et
« étendue qu'il sera au pouvoir de la communauté et pria
« l'assemblée de délibérer sur ce dessus. »

On délibère en effet, et voici le programme de la réception officielle et des réjouissances publiques qui fut arrêté à cette occasion par le conseil communal de Négrepelisse :
« Ledit seigneur de la comté sera reçu avec tout le
« respect dont cette communauté est capable, et il lui sera
« offert et prié d'accepter, en témoignage de toute l'affection
« respectueuse que nous lui portons, un veau assorti avec
« douze paires de dindons, autant de canards, vingt-quatre
« paires de poulets, vingt-cinq livres de bougies de table,
« le tout aux soins et conduite desdits sieurs maire et
« syndics et aux frais de cette communauté... Et, à
« l'effet de la réception dudit seigneur, il sera pris et
« composé un grand nombre, autant grand que faire se
« pourra, de cavaliers des plus notables de cette ville qui
« se porteront avec lesdits sieurs maire, consuls et syndics
« de cette ville à l'extrémité du consulat ; ensemble qu'il
« sera composé une compagnie de cent fusiliers qui seront

« de suite desdits cavaliers et audit endroit avec le haultbois
« et tambours auxquels et à chacun d'eux il sera délivré :
« demi-quart poudre pour faire les décharges convenables
« après les assurances que lesdits maire, consuls et cava-
« liers auront donné audit seigneur de Bergeret de toute
« notre affection respectueuse lorsqu'il sera arrivé à notre
« dite extrémité du consulat; que les clés de la ville lui
« seront présentées à la porte de la ville où se rendront
« généralement tous les habitants pour lui présenter de
« plus fort nos respects et que, le jour même de son arrivée,
« il sera fait un feu de joye sur la place publique dudit
« Négrepelisse et que tous les habitants seront tenus, à
« peine de cinq livres d'amende, d'illuminer leurs fenêtres,
« en marque de réjouissance de l'arrivée dudit seigneur. »

Rien ne manquait, on le voit, aux honneurs rendus à messire de Bergeret, depuis les menus suffrages jusqu'aux hommages souverains : Troupe armée accompagnant le corps de ville au devant du seigneur, haulbois et tambours, mousquetades, discours, remise des clés, feu de joie et illuminations commandées sous peine d'amende ! C'était une réception princière ; Négrepelisse faisait les choses aussi largement qu'elle le pouvait et on entend d'ici les « Vivats » mélangés à la fusillade qui accueillirent le traitant anobli à son entrée dans sa bonne ville.

Le compte-rendu de ces réjouissances n'est pas parvenu jusqu'à nous, et c'est vraiment dommage. Il eût été curieux de lire la harangue du maire, la réponse de Bergeret, de constater l'enthousiasme des habitants et de savoir si le syndic dut prononcer de nombreuses amendes pour infraction à l'ordre d'illuminer.

Après avoir joui de ce triomphe et parcouru les terres

dont il était devenu propriétaire ; après avoir généreusement payé, sans doute, son don de joyeux avènement, Bergeret rentra à Paris, où il continua d'exercer ses lucratives fonctions de fermier général.

Mais avant d'accomplir cet acte de prise de possession, il avait obtenu du Roi une faveur qui était d'un certain prix.

Bergeret avait un fils: Pierre-Jacques-Onésyme, né à Paris le 18 juin 1715. En 1751, quelques mois après l'acquisition du comté de Négrepelisse, le receveur général de la généralité de Montauban, Charles-François-Michel d'Amblérieux, donna sa démission. Bergeret demanda à Louis XV, pour son fils, la charge devenue vacante. Il l'obtint aussitôt et, dans les lettres de provisions d'office qui ont été inscrites au registre du bureau des Finances de la généralité, conservé aux archives départementales de Tarn-et-Garonne, le Roi s'exprime ainsi :

« Nous en avons accordé l'agrément à notre amé et féal
« le sieur Pierre-Jacques-Onésyme Bergeret, en considé-
« ration des services du sieur Bergeret son père, notre
« conseiller secrétaire maison, couronne de France et de
« nos finances et l'un de nos fermiers généraux depuis
« plus de vingt ans. »

Puis, « Sa Majesté donne mandement aux président,
« trésoriers de France généraux de ses finances à Mon-
« tauban, de procéder à l'installation dudit sieur de Ber-
« geret, receveur-général, lorsqu'il leur sera apparu des
« bonnes vie et mœurs, âge, religion catholique, apostoli-
« que et romaine du sieur Bergeret et après avoir reçu le
« serment en tel cas requis (1) ».

(1) Communiqué par M. l'archiviste Dumas de Rauly.

En effet, le nouveau receveur général prêtait serment à la Chambre des comptes de Paris le 5 septembre 1751; il versait une caution de 20.000 livres exigée par la déclaration royale du 1ᶜʳ mai 1731 et, le 16 octobre 1751, il était reçu et installé dans ses fonctions par les président, trésoriers de France généraux des finances, conseillers du Roi, grands voyers et juges du domaine de Sa Majesté en la généralité de Montauban, sur le vu des Lettres patentes du Roi données à Versailles le 26 août 1751, scellées du grand sceau de cire jaune; M. Dumas, conseiller du Roi, trésorier général de France en ce bureau, l'un des ancêtres de M. Dumas de Rauly, actuellement archiviste du département de Tarn-et-Garonne, fut chargé du rapport et de la réception de Bergeret.

Dès le 16 septembre 1751, aussitôt après sa prestation de serment, « messire Pierre-Jacques-Onésyme Bergeret, « receveur général des finances, demeurant à Paris, place « des Victoires, paroisse St-Eustache, donnait procuration « à M. Jean-Joseph Herpaillet-Duchesneau pour gérer son « office » et il continua à mener dans la capitale l'existence fastueuse et tout entière consacrée aux Beaux-Arts que nous constaterons plus tard.

Quant au fermier général, il mourut à Paris en 1763.

Nous l'avons dit, il laissait un fils, Onésyme, sur lequel se reposèrent dès lors toutes les faveurs, toutes les grâces dont le Roi avait jusque-là comblé son père. Elles ne se firent point attendre. En 1764, une place de trésorier général de la généralité de Montauban étant venue à vaquer, Louis XV la donna à titre d'avancement dans l'administration des finances à Onésyme Bergeret. Il ajouta à ce don gracieux le cordon de l'ordre de Saint-Louis.

Dès que la municipalité de Négrepelisse eut connaissance de la haute distinction accordée au seigneur de la comté, elle s'assembla en conseil général au son de la cloche, dans la maison de ville, le 19 février 1764. Le syndic d'office représenta :

« Que le Roy ayant pourvu M. de Bergeret, seigneur du
« présent comté, de la charge de trésorier général, com-
« mandeur de l'ordre militaire de St Louis, la communauté
« participant agréablement à tout ce qui peut être de la
« satisfaction de notre dit seigneur, il convenait que la
« communauté l'assurât de la part qu'elle y prend. — Il
« fut unanimement délibéré que, par extrait de la présente
« délibération qui sera envoyé audit seigneur de Bergeret,
« ledit seigneur trouvera les assurances de la joye et de la
« part que la communauté prend à tout ce qui le regarde
« et à son joyeux avènement à ladite charge. »

C'est peut-être le moment d'indiquer en quoi consistaient les emplois de Receveur et Trésorier général des finances sous l'ancien régime et d'expliquer ainsi l'importance qu'avait prise dans la généralité de Montauban le nouveau fonctionnaire qui venait d'y être appelé.

L'administration des finances avant 1789 comprenait plusieurs catégories d'agents qui tous, comme aujourd'hui du reste, avaient pour mission d'assurer la rentrée des impôts et d'effectuer les paiements qui incombaient à l'État.

Le Conseil d'État fixait le montant des impositions qui devaient être perçues dans chaque généralité. Il adressait au bureau des finances de la généralité, composé des présidents du bureau, des trésoriers généraux, des officiers du greffe, l'état des perceptions à effectuer, accompagné d'une lettre de cachet du Roi destinée à le rendre exécutoire. Cette cour supérieure, qui s'appelait le Bureau des finances, transmettait l'état au receveur général qui centralisait les recettes des receveurs particuliers, effectuait les paiements ordonnancés et versait le surplus au trésor de l'épargne à Paris.

Le receveur général des finances était donc, somme toute, un collecteur d'impôts ; il avait le maniement des fonds publics, aussi devait-il verser un cautionnement, et résider au siège de sa généralité. On permit plus tard à ces agents de se faire remplacer par un commis muni de leur procuration vérifiée et enregistrée au bureau des finances et nous avons vu Bergeret, après avoir prêté serment, versé sa caution de 20.000 livres, user de ce droit de gérer par intermédiaire. Le receveur général était sous la juridiction immédiate des trésoriers de France, devant lesquels il comptait par état au vrai ; responsable de la rentrée des fonds des recettes particulières, au commencement de chaque année il recevait des trésoriers de France l'état des recouvrements à opérer et devait le présenter quinze jours après l'expiration de l'année avec celui de ses encaissements. En cas de retard, il encourait une amende. Les gages fixes attachés à la charge étaient de 1.200 livres par an; mais, au moyen de traités spéciaux, les receveurs généraux bénéficiaient de remises importantes évaluées en moyenne à cinq deniers par livre. Chaque office était tenu de payer une finance de 650.000 livres productive d'intérêts à cinq pour cent. De ce chef seulement, chaque receveur touchait 32.500 livres par an, plus les 1.200 livres de gages, les remises stipulées par traités. On peut dès lors évaluer à 50.000 livres environ le revenu annuel de la charge.

Le Bureau, composé d'un premier président, des présidents, des trésoriers généraux conseillers, d'un avocat du Roi et des officiers du greffe, constituait une véritable cour souveraine ; aussi ses membres jouissaient-ils des mêmes privilèges que les magistrats des autres juridictions supérieures, et plus particulièrement de la Chambre des comptes, dont ils étaient réputés faire partie. Ils avaient droit aux mêmes honneurs, aux mêmes profits : ils étaient convoqués aux entrées des rois de France et avaient l'honneur de les haranguer debout ; ils étaient qualifiés du titre de : Nos Seigneurs ou Messires ; ils avaient droit de préséance et siégeaient aux États généraux. Leur titre, — chose très importante à cette époque, — emportait le privilège de noblesse pour eux et leur famille ; ils étaient exempts de tous impôts quelconques. Les gages fixes s'élevaient à 4.447 livres par an ; mais, si l'on ajoute à ce chiffre les revenus éventuels, épices, droits de bourse et de présence, si l'on tient compte de l'exemption des impôts, on arrive à un émolument qui n'est pas moindre que celui des receveurs généraux. Il est bon d'ajouter que, ne détenant aucune partie des fonds publics, ils n'étaient pas astreints au versement d'un cautionnement.

Ces quelques détails sur l'administration financière sous l'ancien régime suffisent à faire comprendre que Bergeret, en devenant trésorier général, avait franchi un important échelon et conquis ainsi une des charges les plus importantes, les plus enviées de l'État (1).

A l'époque de la mort de son père, en 1763, Onésyme

---

(1) Ces détails administratifs sont extraits du travail de M. Bonvallet : *le Bureau des finances de la généralité de Poitiers* (Soc. des antiq. de l'Ouest, *Mémoires*, année 1883).

Bergeret était âgé de 48 ans. A la tête d'une importante fortune, (il avait épousé une sœur de l'opulent garde du Trésor royal Paris de Montmartel), il en usait avec le faste d'un grand seigneur. Épris de cet amour des arts qui a été la caractéristique des gens du monde au xviii® siècle, il s'était depuis longtemps adonné à ce goût de la collection qui s'était emparé de tous les financiers contemporains de Louis XV et était rapidement devenu un émule de Crozat, de Randon de Boisset, de Gaignat et autres illustres curieux de son temps.

Son hôtel, place des Victoires, était tout encombré de véritables richesses. Lié avec tous les artistes, leurs œuvres ornaient ses superbes appartements. Boucher, Natoire, Lagrenée l'aîné, Hubert Robert, Fragonard étaient tous de son intimité. Ils voyaient leurs grâcieuses compositions suspendues sur les lambris richement sculptés du cabinet de l'amateur, leurs études et leurs dessins gonfler les cartons de leur fastueux Mécène.

Il vivait si complètement au milieu de cette atmosphère artistique, il s'imprégnait tellement des idées et des goûts que Mme de Pompadour avait fait éclore parmi cette société à laquelle elle donnait le ton, qu'ami des artistes il tenta de devenir artiste lui-même. Souvent il prit la pierre noire ou la sanguine pour tracer sur le papier telle vue de Négrepelisse ou des environs de Cassan, qui avait frappé son esprit.

Le hasard m'a fait rencontrer, dans mes nombreuses visites chez les brocanteurs ou marchands d'objets d'art plus ou moins antiques, un petit dessin au trait de plume, sali d'une sépia trop pâle, représentant une ferme en ruines, située sur un petit tertre, ombragée par un grand arbre auprès duquel des enfants jouent avec un chien, qui est une œuvre de Bergeret. Elle est signée d'un B...t qui désigne suffisamment son auteur, car c'est là la marque qu'il imprimait sur les pièces de sa collection. C'est déplorable comme exécution, au-dessous de tout, et nous sommes vraiment loin avec lui de l'abbé de Saint-Non, par exemple, qui, avec un esprit et une légèreté de pointe rares, égratignait le cuivre et en tirait des eaux-fortes si réjouissantes et si recherchées.

Malgré cette absence complète de talent, Bergeret qui, comme tous ses pareils, était vraiment un protecteur des arts, fut élu, le 31 août 1754, associé libre de l'Académie Royale de peinture et de sculpture.

Il faut reconnaître d'ailleurs que ces riches financiers du xvIII° siècle étaient tous des hommes de goût. Il suffira de rappeler Watelet, lui aussi receveur général des finances, qui, en 1760, fit paraître son poème sur l'*Art de peindre*. Diderot ne dédaigna pas de faire de cet ouvrage un long éloge qu'on peut lire dans la Correspondance de Grimm à la date du 15 mars 1760. Watelet, du reste, dut à ces vers un fauteuil à l'Académie et lorsqu'en 1774 il publia son *Essai sur les Jardins*, la Harpe loua la nouvelle œuvre « de cet amateur éclairé des arts qu'il cultive tantôt dans « la solitude d'une très jolie maison de campagne, tantôt « dans la Société des gens de lettres ».

Quant à Bergeret, il n'écrivait pas ; il se bornait à commander aux peintres des tableaux dont il ornait sa demeure. Une lettre de Natoire, datée de Rome le 22 février 1757, parle de deux toiles auxquelles il travaillait alors pour M. de Bergeret et, s'il était possible de retrouver la correspondance des peintres si gracieux qui ont illustré le siècle précédent, on constaterait sans aucun doute de nombreuses traces de négociations de ce genre.

Bergeret fut donc un artiste, dans le sens large de ce mot. Aussi, dès que la mort de son père le rendit propriétaire du château de Négrepelisse, il le fit restaurer de fond en comble.

Une avant-cour close de murailles précédait la cour d'entrée ; un vaste perron donnait accès à l'intérieur qui, inhabité depuis de longues années, était complètement détérioré. L'extérieur avait grand air : le vaste bâtiment en parallélogramme était flanqué aux quatre angles de grosses tours qui furent restaurées et, comme il fallait rendre habitable ce grand logis froid et nu, Bergeret fit appel aux corps de métiers de Montauban pour mettre en état ces murs jusque-là décrépits et aux artistes du lieu pour les orner dans la mesure du possible.

Plus tard, anobli par sa charge de trésorier général, il se fit composer des armoiries par le neveu du célèbre d'Hozier. L'écusson, *d'azur à un chevron d'or, accompagné en chef de deux étoiles d'or, en pointe, d'un agneau de même, surmonté d'une quintefeuille*, fut gravé sur le portail de l'église de Négrepelisse où il se voit encore, et involontairement un rapprochement entre l'agneau des armes et le nom de Bergeret se fait dans l'esprit ; on saisit aussitôt l'origine relativement récente de ces armes parlantes (1).

Ce fut également à cette époque que le trésorier général jugea son nom trop roturier. En y ajoutant un nom de terre il prendrait toute autre apparence et sonnerait mieux aux oreilles versaillaises. Grancourt fut celui qu'il choisit et,

---

(1) Renseignement fourni par M. Dumas de Rauly, Archiviste du Tarn-et-Garonne.

dorénavant, il ne s'appela plus que Bergeret de Grancourt, sacrifiant ainsi à ce sentiment de vaine gloriole qui s'était emparé déjà de tous les gros financiers de son temps.

A la même époque, il s'occupait d'embellir Nointel qui, nous l'avons vu, était surtout remarquable par ses jardins, par ses eaux admirables, mais où il n'allait que rarement à raison de son éloignement de la capitale. Il préférait Cassan, jolie propriété située près l'Ile-Adam, qu'il avait achetée dans l'intention d'en faire sa résidence d'été. Ce fut là, en effet, que, de 1772 à 1785, date de sa mort, Bergeret alla tous les ans passer la belle saison ; ce fut là que le marquis de Rivarol le connut, apprécia son esprit, sa conversation, admira les merveilles artistiques dont il s'était entouré ; ce fut là que, sur la fin de sa vie, des chagrins de famille vinrent s'abattre sur lui et hâter peut-être ses derniers jours.

Mais retournons aux années heureuses.

Nous avons laissé Bergeret à la mort de son père comblé d'honneurs, jouissant, avec le faste des financiers de son époque, d'une fortune considérable, vivant entouré de tout ce que les arts avaient produit de plus précieux et considéré à l'égal des Plutus du xviiie siècle comme un Mécène dont le goût et le flair faisaient loi. Il devait, comme bien d'autres, sacrifier à la mode du jour et nous allons le voir, en opulent seigneur, accomplir une de ces folies artistiques dont il avait puisé l'exemple parmi ses relations les plus intimes.

Depuis quelques années, en effet, un impérieux besoin de locomotion s'était emparé du monde de la finance et des arts. Les grands collectionneurs, les fermiers généraux, tous ceux à qui leur fortune permettait la réalisation de leurs caprices, se dirigeaient, accompagnés d'artistes de leur choix, vers l'Italie, cette terre bénie pour les amateurs de peinture et de sculpture. Ils y allaient pour se former le goût, pour apprendre, pour se perfectionner, pour compléter les connaissances peut-être un peu sommaires qu'ils possédaient déjà.

Mme de Pompadour, bien involontairement sans doute, avait été l'instigatrice de ce mouvement, de cet exode vers la péninsule, qu'il ne faut pas regretter, car nous y avons gagné de pouvoir, à un siècle de distance, admirer les œuvres charmantes et spirituelles rapportées par les artistes de la suite de ces grands seigneurs.

En 1749, la favorite venait de faire nommer son frère, M. de Vandière, directeur général des bâtiments en survivance de M. Le Normant de Tournehem, titulaire de cette charge. Désireuse de le voir sérieusement instruit des connaissances indispensables à l'exercice de ses nouvelles fonctions, elle l'envoya en Italie, pour le familiariser avec les beautés artistiques dont est rempli ce pays privilégié. Il partit au mois de décembre, accompagné par l'architecte Soufflot, le dessinateur Cochin et l'abbé Le Blanc, qui devait être l'historiographe de l'expédition. Le voyage dura deux années pendant lesquelles le frère de la marquise acquit, sous l'habile direction de ses savants compagnons, une connaissance si approfondie des arts qu'il rendit plus tard les services les plus importants et les plus éclairés à tout ce qui maniait alors le pinceau, la pointe ou le ciseau.

L'élan était donné ; ce fut à qui entreprendrait un voyage artistique. En avril 1760, Hubert Robert accompagne à Rome et à Naples l'abbé de Saint-Non, le spirituel aquafortiste amateur et, chose à jamais regrettable, le célèbre inventeur des Ruines romaines a laissé manuscrit un journal de son voyage qui a disparu, paraît-il. Si j'en crois cependant *l'Intermédiaire des chercheurs et curieux*, en 1864, ce journal appartenait à un amateur, qui alors, demeurait à Chauny. Qui sait ce qu'il est devenu ?

En 1765, l'astronome Lalande se mettait en route, visitait l'Italie pendant deux années et, à son retour, publiait à Yverdun, en deux volumes, le récit de son voyage.

En 1766, c'était le célèbre curieux Randon de Boisset qui, accompagné du peintre François Boucher, allait explorer la Hollande et les Flandres et y récoltait cette admirable moisson de toiles dont le catalogue de sa vente, faite le 17 février 1777, nous donne une idée bien affaiblie.

D'autres encore se mirent en route : le comte d'Hestenheim, le comte Ondedei, Savalette de Buchelai organisèrent eux aussi des caravanes artistiques et il paraît certain que Hubert Robert accomplit avec l'un de ces grands seigneurs un second voyage à Rome.

Il est presque inutile de rappeler les lettres du président de Brosses et celles de Dupaty, mais les souvenirs que Mme de Genlis a rapportés de son séjour en Italie avec le jeune duc de Chartres sont précieux à consulter, tant ils offrent d'analogie avec ceux que Bergeret nous a conservés dans son Journal.

Il ne pouvait manquer de suivre ce courant. Pendant l'année 1772, il visita les Pays-Bas et l'Angleterre, puis, à peine arrivé, il organisa le voyage qu'il projetait en Italie.

Son itinéraire préparé, ses plans bien arrêtés, il restait à faire choix de l'artiste qui devait l'accompagner et guider par la sûreté de sa science et de son coup d'œil les acquisitions qu'il comptait faire. Mais, il faut bien le dire de suite, puisque nous en saisissons la preuve manifeste au cours du voyage que nous allons faire à la suite de Bergeret, le trésorier général, en s'adjoignant un peintre renommé, en payant ses frais de voyage, en l'hébergeant pendant une année tout entière, espérait bien y trouver son compte. Il était, nous l'avons dit, un vrai collectionneur ; ses appartements étaient décorés des œuvres des petits maîtres que Watteau avait engendrés, ses cartons étaient pleins de dessins, de croquis, d'esquisses : cela ne lui suffisait pas. Mordu au cœur par sa passion, il entendait bien profiter de la communauté de vie qui ne manquerait pas de s'établir entre compagnons de route pour s'attribuer, à titre de remboursement, tous les feuillets de papier crayonnés par celui aux besoins duquel il consentait à subvenir pendant une année entière.

C'était donc un marché qu'il comptait faire, et il voulait que les œuvres qu'il recevrait en paiement émanassent d'un artiste assez habile et assez renommé pour qu'elles eussent une valeur réelle.

Il dut longtemps hésiter avant d'arrêter son choix. Boucher, son ami, était mort en 1770 ; des artistes à l'humeur voyageuse, il ne restait qu'Hubert, qui ne se souciait peut-être pas de se remettre en route ; Fragonard était le seul qui pût être tenté par un retour à Rome.

Bergeret, du reste, avait avec Fragonard des relations antérieures ; on peut même dire qu'il l'avait deviné comme artiste, qu'il avait compris ce que son pinceau facile devait avoir, dans l'avenir, de grâce, de coquetterie, de charme en même temps. Grand ami de Boucher dont il possédait plusieurs œuvres importantes, il est probable que Bergeret rencontra, dans l'atelier de son maître, Fragonard qui, d'emblée, sans être élève de l'Académie, remporta le prix de

Rome et se rendit en Italie en 1756. Lorsqu'il en revint, en 1761, sa renommée n'était pas encore établie ; elle ne commença vraiment qu'au salon de 1765, où il exposa son *Sacrifice de Callirrhoé*, qui étonna tous les critiques. Mais déjà Bergeret, à l'affût des talents nouveaux, avait eu l'heureuse pensée de posséder des œuvres du peintre et, à ce même salon de 1765, figurait un paysage dont il était propriétaire.

En 1767, Fragonard n'exposait que de petits morceaux : Une *tête de vieillard* et un *groupe d'enfants dans le ciel*, très léger, très aérien, qui appartenait à Bergeret. Il l'avait donc apprécié dès ses débuts ; il le suivit plus tard lorsqu'il devint le maître que nous savons, et ce fut lui qu'il choisit lorsqu'en 1773 il résolut d'accomplir, lui aussi, le voyage d'Italie.

Or, Bergeret a écrit un journal de ce voyage et, heureusement, ce manuscrit nous a été conservé. Comment est-il venu échouer en Poitou en même temps que quelques épaves des collections du trésorier général ? — Je l'ignore. — Quoi qu'il en soit, il fit partie de la bibliothèque de M. Bonsergent, un vrai curieux, habitant de Poitiers, qui, durant une longue vie, avait récolté une quantité énorme d'objets d'art de toutes sortes. Ses collections furent achetées par *la Société des Antiquaires de l'Ouest,* une déjà vénérable Académie de province qui compte près de soixante années d'existence et, à l'heure qu'il est, ce manuscrit repose dans un antique coffre où sont accumulées de véritables et curieuses archives. M. Benjamin Fillon, un autre savant curieux du Poitou, communiqua ce volume à MM. E. et J. de Goncourt qui, nous l'avons dit déjà, l'ont analysé dans une note ajoutée au 13ᵉ fascicule de *l'Art du xviiiᵉ siècle,* consacré à Fragonard. A la suite de Bergeret et de l'artiste nous allons refaire le voyage d'Italie.

Mais auparavant il est utile de rectifier une erreur commise par M. Ch. Blanc dans son *Histoire des peintres*. Il place le voyage de Bergeret et de Fragonard en l'année 1781. — « Il se laissa entraîner, dit-il, en 1781, à un nou-« veau voyage en Italie avec un riche financier de ses amis « et de ses plus fervents admirateurs, qui se chargea de tous « les frais en fermier général ; » puis il raconte les difficultés que fit naître entre les deux voyageurs la propriété des dessins que le peintre avait crayonnés pendant son séjour en Italie.

Nous reviendrons en son temps sur cet incident fort curieux, mais il est bien évident que Ch. Blanc s'est trompé. Ce n'est point en 1781 que Fragonard accomplit un voyage avec un financier de ses amis qui paya en fermier général, c'est en 1773, avec Bergeret, dont le Journal était resté ignoré de M. Ch. Blanc.

Ceci dit, un mot du manuscrit lui-même. — C'est un gros volume in-folio, recouvert de vélin vert. L'écriture en est droite, courante, propre, bien tracée, facilement lisible ainsi que celle des scribes du xviii° siècle. C'est l'œuvre d'un secrétaire qui l'a copié sur les notes de Bergeret qui, du reste, à la suite de l'aigre discussion relative aux dessins de Fragonard, qui brouilla longtemps les deux amis, a ajouté, de sa main, quelques lignes fort amères sur le peintre et sa femme. Il contient, jour par jour, depuis le départ jusqu'à l'arrivée, tous les incidents de ce long séjour en Italie. Tout, dans ce volumineux manuscrit, n'excite pas le même intérêt ; mais, dans certaines de ses parties, il est vraiment curieux. Il nous initie en effet à la manière de voyager de ces riches amateurs ; il nous fait connaître l'accueil que recevaient à l'étranger ces Français opulents ; il nous fait pénétrer dans les salons romains, et ce n'est pas sans une pointe d'ironie qu'il nous raconte tous les détails de l'étiquette, toutes les somptuosités de ces *conversations* alors si recherchées. J'ajoute que, quelles que fussent les connaissances artistiques de l'associé libre de l'Académie des Beaux-Arts, les appréciations qu'il donne sur la plupart des œuvres qu'il a vues lui ont évidemment été dictées par Fragonard lui-même et qu'il est toujours intéressant de connaître les critiques ou les éloges des tableaux des grands maîtres, lorsqu'ils émanent d'un artiste de la valeur de Fragonard. Sous forme de lettres écrites chaque soir, adressées à deux nièces restées à Paris, dont je n'ai pu retrouver la trace, il raconte tous les incidents du voyage. Il le fait avec une bonne humeur qui séduit, parfois avec un entrain, un esprit communicatifs, souvent avec une vérité dans les appréciations qui frappe. On sent qu'il a cherché à bien voir, à apprécier sainement toutes choses et, somme toute, cette relation d'événements quotidiens est de nature à intéresser les curieux d'impressions artistiques et même morales.

Indiquons d'abord, avec Bergeret, les membres de la caravane et l'organisation de la marche :

« Notre bagage est composé, — dit-il, — d'une berline
« dans laquelle nous sommes : M. et Mme Fragonard, pein-
« tre excellent pour son talent qui m'est nécessaire surtout
« en Italie, mais d'ailleurs très commode pour voyager et
« toujours égal. Madame se trouve de même et, comme il
« m'est très utile — (on voit déjà percer les préoccupations
« du collectionneur), — j'ai voulu le payer de reconnaissance

« en lui procurant sa femme qui a du talent et (est) en état
« de goûter un pareil voyage rare pour une femme. La
« quatrième personne est une gouvernante à moi, ancienne
« femme de chambre de Mme Bergeret ; —... elle n'est
« pas embarrassante en voyage ; elle est forte et en état de
« rendre des services en cas de maladie. »

Dans un cabriolet, le fils de Bergeret suit avec un cuisinier ; les deux grands cochers sont assis sur le siège ; le valet de chambre court avec le domestique du jeune maître. Tout le monde est plein d'entrain et de bonne humeur et, pour se distraire des longueurs de la route, la berline est chargée de portefeuilles garnis de dessins de choix ; il y a même toute une bibliothèque. Presque toujours on emporte des provisions de bouche, et dès qu'on relaie ou qu'on débarque à l'auberge, le cuisinier se précipite vers les fourneaux et prépare rapidement un repas qui, toujours, est déclaré succulent.

Voilà un vrai train de route, qui nous donne une idée du confort dont s'entouraient ces opulents voyageurs.

Il ne faut pas croire, du reste, que cette suite nombreuse, que tout cet encombrement de bagages ne se rencontrent que chez Bergeret ; il n'est pas un personnage tenant un rang à cette époque par sa situation et sa fortune qui n'ait parcouru la France ou l'étranger dans les mêmes conditions. Il faut bien avouer, du reste, que la longueur des trajets et le peu de confortable des hôtelleries nécessitaient un semblable luxe de personnel et de provisions. En 1757, Dufort de Cheverny, introducteur des ambassadeurs, dont les Mémoires ont été récemment publiés, raconte que, se rendant de Paris aux Pyrénées, il voyageait dans sa berline avec Mme Gentil, gouvernante de sa maison, M. de

Barassy son ami, trois courriers, son premier laquais et Duplessis, premier laquais de sa femme. La maison tout entière se transportait aux Eaux.

Mais Cheverny n'avait peut-être pas, — du moins il est muet sur ce point, — imaginé une berline à transformation comme celle dont usait Bergeret ; elle se démontait à volonté et nous verrons la bande entière dévissant les pièces de la lourde voiture pour la faire entrer par morceaux dans une barque chargée de lui faire traverser la Méditerranée.

Le véritable sybarite en matière de voyage, ce fut le duc de Richelieu. Il avait imaginé, — et c'est lui-même qui le raconte dans ses Mémoires, — « une triomphante chaise
« de poste aménagée de façon à répondre à tous les besoins
« et à tous les désirs d'un voyageur de sa sorte. Dans le
« coffre de derrière elle constituait un garde-manger garni
« abondamment de provisions pour trois jours. Sur le
« devant, ce prévoyant carrosse portait trois entrées prêtes
« à mettre au feu. Un cuisinier qui le précédait en piqueur
« avec le panier aux entrées pendu à l'arçon de sa selle lui
« tenait son dîner ou son souper prêt pour l'arrivée dans la
« cour de l'hôtellerie. Et cette chaise était non seulement
« un office, mais une chambre à coucher. Il n'y était pas
« vulgairement et incommodément assis, mais couché dans
« un bon lit, les pieds sous l'édredon, la tête sur l'oreiller.
« Le jour de son départ de Choisy, il se déshabilla et, après
« qu'on eut bassiné le lit de la chaise, il ne fit qu'un saut
« du seuil dans son lit, où il se coucha devant trente per-
« sonnes et donnant ordre au valet de pied de ne le réveiller
« qu'à Lyon, ce qui fut fait. » C'est le *nec plus ultra* du raffinement. Mais tout le monde alors n'avait pas l'esprit inventif du duc de Richelieu et la berline de Bergeret me

LA FEMME AUX AMOURS

Aquarelle de FRAGONARD, appartenant à l'auteur

paraît suffisamment bien comprise pour qu'il fût permis à nos voyageurs de se mettre en route sans appréhensions.

On part de Paris le 4 octobre 1773 pour Négrepelisse.— Bergeret allait, en passant, visiter ses vassaux. Le 5, on couche à Orléans, puis on traverse Vierzon, Argenton, Limoges, Uzerches, où l'on rencontre d'horribles chemins, mais où l'on admire de superbes paysages que Fragonard crayonne jusqu'à l'heure du dîner. On arrive à Cahors et, le 12 octobre, la troupe débarque à Négrepelisse. On dîne d'abord, puis on écoute les harangues des autorités du comté et on séjourne pendant quinze jours.

Arrêtons-nous ici avec nos voyageurs ; ce court séjour en Quercy aura pour nous son agrément : Fragonard n'y perdit pas son temps.

Nous avons vu que, déjà, Bergeret s'était occupé de faire restaurer le château ; à l'extérieur, il avait fait faire d'importants travaux de réfection, — à l'intérieur, des améliorations destinées à le rendre plus facilement habitable. Fragonard était ici à sa disposition ; il ne l'avait choisi comme compagnon de route que parce qu'il devait lui être utile. Il l'utilisa en effet, et lui fit décorer de peintures les appartements du château.

Saccagé pendant la Révolution, puis démoli en 1848, toutes les œuvres du grand artiste ont malheureusement disparu, lacérées sans doute et jetées au vent par le vandalisme de l'époque. Cependant, il en reste encore un vestige déshonoré. On conserve, — et c'est M. Dumas de Rauly, archiviste du Tarn-et-Garonne qui a cette bonne fortune, — un dessus de porte, un *Colin Maillard* peint par Fragonard pour une des pièces du château. Maladroitement lavé à l'eau forte par un iconoclaste, il est presque complètement effacé,

Un portrait de Bergeret, œuvre sans doute de l'artiste, ornait, il n'y a pas très longtemps, la boutique d'un perruquier de Négrepelisse. Il était collé contre la muraille et, le jour où le Figaro du lieu jugea utile de faire blanchir les parois de son officine, le portrait qui gênait les maçons fut décollé, lacéré et jeté à la rue. Il a, dit-on, été gravé et je ne désespère pas de le rencontrer quelque jour.

M. Dalon, habitant Montauban, dont le grand-père avait épousé Mlle Marie Dumas, de la famille de M. Dumas de Rauly, l'obligeant archiviste dont j'ai déjà souvent parlé, est propriétaire d'un portrait de sa grand'mère dessiné au crayon noir par Fragonard pendant son séjour à Négrepelisse. La famille Dumas occupait alors une haute situation dans cette petite ville. De père en fils, les Dumas avaient été pendant de longues années les intendants des ducs de Bouillon ; ils continuèrent à administrer les terres du comté sous les Bergeret. Nous avons vu l'un d'eux recevoir Bergeret nommé receveur général des finances ; il était alors secrétaire du Roi, l'un des trésoriers généraux de France au bureau des finances de la généralité de Montauban. Rien d'étonnant à ce que Fragonard ait consacré quelques séances au portrait de Mlle Marie Dumas.

Malgré tous ces travaux accomplis en si peu de jours, l'artiste trouvait le temps de jeter sur le papier les sites qui le frappaient. Presque toutes ces esquisses hâtives, mais intéressantes comme des notes écrites au hasard de la pensée, ont disparu. M. de Goncourt est assez heureux pour en posséder une : *le Four banal de Négrepelisse*. C'est peut-être la seule qui ait survécu.

Voilà comment s'écoulait le temps pour Fragonard pendant que le comte parcourait ses terres, réglait ses comptes avec son intendant, s'occupait de la construction de l'hospice fondé par Turenne et faisait abandon, au profit des pauvres, des droits de lods et ventes que, en sa qualité de seigneur, il devait prélever sur toutes les mutations de propriété qui s'accomplissaient dans l'étendue de sa seigneurie.

Enfin, on se remit en route le 26 octobre au matin. Il s'agissait de gagner Gênes. On arrive à Toulouse à quatre heures du soir par un soleil ardent. On dîne et on se transporte très incognito dans une deuxième loge à la Comédie où l'on joue : *le Procureur arbitre* et *Tom Jones*. De là, on file sur Carcassonne et Béziers ; on brûle Lunel. Entre Tarascon et Aix, impossible d'avancer ; plus de chevaux aux relais : les états de Languedoc siègent, le comte d'Artois se marie, toutes les routes sont encombrées ; on gagne cependant Aix et, après y avoir séjourné deux jours, autant à Marseille et à Toulon, on passe au Luc, à Fréjus, et on est le 7 novembre à Antibes, où on compte s'embarquer pour Gênes. Mais le temps est détestable, le vent souffle en tempête, impossible de songer à naviguer. Les journées se passent à lire, à examiner les dessins qui emplissent les cartons, à aller admirer la mer qui « fait des effets superbes par les fusées d'eau qui s'élèvent très haut » ; enfin, le 10, le vent s'apaise, la mer se calme, on peut partir. Mais alors, difficulté nouvelle : il faut démonter le carrosse pour le faire entrer par morceaux dans la felouque. C'est une grosse affaire dont les difficultés apparaissent. On a trop de monde pour aider ; tout se fait avec désordre ; on travaille pendant trois heures à ce déboulonnage et, quand c'est enfin terminé, on arrime dans le bateau tous les membres disjoints de la berline. Mais ce n'est pas fini ; voilà que la felouque est trop étroite, il faut tout déballer, en avoir une autre plus large.

Pour en finir, on se décide à fréter deux barques, la seconde destinée à emporter le surplus du chargement. Tout est prêt, on part enfin et, le 11 novembre, on file par mer sur San Remo, où l'on arrive après maints incidents désagréables.

Au départ, la mer est encore grosse, les matelots ne veulent pas embarquer. Le temps passe sans qu'on avance ; les voyageurs se réunissent en conseil et prennent une grave résolution : les felouques partiront emportant la voiture lorsque le temps le permettra et toute la troupe, excitant la curiosité de la ville, enfourche des mulets pour suivre la côte.

C'est dans cet équipage qu'on passe à Oneil, à Aiguilla, à Savones et qu'on arrive à Gênes le 17 novembre. On y demeure sept jours. Le 24, on s'embarque de nouveau sur les felouques qui sont arrivées et c'est par mer qu'on va à Sestri. Mais, à Sestri, nouvelle tempête. Après un arrêt assez long on part pour aller à Léricy, à Viareggio, où définitivement on met pied à terre pour continuer le voyage dans la berline remontée ; on est à Pise le 29 novembre, le 30 à Florence où l'on fait halte pendant deux jours. Puis, c'est Sienne, Redecofani, Viterbe et enfin, Rome, le but du voyage, où l'on arrive le 5 décembre.

« M'y voilà donc ! » — écrit Bergeret ; dès le soir même il fait allumer des lanternes et, malgré la nuit, il se transporte à la colonnade et à St-Pierre dont, bien entendu, il ne peut se faire aucune idée.

Le lendemain matin, il court à la villa Médicis, chez Natoire directeur de l'Académie, qu'il n'a pas vu depuis vingt-cinq ans et, le même jour, il reçoit une invitation à dîner chez le cardinal de Bernis, ministre de France.

Il n'entre pas dans le plan de cette étude préliminaire de suivre Bergeret à travers les rues de Rome pendant les six mois qu'a duré le séjour de nos voyageurs dans la ville Éternelle. Tout a été visité par eux : palais, églises, villas, galeries, campagne romaine ; tout est décrit dans le Journal avec des détails, des appréciations vraiment personnelles, chacun voyant à sa façon, et Bergeret voyant surtout avec les yeux de Fragonard. Tout cela offre son intérêt, mais ce qui fait la particularité de cette relation, ce qui lui communique un relief à part, c'est l'étude des mœurs, des habitudes de vie du grand monde romain au·XVIII° siècle, qui sont décrites presque minutieusement, et non sans une pointe de malice, dans ce volumineux journal, le seul qui nous introduise dans les cercles diplomatiques et ecclésiastiques naturellement fort recherchés des étrangers de distinction.

Des journées vraiment pleines d'intérêt sont celles où Bergeret assiste aux conversations du cardinal de Bernis, dont la nièce, la marquise de Puy-Monbrun, fait les honneurs.

Plus tard, M*me* de Genlis a été admise dans ce même milieu et il est curieux de constater dans ses mémoires qu'elle en a rapporté des impressions qui sont exactement les mêmes que celles de Bergeret. Comme lui, elle a été frappée par certains détails, elle a observé certaines particularités qui ont fait naître chez elle des réflexions exprimées presque dans les mêmes termes. Il y a là un rapprochement curieux qui prouve à quel point le trésorier général était bon observateur.

On y va de midi à six heures. « Tout ce qu'il y a de pré-
« lats, cardinaux, noblesse et autres s'y rend, et nombre de
« dames. Des valets de chambre vous offrent continuelle-
« ment toutes sortes de rafraîchissements, gaufres, biscuits

« à profusion, glaces... L'histoire dit que MM. les Italiens
« prennent jusqu'à quinze glaces de suite, les trouvant à
« bon marché » — et, chose singulière, dans ces conversations, on cause à peine, tout le monde se tient debout dans le même salon et chacun semble n'être venu que pour faire honneur aux friandises variées que les valets présentent sans cesse.

Puis, ce sont les dîners de notre fastueux ambassadeur
« qui, tous les jours, n'a pas moins de vingt personnes à sa
« table et quarante trois fois par semaine ». Les visites prennent beaucoup de temps : visites au bailly de Breteuil, ambassadeur de Malte, à Mgr de Bayanne, auditeur de Rote, conversations des cardinaux, de la marquise de Puy-Monbrun. — Entre temps, Fragonard dessine : les fontaines, les pièces d'eau variées, les pins et les cyprès de la villa Mattéi, les ruines partout répandues, les maisons abandonnées et délabrées, tout est rapidement fixé sur le papier et vient enrichir les cartons qui encombrent l'appartement.

Bergeret s'y met lui aussi; il s'égare le matin à travers les rues étroites et sales, il sort seul, « *en polisson*, » hors de la ville par la porta del Popolo ; il prend à droite et rentre dans Rome en longeant les murailles, puis le Tibre, pour rejoindre le château Saint-Ange, se jeter derrière le Vatican, admirer la campagne romaine, croquant au passage tel site qui lui plaît, tel motif d'architecture qui attire son regard.

Mais voilà qu'en grand seigneur il imagine de donner un concert à l'Académie de France. Natoire met le palais à sa disposition et tient à faire les frais des rafraîchissements.
« Cela a fait une sorte de conversation mais coupée par
« beaucoup de musique, et comme l'endroit est vaste on

« est maître de s'éloigner ou de s'approcher de la musique.
« L'assemblée a été fort nombreuse, nous avions des voix
« claires qui vont faire les femmes dans les opéras, qui ont
« chanté des ariettes fort agréables. »

Le lendemain, c'est Natoire qui vient dîner chez son hôte de la veille, puis c'est le nonce Caetani qui vient faire visite au riche étranger; puis encore on assiste à la conversation de la princesse Doria. Dans l'intervalle, « les chambres ne « désemplissent pas de nombre de portefeuilles, d'estampes, « dessins, d'avis de gens qui voudraient nous attraper. « Mais, outre nos yeux et nos conseils qui sont sûrs, nous « sommes cuirassés contre les surprises ».

Voici Noël. Tout le monde, sous les auspices du cardinal de Bernis, se rend à Monte-Cavallo pour assister à la grand' messe dite par le Pape. Dans la journée, le Saint Père se promène par la ville dans son carrosse. Bergeret se poste sur son passage pour mieux l'apercevoir. Le peuple s'agenouille, mais notre Parisien, tant soit peu frotté au philosophisme courant, se borne à ôter son chapeau, à mettre le pied en arrière et reçoit la bénédiction du Pape. « C'est sa ma- « nière de saluer, » — dit-il.

Mais le collectionneur se réveille. La troupe entière va faire visite à Ménageot et à Berthélemy. On examine leurs études, leurs dessins. Bergeret retient pour son portefeuille quelques-unes de ces œuvres qui lui plaisent; puis, comme il pleut et qu'il ne peut sortir, le soir même, il envoie son carrosse à Berthélemy, le prie d'apporter ses cartons et de venir souper à l'hôtel. Naturellement, cette soirée a été fort agréable.

Avec le carnaval commencent les fêtes populaires : courses de chevaux libres dans le Corso, représentations au théâtre, mascarades et, pour tâcher d'égayer cette existence nécessairement un peu terne, le dimanche, Bergeret organise lui aussi une conversation chez lui. De dix heures à midi il reçoit tous les huit jours. « Conversation en chocolat, « thé et limonade, — dit-il, — composée en grande partie « d'artistes ou amateurs ; il y vient même des abbés. Il y « a toujours dessins et portefeuilles qui ne laissent point « tomber l'entrain des hôtes. » Peu à peu, ils deviennent fort nombreux. « Tous les gens d'art s'y trouvent, de « l'Académie ou autrement. — On en parle déjà et cela ne « peut que me faire honneur. » Et puis, il faut bien l'avouer, il y a le profit du collectionneur. « Tantôt c'est un joli des-« sin que me fait quelque membre de l'Académie, » tantôt, c'est Vincent, pensionnaire du Roi, qui lui fait l'agréable surprise de lui offrir le portrait de Diane, sa chienne blanche, délicieusement peinte ; tantôt c'est Fragonard qui apporte un dessin nouveau et, comme Bergeret tient à n'acheter qu'à bon escient, c'est le dimanche qu'il donne rendez-vous à tous les brocanteurs et marchands d'objets d'art. Il est sûr ainsi, dit-il, d'avoir beaucoup de bons yeux. Bientôt, la conversation est l'occasion d'une véritable exposition, d'un salon au petit pied. Tous les jeunes artistes y apportent leurs travaux et se font honneur de les offrir au Mécène français. On y expose les dessins que Fragonard a faits pendant la semaine, ceux que Vincent fournit pour l'ornement des appartements et, — ajoute Bergeret, — il a un talent particulier.

Le Carême se passe ainsi ; la semaine sainte arrive avec ses offices superbes, qui absorbent toutes les journées et sont décrits avec un soin méticuleux.

Enfin, le 13 avril 1774, on quitte Rome pour aller à Naples. Là, promenades nouvelles et nouvelles descriptions. Conversations chez le baron de Breteuil, ambassadeur de France, chez le prince de Francavilla, grand-maître de la maison du Roi, chez le chevalier Hamilton, ambassadeur d'Angleterre ; on monte au Vésuve ; on est présenté au Roi et à la Reine, on assiste à leur dîner ; on va au théâtre San Carlo ; on entend de la musique chez le fameux compositeur Piccini, que déjà on cherchait à attirer à Paris, mais, le 19 mai, un bruit inquiétant se propage : Louis XV est atteint de la petite vérole. Grande émotion chez les ambassadeurs et les bons Français. On attend avec anxiété les courriers qui tardent à venir ; on s'abstient de tout spectacle, on se renferme chez soi et le 22 arrive la cruelle nouvelle : le Roi est mort ! — Immédiatement Bergeret s'occupe de se pourvoir de deuil. Tous nos voyageurs prennent le noir, arborent les *pleureuses ;* les carrosses sont drapés et on ne s'occupe plus que de peinture.

Le 6 juin, grande cérémonie : un *Te Deum* est chanté en l'honneur de l'avènement de Louis XVI ; il est suivi d'un grand dîner chez l'ambassadeur : trente-huit convives, tous Français. Au sortir de table, on aperçoit à l'horizon un vaisseau qui fait force de voiles. Il porte à son mât le pavillon blanc : Grande joie ; c'est la frégate française qui vient chercher l'ambassadeur pour le ramener à Toulon. Toutes les lunettes sont braquées, on descend au port pour recevoir des compatriotes. Le lendemain, grand dîner à l'ambassade avec tous les officiers et, le 10 juin, on fait ses caisses. On se met en route le 13 pour rentrer en France en séjournant à Rome, où l'on est reçu par le Pape et, — je remarque que le Journal est muet sur une anecdote racontée par Ch. Blanc dans son article sur Fragonard : Au moment où le grand

peintre s'agenouillait pour baiser la pantoufle sacrée, Ganganelli, avec cette affabilité qui lui était habituelle : — « Lais-
« sez cela aux Italiens, — aurait-il dit ; — dans mes bras,
« dans mes bras, mon cher artiste ! » — Encore une légende qui disparaît.

De Rome, où l'on reste quinze jours, on file sur Florence, Bologne, Ferrare, Padoue, Venise, qui occupe dix bonnes journées, puis on gagne Vienne, Dresde, Francfort, Landau et enfin Strasbourg pour rentrer à Paris.

« Nous nous portons tous bien, — écrit Bergeret ; —
« jusqu'à notre voiture, qui a fait bien des cent lieues et à
« laquelle il ne manque rien. Ce n'est pas la faute des cahots
« et chemins affreux et du Nord et du Midi, qui l'ont mise à
« de rudes épreuves. »

Le retour de Bergeret fut suivi d'un déboire cruel pour un collectionneur enthousiaste comme l'était l'associé libre de l'Académie ; c'est une histoire piquante, une conclusion désagréable de ce long voyage qui déjà a été contée par Ch. Blanc et par MM. de Goncourt, mais qui trouve ici sa place toute naturelle.

La bande s'était disloquée en arrivant à Paris ; chacun avait rejoint son domicile ; mais les bagages transportés par les voitures avaient été déposés chez Bergeret. Fragonard voulut faire prendre la caisse qui contenait ses dessins ; le receveur général refusa de la laisser partir, prétendant conserver les travaux de l'artiste pour se payer des frais de voyage qu'il avait avancés.

Il semble bien résulter de certaines mentions de ce Journal que telle avait été dès le principe la pensée de Bergeret ; mais Fragonard n'interprétait pas ainsi le contrat ; il se fâcha ; on plaida. Résultat : Bergeret fut condamné à restituer ses dessins à Fragonard ou à lui payer 30.000 livres. Il préféra payer ; le collectionneur ne put consentir à se défaire de ces crayonnages qui étaient un souvenir vivant et précieux du voyage ; mais il se vengea de façon d'ailleurs peu délicate.

Le Journal avait été écrit au jour le jour sous la dictée ou sur les notes de Bergeret par son valet de chambre qui faisait office de secrétaire. Après sa condamnation, il prend le volume et, de sa propre main, sur la première page, il passe un trait sur cette phrase :

« M. Fragonard, peintre excellent pour son talent, qui
« m'est utile surtout en Italie, d'ailleurs très commode
« pour voyager et toujours égal. Madame se trouve de
« même ; » il la remplace par cette note, qu'il écrit à la marge :

« Observation faite au retour avec connaissance de cause :
« on peut prouver les bornes de son talent dont moi-
« même je me suis trop enthousiasmé ; ses connaissances
« qu'on peut encore borner sont de peu de ressources à un
« amateur, étant noyées dans beaucoup de fantaisies ; —
« toujours égal ! — parce qu'il avait joué cette égalité et
« toute la souplesse qu'il paraît avoir ne vient que de
« lâcheté et poltronnerie, ayant peur de tout le monde et
« n'osant donner un avis franc en négative, disant toujours
« ce qu'il ne pense pas, il en est convenu lui-même. —
« Pour Madame, il ne faut pas la peine d'en parler ; cela
« pourrait gâter mon papier. »

Basse vengeance et en somme inutile, sans effet. Il prisait à ce point le talent de Fragonard qu'il n'hésitait pas à payer ses dessins la somme importante de 30.000 livres, démentant ainsi sa propre appréciation et, dans sa colère, négligeant de relire en entier son Journal, il y laissait subsister sans les modifier les épithètes louangeuses, les appréciations enthousiastes qui accompagnent à maintes reprises le nom de l'artiste.

Somme toute, l'amateur ne faisait pas une si mauvaise affaire. — Qu'on en juge : il gardait toutes les vues d'Italie dessinées par son compagnon de voyage, et elles étaient nombreuses. On peut s'en rendre compte en parcourant les planches qui illustrent le *Voyage pittoresque de Naples et de Sicile* de l'abbé de Saint-Non. Ce sont les dessins faits à Naples par Fragonard, gravés plus tard par Saint-Non, qui ornent l'ouvrage. Il ne peut y avoir discussion sur ce point. S'il en était autrement, il faudrait supposer que de 1774 à 1781 Fragonard aurait fait un second voyage en Italie. Rien ne le prouve et l'ouvrage de l'abbé aquafortiste paraissait en cinq volumes in-folio de 1781 à 1786. Bergeret et Fragonard se réconcilièrent peu de temps après le procès qui les avait divisés. Il est permis de penser que l'amateur a prêté les dessins pour qu'ils fussent gravés, ou bien qu'ils ont été acquis à la vente de Bergeret, faite en 1786, dans l'intention de les utiliser.

Bref, il les gardait, mais il gardait aussi, — et ce n'était pas le morceau le moins précieux, — une suite de dessins au crayon noir destinés à illustrer les *Contes de La Fontaine*. Ch. Blanc prétend, dans son *Histoire des peintres*, qu'ils ont été faits pendant un voyage de l'artiste en Italie ; il va même jusqu'à dire qu'ils lui furent commandés par le riche financier qu'il accompagnait. En dehors de son séjour à Rome comme élève de l'Académie, le seul voyage absolument certain de Fragonard dans la péninsule est celui qu'il accomplit avec Bergeret. C'est donc lui qui a commandé cette importante suite ; elle faisait, en conséquence, partie de la série de dessins qu'il paya 30.000 livres. Fastueux du reste comme il l'était, l'édition des Fermiers généraux devait le rendre jaloux et il devait rêver égaler, éclipser même les célèbres illustrations d'Eisen.

Ce fut à sa terre de Cassan qu'à son retour d'Italie Bergeret se retira. Ce fut à Cassan qu'il transporta ses collections et que, surpris par l'âge, il vécut au milieu des trésors artistiques qu'il avait amassés. Une note de M. Th. Fragonard, communiquée à MM. de Goncourt, qui l'ont reproduite dans leur étude sur l'artiste, nous apprend qu'un rapprochement se produisit entre le peintre et le financier.

Beaujon fit, à cette époque, appel à Fragonard pour embellir par son pinceau le somptueux palais qu'il fit édifier sur l'emplacement qu'occupe aujourd'hui une partie du quartier des Champs-Élysées. Bergeret ne pouvait pas moins faire que son émule en beaux-arts et, lui aussi, il voulut que Fragonard ornât les appartements de Cassan. Ce fut lui qui sollicita l'oubli du passé, qui exprima des regrets de l'incident qui avait clos le voyage en Italie. L'artiste se laissa toucher ; il se transporta avec toute sa famille à Cassan qu'il remplit de ses œuvres et dont il fit une véritable merveille qui ne pouvait lutter cependant avec les splendeurs de la Folie-Beaujon.

Il nous est resté des souvenirs du séjour de Fragonard à Cassan, et c'est encore à MM. de Goncourt que nous devons de les connaître. Ils nous révèlent qu'il a existé près de cent cinquante dessins du peintre racontant « gentiment et « comiquement les épisodes de l'existence journalière de la « vie commune à Beaujon et à Cassan ». Deux dessins très importants de la collection Laperlier, achetés à cette vente par M. Eudoxe Marcille, représentent de charmantes scènes de l'intérieur Bergeret. L'un, *le Concours*, est reproduit dans l'ouvrage de MM. de Goncourt : deux jeunes femmes, entourées d'une société nombreuse et attentive, font écrire et lire toute une bande de petits enfants ; l'autre, *la Récompense*, était évidemment le pendant du premier.

M. le vicomte de la Girennerie, dont la grand'mère, veuve de Lyonard de la Girennerie, avait épousé en secondes noces, le 8 octobre 1796, Pierre-Jacques de Bergeret, fils de notre voyageur (1), possède un croquis de Fragonard, fait à Cassan, « où l'artiste s'est représenté dessinant
« M. Bergeret, posant en pied devant une longue table en-
« tourée de femmes le crayon à la main et parmi lesquelles
« se trouvent Mme de la Gérennerie et la seconde femme de
« Bergeret ».

Nous touchons ici à un point assez délicat de la vie du Trésorier général. Une tradition encore vivante à Négrepelisse veut que Bergeret, veuf peu de temps après son retour d'Italie, se soit remarié avec une femme de chambre de sa première femme. Cette seconde union est absolument certaine : le dessin de Fragonard constituerait presque une preuve. M. Dumas de Rauly possède le surmoulage d'un plâtre, médaillon en haut relief attribué à Houdon, qui serait le portrait de la seconde Mme de Bergeret ; elle y est représentée dans son costume de belle soubrette et, même en 1852, un vieux serviteur de la famille Dumas de Rauly, âgé alors de plus de quatre-vingts ans, parlait encore avec une admiration que le temps n'avait point effacée de la belle Mme Bergeret.

---

(1) Contrat passé devant Jounet, notaire à Paris, le 17 vendémiaire an V.

Des pièces extraites des archives du département de Lot-et-Garonne, il résulte que cette seconde union fut célébrée en août 1777 ; que, par contrat de mariage passé le 13 de ce même mois d'août, Bergeret stipulait en faveur de sa femme douze mille livres de rente viagère de douaire préfixe à prendre sur tous ses biens après sa mort ; que, par acte du 7 septembre 1787, passé entre la veuve de Bergeret et ses héritiers, cette rente fut affectée sur la terre de Négrepelisse ; enfin que, par acte du 7 juillet 1786, retenu par Giard, notaire à Paris, les héritiers Bergeret ont créé et constitué une rente viagère de 6.000 livres au profit de Pierre Vignier et Françoise Boyer, son épouse, habitant à Piennes, actuellement canton de Vaour, arrondissement de Gaillac (Tarn).

Les avantages constitués par Bergeret au profit de sa femme en cas de survie n'ont rien que de fort naturel ; ils prouvent néanmoins que la seconde Mme de Bergeret était sans fortune puisque, pour assurer son existence au cas où elle deviendrait veuve, son mari avait pris soin de lui constituer une rente relativement importante.

Mais, en 1786, peu de temps après la mort de Bergeret, ses héritiers stipulent une rente de 6.000 livres au profit des époux Vignier. Ce ne sont point des serviteurs ; une libéralité de cette importance dépasserait assurément le devoir qu'impose presque toujours la reconnaissance de longs et honnêtes services.

Qui étaient-ils donc, ces époux Vignier ? Les père et mère de Mme Bergeret, et ainsi est confirmée la tradition qui a encore cours à Négrepelisse et à Montauban : Bergeret avait épousé, en secondes noces, une femme de chambre de sa première femme

De son mariage avec une demoiselle Paris de Montmartel, il eut deux enfants : Pierre-Jacques Bergeret de Grancourt, qui, comme son père, devint receveur général de la généralité de Montauban; Bergeret de Talmont, né en 1749, dont les déportements assombrirent les dernières années de son père. Joséphine-Claudine-Pierrette, née en 1775 de la seconde femme du financier, avant son mariage, fut légitimée par cette union. C'est cette jeune enfant que, vers 1785, Lagrenée l'aîné représentait dans un tableau qui figure sous le n° 331 dans « l'état de ses œuvres laissé manuscrit » publié par MM. de Goncourt dans leurs *Portraits intimes du XVIII° siècle*. Il est ainsi désigné :

« Le portrait de Mlle Bergeret touchant le forte-piano. — 600 livres, » — c'est encore Pierrette que, dans les deux dessins dont il est parlé plus haut : *le Concours* et *la Récompense*, Fragonard représentait à Cassan, au milieu de cette charmante assemblée d'amis de son âge.

Pierre-Jacques Bergeret de Grancourt accompagna son père en Italie. Quant à Bergeret de Talmont, en 1770, il était à Chambéry. Qu'y faisait-il ? — le voici.

Dès l'âge de vingt-quatre ans, Talmont, épris de l'amour des voyages, se rendit à Chambéry avec l'assentiment de son père. Arrivé dans cette ville avec tout l'extérieur de l'opulence, il s'y comporta de manière à inspirer à tous la confiance la plus absolue. Il se faisait appeler le comte de Talmont, il prit une maison à loyer, la meubla magnifiquement et y fit faire des embellissements de tous genres.

En juin 1770, un sieur Corcellet, marchand de drap à Chambéry, lui vendit plusieurs étoffes tant pour ses habillements que pour ceux de ses domestiques; il lui fit en même temps différentes fournitures de galons et de boutons d'or et d'argent, le tout montant à 2.520 livres, dont Talmont signa une reconnaissance.

Précisément à cette époque, voilà M. de Talmont repris de sa passion des voyages ; il conçoit le dessein de visiter les principales villes de la Suisse, de la Savoie, du Piémont, et il part, — oubliant de payer ses créanciers qui, regardant son départ comme une évasion furtive, firent saisir sans ménagement ses meubles et effets.

Corcellet, le fournisseur de drap, déjà créancier de 2.520 livres, avait confiance en l'honnêteté de son client. Il remboursa de ses propres deniers les dettes criardes, et sa créance s'éleva à la somme totale de 3.664 livres 16 sols. Il écrivit ensuite à Neufchatel, en Suisse, où s'était réfugié Talmont, pour lui réclamer le paiement de sa dette. Il répondit par de belles promesses ; mais il oublia de dire que, le 22 décembre 1772, une sentence d'interdiction avait été prononcée contre lui, et lorsque l'infortuné Corcellet fut mis au courant de ce fâcheux incident, il comprit que sa créance était perdue. Un assez long temps s'écoula pendant lequel il ne cessa d'écrire ; lassé de ne rien recevoir, il s'adressa à Bergeret le père, qui, curateur à l'interdiction de son fils et ne lui payant qu'une maigre pension insuffisante à beaucoup près à toutes ses dépenses, fit lui aussi la sourde oreille. Enfin, en 1781, Bergeret se décida à aller à Chambéry pour prendre connaissance des affaires du prodigue. Les créanciers vinrent le voir en grand nombre et justifièrent de la légitimité de leurs réclamations. Il écrivit donc à Talmont, encore à Neufchatel, la lettre suivante :

« Vous devez bien penser que la visite, que je reçois à mon
« passage en cette ville, de vos créanciers m'est peu agréa-

« ble. Je souhaiterois leur donner plus de satisfaction;
« mais la seule que je puisse leur fournir pour le moment
« est de vous engager, comme je le souhaiterois, à les payer
« par portion, en retranchant de ce que vous pouvez rece-
« voir de Paris. Vous devez sentir la justice de leur de-
« mande et connoître la nature de leur dette. Répondez à
« ces messieurs créanciers. — Bergeret. —A Chambéry, le
« 9 octobre 1781. »

La solution proposée dans cette lettre ne faisait l'affaire ni du débiteur ni des créanciers ; l'un sachant qu'il ne pouvait rien prélever sur sa pension, les autres sentant que les souhaits du père étaient absolument platoniques.

Désillusionnés par ces lenteurs, quelques-uns des créanciers, parmi lesquels le confiant Corcellet, cédèrent leurs créances à un certain Prost, négociant à Lyon, dont ils étaient eux-mêmes les débiteurs. Prost enferma soigneusement dans son tiroir les reconnaissances et attendit le moment de réclamer son paiement.

Sur ces entrefaites, au début de l'année 1785, Bergeret père mourut à Paris et les scellés furent apposés sur ses meubles et effets. Prost y forma opposition. Aussitôt, Pierre-Jacques Bergeret de Grancourt, se disant curateur à l'interdiction de son frère au lieu et place du défunt, demanda judiciairement la levée des scellés et, pendant que l'infortuné Prost rassemblait ses titres de créances pour les envoyer à Paris, on s'empressait d'obtenir une sentence par laquelle, faute par lui d'avoir justifié de ses titres, mainlevée pure et simple était faite de son opposition aux scellés. En 1786, on vendait des immeubles et des effets dépendant de la succession de Bergeret père ; Prost faisait une nouvelle opposition sur la part héréditaire devant revenir à son débiteur Talmont et Jacques Bergeret lui répondait tout uniment que Talmont, ayant contracté ses dettes alors qu'il était mineur et interdit, sans l'autorisation du curateur, il se refusait à payer quoi que ce fût.

Là dessus, procès qui se termina quand ? — je l'ignore, — comment ? — je ne sais.

Ce que je puis dire, c'est que Bergeret de Talmont ne tarda pas à mourir avant même que fût liquidée la succession paternelle et que probablement le trop confiant créancier dut enfermer de nouveau ses titres sans espoir désormais de rentrer dans les fonds qu'il avait déboursés pour en faire l'acquisition.

Toute cette histoire m'est apprise par deux mémoires imprimés, produits au cours du procès et signés en 1789 par MM. de Villedieu, avocat, Massé et du Lyon, procureurs.

C'est donc en 1785 que mourut, à Paris, Bergeret de Grancourt, trésorier général de la généralité de Montauban, et c'est en 1786 que fut vendue une partie des immeubles et des objets mobiliers composant sa succession qui, pour le surplus, resta indivise entre ses deux héritiers : Pierre-Jacques Bergeret et Pierrette, sa demi-sœur. La propriété de Cassan échut à Pierre-Jacques Bergeret et il résulte d'un renseignement fourni par M. Th. Fragonard, reproduit par MM. de Goncourt dans la note que nous avons déjà citée, que « Cassan fut abandonné à l'État par Berge-
« ret qui, pour sauver sa tête, se dépouilla de son immense
« fortune à l'époque de la Révolution et se réduisit pour
« vivre à une rente viagère de quinze cents francs ».

Joséphine-Claudine-Pierrette Bergeret épousa en 1786, à l'âge de seize ans, Adrien-Simon de Carneville. Trois ans plus tard, en 1789, elle était divorcée et avait émigré.

A la suite de démarches nombreuses, elle parvint à se faire rayer de la liste d'émigration et, d'accord avec son frère, elle obtint de rentrer dans la propriété de moitié de la succession paternelle ; l'autre moitié, saisie sur sa tête, avait été vendue au profit de la nation. Pour la même raison, les époux Vignier virent réduire de moitié la rente de 6.000 livres qui leur avait été consentie par les héritiers Bergeret. Auparavant, et pendant la tourmente révolutionnaire, le château de Négrepelisse avait été démoli ; la grande tour du nord, logement du régisseur, avait disparu ; les portes, fenêtres, gonds, plaques de plomb des toits mansardés avaient été enlevés et vendus, les bois avaient été coupés, tout était dévasté ; il ne restait presque plus rien de cette magnifique demeure : quant au château de Cassan, il a été démoli lui aussi, — il n'en reste plus vestige aujourd'hui.

Tandis qu'ils résidaient à Cassan l'été, Jacques Bergeret, Mme veuve de la Girennerie sa femme et les enfants qui étaient nés de cette union habitaient l'hiver à Paris l'hôtel Beaujon construit par le célèbre financier, moins vaste et moins fastueux que le palais que l'on avait appelé *la Folie*. Cet hôtel Beaujon, a plus tard été occupé par le célèbre peintre de marine, le baron Gudin.

Jacques Bergeret mourut à Paris en 1827, laissant deux fils issus de son union avec Mme veuve de la Girennerie : Salomon de Bergeret de Fronville et Adélaïde Étienne de Bergeret de Morinval qui, tous deux, renoncèrent à la succession de leur père. Plus tard, Salomon revint sur cette renonciation et accepta sous bénéfice d'inventaire. Il resta donc l'unique héritier d'une immense fortune disparue à la suite des événements qui ont rempli la fin du siècle dernier.

Quant à Pierrette de Bergeret, demi-sœur de Jacques, épouse divorcée de Simon de Carneville, elle mourut à St-Brice (Seine-et-Oise), le 14 floréal an X (4 mai 1802), laissant sa succession ainsi liquidée par un jugement du tribunal de la Seine en date du 22 octobre 1808, homologuant un partage du 30 août de la même année : 3/8 à son frère Pierre-Jacques, et 5/8 à son fils naturel, Bernard Duclos, lieutenant au 6ᵉ dragons.

La famille Bergeret semble avoir disparu complètement et les seuls souvenirs qui en subsistent encore sont conservés chez les descendants des La Girennerie, qui habitent aujourd'hui Paris.

Un dernier mot :

Nous avons vu qu'une partie des immeubles et des objets mobiliers dépendant de la succession de Bergeret avaient été vendus en 1786 ; ce fut aussi en 1786 que fut dispersée aux enchères sa collection d'objets d'art.

J'ai inutilement cherché à acquérir le « catalogue des « tableaux, gouaches, miniatures de feu M. de Bergeret ». M. E. de Goncourt, qui le possède, l'a sommairement analysé dans son intéressant ouvrage : *la Maison d'un artiste*. « On y trouvait, — dit-il, — des tableaux » — (en particulier de superbes Boucher) — « et le mobilier de marbre « et de bronze doré des financiers du temps. Parmi les « sculptures on voit toute une suite de figures et de bas-

« reliefs de Clodion où, au milieu des bacchanales, luper-
« cales, des sacrifices au dieu Pan, la sentimentalité de
« l'époque avait introduit un petit monument en terre cuite
« dédié aux mânes d'un oiseau. » — Mais ce qui ne figurait pas dans le catalogue, — et M. de Goncourt n'eût cer-
tainement pas manqué de le signaler s'il l'y eût rencontré,
— c'est la collection des dessins de Fragonard destinée à
l'illustration du Roland furieux, non plus que les deux
suites qui devaient illustrer les contes de La Fontaine.

Il n'est point certain que les dessins du Roland furieux
aient appartenu à Bergeret, mais ceux des contes ont assurément fait partie de ses collections. Voici en effet ce que
dit M. Ch. Blanc dans son *Histoire des peintres* :

« Pendant son voyage en Italie avec Fragonard, il (Ber-
« geret) lui commanda 44 dessins pour illustrer les contes
« de La Fontaine. Ils sont au crayon noir ; deux sont à la
« sépia ; ils mesurent 0,20 de hauteur sur 0,13,50 de lar-
« geur. Ce sont les premiers dessins exécutés par Fragonard
« pour les contes de La Fontaine. Il existe une autre suite de
« lui, à la sépia ; l'artiste les a faits d'après la suite ci-des-
« sus, mais dans le sens opposé. »

Bergeret avait donc, parmi les dessins rapportés d'Italie
et payés par lui 30.000 livres, trouvé cette suite de 44 sujets
qu'il destinait à l'illustration d'une édition des contes.
Comment ces dessins, qui ne figuraient pas au catalogue,
sont-ils sortis du patrimoine de la famille pour arriver
jusqu'à la collection de Msr le duc d'Aumale et à celle de
feu M. Feuillet de Conche ? Il est difficile de l'expliquer.

Il est une chose dès maintenant certaine : Pierre-Jacques
Bergeret de Grancourt, fils aîné du financier voyageur, avait

hérité de son père les goûts artistiques et la manie des collections.

Timoléon, duc de Cossé-Brissac, le dernier amant de Mme du Barry, massacré à Versailles avec les prisonniers d'Orléans, possédait, dans son hôtel de la rue de Grenelle-Saint-Germain, un cabinet superbe tout rempli de toiles des écoles italienne, flamande et hollandaise, de dessins et d'estampes, de vases et coupes de matières précieuses, de porcelaines de Chine et du Japon, de meubles de Boule, de tout ce qui constituait alors les collections d'un riche amateur.

En 1794, toutes ces merveilles furent adjugées aux feux des enchères. M. Vatel, dans son *Histoire de Mme du Barry*, a publié l'inventaire des objets d'art du duc de Brissac ; à la suite de chaque article vendu, le nom de l'acheteur est indiqué. Or, Pierre-Jacques Bergeret de Grancourt, — qui n'avait pas émigré comme sa sœur Mme de Carneville, — achète à cette vente trois articles : le n° 13 (deux têtes en buste de Godefroy Scalken), le n° 15 (un paysage d'Adrien Van de Velde) et le n° 21 (un autre paysage de Van Ouden). Cela semble indiquer qu'il avait conservé une partie des collections de son père, qu'il cherchait à les augmenter et explique comment le catalogue de la vente Bergeret ne contenait pas la totalité des objets d'art, tableaux et dessins, qu'il possédait. Les dessins de Fragonard avaient donc été distraits de la vente.

Lorsque, Mme de Carneville rayée de la liste des émigrés, il fut possible de procéder entre le frère et la sœur au partage de ce qui restait de la succession paternelle, ces objets d'art, qui n'avaient point été vendus, furent compris dans le partage. Dans le lot qui échut à Mme de Carneville se trouvèrent probablement les dessins d'illustrations de Fragonard.

Le hasard m'a rendu propriétaire d'un lot de dessins du xviiie siècle, parmi lesquels se trouvent des œuvres de J.-B. Huet, du sculpteur La Rue, de Pierre, de l'architecte Pernet et, parmi, trois dessins de Fragonard : l'un, une aquarelle lavée de bleu pâle avec de larges touches blanches, représente une jeune femme assise devant un autel antique sur lequel deux colombes se becquettent, ombragées par le feuillage d'un arbre au tronc noueux et contourné, tandis que des amours s'enfuyant dans la nue soulèvent un voile jeté sur le visage de la jeune femme et lui permettent de contempler cette scène de baisers ; l'autre, à la pierre noire, très fini, me semble être un sujet du Roland furieux; le troisième, crayonné de verve, largement traité, est destiné à illustrer le conte de La Fontaine intitulé : *la Coupe enchantée*. Dans une salle de palais, Renaud, entouré de nombreux personnages vêtus en guerriers antiques, repousse la coupe que lui présente Damon. Ce dernier dessin porte la marque d'une ancienne collection : timbre à l'encre noire, formé d'un petit parallélogramme coupé aux angles, contenant les lettres suivantes :

A C P
B .... t

J'explique ainsi ces initiales :

*A*ncienne *C*ollection *P*ierre *B*ergere*t;* nous savons en effet que le compagnon de voyage de Fragonard s'appelait *Pierre*-Jacques-Onésyme. Peut-être faut-il lire :

*A C*laudine-*P*ierrette *B*ergere*t*, Mme de Carneville divorcée ayant répudié le nom de son mari.

Quoi qu'il en soit, ce dernier dessin, tout au moins, me

LA COUPE ENCHANTÉE
Dessin de FRAGONARD, appartenant à l'auteur

paraît incontestablement avoir appartenu à la collection du financier dont j'ai raconté la vie.

Il est bon de faire remarquer que les deux suites dessinées par Fragonard pour l'illustration de La Fontaine sont actuellement incomplètes; l'une, d'après le prospectus de Didot l'aîné, devait comporter 80 dessins. Didot en était-il propriétaire? rien ne le dit; ils lui avaient sans doute été confiés pour l'édition. 48 de ces dessins, dont 42 à la pierre noire, avaient été réunis par M. Walferdin. A cette collection de 42 dessins à la pierre noire, celui de *la Coupe enchantée* manque. Celui que je possède, à la pierre noire lui aussi, enlevé de verve comme les autres, suivant l'indication de Ch. Blanc, portant au verso deux crayonnages dont une danse d'Italiens, faisait partie de cette première suite. Tout ce qui en reste appartient aujourd'hui à Mgr le duc d'Aumale.

La seconde suite, exécutée au bistre, et qui, d'après Ch. Blanc est la reproduction de la première, faisait partie de la vente Feuillet de Conche, n° 115 du catalogue, et est aujourd'hui la propriété de M. le baron Portalis.

Il serait intéressant de savoir si les autres dessins destinés à l'illustration de La Fontaine portent, eux aussi, la marque de collection que j'ai indiquée. Dans tous les cas, il faut reconnaître que le Dieu des chercheurs a singulièrement favorisé celui qui devait raconter l'histoire du premier possesseur des œuvres du charmant dessinateur des *Hasards heureux de l'escarpolette*.

Et maintenant, lecteurs, en route pour l'Italie à la suite de Bergeret et de Fragonard.

Puissiez-vous y faire un séjour aussi attachant et au si profitable en même temps que nos deux voyageurs.

Les notes qui accompagnent le texte de Bergeret ne visent à aucune prétention. Les personnages dont il s'occupe sont trop connus pour qu'il soit utile de s'étendre longuement sur chacun d'eux. On a pensé, néanmoins, qu'il pourrait être agréable au lecteur d'avoir sous les yeux une date, un fait, une appréciation qui réveilleraient ses souvenirs. C'est là l'unique but que l'on a cherché en accompagnant de quelques lignes les noms des artistes qui sont cités dans cet ouvrage.

Il a paru utile de conserver l'orthographe parfois étrange du manuscrit. Elle est l'accompagnement nécessaire du style de Bergeret.

N*** VIGNIER, Seconde Femme de BERGERET

D'après un Médaillon de HOUDON

(Collection de M. DUMAS DE RAULY, Archiviste à Montauban)

VOYAGE D'ITALIE

REVU DEPUIS MON DÉPART

Orléans, mardi 5 octobre 1773. — Vous trouverés bon, mes très chères nièces, que ce soit toujours à vous à qui j'adresse quelques détails de mon voyage. Ils seront d'un stile de voyageur, sans prétention, et comme je verrai les choses. Il est sur que tous les jours j'écris. Nous voilà arrivés à Orléans à dix heures du soir avec assés de peine faute de chevaux qui se trouvent extrêmement fatigués sur cette route. Notre bagage est composé d'une berline dans laquelle nous sommes (1). *M. et Madame Fragonard, peintre excellent pour son talens, qui m'est nécessaire surtout en Italie, mais d'ailleurs très commode pour voyager, et toujours égal* (2), *Madame* (3) *se trouve de même, et comme il m'est très utile j'ai voulu le payer de reconnaissance, en lui procurant sa femme qui a du talent et en état de goûter*

---

(1) Tout le passage en caractères italiques a été raturé par Bergeret sur le manuscrit. Il l'a remplacé par les phrases suivantes :

Quatre. Je veux en oublier le détail à mon retour ; je ne nome pas ces compagnons de voyage, car ils en étoient indignes et ne m'ont été d'aucune ressource. Cette note n'a pu se faire qu'à mon retour.

(2) Toujours égal ! — Parce qu'il avoit joué cette égalité et toute la soupplesse qu'il paroit avoir ne vient que de lâcheté, poltronnerie, ayant peur de tout le monde et n'osant donner un avis franc en négative, disant toujours ce qu'il ne pense pas. Il en est convenu lui-même.

(3) Pour Madame il ne vaut pas la peine d'en parler, cela pourrait gâter mon papier.

un pareil voyage rare pour une femme (1). La 4° personne est une gouvernante à moy, ancienne femme de chambre de Madame B. (2). Bien des raisons me l'ont fait emmener : elle n'est pas embarrassante en voyage, elle est forte et en état de rendre quelques services à des malades, et elle remplit le vœu que j'ai fait de tout temps, que plus je ferois tard ce voyage, plus j'y apporterois de commodité, et elle me seroit utile si je devenois malade, et enfin de plus je l'ai emmenée pour me garantir de toutes demandes dont j'ai été souvent persécuté par gens qui souhaitoient faire le voyage avec moy. Ce n'est pas sans peine que j'ai eu à me deffendre avant mon départ de nombre de personnes que je n'avois jamais connues qui me proposoient de faire le voyage avec moi et qui s'imaginoient que je ne dois pas prévoir la difficulté de l'accord de plusieurs personnes en voyage. *Par mon arrangement tout est d'accord; je me trouve le maître de ma bande et je suis sûr de faire un voyage agréable* (3). Mon fils suit dans un cabriolet avec un cuisinier; mes deux grands cochers assis sur le siège, mon valet de chambre Loss courant avec le domestique de mon fils ; tous ces derniers de meilleure volonté et avec espérance que cela durera tout le voyage. Le vent n'emportera pas notre voiture qui est munie de tout le nécessaire avec abondance et

(1) Observation faite à mon retour avec connaissance de cause : On peut prouver les bornes de son talent, dont moi-même je me suis trop enthousiasmé. Ses connoissances, qu'on peut encore borner, sont de peu de ressources à un amateur, étant noyées dans beaucoup de fantaisies. Ainsi j'évalue tout ce qu'il a de talent et de connoissance, le tout bon à luy seul et à quelques enthousiastes dont j'ay été. Quand je n'aurai rien de mieux à faire, je m'étendrai dans un article particulier.

(2) Est-ce cette femme de chambre que Bergeret épousa plus tard en secondes noces ?

(3) Phrase raturée dans le manuscrit et remplacée par la note qui suit :

Oui, pour le moment et même tout le voyage en apparence pour moi, mais j'étois avec des gens faux.

peut être de quelques inutilités qui font tout l'agrément de notre route. Les portefeuilles avec variété de desseins de choix n'y manquent pas et livres. Je vous détaille toute ma marche peu intéressante à tous autres qu'à des parents et amis.

Les événements jusqu'à présent ne peuvent être que forts rares, il n'y en a eu d'autre que d'avoir eu peine à arriver faute de chevaux, et d'avoir trouvé une grande partie des auberges remplies et par conséquent fort heureux d'en avoir à la fin trouvé une.

Je n'étois pas encore rouillé du train d'auberge depuis la Hollande et l'Allemagne, et je l'ai repris facilement et avec plaisir. J'ai oublié de confesser que le départ de Paris a quelque chose qui serre le cœur ; mais sans faire tort à ceux que l'on quitte, la deuxième poste paroit être un remède sûr. Nous sommes du plus grand contentement, nous avons soupé comme gens qui n'ont que mangé quelques morceaux de pain dans la journée ; après le souper nous avons repris notre train ordinaire de nous promener dans la ville et sur le beau pont d'Orléans, il faisait un peu de fraîcheur par le plus beau clair de lune, et nous voila couché sans espoir de pouvoir, faute de chevaux, partir plutôt qu'à huit heures demain matin. Nos courriers qui ont débuté ont besoin de repos, surtout notre cuisinier qu'il sera nécessaire de mettre demain en cabriolet. Le détail de ses infirmités vous ennuyeroit et vous vous en doutés ; bonsoir aux chères nièces qui entrent pour beaucoup dans la peine que j'ai eu à partir.

Vierzon, mercredi 6 octobre. — Nous sommes partis ce matin d'Orléans comme nous l'avions prévu avant 8 heures seulement, par un tems délicieux et arrivés de même icy, après avoir fait environ nos 20 lieües, traversant la triste Sologne par des sables difficiles pour une voiture chargée. Cependant nous avons eu des portions de chemins où nous avons été lestement et rapidement servis. Nous sommes arrivés de jour, à 6 heures. Le souper, après avoir jeûné toute la journée, est la chose la plus intéressante pour nous. Ce moment est vif. Intéressez-vous, je vous prie, à notre cuisinier. Nous nous sommes aperçus qu'il étoit à la besogne et en état de la faire, n'ayant couru qu'en cabriolet. Nous sommes intéressés à le ménager, ce que nous ferons. Nous avons tout le temps, les soirées étant longues, et de nous amuser de talents, de desseins, etc., et de se coucher ou non, ou d'écrire, chacun à son choix ; il est 11 heures et j'écris. Nous sommes encore dans un excellent gîte. La petite ville est jolie et l'auberge grande et bâtie à neuf ; c'est la poste. Nous y avons fait très bonne chère et mangé d'excellentes perdrix. Vous voyez que je fais, comme on dit argent de tout, comptant toutes les petites circonstances qui vous donnent du moins l'idée de gens très contens et qui repartiront demain jeudi avec le plus grand plaisir avant 5 heures; il pleut actuellement; ce qui nous donne espérance pour demain de beau temps. Je vais me coucher bientôt, à minuit suivant ma coutume. Je suis sûr de ne pas perdre un demi quart d'heure de sommeil, surtout ayant pris dans la journée en voiture, de forts à-comptes et pendant 2 postes sans se sentir relayer.

Argenton (1), jeudi 7 octobre. — Nous voicy arrivés à 4 heures après midi avec continuation de pluye, il n'est pas possible d'aller plus loin sans risquer de trouver de mauvais

---

(1) Chef-lieu de canton, arrondissement de Châteauroux (Indre).

gîtes et celui-cy est fort bon et sûr. Voila ce que nous cherchons surtout, notre bande étant composée de dix personnes; nous avons fait 19 lieües mais longues, par des chemins assés bons, quoique quelquefois cahoteux se trouvant nouveaux, ce qui vaut encore mieux que d'embourber. Notre journée a été fort gaye et il en sera de même, très chères nièces, si jamais nous faisons route ensemble ; je ne connois personne auxquelles cela aille mieux qu'à vous, qui n'avés pas de répugnance pour marcher. Nous aurons bien soupé, bien promené avant, beaucoup après, et avec tout ce tems bien employé, il faudra être couché à 9 heures pour partir demain avant 5 heures faire 20 lieües pour coucher à Limoges. Vous voyez qu'on aura dormi au moins 7 heures excepté moi qui feray toujours quelque chose jusqu'à 11 heures. Je ne crois pas que vous vous mettiez en frais de nous plaindre, car on ne peut rien de plus heureux que toute notre marche.

Vous voyez qu'il n'y a pas moyen de vous marquer rien d'intéressant ou plutôt de curieux. C'est une marche seulement, sans événements, et tant mieux. Cela ne vous instruit que de notre santé. Nous vous demandons des nouvelles de la votre, chères nièces, et une lettre en 15 jours, et quand on veut obliger des voyageurs on ouvre aujourd'hui une lettre et tous les soirs, sans autre ordre, on y écrit tous les *on dit* de la journée et au bout de 15° on l'envoye à ma porte à Paris ; on reçoit des bénédictions des voyageurs, et cela ne peut manquer de vous faire grand bien. Comme je l'ai dit cy-dessus, voilà 11 heures et je finis en me jetant sur mon lit. Pour avoir des gîtes sûrs et bons je ne crois pas que je puisse arriver à Nègrepelisse que lundi prochain vers les 2 heures après-midi.

Limoges, vendredi 8 octobre. — Nous voicy arrivés à 6 heures du soir par la plus belle journée, et par des chemins quelques-uns fort cahotans mais du moins on n'embourbe pas, d'autres et pour la plus grande partie très beaux, par des montagnes bien coupées et bien tournées. Plus nous avançons, plus je deviens stérile ; nous ne pouvons que répéter notre beau tems, notre bonne santé et un appétit considérable que nous ne satisfaisons par un bon souper que le soir. La matinée se passe en quelques morceaux de pain ; quelques fois des œufs frais, le tout sans nous arrêter et bien nous en prend, car les postes ne se font pas icy en une demi-heure. Il faut une heure et demie quoique les chemins soient bons, mais il faut tourner les montagnes et souvent au pas.

Nous vous plaignons tous, gens de Paris, et nous ne comprenons pas comment vous ne vous déterminés pas à voyager. On est sans inquiétude, sans affaires, on se fait traîner commodément, et souvent on marche à pied, surtout dans les montagnes, et arrivés le soir, nous nous demandons si nous sommes sortis de notre chambre, si peu nous nous trouvons fatigués ; pour les vivres nous avons toujours soin de nous précautionner et de tenir notre coffre garni pour un jour, et le cuisinier nous rassure. Il est 11 heures ; je vais me jetter sur mon lit jusqu'à 4 heures demain matin pour tâcher d'arriver à Brives. La journée sera bonne, nous voulons toujours être rentrés à la chute du jour. Nos nuits, comme vous voyés, sont au moins de six heures. On peut y ajouter de forts à comptes de sommeil dans la voiture ; quelquefois nous relayons, surtout le matin, sans nous en apercevoir. Oh ! nous avons bien du mal comme vous voyez. Faute de nouvelles je bavarde, et je finis en me couchant.

Uzerches (1), **samedi 9 octobre**. — Nous voicy arrivés ici, à Uzerches, à 4 heures, sans aller plus loin faute de bons gîtes où nous ne pourions arriver que très tard, et comme on nous promet demain quelques postes des mêmes chemins qu'aujourd'hui, nous avons pris le parti de ne pas nous y enfourner dans la nuit. Oh! quels chemins de Limoges et quels chevaux ! C'est là où on voit la vraie vocation de voyageurs. Quelle voiture de fer il faut avoir pour tenir aux cahos et chemins affreux, ruinés et pleins de rochers et pierrailles ! Le beau tems nous a soutenu par bonheur et à ce moment tout est oublié après avoir fortement soupé et gayement. Tous nos gens en ont fait autant. Ce n'est pas la partie la moins intéressante de notre bagage et nous nous trouvons bien de la ménager et d'y avoir attention ; comme nous sommes arrivés de bonne heure dans l'endroit le plus affreux par la situation, sur une butte entourée de montagnes et terminée par une rivière meublée de chaussées et moulins qui occassionnent des chûtes et cascades d'eau nous avons, en peintres et amateurs, admiré avec extase ce que personne n'admire *et notre docteur M. Fragonard toujours laborieux et actif a projetté et exécuté un dessein de cette situation jusqu'à l'heure de notre diner* (2) ou souper qui s'est fait avant 6 heures. Je vous fais grâce du détail de notre dîner après lequel suivant notre usage nous nous promenons au moins une heure ou de jour ou de nuit. Si c'est de nuit nous nous conduisons au moyen de notre lanterne qui est de nos meubles de précaution, ou dans la ville ou sur le grand chemin. Nous ne laissons pas que d'étonner nos hôtes ou

---

(1) Chef-lieu de canton, arrondissement de Tulle (Corrèze).
(2) Tout le membre de phrase en italiques a été rayé dans le manuscrit par Bergeret lui-même.

les habitans par ce régime nocturne ; mais nous nous en trouvons bien et nous continüerons. Après avoir rempli le régime que nous nous sommes imposé soit de promenade, soit de travail, nous nous trouvons couchés à 10 heures, et moi, écrivain ou historiographe de la troupe, à 11 heures et demie environ, ce que je fais. Envoyés icy des malades qui ayent besoin de trémoussoires. Voila notre calcul d'arriver à Negrepellisse lundi 11 octobre au plustard tout à fait dérangé par les jours courts, mauvais chemins, mauvais chevaux, et peut être n'y arriverons nous que le mardi, d'autant que nous ne courrons point de bénéfice, et que nous ne voulons ni courir aucuns risques en forçant nos gens, ni trouver de mauvais gistes : ceux qui s'intéressent à nous peuvent être tranquiles, nous arrêterions plutôt à midy, que d'entreprendre quelque chose de douteux.

Souillac (1), **dimanche 10 octobre.**—Nous voicy arrivés à Soüillac à 6 heures du soir. La journée d'hier n'était qu'un essay de celle d'aujourd'hui qui a été des plus cahoteuses. J'avois crû les chemins du Limousin accommodés, mais ils ne le sont que par portions et aux environs de Limoges, passé laquelle ville tout est encore à faire. Il y a la montagne de Noaïlles (après Brives dite la Gaillarde, la ville du cardinal du Bois) (2), qui est bien accommodée d'un côté, ce qui fait paraître l'autre encore plus affreux qu'il n'étoit. Nous y sommes restés une heure à la même place sans pouvoir avancer ni surmonter avec 8 chevaux un rédillon où nous craignions de rester plus longtemps, mais le soir, après

---

(1) Chef-lieu de canton, arrondissement de Gourdon (Lot).
(2) Le cardinal Dubois était en effet né à Brives-la-Gaillarde le 6 septembre 1656.

le souper, il semble que nous ayons bû du fleuve qui fait perdre la mémoire ; nous sommes gays et tranquiles et résignés à recommencer. On ne peut avoir eü un plus beau tems et très chaud. La soirée est vraiment d'été. Demain matin à 4 heures nous continuons, pour aller coucher à Cahors par des chemins de montagnes mais beaux, sans pouvoir espérer d'arriver à Negrepellisse plûtot que mardy vers les 2 et 3 heures après midy. Alors nous voila chez nous ; toute notre bande se reposera et nous ferons une visite exacte de nos équipages que nous pouvons dire être des mieux conditionnés. Me voila couché, ou sur mon lit à 11 heures du soir.

Cahors, lundi 11 octobre. — L'homme propose et Dieu dispose. Je comptois arriver au moins aujourd'hui à Négrepellisse, mais ce ne sera que pour demain mardi vers les 2 heures après midi en partant d'icy à 5 heures du matin. Les journées courtes et les chemins et disette de chevaux ont dérangé nos calculs. Nous ne comptons cela qu'historiquement, sans nous plaindre, car notre intention est toujours, comme nous avons fait, d'aller bien à notre aise, de ne pas nous annuiter et de ne pas laisser échapper un bon gîte. Aussi nous ne pouvons nous persuader avoir fait 150 lieües ; nous croyons toujours sortir de notre chambre quand nous descendons de carrosse. Le ciel nous favorise du plus beau tems de printems, et notre bonne humeur et santé se soutiennent. Je n'entre dans ce détail que pour nos amis qui s'y intéressent. Depuis Limoges nous sommes toujours dans les montagnes qui ne vont qu'en augmentant et finissent par celles de Cahors couvertes de vignes. Quelle différence, quand nous comparons les plai-

nes immenses et stériles de Vattan (1) et de Chateauroux !
Nous aimons mieux la variété de nos montagnes.

A Négrepellisse, mardi 12 octobre. — Nous voila arrives à 2 heures après midi par un tems d'été dans la meilleure santé. Nous voila bien dîné, et ensuite bien harangué.

A Toulouse, mardi 26 octobre. — Après être restés 15 jours bien justes à ma terre de Négrepellisse près Montauban, nous reprenons ce matin notre route pour tâcher de gagner Gesnes. Nous voila donc arrivés à Toulouse ce jour-d'hui à 4 heures après midi par un vrai tems d'été, et par les chemins de Languedoc ; c'est tout dire ! De Montauban à Toulouse on y joüerait au mail. Je ne peux vanter les belles avenües le long des chemins de ce pays ; je les ay laissées en Flandre. On rencontre icy peu d'arbres mais aussi des terres à blés préparées avec le plus grand soin. La campagne est garnie de monde et de bestiaux et bœufs qui labourent. La saison singulièrement belle tient notre voyage en continuation de gayeté ; nous joüissons d'une voiture très commode et de beaucoup d'inutilités peut être, mais qui nous produisent aussi mille agrémens. Comme nous avons voulu débuter aujourd'hui par une petite course, nous sommes restés à Toulouse. Arrivés à 4 heures après midi *au Grand Soleil*. L'auberge est vaste, on y est très bien logé. A 5 heures nous nous sommes transportés très incognito dans une seconde loge à la comédie, où on joüait *le Procureur arbitre* et *Tom Jones*. Quoiqu'il y eut bien à souhaiter surtout dans l'exécution de la dernière pièce ce-

---

(1) Chef-lieu de canton, arrondissement d'Issoudun (Indre).

pendant elle nous a fait plaisir ; il faut bien, en route, s'amuser de tout et savoir se contenter. Tout était fini à 8 heures et quart. Nous avons profité du beau clair de lune pour nous promener jusqu'à dix heures dans la ville. Pour moi, à 11 heures et demie je me couche. Ne croyez pas que nous ayons oublié le diner. En arrivant à 4 heures, nous avons été servi dans le moment et l'appétit ne nous a pas manqué. Vous voyez la tranquilité qui règne dans notre voyage ; ne restant pas à Toulouse et la France n'étant pas l'objet de notre voyage, la matière, suivant les apparences, ne me fournira qu'à commencer d'Antibes et Gesnes. Notre dessein est de nous y rendre sans nous arrêter et cependant de vous faire toujours part de notre route.

Carcassonne, mercredi 27 octobre. — Continuation de temps superbe et chaud ; nous n'en avons pas vû d'autre depuis notre départ de Paris. Nous sommes venus coucher icy, de Toulouse, par de beaux chemins, faisant, de poste, environ 18 lieües. Nous n'avons cependant pû arriver qu'à 6 heures. Comme nous mettons pied à terre à toutes les postes, nous ne nous apercevons pas si nous sommes sortis de Paris. Nous nous tâtons et nous nous trouvons au même point de tranquilité et santé : Dieu mercy nous n'avons événement d'aucune espèce, et, comme j'ai dit ci-devant, je ne prétends pas entrer dans beaucoup de détails sur la France. Demain, sans doute, nous irons à Narbonne ou peut-être coucher à Béziers.

A Béziers, jeudi 28 octobre. — Nous voicy arrivés à Béziers par un vent de midi et la première pluye de notre route, mais douce. Nous trouvons ordinairement notre souper prest à 6 heures et demie, 7 heures et nous y faisons bien bonne contenance, n'ayant vécu dans notre journée que de quelques morceaux de pain et raisins, quelquefois avec limonade, dont nous faisons grande consommation en route.

De Carcassonne à Béziers, j'ai vu pour la première fois des hommes montés sur des bœufs scellés comme chevaux. J'en avois vû en Hollande ou plutôt à Anvers attelés à des charrettes dans le brancard et harnachés comme chevaux. Il y a deux jours que nous ne voyons qu'oliviers, mais chargés considérablement de fruits, dont la récolte sera la plus abondante. Tout ce pays est entouré de chaînes de montagnes, mais distribué par vallées très bien cultivées. Avant Montpellier, et depuis Montpellier jusques icy, le pays est beaucoup plus ouvert et bien cultivé. Nous ne nous sommes pas arrêtés à Montpellier où nous venons de passer ce soir, et nous voici arrêtés à Lunel.

A Lunel, vendredi 29 octobre. — Ce n'est pas voyager, c'est se promener dans l'allée des Thuilleries que les journées que nous faisons. Beau chemin, tems de printems et souvent chaud. Demain matin nous serons de bonne heure à Nismes où nous comptons rester deux heures pour commencer à admirer les anciens Romains et, de là, nous tâcherons d'arriver à Aix où le plus près que nous pourrons. Je vais me coucher par le plus beau clair de lune ce soir à 11 heures.

A Tarascon sur le Rhône, samedi 30 octobre. — L'homme propose et Dieu dispose. Nous voici arrivés icy contre tous nos projets à 8 heures du soir, mais par bonheur soutenus du plus beau clair de lune. Dès le matin nous avons été contrariés et, faute de chevaux, au lieu de partir à 5 heures et au plus tard à 6 heures du matin, nous n'avons pu partir qu'à 10 heures pour aller jusqu'à Nismes, où nous étions à une heure après midi. J'y ai admiré et parcouru avec plaisir ce que j'avois déjà vu : les arènes des Romains, la maison quarrée, le temple de Diane, la tour Magne et les Bains. Ces derniers ont été restaurés en partie suivant le plan ancien, mais je ne sçai qui y a ajouté très mal adroitement toutes sortes de petites réparations modernes aussi mauvaises en architecture qu'en sculpture. Surtout, au bas de la montagne, très pierreuse et d'un fond imposant à l'œil, on y a plaqué des escaliers à deux rampes, avec rampes de face, le tout trop étroit, accompagné de maigres soubassements qui n'auroient pas encore fait trop d'effet en les mettant en bossages des plus solides vis-à-vis une montagne qui paroissoit l'indiquer. Les bâtimens commencés et projettés ne promettent rien que de très mince, et le reste, jusqu'aux parapets du canal est peu étoffé et dans le même goût. Après avoir passé deux heures à nous promener, nous avons continué notre route pour Tarascon ; mais de poste en poste, nous n'avons trouvé que des ombres de chevaux qui nous ont laissé plusieurs fois sans espérance de pouvoir sortir des chemins. C'est le premier affront sérieux qui nous soit arrivé, mais nous avons tous mis la main à la roue et nous voilà enfin arrivés à Beaucaire, en y passant le Rhosne par un pont de batteaux d'une longueur immense. Le souper, qui avoit le tems, par notre retard, de s'aprester, nous a fait oublier bientôt nos inquiétudes et nous voilà sans rancune. Nous avons encore, à l'éloignement où nous sommes, deux grands ennemis pour la poste qui sont : les Etats de Languedoc et le mariage de M. le comte d'Artois (1), de sorte qu'il ne reste que les mauvais chevaux et très peu, et il nous en faut onze. Nous nous consolons en disant que le tems est à nous et nous nous munissons sans peine de gayeté et patience. Au surplus, tous le pays de Nismes, Béziers, est un pays de plaines fertiles, couvertes d'oliviers et, à la veille de la Toussaint, il y fait chaud comme nos fins d'été à Paris.

Aix en Provence, dimanche 31 octobre. — Nous voilà dans notre journée bien dédommagés de celle d'hier. Nous avons trouvé d'excellents chevaux, partout de bons chemins et nous avons été grand train, et toujours le plus beau tems. Comme à chaque relai nous descendons de voiture et que nous marchons, cela nous rafraîchit au point que, le soir, nous ne nous apercevons pas d'avoir été 12 ou 13 heures en voiture. Nous voici arrivés à Aix à 6 heures du soir; notre souper fait l'objet de nos vœux, ce qui ne retardera pas, et nous y ferons bonne contenance ; nous projettons de rester ici demain, jour de Toussaints, toute la journée et, de là, aller à Marseille, d'où nous reviendrons icy après demain pour reprendre notre route vers Antibes. Quand nous aurons parcouru un peu Aix, peut-être aurai-je quelque chose à en dire.

Aix, jour de Toussaints, lundi 1ᵉʳ novembre. — Nous voilà restés ici toute la matinée jusqu'à 11 heures pour

(1) Charles-Philippe de France, comte d'Artois, petit-fils de Louis XV, fils du Dauphin et de Marie-Josèphe de Saxe, né le 9 octobre 1757 à Versailles, frère de Louis XVI et de Louis XVIII. Marié le 16 novembre 1773 avec Marie-Thérèse de Savoie ; roi de France le 16 septembre 1824, sous le nom de Charles X ; détrôné le 29 juillet 1830 ; mort à Goritz le 6 novembre 1836.

jetter un coup d'œil sur la ville. Il y a un cours composé de quatre rangées d'arbres qui a de la réputation et qui est effectivement beau par la tournure des arbres dont l'ancienneté et la liberté qu'on leur a donnée leur a laissé prendre des formes composées de beaucoup de branches, qui font un effet naturel et produisent beaucoup d'ombre. Il y a plusieurs fontaines dans ce cours, dont une à chaque extrémité et même un jet d'eau qui va continuellement ; il y a beaucoup de belles et grandes maisons, entr'autres l'hôtel de M. le Premier Président d'Albertas, où il y a beaucoup de tableaux dont particulièrement un beau Jordans.

L'hôtel de M. le marquis de Valbelle n'est pas moins vaste ; il y a aussi quelques beaux tableaux comme un beau Bourdon (1) représentant le martyr de Saint (2)
plusieurs beaux Téniers (3), un Salvator Rosa, un Pietrenef (4). M. le marquis de Valbelle a d'ailleurs une très belle terre à Tourves (5) à quatre lieües d'Aix, que l'on dit être ajustée avec beaucoup de soin et d'intelligence, et où on y joüit de toutes les commodités possibles. Nous aurions bien souhaité pouvoir y aller, étant bien sûrs de la bonne réception qu'il fait aux étrangers, mais ayant pris le parti de passer par Marseille et Toulon sans allonger notre route, il nous sera impossible de voir Tourves dont nous avons

---

(1) Bourdon Sébastien, né à Montpellier en 1616, mort à Paris en 1671. Attiré en Suède par la reine Christine, il y peignit surtout des portraits ; puis il revint en France et se livra à la grande peinture d'histoire.

(2) Nom resté en blanc dans le texte.

(3) Téniers David, le célèbre peintre flamand, né à Anvers en 1610, mort dans la même ville en 1694.

(4) Peter Neefs, dit le Vieux, né à Anvers en 1570, mort dans la même ville en 1651, contemporain de Téniers dont, d'habitude, il animait les toiles.

(5) Le château de Valbelle à Tourves (Var) est depuis longtemps à l'état de ruines superbes. Il était célèbre autrefois pour l'élégance des dix colonnes qui ornaient son balcon.

entendu parler avec éloge et où il y a encore quelques tableaux, surtout de beaux Vernets (1).

Marseille, jour de Toussaints, 1ᵉʳ novembre. — Nous voici arrivés à Marseille, à 8 lieües de poste d'Aix, par de beaux chemins, mais quelquefois un peu cahoteux, et nous y sommes à trois heures après midi. Après avoir établi notre auberge, nous voilà en marche dans la ville. Nous avons vû le beau bas-relief de Puget (2) aux bâtiments dits de santé ; nous nous sommes de là promenés longtems sur le port, qui est fort agréable et bien meublé de vaisseaux. Le vent considérable qu'il faisoit a suffisamment agité la mer pour nous procurer quelque plaisir, mais, depuis Aix et avant, nous trouvons le vent fort vif et fort froid avec le plus beau soleil qui en corrige un peu la dureté. En 2 heures on voit bien des choses. L'heure de notre souper à 6 heures est arrivée et nous éprouvons tous les jours à cette heure-là que notre régime est très bon. Le moment est fort vif pour des voyageurs qui ont vécû toute la journée de pain et de peu d'eau et de vin : aussi sommes-nous obligés, après le souper, de faire chaque jour une promenade au moins d'une heure et nous nous trouvons rentrés avant 9 heures. Les uns se couchent ; pour moi, je lis et j'écris jusqu'à 11 heures et me voilà au courant.

Marseille, mardi 2 novembre. — Nous comptions partir ce matin de bonne heure ; mais, point de chevaux. Le peu qu'il y en a est en course et nous voila arrêtés pour la

---

(1) Vernet (Claude-Joseph), le célèbre peintre de marines, né à Avignon le 14 août 1714, mort au Louvre le 3 décembre 1789. Vernet est souvent revenu en Provence et y a laissé beaucoup de ses œuvres.

(2) Puget Pierre, célèbre sculpteur né à Marseille en 1622, mort en 1694. Louis XIV l'appelait : l'Inimitable.

journée. Nous prenons notre parti de rester et d'aller ce soir à la Comédie. Cela nous met encore à portée de revoir le port et la ville avec plus d'attention. Demain nous espérons pouvoir à 7 heures continuer notre route pour Toulon.

Toulon, mercredi 3 novembre. — Enfin, après bien des difficultés pour avoir des chevaux, nous avons fait avec les mêmes nos 14 lieües de poste de Marseille icy. Nous sommes partis de Marseille ce matin à 7 heures 1/2. Nous en sommes sortis comme on y entre, c'est-à-dire par une rue de murailles fort désagréable pendant près d'une lieüe, ce qui doit être insupportable pendant les grandes chaleurs, ce que nous évitons dans cette saison, qui continüe à être la plus belle avec le ciel le plus serain et le tems le plus tempéré. De Marseille à Toulon on voyage continuellement dans les montagnes dont la variété est des plus singulières et des plus curieuses pour gens qui regardent en peintres. Ce sont des caractères de rochers qui changent fréquemment et présentent des sites souvent effrayants. On rencontre quelques petites vallées qui sont cultivées et on voit que dès que la possibilité se rencontre de cultiver quelque terrain on l'employe, par quantité de vignes entre lesquelles on laisse assés de distance pour pouvoir semer du grain, ce qui est d'ailleurs meslé de grand nombre d'oliviers ; et en aprochant de Toulon, j'y ai vû des orangers en pleine terre. Les chemins y sont fort bien pratiqués dans la gorge des montagnes et y sont fort beaux, quoique un peu raboteux par la qualité pierreuse du terrain. Nous sommes donc arrivés à Toulon avant 6 heures du soir ce mercredi. Nous comptons que demain matin, dans trois heures, nous pourrons parcourir tout ce qu'il y a à voir et, dela, continuer notre route pour Antibes, où nous ne pouvons nous flatter d'arriver que dans deux jours ; car nous voilà encore arrêtés par le défaut de chevaux et, à ce moment, 11 heures, que je vais me coucher, j'ignore encore ma marche et les moyens de sortir d'icy.

Toulon, jeudi 4 novembre. — J'apprends à mon réveil qu'il n'y a pas moyen d'avoir des chevaux de poste, mais que nous pourrons nous arranger avec un muletier, pour conduire notre voiture au Luc qui est la véritable grande route pour Antibes, à 5 postes de Toulon, où il nous assure nous mener en 9 heures demain matin, en partant à 6 heures. C'est pourquoi, comme à ce moment il est trop tard, et qu'il est survenu une pluye d'orage considérable, nous nous déterminons à rester toute la journée à Toulon pour laisser passer l'orage et tâcher d'y voir le port et vaisseaux avec détail.

Nous voilà arrivés à 5 heures du soir, heure de notre souper, comme si nous avions fait route, après avoir parcouru et ports, et vaisseaux, et arsenaux, et magasins, conduits par gens du port et de l'intérieur des magazins. Tout ce mouvement a encore aiguisé notre appétit ordinaire ; notre journée est bien complette ; nous connaissons à fond notre Toulon et par terre et par mer ; nous ne regrettons pas le retard que les événements nous ont causé. Il n'est pas 10 heures ; tous mes camarades se couchent, et moi j'en ferai autant à 11 heures, quand j'aurai tout écrit, pour partir à 6 heures demain. Il ne fait guères jour plutôt, et les portes de la ville ne s'ouvrent qu'à 6 heures environ.

Toulon est beau par son port et sa belle rade. Le mouvement n'y est pas vif, attendu qu'il n'y a pas d'armement.

Ses magazins et surtout sa corderie sont de la plus grande beauté par leur longueur sur plusieurs arcades voûtées sur leur largeur. L'intérieur de la ville est sans beauté ; on y voit quantité de fontaines de belle eau, et les rues sont pavées de façon qu'il y a deux ruisseaux sur chaque côté, dans lesquels coule une eau très vive avec abondance, mais produisant deux ruisseaux creux fort incommodes pour les voitures, surtout pour les voyageurs. Mais il n'y a que très peu de rues dont on fasse usage dans la ville ce qui ne serait pas praticable.

Lucques (1), **vendredi 5 novembre.** — Au défaut de la poste, nous avions fait marché hier, à Toulon, avec un muletier pour conduire nos voitures jusqu'icy à Lucques et, en 9 heures. Nous sommes partis à 6 heures ce matin, et ne sommes arrivés icy qu'à 8 heures du soir. Le muletier s'est trompé ou plutôt nous a trompé ; mais les chemins y sont pour quelque chose. On n'y embourbe pas, mais toujours monter et descendre et dans des pierres qui rendent le chemin fort raboteux. Quand on est arrivé et que l'on trouve une auberge passable et son souper prest, toute la journée est oubliée. D'ailleurs, nous jouissons du plus beau tems et dans la vraie Provence, couverte de vignes, d'oliviers innombrables et couverts d'olives comme on en a rarement vû, beaucoup d'herbes aromatiques, quelques orangers en plein vent, lauriers, grenadiers dans les hayes. Tout cela représente un bon pays et riche, mais très peu agréable par le trop de montagnes et la malpropreté des villes, pleines de fumiers, et rendant autant de mauvaises odeurs que les chemins en rendent de bonnes par les différentes her-

(1) Le Luc, chef-lieu de canton, arrondissement de Draguignan (Var).

bes odoriférantes. On n'y voit que des mulets, et pour labourer et pour tout service, sans rencontrer aucun bœuf. Nous travaillons ce soir à nous procurer des chevaux de poste pour gagner enfin Antibes, peut-être demain. Nous nous portons tous bien ; nous sommes aussi frais que si nous partions de Paris ; nous prions nos amis de ne pas nous plaindre.

A Fréjus, samedi 6 novembre. — Nos calculs ne valent rien. Nous avons eu beau partir le matin à 5 heures 1/2, espérant arriver à Antibes ce soir, cela ne se peut. Nous ne sommes arrivés ici qu'à 1 heure après midi, et sans espoir de pouvoir arriver à Antibes, y ayant encore 6 postes qui demandent encore près de 12 heures. Ainsi, parti pris pour le plus sage, nous restons icy, ne pouvant arriver à Antibes ou nous arrêter en chemin, faute de gîte. Nous nous en sommes consolés par l'espérance de parcourir les antiquités que l'on nous avait annoncé à voir à Fréjus ; nous n'avons pas tardé à nous faire conduire à d'anciens cirques dont il ne reste que la forme avec des débris peu curieux et peu instructifs et d'une bâtisse épaisse en briques et pierrailles bien différente de celle de Nismes, dont la solidité est inébranlable par le tems même. On fait aussi remarquer la place du port où la mer venait autrefois battre les murs, et que l'on voit à présent à un quart de lieüe de là. On y voit des restes de murailles qui ne paraissent pas si anciennes que les vestiges des Romains, et qui ont servi à différentes attaques et événements que cette ville a soutenus en différents temps. Enfin, pour mieux nous instruire, étant peu satisfaits de notre conducteur, nous sommes venus à bout de trouver une brochure de 300 pages environ, annoncée pour traiter *des antiquités de Fréjus ;* mais, à chaque article que la table nous indiquoit, nous avons trouvé que l'auteur reprend comme au déluge et s'écarte sur la grandeur des Romains, et finit par dire peu de chose sur l'article de Fréjus. On voit que l'auteur a voulu faire un livre avec le titre ci-dessus qui fournit le moins à la matière dudit livre. Il faut conclure qu'il y a peu de chose à voir dans Fréjus. Le pays continue à être couvert d'oliviers et nous avons vu plusieurs orangers en pleine terre avec leurs oranges. Nous avons continué notre régime de souper à 6 heures, et le soir, notre promenade jusqu'à 9 heures. Demain, nous serons levés à 5 heures, et nous apellons cela une vie charmante et fort douce. Le tems est de la plus grande beauté, le soleil le plus net, et, le soir, un peu de fraîcheur. Vous verrés bien que tout ceci n'est qu'un itinéraire sans rien de curieux. J'espère bien qu'en changeant incessamment de pays, j'aurai de quoi faire des observations. Il est 10 heures, je me couche.

A Antibes, dimanche 7 novembre. — Nous voici enfin arrivés à Antibes à 1 heure après midi, après avoir traversé des montagnes parentes de celles du Piedmont, et des forêts de sapin considérables. Les chemins pratiqués dans les gorges y sont très beaux et on y courre la poste fort bien, à l'exception de quelques montagnes comme celle de l'Esterelle que l'on monte et descend pendant 3 heures, ce qui nous a occasionné souvent de mettre pied à terre et de faire des promenades délicieuses, joint au plaisir de considérer en amateurs de peintures les spectacles les plus variés et les plus imposants des montagnes. Le beau tems et le ciel le plus serein ne nous quitte pas ; nous ne cessons d'en être reconnaissants. Demain, nous comptons nous embarquer pour Gênes où nous serons dans 2 jours en côtoyant et abordant tous les soirs à notre choix. J'ai trouvé le port d'Antibes peu meublé et peu commerçant, mais la situation m'en plaît assés, ainsi que le pourtour et rempart de la ville dont les fortifications, surtout autour du port, sont des promenades fort agréables.

Antibes, lundi 8 novembre. — Mauvais réveil, par la pluye et un vent tout à fait contraire et trop fort pour risquer de s'embarquer. Voilà une contradiction qui durera peut-être un jour, peût-être deux. Il n'y a que patience à prendre. Nous sommes bien à couverts avec porte-feuilles, desseins, livres, et nous bravons l'ennui de l'attente. Voilà la journée passée sans que la pluye, mais comme d'orage des plus forts, ait cessé jusqu'à 4 heures après midi. A peine avons-nous trouvé un moment pour aller prendre l'air bien enveloppés de manteaux. Nous avons été voir la mer très en fureur, se briser sur les rochers au bas des fortifications, et faire des effets superbes par les fusées d'eau qui s'élèvent très haut, et varient une quantité de tableaux plus admirables les uns que les autres ; mais tout cela est bon à voir du haut des remparts. Nous ne nous y fierons sûrement pas, que sa mauvaise humeur ne soit bien passée. Demain matin, nous saurons notre sort que le vent règlera.

Antibes, mardi 9 novembre. — Hier au soir le vent paroissoit s'être apaisé, mais il n'étoit pas minuit que la pluye la plus forte avec le plus grand vent a repris de plus fort et duré toute la nuit ; et nous voilà ce matin sans espérance pour la journée. Ce jour, je me couche à 11 heures. Il y a eu quelques intervales, mais peu.

Antibes, mercredi 10 novembre. — De grand matin, le vent et la pluye ont repris dans le même goût que ces jours cy jusqu'à 9 heures qu'il paroit que cela veut se calmer. Effectivement, le vent change, il fait beau soleil et nous voilà en train pour démonter nos voitures qu'il faut embarquer. Mais quelle cérémonie ! Les felouques sont si étroites qu'il faut tout mettre par morceaux et dans le plus grand détail. C'est un tracas qui nous fait la plus grande peine. On n'a que trop de monde pour vous aider à exécuter ce désordre. Il y a trois heures que l'on y travaille, et les morceaux entrés, à la caisse près, il se trouve que la felouque est trop étroite. Il faudra tout déballer et faire marché avec une autre plus large. Vous pensés que nous prenons tous de l'humeur, qu'il y a bien matière. Cependant, nous allons travailler à nous tirer de ce mauvais pas, car voilà trois jours de perdus. Voilà nos deux felouques chargées et notre départ décidé pour demain matin.

A San-Remo, jeudi 11 novembre. — Nous voici arrivés par mer à 13 lieues d'Antibes à 2 heures après midi, après nous être embarqués ce matin dans nos felouques. Le vent étoit devenu bon, et par la suite peut-être trop bon et trop frais. Le voyage a débuté par les plaisanteries ordinaires sur les effets que la mer fait sans considération de qui que ce soit. Chacun s'en deffend et tout le monde espère, jusqu'au moment, que cela ne le regardera pas. Mais une heure ne s'est pas passée qu'un premier a payé le tribut, et presque tous les autres ont suivi. Pour moi, qui croyois avoir fait mes preuves et en Angleterre et en Hollande, j'ai vu mon tour arriver pour la première fois, et jusqu'à 3 fois, mais sans trop d'efforts, et sans éprouver une suite de fatigue comme presque tous les autres pendant tout le voyage. On nous avoit promis que les felouques alloient le long de la côte à rames ou à voiles au choix des voyageurs, mais point du tout. Quand le vent est bien bon et frais, le patron en profite pour avancer et, pour en profiter, il est obligé de s'éloigner de la côte et tenir le large. De cette façon, la felouque qui est d'une structure très légère et poussée par deux voiles, est portée et ballotée sur les flots, ce qui est peu agréable pour ceux qui ne sont pas marins, quoique le patron assure bien qu'il n'y ait aucun danger. Si on lui demande à suivre la côte à la rame, il prétend que la rame n'est faite que pour le calme et non pas dans un temps de vagues, où elles augmentent, plus on approche de la côte. Ainsi ceux qui regardent le passage d'Antibes à Gesnes comme si, de quart d'heure en quart d'heure, on pouvoit débarquer et suivre la côte à la rame, peuvent s'en désabuser ainsi que nous, qui ne sommes pas contents d'avoir été vivement balotés aujourd'hui. Il faut pourtant recommencer demain, et après demain encore, que nous arriverons à Gesnes, à ce que nous espérons. Au surplus, nous avons débarqué dans une mauvaise auberge, dans la ville de San-Remo qui n'est pas mal. A notre arrivée le gouverneur a envoyé un officier nous faire compliment et offrir ses services, on ne peut pas plus honnêtement. Nous avons répondu sur le même ton, avec projet d'aller lui faire nos remerciement après le dîner. Ce gouverneur est un Grimaldy (1). Nous avons dîné avec le secours de nos provisions de toutes espèces faites pour 3 jours en pain, vins et viandes, et nous avons

---

(1) Parent du doge de Gênes, et dont il parlé page 114.

de suite été faire notre visite à M. le gouverneur qui est on ne peut pas plus honnête. Nous nous y sommes trouvés accompagnés du consul de France qui étoit aussi venu nous faire toutes sortes d'offres de service. Vous voyez que nous n'avons qu'à nous louer des habitants et surtout des chefs de San-Remo. Nous n'avons pas manqué avant notre dîné de parcourir toute la ville, surtout les églises, qui commencent à prendre un tour de décoration et de richesse. Quelques maisons ont aussi prétention à l'architecture, non pas pour l'imiter ou en tirer quelques profits de l'architecture, mais pour en admirer pour ainsi dire l'effet de richesse, quoique bisarre et sans pouvoir servir de model. A San-Remo, on nous a assuré qu'on ne connoissoit que rarement quelques jours d'hiver. Les orangers, citronniers y sont prodigués et plantés avec profusion partout en pleine terre et produisent plusieurs fois fleurs et fruits. On ne sait ce que c'est que de voir les arbres se dépouiller de leurs feuilles; on ne connoît pas les cheminées dans les maisons ; toutes les femmes du peuple sont coiffées d'un filet qui rassemble leurs cheveux, auquel elles ajoutent quelques rubans. Nous leur avons trouvé un air fort leste et tenant du turc, et aussi du chinois. On dit que la ville peut contenir 1700 âmes ; elle dépend de la république de Gesnes. Je me retire et me couche à 11 heures. Demain, le départ à 6 heures du matin si le vent est bon.

A San-Remo, vendredi 12 novembre. — On nous laisse dormir ce matin à 7 heures, ce qui nous annonce que notre patron ne trouve pas le tems favorable pour partir ; effectivement, nous venons de voir nos voitures au port et la mer plus furieuse qu'hier. Nous nous laissons aisément persuader qu'il faut rester icy aujourd'hui et voilà notre parti pris. Conséquemment, nous voilà en marche, visitant les églises qui nous restoient à voir. Elles ont toutes beaucoup de prétentions dans leurs décorations tant intérieures qu'extérieures, qui ont un coup d'œil de richesse, mais un goût tourmenté, et suivant les dessins de la Joüe, et autres de ce tems ; mais il y a beaucoup de marbres de différentes couleurs, et des colonnes torses qui ont demandé de grand travail et qui font une vraie richesse. Nous voilà donc à la queste dans cette ville de ce qu'il peut y avoir de curieux. On nous mène voir le palais « il Palazzo » de M. le marquis de Borée. Ses armes sont sur sa porte, bien parlantes, car ce sont des testes de vent qui soufflent. On nous a voulu expliquer son origine, mais cela ne nous affecte que peu qu'il soit de nouvelle ou d'ancienne noblesse. L'extérieur est surmonté d'ornements dans le goût des églises cy-dessus, et fort élevé de différents étages. Il y a une entrée dans la rue qui conduit tout d'un coup dans un grand vestibule, mais elle est faite pour les carosses rares qui pourroient y arriver ; l'autre entrée est par un vestibule au rez-de-chaussée qui conduit à un péristile soutenu de quatre colonnes où l'on monte peut-être huit marches avec balustre de marbre noir. Cela donne une espèce de grandeur ; bien des gens voyent tout cela grand, mais s'il y a de la grandeur, elle se trouve si près ou d'une voûte trop basse, ou d'une petite porte, ou cela vous conduit aux escaliers si roides et si hauts, qu'il n'y a aucun ensemble qui mérite le nom de Palazzo. Après avoir beaucoup monté durement, on trouve des portes, plates, comme si elles n'étoient que d'une seule planche et on entre dans une assés grande pièce, toute voûtée comme elles le sont toutes dans ce pays-cy.

Nous y avons trouvé quelques grands tableaux d'Italie d'anciens maîtres, où il se trouve quelques bonnes choses, mais sans attirer l'admiration. Cela est meslé de mauvais tableaux modernes et en nombre suffisant pour faire dire dans le pays qu'il y a un palais garni de tableaux. Nous ne nous sommes attachés qu'à un très petit tableau de Benedette (1), encore fait seulement pour quelqu'un qui sauroit voir. On nous fait admirer les enfilades d'apartements dont les portes ne représentent positivement que des planches, ainsi que les fenêtres ; on y fait remarquer une chambre à alcôve sur une estrade, meublée de damas, avec anciens sièges auxquels je ne cherche pas querelle, mais la décoration de l'alcôve, les couleurs, la dorure et la peinture ressemblent à ces mauvaises chapelles de vierges pour lesquelles la fabrique s'est ruinée à payer un pauvre décorateur. Cependant, nous disons sans cesse que cela est beau et on nous cite tous les rois, princes, qui y ont couché. La vue en est très belle sur la mer, et d'ailleurs sur des vergers immenses d'orangers et citronniers sans ordre, mais d'un rapport considérable. Tous ces terrains là sont à M. le marquis de Borée, ainsi que nombre de maisons dans la ville. On dit qu'il en a beaucoup à Gênes et même à Rome et qu'il est fort riche. M. le gouverneur, marquis de Grimaldy, vient de nous faire l'honneur de nous venir voir dans notre très vilaine auberge ; bienheureux d'avoir notre cuisinier, nous risquerions beaucoup d'y mourir de faim, et nos provisions d'Antibes nous servent aussi beaucoup. Nous continuons nos promenades en attendant notre souper diner à 5 heures, notre heure ordinaire ; nous y voilà, à ce souper,

---

(1) Benedette (Castiglione), peintre et graveur, né à Gênes en 1616, mort à Mantoue en 1670.

qui se passe presque en silence, car nous y sommes extrêmement en action et des plus vives.

Après le souper, vers les 7 heures, nous avons envoyé demander si M. le gouverneur vouloit nous recevoir et nous avons passé une heure chez lui. Il est aimable, fort honnête, d'environ 35 ans et parle bien françois. On y faisoit un 30 et 40 à perdre au plus un louis ou deux, avec deux dames et une douzaine d'hommes. C'est à peu près tout ce qu'il y a à voir de gens d'une certaine espèce dans San-Remo, suivant ce qu'il m'a été dit. M. le marquis de Borée y étoit, dont j'ai parlé cy-dessus. Ce soir, le tems, vent et pluye, ont recommencé aussi forts que ces jours derniers. Je ne sçais à qui en a la mer, mais elle pousse des gémissements qui font un bruit effrayant et, plutôt que de manger notre argent icy, nous venons de conclure un marché pour chevaucher chacun un mulet et gagner Gesnes par terre, le long de la mer; du moins serons nous sur le plancher des vaches. D'un autre côté nous rencontrerons peut-être quelques torrents qu'il faudra respecter et qui nous arrêteront. Au surplus, nous serons en force; il nous faut à notre aise 4 jours. Cette marche vaudra bien un dessin. Nous sommes dix, dont deux femmes, quatre muletiers et un onzième mulet pour le menu bagage. Pendant ce tems-là, notre flotte de deux felouques gagnera, si elle veut, le large avec toutes nos voitures démontées et se rendra à Gesnes, le gros tems les inquiétant fort peu. Nos patrons conviennent que le tems est, sinon inquiétant, du moins très fatiguant pour gens qui ne sont pas accoutumés à la mer. Il paroît que toute notre petite troupe est fort contente de cet arrangement et moi aussi. On m'avoit bien dit que du 12 au 20 novembre la mer étoit peu traitable. Nos quatre jours arrêtés tant à Marseille qu'à Toulon ont dérangé toute la combinaison de notre marche, qui auroit été favorisée du beau tems, qui nous a manqué faute de 4 jours que la mer se trouvoit avoir encore à être navigable et tranquille. Ne nous plaignez pas trop ; nous regardons cet événement en peintre et nous voyons tout en tableau. Nous voyons notre caravanne fort curieuse et sujette à événement que chacun produira. Il ne peut y en avoir que d'agréable avec un si grand nombre de voyageurs. Je me couche avant 11 heures, entendant les plaintes de la mer. A demain l'ordre pour la cavalcade à 7 heures.

A Oneil, samedi 13 novembre. — Vous avez vû ci-devant que l'ordre étoit donné pour notre cavalcade ce matin à la pointe du jour. Effectivement, nous avons fait spectacle dans la ville. D'un côté nous avions 20 matelots de nos felouques qui venoient prendre nos ordres et nous aider, de l'autre côté 12 mulets avec 4 hommes à pied et, de notre bande, 10 personnes dont deux femmes et aussi sur des mulets ; voyez tout cet étalage, et 2 mulets garnis de notre menu équipage, couverts de nos peaux de tigre, avantage et parure dont ils n'avoient jamais été favorisés, et dont les muletiers du moins étoient très flattés. Après le choix de nos montures et l'ordre établi dans la marche, les bagages à la teste, nous voila partis à 8 heures à la file, faute de pouvoir aller autrement et nous voilà à 2 heures 1/2 arrivés à Oneil, faisant 5 lieues en 6 heures, il est vrai au pas de petits mulets suivis d'hommes à pied et obligés de faire souvent attention au chemin pour quelque guet de rivière à passer et quelques chemins un peu étroits comme sur des corniches en montant et descendant, qui obligent d'aller doucement. Tout cela, dans le fond, n'est pas effrayant, ni si terrible qu'on nous le disoit. Tout ce chemin est faisable, et sans danger, mais toujours à faire de jour. Si j'allois vous le dépeindre en peintre ou amateur, il faudroit que je le rendisse effrayant ; il y a effectivement des aspects et des situations imposantes par l'élévation où on se trouve, sur des rochers sur le bord de la mer qui vient les battre avec des hurlemens et une violence incroyable, surtout depuis quelques jours dans cette saison ; d'autres situations où on se trouve de niveau à la mer, qui à chaque moment vient avec impétuosité battre les pieds de nos mulets ; on croiroit qu'elle va les engloutir, et de cette position, nous voyons alors de bas en haut les rochers bravant les efforts de la mer. Ces rochers prennent mille formes à chaque pas que nous faisons ; nous ne cessons de les admirer ainsi que le courroux de la mer ; mais nous ne pouvons, en chemin, nous en entretenir, attendu les bruits épouvantables des flots qui, s'amoncelant les uns sur les autres, viennent se briser ou plutôt se terminer bien juste à nos pieds. Il y a de quoi y attraper une surdité. Nos 8 heures à cheval, par le plus beau soleil, nous ont parû très courtes étant toujours occupés et chacun ayant matière à différentes réflexions. Nous nous sommes loués mille fois d'avoir pris ce parti, voyant la mer contre nous. Nos pilotes nous ont assuré qu'ils ne partiroient pas tant que ce tems là dureroit, pour conduire nos équipages à Gesnes ; nous sommes très contents de tenir à la terre et nous sommes persuadés que d'Antibes à San-Remo le chemin est dans le goût de celui d'aujourd'hui, d'où nous concluons que l'on ne sçait à qui se fier ; que tous ceux que l'on consulte et qui vous conseillent vous disent ce qu'ils ne savent que de ouï dire, ce qui fait que les uns sont pour le voyage par eau, les autres pour celui par terre. L'eau a le plus grand désagrément, c'est que, vos équipages rangés avec peine dans la felouque, il ne reste qu'un très petit espace pour mettre quatre personnes qui ordinairement deviennent malades et ne peuvent s'étendre de leur long, et d'ailleurs, peu couverts, en cas de pluye, d'une bonne toile pénétrable et à la pluye et au vent. Je désabuserai qui voudra des felouques que l'on dit côtoyer la côte à volonté ; on y est engagé croyant que l'on y aborde quand on veut ordonner, et point du tout ; il faut tenir le large et sans rame, à moins d'un calme qui est rare. Notre projet est, demain, de faire 4 lieues jusqu'à Aiguilles ; mais il faut 8 heures, attendu, dit-on, quelques passages difficiles ; de quelque façon que cela soit et au moindre embarras, nous mettons pied à terre ; on peut être tranquile sur nôtre prudence. Il résulte de tout cela à l'arrivée un appétit considérable, et bien heureux d'avoir notre cuisinier et le coffre à toutes sortes de provisions, car sans cela nous nous serions dérobé quelques repas. Ordinairement pendant que le souper s'aprète pour la chûte du jour, nous parcourons l'endroit où nous sommes. Les églises, elles sont toutes propres, décorées avec prétention d'un goût éblouissant mais trop chargé, et sans aucun repos, et de forme tourmentée, et avec tout cela enrichies de beaucoup de marbres blancs et d'autres couleurs qui ont coûté autant de façon et plus que choses bonnes ; mais voilà, dit-on, le commencement du goût d'Italie. Il n'y a que les monuments anciens de beaux et les tableaux. La ville d'Oneil que nous habitons aujourd'hui est escarpée comme toutes les autres de la coste de Gesnes, sur un rocher que la mer vient battre. Cette ville, enclavée sur la côte de Gesnes, apartient au roy de Sardaigne. Je me rapelle, dans mes espèces de relations précédentes, de m'être plaint d'avoir manqué de matière faute d'événements ; mais depuis Toulon, nous ne sommes pas mal contrariés et les événements se succèdent, mais ils ne nous ont seulement fait perdre que quelques jours sans aucun accident. Nous voilà débarrassés de ceux de la mer, ou du moins des incommodités qu'elle cause, et la terre ferme nous fera passer par dessus quelques petites fatigues inséparables et d'une autre espèce. Je me couche et vais m'endormir au bruit très considérable et souvent plus fort que des coups de canon de la mer qui se brise à la muraille de ma fenêtre; j'en ressens la secousse dans mon lit. A demain matin ; à la pointe du jour, nous reprenons notre caravanne.

Aiguilla, dimanche 14 novembre. — Nous voila arrivés toujours sur le bord de la mer et sur les côtes de Gesnes à 2 heures après midi, faute de gîte plus loin, à moins d'entamer sur le soir, ce qui n'est pas dans nos principes. Nous étions partis, messe entendue, à 8 heures du matin. On ne compte que 4 lieues, mais la construction en est d'escaliers qui aident à monter pendant 2 heures de suite et d'autres à descendre des montagnes les plus hautes, mais sans le moindre danger et la plus petite inquiétude. Cependant, on nous avoit annoncé cette journée comme de la plus grande difficulté. On ne peut faire plus de chemin, étant obligé d'aller au petit pas des mulets et des muletiers. Notre journée, à la regarder en peintre, ne s'est pas trouvée si heureuse en rochers, et en situation pittoresque ; nous avons moins cotoyé la mer, mais nous avons grimpé plus de montagnes, et si hautes, que nous voyons près de nous, quoi qu'à 15 lieues, celles de Savoye, bien couvertes de neige. La petite ville de l'Aiguilla, où nous sommes, promet de loin plus qu'elle n'est; elle se trouve à plat sur le bord du rivage et non escarpée comme presque toutes celles de la côte. Le beau tems, et très chaud, ne nous abandonne pas heureusement depuis le commencement de notre cavalcade, dont voilà le second jour. Nous prévoyons bien qu'il nous faudra 5 jours au lieu de 4 suivant notre marché fait. Il est aparament dit qu'il faut que nous vérifions le plan de la côte de Gesnes, car nous la connoitrons très bien et par détail, ce que nous n'aurions pû faire par mer. Cette ville ne paroit habitée pour la plus grande partie que par des pêcheurs ou gens de mer, et il ne peut y aborder que de petits bâtiments. Il y a une église que l'on remet à neuf ; il paroit que c'est le même architecte de tout le pays qui entreprend de jeter de la poudre aux yeux par le goût le plus tortillé et devant nécessairement entraîner l'attention par les différentes et bizarres formes et par toutes sortes de couleurs et beaucoup de verdâtres. Au surplus, la situation de notre auberge nous fait beaucoup de plaisir ; on y monte par un perron de 12 marches et nous sommes vis-à-vis la mer qui est plus raisonnable aujourd'hui. Il y a devant nous une espèce de petit port, et les bords fort étendus à droite et à gauche se trouvant sablés d'un sable très battu et fin, ce qui a fait notre promenade jusqu'à l'heure de notre souper 5 heures, et aussi après notre souper. J'ai assés parlé de notre bon appétit ; il subsiste. Nous nous retirons avant 10 heures, et moi j'écris jusqu'à 11 heures 1/2 environ. Ne pouvant partir qu'avec le jour, il est assés tems de nous éveiller avant 7 heures. Ainsi nos nuits sont complettes, mais, désabusés-vous sur la bonté des lits : ils sont sur des trétaux, très mal outillés.

Pour ma part, je les arrange pour être bien unis. La bonté m'est indifférente, ne me couchant jamais entre deux draps quand je fais route même de 8 jours de suite, et on dort bien avec le régime que nous menons. L'enseigne des auberges est presque toujours celle-ci : *Ogni hosteria e buona ma questa e la corona*, c'est-à-dire toutes les auberges sont bonnes, mais celle-cy est la couronne, c'est-à-dire la première de toutes, et l'enseigne se dit : *à la Couronne*. Cela fait un jeu de mots.

Dans ces belles auberges on ne trouve rien. Il ne serait pas possible, avec notre nombre, de nous passer de cuisinier et de provisions, aussi nous ne souhaitons autre chose que de grands endroits et des matelats. Nous sommes tranquiles pour les vivres et l'assaisonnement. Le vin est bien douce-reux ou bien aigre, et bien mauvais. J'oubliois de dire qu'on ne rencontre autre chose dans les montagnes que des oliviers dont la récolte, cette année, en Provence et par toutes les montagnes est des plus abondantes qui se soient vues. Les montagnes sont arrangées avec des pierres et beaucoup d'industrie ; elles sont formées par amphitéâtres ou terrasses dont la plate forme est cultivée en quelques grains et plantée d'oliviers ; je n'ai pas rencontré aujourd'hui de jardins ou vergers d'orangers. Je ne saurais trop répéter que notre cavalcade est une promenade dont il est impossible de se trouver fatigué.

A Final, côte de Gesnes, lundi 15 novembre. — Nous voici arrivés icy toujours par le plus beau tems à 3 heures après-midi ; depuis huit heures du matin, tout d'une traicte sur nos mulets, ainsi que nos cavaliers, pour 5 lieues ; nous avons rencontré beaucoup de montagnes en escaliers ainsi que pour descendre. Elles sont extrêmement hautes, mais sans le moindre danger, le chemin ayant toujours au moins 6 pieds de large et presque toujours un parapet ou naturel ou fait exprès et, quant aux descentes, il n'y a pas la moindre inquiétude. Nous pouvons certifier que cette route est faisable avec gîtes passables. Dans les grands jours on pourroit les doubler, mais dans ce tems-cy, quoiqu'arrivés à 3 heures, nous ne pouvons rien entreprendre de plus. Tout ce qu'il y a de remarquable dans la route d'aujourd'hui, c'est qu'avant d'arriver icy à Final, il faut monter pourtant près de 3 heures et descendre une montagne avant d'y arriver. Voici pour le coup une montagne que celle-ci ! Quand on est en haut, on voit, toujours sur le bord de la mer, une étendue immense ; on voit des vaisseaux comme ceux que les enfants font de cartes, et les hommes comme des testes de mouches. Jugés de l'élévation énorme ! Quand on est en haut on voit Final au bas de la montagne comme si on y étoit tout près, mais il n'y manque plus qu'une heure 1/2 pour y descendre par mils détours, larges assés, mais encore trop roides pour ne pas prendre à la fin son parti de mettre pied à terre. Cela s'appelle une terrible montagne ; je ne crois pas que nous en trouvions de plus fortes, et tout cela ne peut donner la moindre inquiétude. Il ne faut que de la patience ; on ne va que le pas de petits mulets et de leurs conducteurs et on finit par arriver. Je ne comprends pas comment le courrier peut s'en tirer la nuit. Final est une petite ville sur le bord de la mer. Notre auberge est sur la vüe de la mer et sur une assés jolie place ; nous y avons été visiter les églises, qui se font remarquer par les ornements extérieurs prodigués en peinture imitant le marbre, et en dedans, par quelques colonnades de différents ordres, brodées à leur façon et enrichies de tout ce que leur génie, qui nous paroit bien faux, peut leur suggérer : sculpture, double sculpture, dorure par-dessus et le tout sans repos. Chaque église a son premier coup d'œil dont la propreté et l'éblouissement fait quelque plaisir. A 5 heures, à la chûte du jour, vient l'occupation sérieuse du souper ; nous sommes très exacts à nous y rendre après avoir parcouru la ville où nous nous trouvons et les environs. Ce n'est pas sans peine que nous nous faisons entendre, ne parlant icy ni Gênois, ni Italien, car je vois qu'avec mon peu d'italien, je commence assés à me faire entendre, et j'espère faire des progrès très grands par l'usage dans les bonnes villes. Nous trouvons les gens assez honnêtes partout jusqu'à présent. L'habillement des femmes du peuple est, par la tête, les cheveux bien lissés sans poudre et rassemblés à un point, avec des nattes, derrière la tête et une grande aiguille d'argent qui traverse l'extrémité du bourlet fait par plusieurs nattes. Les femmes au-dessus me paroissent coiffées à la françoise, peut-être un peu chargée ; je ne vois aucune différence. J'ai trouvé la route d'aujourd'hui encore plus garnie d'oliviers, et des endroits presque comme une forest d'haute futaye desdits oliviers, et cependant la terre près d'eux bien labourée et toutes les montagnes, si hautes qu'elles soient, coupées par terrasses de 12 pieds et 18 de large, soutenües par des murs de pierres sèches, ce qui leur procure un petit terrain à chaque terrasse où il y a terre labourée et oliviers. Je trouve ces montagnes très industrieusement travaillées et dont l'établissement et l'entretien demande beaucoup de soins. A demain matin 8 heures, à notre aise, à cheval, à mulets, pour Savonne ; cinq lieües ou 6 : nous devons y trouver bon gîte. La mer à ce moment paroit se fâcher et ne veut pas que nous la regrettions. Nous aimons mieux nos montagnes et la terre ferme ; les corniches impraticables de la côte de Gênes ne sont pas comme on nous le racontoit. Nos logemens de cabarets sur la coste sont presque tous composés d'une grande chambre, et de plusieurs chambres, le tout blanchies de chaux ; des lits sur 4 tréteaux et sur des planches ; point de rideaux ; un chantourné plaqué contre le mur et ne tenant pas au lit, ledit chantourné doré et entourant une image de la Vierge, icy dans la plus grande vénération, et le fond du lit de deux matelats, quelquefois passables.

Savonne, mardi 16 novembre. — Les jours se suivent mais ne se ressemblent pas. Nous avons débuté ce matin à 8 heures par monter pendant deux heures une très rude montagne qui nous a fait louvoyer et prendre différents biais dans les gorges, vis-à-vis les montagnes de Savoye qui nous ont favorisé d'un vent impétueux et des plus froids. Nous avions espéré n'être plus assujétis à aucun froid, ne rencontrant plus de cheminées dans les maisons depuis San-Remo, mais nous retrouvons à Savonne des cheminées, et, ce soir, nous ne nous faisons faute du fagot. Notre arrivée icy commence à nous faire espérer enfin que nous gagnerons Gênes demain. Encore 6 heures de marche à cheval et, de là, nous trouverons des petites calèches qui nous mèneront à Gesnes en une heure 1/2 environ. Après nous être fait l'œil à voir quelques maisons peintes extérieurement dans les villages, et les moindres églises décorées brillamment, sans goût, nous ne sommes pas moins surpris icy, et nous voyons comme chose nouvelle, toutes les maisons variées d'ornements à l'extérieur en peinture, et les églises augmenter de décorations au-dessus de tout ce que nous avons vû. On ne peut entrer dans d'autres détails que de dire, quand l'extérieur de l'église n'est pas décoré de vraie architecture ou colonnes de marbre, toute la façade du moins est peinte en différentes architectures, et variété de marbre et effets de perspective à peu près rendus ; mais on ne peut se refuser au coup d'œil imposant que fait toute cette peinture et qu'elle doit faire encore plus aux yeux qui n'ont aucune idée des bonnes choses et des effets vrais. Il y a surtout l'église de Ecoles Pies, qui paroit un bijou dans un mauvais ensemble : outre l'architecture en pilastres, je ne sçais de quel ordre, amplifié ou rogné au gré de l'architecte, cette architecture est encore dorée autant qu'elle peut l'être ; les fonds sont colorés et peints en marbre doux et par des tons qui vous amènent à un plafond entièrement peint dans tous les retours de l'église, qui n'est pas grande. Il est sûr que ce plafond est mauvais et peint brillant et crû; mais sa hauteur aparament, et toutes les couleurs qui viennent à son secours de la part de l'architecture lui donnent sans doute un ensemble qui oblige nos yeux à accorder quelque éloge à cet ensemble qui nous fait regarder le tout comme un bijou brillant par sa dorure et ses ornements à l'infini. Je vois que toutes les églises sont recherchées dans ce goût là, et la Vierge est la grande ressource qui amène les fonds pour l'exécution ; il n'y a personne qui ne s'y preste. La ville de Savonne ne me paroit pas considérable ; il y a le gouverneur, M. le marquis Doria (1), auquel nous avons été faire notre visite. C'est un grand homme, fort

---

(1) Probablement Jean-Henri Doria, marié le 6 janvier 1766 à Louise-Françoise-Charlotte de Montcalm-Gozon. — La maison Doria était originaire de Gênes ; vers le xiv° siècle, une de ses branches vint s'établir à Tarascon.

honnête et qui nous a fait l'honneur de nous inviter à dîner, au cas que le vent très impétueux qu'il fait nous empêchât de partir; car on prétend que ce vent-là seroit très dangereux aux haut des montagnes qui demandent 2 et 3 heures à monter. On rencontre des soufflets dans certaines gorges, capables de culbuter et hommes et mulets. Nous n'irons qu'à bonnes enseignes, et nous ne manquons pas icy de secours, surtout de M. (1), consul de France, qui est venu au devant de ce que nous pouvions désirer. Nous trouvons icy M. l'abbé de (1) qui retourne à Gênes et viendra avec nous. Nous nous portons tous bien, nous avons bien soupé comme à notre ordinaire, et je finis d'écrire à 10 heures 1/2, me couchant pour partir demain matin à 6 heures.

A Gesnes, mercredi 17 novembre. — Enfin, après avoir parcouru des montagnes que l'on nous avoit doné pour considérables, et parcourû les vraies corniches de la côte de Gesnes, nous concluons par dire qu'il n'y a rien de dangereux, après avoir vû les autres de ci-devant et celles surtout de Final. Celles d'aujourd'hui sont bien en escaliers, mais beaucoup plus pierreuses que toutes les autres; c'est toute la différence. Nous sommes arrivés à Voltry, à 2 heures de chemin de Gesnes, après 7 heures de suite de marche. On y prend des voitures que l'on nous avoit annoncées, mais, quelles voitures ! Elles ne sont ni carosse, ni calèche, ni cabriolet, et encore au-dessous de nos mauvais fiacres de Paris; il faut cependant en passer par là. Elles ne vont que trop vite pour leur peu de solidité et pour le reste des cailloux dont le chemin est toujours un peu semé jusqu'à Gesnes. La nuit nous ayant gagnés, je ne peux rien

(1) Noms restés en blanc dans le manuscrit.

dire aujourd'hui de la vue de Gesnes. Nous avions pris pour tout notre bagage trois de ces voitures dont nous en avions fait partir très promptement une avant nous, pour aller solliciter le retard des portes à fermer et pour remettre une lettre à M. Régny (1), consul de France, très obligeant, pour le prier de nous aider à nous loger. A ce moment, une heure après minuit, nous ne savons ni ne pouvons deviner le succès de notre ambassade. Nous sommes arrivés à 7 heures environ aux portes fermées de Gesnes; nous avons crû y recevoir quelques nouvelles, du moins de nos gens; nous avons questionné la sentinelle qui nous en a appelé un autre, et de raisonnements en espérance, nous sommes restés dans nos perfides voitures à jour, et par un vent froid et impétueux, 4 heures, après quoi, perdant toute espérance, nous avons fait retraite dans le faubourg, à l'auberge du Pape, non sans murmures et grand mécontentement. On disoit aux portes qu'il n'y avoit qu'à un sénateur ou à un général d'armée auquel on pût ouvrir, et un moment après on nous faisoit savoir qu'il alloit nous être accordé le décret de la part du Doge et d'un sénateur. Tous ces raisonnemens nous ont tenu 4 heures pour attendre, encore, après un mauvais souper, notre cuisinier nous attendant dans la ville, ayant été de la première voiture. Tout n'est pas plaisir. Voilà le premier jour où nous nous trouvons annuités, mais à la porte d'une ville. Il y a, avant Gênes, une petite ville que l'on appelle Pezzy ; notre curiosité nous y avoit fait mettre pied à terre au Palazzo de M. de Lomellini. Effectivement il en valoit bien la peine. Il n'y a que le grand chemin entre le bout et la grille de fer; jardins et la

---

(1) M. de Rigny appartenait à une famille originaire du village de ce nom, commune de St-Symphorien-de-Lay, arrondissement de Roanne (Loire).

mer au plus vaste. De la grille on monte en pente douce
jusqu'au château ou palais, entre deux hayes ou d'ifs, ou
tamarins. L'extérieur du bâtiment est très décoré d'architecture et réelle et de peinture. On entre dans un très beau
vestibule voûté ; toutes les pièces dans ce pays sont voûtées. Il y a appartements complets à droite et à gauche, très
vastes, à peu près à la françoise pour la distribution. Les
voûtes sont très joliment peintes en arabesque de bon goût,
mais le reste sur les murailles s'en éloigne beaucoup. L'apartement au dessous paroit encore plus vaste ; on y monte
par un escalier voûté, tout peint aussi en arabesque, ainsi
que le plafond. Du très grand pallier, en haut, on entre
dans un vestibule très vaste et élevé et imposant, mais dont
le coup d'œil par la belle vüe est des plus surprenant : d'un
côté on voit l'horison de mer le plus étendu, de l'autre une
partie de jardin très belle, dessinée d'un grand parti, formant un très grand cercle d'un tapis de verdure, entouré
de bustes sur des gaisnes et de figures en pied. Rien n'est
plus satisfaisant que ces deux percées, étant dans le vestibule. Tout le reste de l'apartement, toujours vouté, est
peint en arabesque à faire le plus grand plaisir, surtout par
le contraste des mauvaises choses peintes sur les murailles.
Il y a d'ailleurs d'autres belles parties de jardins plantés
en orangers, en pleine terre, garnis de fruits. Il y a dans
les apartemens toutes les commodités et recherches : salles
de bains et cætera. Il est bon d'observer que dans tous ces
grands châteaux ou Palazzo, ni le maître, ni autre n'occupe
le bas, mais le plus haut de la maison. Il vaut mieux revenir
sur mes pas que d'oublier plusieurs palais que nous avons
vûs, environ 2 heures après être sortis de Savonne, c'est-à-dire à une lieüe environ, dans le village d'Ardisol, bien près

des montagnes sans pouvoir s'étendre. D'un côté est celui d'Ardisol, peint en architecture, de l'autre celui de Rovere, ancien doge. Ce dernier est le plus singulier pour le premier coup d'œil, qui présente un jardin de médiocre grandeur qui fait comme cour. Il est entouré d'orangers dont l'on entortilloit la tige avec soin de paille à cause du vent dur qui souffloit. Dès l'entrée, on voit des escaliers balustres de marbre blanc, et ces escaliers, de face et de côté, faisant mils retours et causant par conséquent beaucoup d'effets tourmentés aux yeux ; mais la richesse du marbre blanc est séduisante. Cet escalier conduit à une terrasse terminée par une grote percée à jour d'où sort une grande figure d'Hercule. Il y a beaucoup d'effet, mais rien à servir de modèle.

Revenons au plein pied. A gauche, en entrant, 4 sallons peints dans toutes leurs voutes suivant la saison décidée, chacun, l'automne en fruits, raisins, etc., et les autres de même ; cela fait un total et un ensemble si immense que la réussite ne peut être attribuée qu'à la grandeur et à la nouveauté du choix et variété des apartemens, car ces voutes ne sont pas fort élevées et cette quantité de peinture n'est pas assés bien entendue pour tromper et lui faire paroître plus d'élévation. Il y a un autre sallon très grand, fait en grotte et en choses précieuses d'histoire naturelle et productions rares et bien arrangées dans ce genre. Toute cette visite s'est faite en passant et descendant de cheval, sans déranger les maîtres qui demeurent au haut du palais. L'apartement du haut est aussi très beau et immense ; il se distribue par un vestibule fort noble et très élevé dans lequel est le buste de Rovère, ancien Doge, dans ses habillements.

Je reviens encore au coup d'œil des escaliers qui se trouvent en face de la grille du jardin ; c'est le tourment précisément pour les yeux et comme copie d'après les mauvais dessins de la Joüe ; ce sont des rêves. Il y a quelque chose de théatral qui fait effet cependant. Quoique mauvais, il faut le voir ; encore a-t-on de la peine à le croire. Il y a aussi une très jolie chapelle, bien dorée et très bien décorée.

Gesnes, jeudi 18 novembre. — Nous sommes abandonnés toute notre journée jusqu'à 4 heures à courir au hasard dans toute la ville et entrer surtout dans les cours des Palais et dans les Églises. Je me réserve de revenir à ces articles, devant voir les endroits principaux et où il peut y avoir des beautés, demain matin avec *M. Calais* (1), peintre revenant de Rome avec beaucoup de talent, qui est occupé icy à peindre un plafond chez *M. le marquis de Spinola* dans un nouveau salon de son palais, conduit et sur les dessins de *M.D. Wailly* (2) et controleur des bâtiments du Roy à Versailles. Demain nous comptons voir ce sallon.

Gesnes, vendredi 19 novembre. — Nous avons vû ce matin le sallon cy-dessus dont le plafond est peint par *M. Calais*. C'est l'apothéose d'un *Balby*. Ce plafond est d'une très belle couleur, d'une belle composition et d'un très beau caractère de dessin. Il fera honneur à la peinture française et contribuera à faire réformer de mau-

---

(1) Callet (Antoine-François), né en 1741, mort en 1823, grand prix de peinture à l'Académie, en 1764, avec le sujet suivant mis au concours : *Cleobis et Biton conduisant leur mère au temple de Junon*; agréé en 1779, membre de l'Académie le 25 novembre 1780. Son tableau de réception est un plafond représentant le *Printemps*, qui décore actuellement la *Galerie d'Apollon au Louvre*. Il a exposé à tous les salons. — (Voyez les comptes rendus du *Mercure de France* et des *Mémoires secrets*.)

(2) De Wailly (Charles), architecte célèbre né à Paris le 9 novembre 1729, mort dans la même ville le 2 novembre 1798, grand prix d'architecture, puis membre de l'Académie royale, auteur du théâtre de l'Odéon, à Paris.

vais plafonds qui se trouvent au milieu de très beaux tableaux. Je ne doute pas que l'exécution du sallon conduit pour l'architecture par M. D. Wailly ne réponde aux beaux desseins que tout le monde a été à portée de voir, à l'exposition des tableaux à l'Académie à Paris (1). Nous n'avons pu juger absolument de tout l'ensemble, toutes les parties étant en train d'être terminées et attaquées les unes par la dorure, d'autres par le stuck. Sans prétendre entrer dans le détail de tous les palais, je m'en tiendrai à dire comme je les ai vûs et quelques tableaux qui ont pû m'affecter plus particulièrement. Je commence par le Palais del *signor Marchese Francesco Maria Balby*, *R. Jacob*, ou plutôt, le détail me paroissant considérable je prends le parti pour cet ordinaire d'en rester là me réservant d'amasser tous mes matériaux sur les beautés de Gesnes et renvoyant pour le détail des tableaux au voyage par M. Cochin et à M. de la Lande (2).

Gesnes, samedi 20 novembre. — J'ai fait ma visite hier vendredy à M. de Boyer, envoyé extraordinaire de France (3), qui m'en a rendu une ce matin. Demain j'aurai l'honneur de dîner chez luy. Il y a aparence que je ne repartirai de Gesnes que mercredi prochain, en nous rembarquant dans nos felouques jusqu'à Léricy, voyage de 24 heures,

(1) De Wailly avait, en effet, exposé au Salon de 1771 le modèle en relief d'un escalier qu'il devait exécuter à Mont-Musart (*Mons Musarum*), maison de plaisance de M. de La Marcho, premier Président du Parlement de Bourgogne, et, à celui de 1773, le modèle d'un escalier exécuté au château des Ormes (Poitou), chez le marquis de Voyer, fils du comte d'Argenson.

(2) « Voyage d'un Français en Italie fait dans les années 1765 et 1766, con-
« tenant l'histoire et les anecdotes les plus singulières de l'Italie, les mœurs,
« les usages, le commerce, la littérature, les arts et les antiquités, avec des
« jugements sur les ouvrages de peinture, de sculpture et architecture » (par l'astronome Lalande. Yverdon, 1769-70, 8 vol. pet. in-8°).

(3) M. de Boyer appartenait à la famille de Boyer d'Eguille, dont les membres avaient occupé les plus hautes charges au Parlement de Provence.

peut-être de 12 seulement, de là à Pise, à Florence et à Rome. Tout n'est pas plaisir, car ces embarquements et débarquements sont incommodes et d'ailleurs on voit avec chagrin démantibuler par morceaux ses équipages. C'est cependant par où tout le monde passe.

Gesnes, dimanche 21 novembre. — J'en suis resté à mon arrivée à Gesnes dont je n'ay fait encore d'autre détail que de dire que nous employons toute la journée à courir et à pied, bienheureux d'avoir du beau temps, car on ne peut faire ses courses en carrosse ici, et avec des chaises, on n'avanceroit que peu.

Si on veut se laisser surprendre à la première vue de Gesnes on verra tout en *palazzo*, ou palais, mais pour la plus part ce sont les murailles que l'on a peintes en toutes sortes d'architecture tant bonne que mauvaise et en toutes sortes de rêveries. Je n'exclue pas cependant qu'il n'y ait d'immenses palais : les uns s'annoncent extérieurement par des vestibules et cours petites et embarassées de nombre de colonnes, les autres ont moins d'extérieur et se trouvent avoir réellement des intérieurs du plus grand vaste, salles immenses et enfilades de pièces à perte de vue pour ainsi dire.

Revenons à entrer dans ces palais. On ne trouve jamais personne à la porte, ni suisse ni portier, mais souvent un cordonnier ou savetier établi dans le vestibule. Les carrosses ne peuvent y entrer ; on monte, croyant devoir s'arrêter au premier, point du tout, on ne rencontre personne ; on monte au deuxième et souvent au troisième faisant environ 80 marches, et c'est là où commence le palais ; alors on vous ouvre. On prétend que l'on doit monter si haut au bel apartement parce que l'air est plus pur et que l'on y voit plus clair, attendu que les rues sont étroites. Il y a cependant des palais dans *Strada Nuova*... ou rue neuve qui est fort large et où on a suivi l'ancien usage de se hucher d'une hauteur très considérable et des plus pénible à monter. Nous avons été conduits par un bon guide, peintre et connaisseur, qui ne nous a menés que dans les palais qui en valoient la peine. Pour la plupart des tableaux je renverray au détail fort bien fait par M. Cochin et par M. de la Lande, sans quoy cela demanderoit des volumes de ma part que je ne peux entreprendre.

Je commence par le Palais Doria qui est hors la ville et dont je suis étonné que M. Cochin n'ait rien dit. Cependant il y a des galeries peintes sur la muraille par Perino Delvaga (1), stile de Raphael, dont le caractère et le beau dessein, font grand plaisir. Les voûtes aussi sont peintes d'arabesques d'un très bon goût et variées. Il y a sur les portes des Enfants peints par Piola (2). Je vois que M. de la Lande parle de la beauté et de la situation de ce palais. Effectivement, je n'ai rien vû qui ait l'air si palais. La situation y contribue sûrement beaucoup. En entrant et de tous les côtés du dit Palais, on voit le plus beau coup d'œil de la mer, mais varié, donnant sur le port et sur l'entrée, et la vue s'étendant par de là sur la pleine mer. Sur la gauche, on voit une partie de la ville en amphitéâtre et terminée par

---

(1) Buonacorsi, dit Perrino del Vaga, peintre, né en Toscane en 1500, mort en 1547. Elève de Vaga (d'où lui vient son surnom), un des élèves de Raphaël, les plus remarquables.

(2) Il y a eu deux peintres de ce nom : 1° Pellegro Piola, né à Gênes en 1617, mort assassiné en 1640, qui n'a laissé que de rares ouvrages parmi lesquels on remarque une *Madone*, galerie Brignole Sales à Gênes ; 2° Dominique, né en 1628, mort en 1703, qui s'est acquis une certaine renommée en imitant le genre de Pietro de Cortone.

des fortifications qui font un beau tableau et pittoresque, et derrière, sur la gauche, on voit des montagnes prodigieuses s'élever, et faire un beau fonds à ce coup d'œil. Revenons à l'entrée du palais. Dudit palais au bord de la mer il y a une terrasse ou jardin, d'environ 50 toises de profondeur, au milieu duquel il y a un Neptune en marbre blanc des plus mauvais, trainé par des chevaux encore plus mauvais. On dit qu'il représente André Doria, le tout dans plusieurs bassins de marbre blanc faisant cascade et cependant procurant à l'œil un grand effet par la quantité de marbre blanc. Le reste du jardin est planté en orangers et citronniers, les uns en arbres, d'autres en palissades avec profusion, le tout chargé de fruits ; c'est le plus bel effet. On descend dans ce jardin par différentes rampes et escaliers tout en marbre blanc. On ne peut se lasser de voir une si belle situation ; elle est digne d'un palais de roy et du plus grand beau.

Les apartemens et galeries y sont sans fin et de la plus grande étendue. Il y avoit par de là la rue, vis-à-vis ce palais, nombre de jardins en terrasse sur les montagnes. Ils ont été négligés, le prince Doria habitant Rome à présent.

Je vois que, par tous les pays où je passe, on s'y plaint de la cherté et que tout y est augmenté ; partout il y a un monopole sur les bleds qui les tient chers et personne n'en peut rendre raison et tout le monde le voit et s'en plaint. Je ne prétends suivre d'autre ordre dans mes descriptions que ce que permet une lettre, et ce que j'ai vû dans la journée.

Je remarque que toutes les femmes du peuple et du second ordre ne sortent jamais que voilées d'un voile d'indienne blanche et à fleurs rouges ce qui nous paroit fort vilain ; un voile uni comme en Flandre feroit beaucoup mieux. Les femmes du premier et du second ordre en usent aussi pour sortir à leur aise et incognito, attendu que l'on se couvre le visage autant et aussi bien que l'on veut. Aujourd'hui nous avons été voir le Doge (1) et son palais qui s'appelle *Pallazo Reale*. C'est le dimanche et un jour de gala où il va à la messe à *Notre Dame des Vignes*. Nous nous sommes tenus dans les galeries pour le voir sortir de ses apartemens. Il est précédé d'une douzaine de pages richement vêtus, mais choisis dans des gens du plus commun, et très vilains; leur habillement est un juste d'étoffe d'or et d'argent et un manteau court de même, avec une trousse et bas de soye blancs et souliers à talons rouges, le tout à peu près comme les habits de l'ordre du Saint-Esprit. Il est précédé de ses massiers et accompagné de deux sénateurs, au milieu desquels il marche, vêtu d'une robe rouge. C'est un Grimaldy de la plus grande et belle taille et d'une très belle représentation. La cour est garnie d'environ 40 hommes sous les armes, le drapeau à la teste; il est précédé d'espèces de cent Suisses de petite taille, assés mal vêtus, de vilaines figures et mal coiffés de grands chapeaux pointus dans toutes leurs cornes. Tous les sénateurs, ou du moins en grand nombre, suivent; en tout, il y a de la représentation et tous les gens du pays voyent ce cortège avec plaisir et disent que le *Prince* va passer.

---

(1) Andrea Grimaldy Monaco. — Mademoiselle de Valentinois, héritière des anciens princes de Carignan, de Salerne et de Monaco, était le dernier représentant de la souveraine maison de Grimaldy. Elle avait pris alliance avec un petit-fils du maréchal de Goyon-Matignon, à charge d'adopter pour leur postérité le nom et les armes des Grimaldy. Le doge de Gênes, en 1773, « était « un beau grand jeune homme, à pleine peau d'un blanc mat, avec une forêt « de cheveux bouclés, de sourcils noirs et de barbe fine. On aurait dit une « plante vivace et touffue. » (Souvenirs de Mme de Créquy, t. II, p. 147.)

Cejourd'hui dimanche, nous avons été dîner chez
M. l'Envoyé de France, M. de Boyer ; on ne peut rien de
plus honnête ; il remplit bien son état. Il est estimé et
aimé. L'après-midi ou la soirée depuis 4 heures est difficile à passer, n'y ayant plus rien à voir la nuit et n'y ayant
pas de spectacle, à cause de la célèbre Notre-Dame des
Vignes. Il ne s'est trouvé qu'une musique dans un oratorio
où les femmes n'entrent point. Cette petite église est charmante ; elle représente plutôt une jolie salle de fête et de
bal pour la dorure. La musique est, comme vous entendés
bien, italienne, et pas encore de la plus parfaite. Il y a des
voix claires de ces Messieurs de la Chapelle qui ont beaucoup de talens ; la simphonie est ce qui nous a fait le plus
de plaisir ; tout cela n'a pas été bien long. Cette musique
est divisée en deux parties : après la première, qui est la
meilleure, le prédicateur monte en chaire et je me suis en
allé avec presque tout l'auditoire. J'en étois honteux, mais
j'étois du plus grand nombre.

Gesnes, lundi 22 novembre. — Le soir, le mauvais
tems, doux et d'orage, s'est décidé ; il a continué la nuit
avec tonnerre et éclairs et la plus grosse pluye, et ce matin
lundi, il n'y a pas eu moyen de partir par la pluye des plus
fortes et continuelle jusqu'à une heure après midy, et tonnerre de la même force. Cela donne un peu de fraîcheur le
soir ; on dit que c'est tout l'hiver du pays. Le reste de la
journée n'a pas été sans pluye et même beaucoup de
tonnerre.

Le soir à 7 heures on va à un opéra comique de bouffon
jusqu'après 11 heures après avoir dîné à 3 heures. Une partie de bouffons nous a fait grand plaisir ; plusieurs ariettes

charmantes et une très bonne simphonie. Le spectacle dans ce tems cy est encore fort peu garni. Il y a bien des choses assés ridicules dans les acteurs ; ceux qui jouent les rolles d'amoureux sont frisés et mis à peu près à l'ordinaire, mais il est de l'élégance d'avoir les oreilles bien plaquées de poudre et aussi de la poudre sur le bord des cheveux, sur le front. Cela ne réussirait pas à Paris.

Les ballets sont dignes de Nicollet à Paris (1). Il y a surtout deux danseuses ou plutôt sauteuses comme si elles dansoient sur la corde ; rien n'est plus aplaudi ; c'est une fureur de la part des Italiens qui s'aprochent du théâtre et battent des mains avec un acharnement des plus singuliers, et en vérité cela est bien mauvais.

A Sestri, mercredi 24 novembre. — Nous voici sur la coste, passés de Gesnes à Sestry, à 10 lieües, que nous avons été environ 7 heures à faire, en nous embarquant à Gesnes toujours sur notre felouque. Nous étions annoncés à nos patrons pour partir ce matin au cas que le vent et la mer fussent bons, car, comme je l'ai dit ci-devant, le tems dans cette saison est toujours douteux et changeant pour la mer. Vous aures vu nos petites contrariétés et avantures. Ce matin à 7 heures notre patron n'a pas été d'avis de partir ; il a jugé que le vent n'étoit pas encore assés fort, et qu'il espéroit qu'il seroit plus décidé à 9 heures. Effectivement à cette heure, nous nous sommes embarqués comme une médecine qu'il faut prendre en 2 jours seulement. Le vent nous a servi doucement par un beau soleil ;

---

(1) Nicolet (Jean-Baptiste), célèbre directeur de théâtre, né à Paris vers 1710, mort en 1796. Il attira la foule au théâtre de la foire Saint-Germain et, comme il s'ingéniait à varier ses spectacles, on disait : « De plus fort en plus fort, « comme chez Nicolet. »

personne n'a senti de mal de mer et nous avons presque
tous joui du coup d'œil admirable de la sortie du port de
Gesnes, et ensuite des rochers variés à l'infini de toute la
coste jusques icy. Vers les une heure, le vent nous a trop
abandonné ; nous avons eu la ressource de nos dix rameurs
et nous sommes arrivés juste à Sestry vers les 4 heures,
poursuivis par un ciel noir et d'orage qui nous a donné le
tems de mettre pied à terre, ce qui a fait plaisir à tous nos
voyageurs. La journée a été heureuse ; nous en sommes
contents et nous prenons courage, n'ayant plus qu'un
embarquement à faire demain jusqu'a Lericy, encore dix
lieües ; alors nous réquiperons nos voitures qui sont
par morceaux à faire pitié et nous voilà en terre ferme pour
toujours. Il faut avoüer que dans cette saison cy le passage
de la mer, d'Antibes à Gesnes et de Gesnes à Lericy, s'il
n'est pas dangereux est du moins inquiétant. Nous ne savons
pas si, demain matin, le vent ou la mer seront traitables ;
nous avons un patron sage. Peut-être à cause de l'orage
qu'il y a eu aussitôt notre débarquement icy, le vent sera-
t-il contraire, alors nous voilà restés un jour et jusqu'à
possibilité de nous remettre en mer, bienheureux dans tous
ces petits ports d'avoir notre cuisinier et des provisions
auxquelles nous faisons bonne mine une heure après notre
arrivée. Sestry est une langue de terre dans la mer ; c'est une
plage et non un port, c'est-à-dire que l'on ne peut arriver
jusqu'à la terre ferme. Il vient des hommes du pays qui
prennent tous les passagers sur leurs épaules jusqu'à bord,
et ensuite, avec des mouffles et poulies, on remorque la
felouque jusque sur le sable et à sec. Il en est de même
pour repartir. La ville est composée d'une seule rue assés
large ; on voit en y débarquant le même stile des maisons

de Gesnes. Presque toutes sont peintes extérieurement en différentes façons, architecture et autres. Cela donne un charme et une espèce d'enchantement au premier coup d'œil d'une ville. Il y a même quelques maisons dites palazzo comme à M. Brignolli, aux Doria, etc.

Tout ce qui appartient à l'Etat de Gesnes, villes et villages, sont peints dans le goût de Gesnes, ainsi que l'extérieur et intérieur des églises. Partout on voit des tableaux bons ou mauvais comme en Flandre; on voit que dans toute l'Italie, ainsi qu'en Flandre, il y a subsisté des écoles immenses d'habiles gens, et on est tout étonné qu'il n'en reste plus de traces dans ces deux pays et encore plus étonné de voir quelques peintres qui s'y trouvent faire les plus mauvaises choses au milieu de tant et de si beaux modèles et chefs-d'œuvre de tous les grands maîtres.

Nous voilà bien au fait de la mer depuis Antibes, ayant vogué dessus avec contentement et mécontentement, l'ayant bien vûe de près et l'ayant vue du plus haut, dans notre caravanne dessus les plus hautes montagnes et corniches de Gesnes, sans aucun danger, au grand étonnement de nombre de gens qui nous ont dit le contraire, avant d'entreprendre l'escalade des montagnes, et d'autres qui voudroient encore nous persuader qu'il y a beaucoup de danger. Il faut bien qu'il n'y en ait pas, puisque nos femmes et nous l'avons fait gayement et nous en louant tous les jours. Je vais me coucher avant minuit au bruit des vagues qui battent mes fenêtres avec une impétuosité. Les nuits sont longues et j'aurai assés dormi si demain, à 7 heures, notre patron crie l'alerte.

A Sestry, jeudi 25 novembre. — Nos patrons nous ont

laissé dormir ce matin ; la mer est trop mauvaise y ayant eu toute la nuit un orage considérable avec tonnerre. A midi le tems continue ; nous n'avons que patience à prendre. Il est décidé que nous restons icy jusqu'à ce que la mer soit traitable, peut être demain, peut-être dans deux jours. Notre auberge est passable et nous attendons ; le temps d'ailleurs est fort doux. Aujourd'hui, c'est icy la fête de sainte Catherine. Son église est d'une architecture simple et preste à recevoir les peintures, quand les offrandes y auront fourni. Elle est en pilastres d'ordre yonique, et toute tendue en damas galonné d'or avec crépines d'or ; l'autel est richement paré et bien éclairé de nombre de cierges. Nous y avons vû arriver M. l'Evêque avec cortège pour y officier ; l'orgue et nombre de prestres musiciens se sont mis à chanter, mais quelle musique, tant celle des voix particulières que du total des prêtres ! on n'en peut pas entendre de plus mauvaise. Par bonheur qu'il n'y avoit pas d'instruments. Ainsi on peut dire que par toute l'Italie la musique n'est pas bonne.

A Sestry, vendredi 26 novembre. — Nous voilà encore arrestés icy ; la mer est trop forte et fait des mugissements terribles sous nos fenêtres ; il faut rester dans notre cabaret, prendre patience, et mettre dehors nos porte-feuilles et tâcher de ne pas nous ennuyer. Il fait assés froid, sans cependant que cela soit insupportable. Nous nous promenons beaucoup et cherchons à voir les petits Palazzo qui ne méritent aucun détail, sinon qu'ils ont une vue singulière sur la mer. Les intérieurs sont médiocres, l'extérieur pouvoit avoir quelqu'aparence dans le moment de la fraîcheur de la peinture, mais le délabrement de ces espèces de beautés a l'air très misérable. Ce qu'il y a de plus agréable pour nous, ce sont leurs jardins fort en désordre, mais remplis d'orangers, citronniers en plein verger. Il y en a d'autres très bien rangés en espaliers magnifiques, très épais et garnis à profusion de citronniers et orangers. Ces arbres sont toujours garnis alternativement de fleurs et de fruits toute l'année. C'est assurément un très beau coup d'œil et rare pour des habitants de Paris.

A Lericy, samedi 27 novembre. — Enfin, suivés nous depuis Antibes et vous verrés les peines que nous avons eûes à arriver jusqu'icy. Nous y voilà. A la fin la mer s'est calmée, l'alerte a été donnée ce matin à 6 heures, et nous sommes arrivés à Lericy à 2 heures après midi par un très beau tems. Voilà la fin de nos caravannes de mer. Personne n'a été incommodé, la mer étoit douce et le plus beau soleil; mais c'est un ouvrage de retirer de nos felouques une berline démontée par morceaux et un cabriolet depuis trois semaines. Cependant, à force d'hommes, de patience et d'argent, les voilà sur pied, prestes à partir demain matin pour aller, si nous pouvons, coucher à Pise. Nous nous complimentons d'être sur la terre ferme, car la mer est trop douteuse dans cette saison. Nous connaissons, et bien, nos costes de Gesnes et par mer et par terre. Lericy est un port des plus beaux que l'on puisse voir, où l'on peut tenir à l'abry de tous vents la flotte la plus considérable. L'endroit, par lui-même, est très peu de chose ; auberge que nous ne trouvons pas si mauvaise pour le coucher. Il est sûr que si on n'avoit pas de cuisinier elles ne seroient pas supportables, car on n'y trouve que les provisions qu'on y aporte. Demain matin avant 7 heures, nous comptons en partir, ce qui est plus certain que tous les projets que nous faisions quand nous étions depuis trois semaines aux ordres de la mer.

A Via Reggio, dimanche 28 novembre. — Ce petit endroit est sur le bord de la mer et appartient à la République de Lucques à peu de distance d'icy.

Enfin, ce matin à Lericy, nous sommes rentrés dans nos voitures de terre que nous avions perdu de vue depuis Antibes, trois semaines, ayant parcouru plus que nous n'aurions voulu, tantôt la mer, tantôt les corniches de Gesnes. Si nous n'étions pas voyageurs en si grand nombre et d'aussi bonne santé, il y en a bien que toutes ces contrariétés auroient beaucoup dégouté. Mais c'est une affaire faite et nous voila bien connoissant le pays et en état de conseiller. Ce matin, nous avons débuté avec la plus grande peine pour la première poste jusqu'à Sarzanne, pour monter une très longue montagne en sortant de Léricy, avec de fort mauvais chevaux et 20 hommes pour pousser à la roue. De plus, sur la fin de la poste, il a fallu passer une rivière qui nous a occupé 2 heures entières par la mauvaise construction des bacs. C'est une vraie bagarre que ce passage et l'histoire du payement à une si grande quantité de monde n'est pas une petite affaire. C'est un vilain pays pour les gens par trop intéressés. Après cette poste on trouve une vallée assés agréable, avec des vignes que l'on conduit le long des arbres et auxquelles on fait former des guirlandes qui doivent faire un effet assés agréable quand la vigne est chargée de ses raisins. Cette poste vous mène à Masse, à peu de distance de ces fameuses montagnes que l'on voit et dont le sommet est de marbre blanc mêlé avec neige, ce qui fait un éclat qui se voit de très loing. Le chemin est alors toujours dans la plaine, le long de la mer et assés beau. Quoique dans la fin de novembre, nous sommes assés heureux depuis deux jours que nous n'avons plus besoin de la mer, d'avoir le plus beau soleil. Nous avons eu besoin pour gagner jusqu'icy, Via Reggio, de marcher deux heures de nuit, jusqu'à près de huit heures. Le beau clair de lune et les chemins nous y ont déterminés, contre tous nos principes de ne pas nous' annuiter, mais aussi, il falloit gagner un gîte passable. Effectivement, il n'est pas mauvais et jusqu'à présent, les lits sans rideaux ont des matelats forts propres. Ils ne seroient cependant pas inutiles, car nous avons vû de la gelée très épaisse ce matin. J'oubliois de dire qu'en partant à pied de Lericy ce matin, nous avons marché à pied, précédants nos voitures pendant 4 heures, bien à notre aise, comme une promenade, et à la fin près la deuxième poste de Sarzanne, les voitures nous ont joints. Le beau temps, brillant sans froid ni chaud, nous auroit fait marcher, je crois, toute la journée. Dès que nous avons été dans notre voiture, nous n'avons pas été longtemps à la comparer à notre felouque et à la mauvaise humeur de la mer, qui nous a obligés de faire tant de séjours. Nous avons senti toute notre jouissance actuelle, et les passages de rivières et les chemins caillouteux ne sont plus rien pour nous. Après quelqu'evenement que ce soit, je n'ay pas encore vû manquer notre souper. L'heure venant, nous oublions tout et nous sommes tout entiers à notre affaire, concluant à chaque fin du jour que nous n'avons pas eu grande peine. Dans notre journée, nous nous trouvons tantôt dans la République de Gesnes, tantôt dans les États de Modène, tantôt dans la République de Pise et de Lucques et tantôt dans la Toscanne, État de Florence, ce qui fait quelquesfois embarras pour les monnoyes : comme il est dimanche, nous voyons tous ces pays dans leur gala. Les hommes y sont en paysans ordinaires, et ceux d'états supérieurs comme en France. Les femmes seules du peuple sont vêtues de corps fort larges, garnis dans les épaulettes de rubans et d'aiguillettes qui tombent par derrière et sur leur teste ont les cheveux nattés et retroussés sur la teste en rond et terminés par une grande aiguille d'argent en travers la natte, derrière la teste ; d'autres ont les cheveux envelopés d'un filet noir, et toujours les cheveux très noirs ; d'autres ont comme une serviette pliée en quatre sur la teste, à laquelle serviette il se trouve par derrière des espèces de franges de trois pouces qui terminent par derrière. Les habitans, partout, sont fort honnêtes ; il n'y a que les auberges où il faut bien des paroles pour terminer ses comptes, chose très difficile et des plus chères. Ce matin, les adieux avec le patron Joseph de notre felouque ont été fort tendres ; c'est un galant homme, prudent et sage, parlant suffisamment françois. On peut l'indiquer à Antibes dans l'occasion, ou à Gesnes, en s'adressant au consul de France, *M. Regny*. Le patron Joseph a son habitation à Lericy. Il se trouve que sa fille ayant plû à un marquis à Lericy, âgé de 70 ans et plus, il l'a épousée pour se venger de l'empressement trop marqué de ses collatéraux pour hériter de luy, et jusqu'à présent il en a deux enfants. Son père, patron de felouque, n'a eu garde de s'oposer à ce mariage et continue toujours son état dont rien ne peut le détourner. Demain matin, nous n'aurons que deux postes pour nous rendre à Pise qui exigera peut-être deux jours et pour voir la ville et parce que M. le marquis de Barbantane (1), ministre plénipotentiaire de France, s'y trouve au lieu d'être à Florence, madame la marquise et lui étant venu s'établir à Pise pour raison de santé.

A Pise, lundi 29 novembre. — Nous gagnons pays, comme vous voyez, et nous étions arrivés à Pise aujourd'hui à 1 heure après midi. Cependant il nous a fallu deux heures pour passer la rivière de   (2) sur un bacq avec nos voitures. Ce sont de vrais embarras que les passages, par la construction peu commode des bacqs ; on est toujours embarassé quand il faut payer, étant entourés d'une foule de monde qui a plus nui qu'aidé et dont on ne peut se débarrasser à la fin qu'avec quelques Paules, monnoyes du pays. Nous avons le plus beau tems du monde, beau soleil, mais il a gelé l'épaisseur de deux écus et nous l'avons bien senti ce matin avant 7 heures. Nous n'avons pas perdu de tems en arrivant à Pise.

J'oubliois de dire que depuis Via Reggio, et le passage surtout de la rivière, le chemin est très beau ; le pays, qui est à présent Toscane, est de plaines bien cultivées et fort beau. On y laboure et on y fait actuellement les semences à force ; les bœufs n'y sont point sous le joug, attachés à leurs cornes ; le joug porte sur le garot en dessus, et le collier par dessous, les fait tirer du poitrail. Les deux bœufs sont distants l'un de l'autre d'environ dix pieds pour qu'ils puissent marcher dans les sillons, dont l'entre deux se trouve relevé en butte fort haute par la structure de la char-

(1) Joseph-Pierre-Balthasar-Hilaire de Puget, marquis de Barbentane, envoyé extraordinaire du roi de France près le grand-duc de Toscane, avait épousé, le 19 mars 1753, Françoise-Elisabeth-Charlotte-Catherine du Mesnildot de Vierville.
(2) L'Arno.

rue qui présente un soc A terminé par deux planches qui font L'o$_A^Y$o. Le conducteur a un pied sur chaque planche O O, et marche ainsi, conduisant, le fouet à la main, les bœufs avec deux guides de corde, qui répondent à un anneau qui passe dans le nez des bœufs. Nous trouvons dans la campagne tous les habitans honnêtes et obligeants ; je vous avoüerai que le beau froid qu'il fait me déconcerte, comptant bien n'être pas en route par le froid ; aussi je ne feray qu'ébaucher Florence deux jours, où j'espère être demain, et où on nous annonce qu'il fait plus froid qu'ici, et de là, je me rendrai à Rome, pour n'être pas dans les chemins dans le froid. Je m'étois persuadé qu'il n'y avoit jamais d'hiver en Italie ; nous y voilà, et nous y faisons du feu tous les soirs : le froid me fait prendre le parti de ne voir qu'en deux jours les immenses curiosités de Florence, attendu qu'elles sont dans les galleries où, sûrement, il ne fait pas chaud, et de me rendre à Rome le plutôt que je pourrai. Revenons à notre arrivée à Pise. La ville est fort grande, de larges rues, des quays très vastes et plusieurs ponts à grande distance l'un de l'autre sur l'Arno, rivière assés large. Cela joüe les quays de Paris et donne un air de grande ville. Il n'y manque que des habitans, n'y en ayant qu'environ 15.000 au lieu de 70.000 qu'il y en avoit autrefois. Notre après midi a été suffisante pour y voir tout ce qu'il y a, savoir le Dôme, grande église assés belle dont l'extérieur gothique, tout bâti de marbre, est décorée sans goût, quoique de colonnes provenant d'édifices antiques qui ont été détruits. L'intérieur est aussi décoré de quantité de colonnes de granit d'hauteur considérable : Les portes (1) sont

---

(1) Ces portes ont été exécutées en 1682 sur les dessins de *Jean de Bologne*,

de bronze avec des bas-reliefs de Bonanno, mais fort mauvais ; M. de la Lande dit Jean de Bologne. Ils seroient meilleurs. M. Cochin dit Bonanno. Cependant il y en a quelques uns qui font plaisir. Aux deux côtés du chœur il y a en bas deux petits tableaux d'*Andre d'el Sarte*, chacun d'une seule figure, saint Pierre, saint Jean, sainte Marguerite, sainte Catherine. Il y a surtout dans celle à droite beaucoup de finesse dans la teste (1). Il y a encore de remarquable un grand tableau dans la croisée à droite de *Benedette Lutti* (2). Il représente saint Ranieri quittant ses habits de prince pour prendre ceux de moine. Les testes et la composition en sont belles, quoiqu'il y ait des choses de perspectives d'un mauvais choix. Les figures de marbre d'Adam et Ève derrière l'autel sont très mauvaises. Il y a d'autres tableaux qui se ressentent des maîtres d'Italie qui paroissent de desseins assés corrects mais sans faire aucun plaisir et dont on ignore les noms ou auxquels on en donne d'incertains.

La Tour de Pise est une chose remarquable et connüe. Elle est ronde, d'un diamètre assés considérable, à 7 rangs de colonnes l'un sur l'autre surmontés d'une tourelle plus étroite, aussi décorée d'un ordre, et qui paroit moins pen-

célèbre sculpteur né à Douai, élève de Michel-Ange. Il est l'auteur de *l'Enlèvement d'une Sabine*, groupe placé sous l'arcade droite de la *Loggia dei Lanzi* à Florence, de la statue équestre de *Cosme I*ᵉʳ, et de deux obélisques supportés par des tortues, place *Santa Maria Novella*, également à Florence. Le cheval de l'ancienne statue *d'Henri IV*, qui ornait le Pont Neuf à Paris, était l'œuvre de Jean de Bologne.

(1) L'auteur indique *deux* tableaux d'*Andréa del Sarto*, mais il en énumère *quatre*. Il y en a quatre en réalité. Ces toiles sont encore dans le dôme de Pise, au chœur, à côté des sièges épiscopaux.

(2) *Lutti* (Benoit) né à Florence en 1666, mort à Rome en 1724, l'un des maîtres de cette époque dont le coloris est le plus séduisant. Le *Miracle de saint Pio*, qu'il a peint dans le palais Albani, à Rome, passe pour son chef-d'œuvre. — Le tableau de *Lutti* indiqué par *Bergeret* existe encore au dôme de Pise, dans la chapelle de *Saint-Renier* (transsept de droite).

chée que toute la tour qui déverse de son aplomb d'environ 13 pieds du haut de la tour. Les uns disent que cette tour en s'affaissant a pris cette inclinaison, d'autres prétendent que l'architecte l'a disposée ainsi à dessein d'étonner, ce qui paroitroit vraisemblable, ne paroissant aucune lézarde à la bâtisse ni de nouvement à aucune pierre. Cela fait un coup d'œil assés singulier et imposant de voir une masse énorme si fort inclinée. Suivons à *Campo Santo* assés bel édifice gothique. C'est un grand cloître de 450 pieds de longueur entouré de 60 croisées ou arcades d'un gothique très léger, au milieu duquel est un cimetière de terre aportée, dit-on, de Jérusalem. On y voit quantité de tombeaux de marbre qui n'ont d'autre mérite que l'ancienneté. On voit sur les murailles quantité de peintures marquées au coin de l'ancienneté. Il y a des testes qui ont beaucoup de vérité, ainsi que des plis bien vrais, mais sans effet. Ce cloître est bâti de marbre qui est commun dans ce pays-ci. Voila à peu près tout ce qu'il y a de curieux, cependant avec un peu plus de détail chez M. Cochin et M. de la Lande.

Devant l'église est le baptistaire qui est un édifice rond et décoré de colonnes très hautes et très fortes de diamètre, et remarquables en ce qu'elles sont de granit; il y a des espèces de bas-côtés.

Nous remarquons dans la ville de Pise que toutes les femmes, et même du peuple, sont coëffées à la françoïse dont elles prennent le ridicule; nous aimions mieux voir, à quelque distance d'icy, celles du peuple coëffées toutes en tresse et en cheveux; au surplus, l'auberge et les auberges en général, jusqu'à présent, sont assés propres et bonnes pour le coucher et les lits, mais sans rideaux quoiqu'il gèle. La précaution du cuisinier est une chose qui paroit indispensable. Voila notre journée finie et nous voila retirés pour partir à notre aise demain matin avant 10 heures, ne pouvant voir plutôt M. le marquis de Barbantanne qui est icy, comme je l'ai dit ci-devant, au lieu d'être à Florence.

A Florence, mardi 31 novembre. — Ce matin nous ne sommes partis de Pise qu'à 10 heures et nous voilà arrivés avant 9 heures à Florence. Nous avançons comme vous voyez, et vous allés nous voir à Rome dans trois jours. Je viens de prendre langue à Pise avec M. le marquis de Barbantanne qui me donne un avis qui me fait plaisir : c'est de passer sans s'arrêter à Florence qui est un endroit mal sain et que tout le monde quitte dans ce temps-cy, à cause des brouïllards, jusqu'au carnaval, ce qui va nous rendre à Rome beaucoup plutôt, sauf à revenir à Florence au retour. Et encore, quand je serai à Rome, peut-être après 8 jours, et suivant conseil, irai-je passer 6 semaines à Naples pour être de retour à Rome au commencement de février. On ne peut faire un plan de voyage qu'en gros, le détail dépend après des saisons où on se trouve. Au surplus, nous nous hâtons tous les soirs sur notre grande peine et nous apellons toujours notre journée une promenade surtout depuis deux jours que nous voyageons dans la Toscane, dont les chemins ferrés sont des plus beaux, sur des chaussées bien faites. Le pays est plat et très beau, extrêmement habité et cultivé, surtout le long de la rivière d'Arno que l'on ne quitte pas jusqu'à Florence depuis Pise. Toutes les terres sont entourées de plantations variées, de chênes, de muriers, etc., et chaque arbre porte un cep de vigne très gros et qui monte et s'entrelasse dans l'arbre et d'un arbre à l'autre ; les rejettons forment des guirlandes sans fin qui doivent, dans le temps, faire un coup d'œil fort beau et singulier. La Toscane est un très beau pays. Nous prenons ce soir le parti de rester icy demain mercredi toute la journée, pour réparer quelque chose, mais peu de chose, à notre voiture. Nous ne jetterons qu'un coup d'œil dans les rües et les places et églises, sans nous amuser à suivre les galleries de tableaux et les cabinets où on a trop froid, car il fait une très forte gelée par un beau soleil, la gelée de 4 à 5 lignes d'épais. On voit ici les fourrures et manchons comme à Paris et il faut bon feu. Je vous avoüerai que je ne m'y attendois pas, ce qui me donne grand empressement d'arriver à Rome pour m'y tenir tranquile et n'être plus en route pendant le froid. On prétend qu'il y a icy quatre mois de froid, mais aussi les 8 autres mois sont trop chauds. Les femmes du peuple sont mal coeffées à la françoise; il n'y a que les vraies paysannes joliment ajustées avec petits chapeaux de paille qui ont un tour et des fleurs. Les hommes ont tous des manteaux et encore plus dans cette saison cy.

A Florence, mercredi 1er décembre. — Il continue à faire un soleil très brillant, mais le froid est piquant. Nous sommes munis de manteaux et nous nous mettons à l'abri du froid ; en cela nous avons l'uniforme de tous les Italiens. Nous voilà donc en marche dans la ville et à pied, les rües sont belles, nettes et faciles à marcher par les grandes pierres dont elles sont pavées. Je ne crois pas qu'elles soient en cela commodes pour les chevaux, surtout quand il gêle et quand il fait sec et chaud. Cependant on ne laisse pas d'y voir rouler des carosses. Les maisons sont fort élevées et d'une architecture mâle et imposante et tout à fait éloignée de cette manière de Gesnes. Nous n'avons vu que l'extérieur des palais dont les soubassements, pour la plupart, jusqu'au premier étage, sont en bossages des plus rustiques et de pierres inégales. Cela leur donne un caractère ferme et imposant, mais peu agréable, et noir par leurs pierres. Nous nous sommes réservés de voir les intérieurs à notre retour de Rome. Nous avons aussi jetté notre coup d'œil sur le palais du Grand Duc qui nous a paru fort grand et dont l'extérieur est dans le goût cydessus. Nous sommes entrés dans la cour qui, en petit, a un faux air du Luxembourg, par les bossages et colonnes dans le même goût. On voit dans la cour dominer les jardins toujours verts, de cyprès, pins, lauriers, etc. Nous y sommes montés ; le coup d'œil en est tout à fait pittoresque et d'une vüe des plus singulières, dominant sur la ville et sur tout le pays de montagnes, couvert de maisons de campagne. Nous sommes entrés dans toutes les églises que nous avons rencontré, sur lesquelles je n'entrerai dans aucun détail qu'après les avoir revû à mon retour. En général, elles sont d'une belle architecture avec beaucoup de colonnes de porphire et de marbre, d'un goût simple, noble et éloigné absolument du colifichet de celles de Gesnes. Cela sent le temple, et celles de Gesnes, salles de fête ou de bal. Dans l'église Sainte-Croix on voit le tombeau de *Michel-Ange Buona Rotti*. Cela entrera toujours dans un plus grand détail à mon retour. Je vois que dans les livres de détail, on nous annonce environ 60 places publiques ; jusqu'à présent, après avoir parcouru, nous avons rencontré des espaces, mais aucune place régulière et bâtie, ce que nous reverrons avec plus de soin. Il ne m'a pas paru un grand mouvement dans la ville ; les quays, sur le bord de l'Arno, sont larges et fort beaux ; il y a plusieurs ponts. L'auberge principale est chez *Varini* qui en tient plusieurs.

On croit entrer dans un Louvre, par le vaste de la maison et des pièces inutiles qui s'y trouvent, et qui nous paroissent, surtout pour les chambres à coucher, fort incommodes par la gelée qu'il fait, et sans rideaux aux lits. Je vois que c'est la tournure des auberges d'Italie, d'être extrêmement grandes, surtout dans les villes. On y est très bien servi ; il y a toujours au moins trois espèces de valets de chambres. On vous reçoit le soir, à l'arrivée, avec un gros flambeau de poing et on vous conduit dans vos apartemens bien garnis de miroirs, bien meublés et propres, avec force bougies. Le soir à la chute du jour, nous avons suivi notre régime ordinaire en soupant, et à 6 heures nous avons été au petit théâtre où on représentait la *mort des Machabées* et *Jacob en Egypthe*. C'est le seul spectacle pour le moment à cause de l'Avant. Il conduit jusqu'à 11 heures. Mais nous n'avons pû le suporter que jusqu'à 10 heures que nous nous sommes retirés avec projet de partir demain à 7 heures.

A Sienne, jeudi 2 décembre.—Il étoit 8 heures ce matin quand nous sommes partis et nous avions besoin de 12 heures de marche pour arriver jusqu'icy où nous sommes parvenus à 7 heures et demie. La route débute de Florence par de fortes montagnes qui exigent des bœufs, et le reste est toujours haut et bas, avec mauvais chevaux. Nous avons donc eu, contre tous nos principes, 2 heures de nuit, mais aidés de la lune, avec beaucoup de someil dans la voiture, qui racourcit les chemins.

Nous trouvons à notre arrivée, grande auberge, *aux Trois Rois,* grande et trop grande chambre à coucher pour la gelée, mais bon feu et souper tout prest, dont nous avons promptement fait usage avec le plus grand plaisir. Après le souper, notre fallot allumé nous a conduit dans les rües où nous nous perdons à dessein. Nous y voyons ce que nous pouvons, mais nous nous promenons pour notre régime. Nous n'y avons remarqué que les maisons très hautes, et suivant les apparences, nous n'en verrons pas d'avantage devant repartir, toujours pour gagner Rome, demain matin à 7 heures. C'est tout ce qui se peut faire dans cette saison et froide et de jours courts. A notre retour, et par les tems chauds, nous en saurons d'avantage.

A Rede Cofani, vendredi 3 décembre. — Voilà nos 15 lieues faites par le plus beau tems, mais toujours dans les montagnes fort arides et de très beaux chemins. Cependant souvent monter et descendre. Nous arrivons avant 8 heures, étant partis ce matin à 7 heures et demie. Il n'y a dans cette route aucune observation à faire, sinon la fameuse montagne de Rede Cofani, par laquelle nous avons fini notre journée. Nous avons partout trouvé d'excellents chevaux et des postillons plus honnêtes et plus adroits, qui nous ont mené grand train, même dans les montagnes. Ce pays cy, qui apartient toujours au Grand Duc, est bien différent en bonté et en belle culture que celui d'avant Florence et par delà. Rede Cofani est un petit endroit plus qu'au milieu de la montagne de ce nom, que nous continüerons demain matin. Au surplus nous sommes dans la seule auberge qu'il y ait, qui est très vaste, très commode ; lits passables, rien à manger, mais au moyen de nos provisions nous ne manquons de rien. Demain ce sera notre dernière couchée avant Rome où nous parviendrons, à la fin, frais comme si nous revenions de la promenade, ainsi que toute notre suite et sans qu'il manque un clou à nos voitures. Nous avons bien fait deux grandes lieues à diverses reprises aujourd'hui en nous promenant par une belle gelée sans vent, et le soleil fort chaud. A 10 heures nous saurons quel tems il fera à Paris. On nous annonce qu'il fait très froid à Rome. Il est sûr que tant qu'il fera un tems dur je m'y tiendrai tranquile. Il est 11 heures et demie ; je me couche dans une vaste chambre sans rideaux, et grand feu jusqu'au départ demain avant 7 heures. Suivant M. de la Lande, l'effet des volcans connûs dans ce pays commence à peu près. On y trouve des effets de laves.

A Viterbe, samedi 4 décembre.—Depuis ce matin 7 heures, nous avons fait 15 lieues par des montagnes et chemins fort durs et vilaines espèces de montagnes incultes ; aussi ne rencontre-t-on guères de villages. Sur la fin de la journée il y a eu des parties fort douces de chemin, mais nous avons fini pour arriver icy, à Viterbe, par des montagnes des plus roides que nous ayons trouvé ; mais avec de bien bons chevaux et excellents postillons, nous les avons franchies plus aisément qu'en France. Nous sommes favorisés de la plus belle gelée et d'un soleil sans le moindre nuage. Nous ne connoissons la ville que par notre promenade ordinaire avec notre fallot ou au clair de lune. On dit qu'il y a bien une vingtaine de carosses, on y voit beaucoup de fontaines ; la ville est pavée de grandes dalles de pierres pour la plus grande portion, dans d'autres parties elle est pavée comme les dernières cy dessus, de briques mises de champ, et ce que nous apellons en point d'Hongrie, ou chevrons de divers sens ; mais il y a de l'inconvénient que ces briques, s'usant par intervales, rendent le marcher très difficile pour les gens de pied, et très dur et cahotant pour les voitures. Vous pensés bien que c'est aujourd'hui notre jour de triomphe puisque nous nous félicitons d'arriver demain à Rome environ 6 heures du soir. Il nous faut 9 heures, je commence à le croire et même à en être persuadé. Il n'y a que 30 ans environ que j'y prétends, et me voilà au moment d'être guéri d'un souhait qui m'a furieusement poursuivi. Il ne manque rien à nos voitures, rien à nos personnes, et nous avons vu bien des pays. Je vais me coucher à 11 heures jusqu'à demain 6 heures, toujours sans rideaux et moins bien qu'hier ; mais nous sommes faits à tout. A notre retour, par la suite, nous aurons peut-être quelques observations à faire sur tous ces endroits cy.

A Rome, dimanche 5 décembre. — Notre journée s'est faite par un temps plus doux, mais beaucoup de montées et descentes fort dures. La première poste de Viterbe à la montagne finit par une montaye considérable dans les bois. Aussi trouve-t-on en haut un corps de garde dont 4 hommes viennent au devant des voitures qui arrivent et les conduisent jusqu'en bas pendant une heure et hors de la forest; cela tranquillise les voyageurs, quoi qu'il n'y ait rien à craindre ; ce chemin étant fréquemment battu par cette garde qui se trouve bien de l'escorte qu'elle procure aux voyageurs par la récompense qu'elle en reçoit. Enfin, par des chemins souvent ruinés, quoiqu'on leur donne de beaux noms, respectables par leur antiquité, nous sommes arrivés de nuit à 6 heures dans cette ville si renommée et qui avoit fait l'objet de mes désirs depuis 30 ans.

Nous voilà logés place d'Espagne, chez un espagnol appartenant à l'ambassadeur d'Espagne. Il n'y a pas aparence que nous y restions, n'y ayant pas de quoy nous arranger comme il nous convient. Au surplus, nous voilà arrivés au bout de 2 mois justes de départ de Paris, mais comme si nous avions fait tous les jours une promenade de 15 ou 20 lieues, sans la moindre fatigue. A 7 heures notre souper s'est trouvé prest ; après le souper nous avons rempli, et éclairé par notre fallot, notre promenade ordinaire et nous avons eu l'empressement de nous transporter à *la Colonade* et fameuse *Eglise de Saint-Pierre*, à la distance comme de chez moi rue du Temple à la place des Victoires. Je me garderai bien de rendre un jugement d'après une vue à la lanterne ; je veux m'arrêter tout court et réserver pour la suite prochaine de mes feuilles ou lettres ce que j'aurai à dire de Rome. M'y voilà donc !

Rome, lundi 6 décembre. — Je fausse mon serment cy dessus de ne pas entamer de détail sur Rome, mais il sera court pour cet ordinaire. Je me laisse entraîner, puisque le courrier ne part que mercredi prochain 8 du courant.

Ma première visite ce matin a été *M. Natoire* (1) directeur général de l'Académie de peinture à Rome, qu'il y avoit 25 ans que je n'avois vû depuis son départ de Paris. Je l'ai revû avec le plus grand plaisir. Il m'a fait les honneurs de son palais de l'Académie de France, qui est bien digne de sa fondation. Le Roy y entretient 4 peintres, 4 sculpteurs, 4 architectes qui restent à Rome pendant 4 ans à y

(1) Natoire (Charles-Joseph), peintre et graveur, né à Nîmes le 3 mars 1700, mort à Castel-Gandolfo, près Rome, le 27 août 1777, élève de *Lemoine*, premier prix de peinture en 1721 avec un tableau représentant *Manné offrant un sacrifice au Seigneur pour obtenir un fils, qui fut Samson ;* ce tableau est à l'Ecole des Beaux-Arts, premier prix de l'*Académie de Saint-Luc* sur un tableau de *Moïse qui apporte les tables de la loi;* membre de l'Académie de peinture le 31 décembre 1734 ; son tableau de réception est : *Vénus demandant à Vulcain des armes pour Enée* (au *Louvre*, n° 379 du Catalogue), adjoint à professeur le 2 juillet 1737, professeur le 2 juillet 1739, directeur de l'Ecole de Rome, de 1751 à 1774, en remplacement de *J. V. de Troy.* — Natoire a laissé de nombreux tableaux qui rappellent la manière de *Boucher.* Il a exposé à tous les salons jusqu'en 1757.

étudier tous les genres sur des modèles antiques en tout genre.

De là il a fallû aller voir *Saint-Pierre-de-Rome*, cette fameuse Colonade circulaire, et l'intérieur d'un édifice immense si bien proportionné que du premier coup d'œil, cette immensité ne vous paroit pas aussi réelle qu'elle l'est. Ce n'est qu'au bout d'un tems et s'approchant des bases des colonnes que l'on est étonné de leur largeur, et qu'alors on ouvre les yeux et on mesure tout à proportion, ce qui devient effrayant ou imposant ; je m'en tiens là.

Je n'ai encore fait aucune visite en gala. *M. l'abbé Deshayes*, secrétaire de *son E. Monseigneur le cardinal de Bernis* (1), vient de m'envoyer inviter de la part de S. E. à venir dîner demain mardi, ce que je ferai après avoir eu l'honneur de lui rendre ma visite demain matin 11 heures. Que de palais, que de fontaines, que de places, que d'antiques ! Tout retentit de belles choses partout, jusqu'aux bornes de granit qui sont prodiguées aux coins des rues. Je n'ai encore rien vû depuis mon arrivée d'hier. Il faut voir légèrement et ébaucher tout, et ensuite revenir sur ses pas avec attention. Je n'ai rien autre chose à penser et je vais m'y livrer en entier.

Rome, mardi 7 décembre. — Nous sommes arrivés icy le 5 du courant et en bonne santé. Le premier coup d'œil de cette ville si renommée n'est pas merveilleux par la porte *del Popolo* (du Peuple), et ce n'est que bien près de la ville que le chemin est passable. Les rues ne présentent que des

---

(1) Bernis (François-Joachim de Pierre de), ambassadeur à Venise (1748), ministre des affaires étrangères, cardinal, ambassadeur à Rome, membre de l'Académie française, né à Saint-Marcel de l'Ardèche, le 22 mai 1715, mort à Rome le 1er novembre 1794.

bâtiments fort communs et très communs. Il y a peu de rues comme la rue du Course qui soient plus passables quoique de médiocre largeur, mais il y a de beaux palais et encore plus beaux dans leur intérieur et remplis de beaux tableaux et de curiosités. Voila ma première vue ; nous logeons à la place d'Espagne qui n'est pas loin de l'entrée par la porte *del Popolo*. Cette place, comme toutes les places de ce pays-cy, est plutôt un espace et non un arrangement de bâtimens cimetrisés. C'est ce qui manque icy en général sur ce que j'en ai vû. Il y aura une belle colonne rare, une belle fontaine, dans un espace qu'on apelle place, à laquelle il y manque un ensemble de bâtimens. Ces réflexions sont d'après le peu de choses parcourues depuis 3 jours. En arrivant, le dimanche 5, après avoir fait notre établissement et soupé, nous avons fait acte d'ardeur d'amateurs, en partant avec un fallot de la place d'Espagne à Saint-Pierre, cette fameuse cathédrale du monde. Il y a près de 3 quarts d'heures de chemin ; vous jugés que notre ardeur nous a sans doute, à cette heure là, fourni des yeux pour voir du moins la fameuse colonnade qui précède Saint-Pierre. Je me garderai bien d'en rien dire d'après cette vue du soir, mais le lendemain matin nous y sommes retournés et y sommes entrés. Je m'en tiendrai à dire qu'il y a un beau total et des beautés de détail, et ce détail que j'en ferai se trouvera dans la fin de mes journées dont je rendrai compte, c'est-à-dire de ce qui se sera passé dans la journée, en y mêlant tout ce que j'aurai pu voir ; quelquefois, un peu de Saint-Pierre, quelquefois un peu d'autre chose, ne prévoyant pas pouvoir suivre un ordre rigoureux à commencer par Saint-Pierre. Le détail est immense. En un mot à la fin de ma journée, j'écrirai et de cette façon j'espère ne rien oublier de ce que j'aurai vû et si par la suite il me plaisoit d'en enlever tout ce qui regarde Saint-Pierre, je pourrois le faire. J'ai eu l'honneur d'être invité à dîner chez notre ambassadeur M. le cardinal de Bernis, à son petit ordinaire, à ce qu'il dit, avec 20 personnes. On ne peut tenir un plus grand état.

Rome, mercredi 8 mars. — S. E. nous a fait l'honneur de nous inviter à dîner pour aujourd'hui qui est un des 3 jours de la semaine où il se trouve et ambassadeurs et cardinaux et noblesse. Cependant il y en a eu peu à cause de la fête de la Conception qui occasionne des dévotions et vespres. Ce matin j'avois parcouru pendant 3 heures la ville à pied ; on ne peut connoître une ville que de cette façon. Je suis entré dans toutes les églises que j'ai rencontrées, sur lesquelles je n'entreprends encore rien, n'ayant eu intention que de me promener. J'ai vû que je pouvois me perdre et me retrouver aisément. Je ne vois pas un grand mouvement de carrosses, ni affluence de peuple. Je remarque, quand le soir est venu, tout est bien tranquile et carrosses et gens de pied. Le soir, les domestiques portent une petite lanterne, ce que l'on apelle lanterne sourde, derrière le carrose ; selon nous, cela nous paroît peu élégant et les domestiques se tiennent sur une planche suspendue qui est plus basse que le trottoir ordinaire. La ville est mal pavée de petits pavés ; on dit qu'il y a des trottoirs ; effectivement il y en a dans quelques rues, mais ils sont souvent interrompus, et je ne vois pas qu'ils servent à grand chose. Les lanternes que portent les domestiques servent au défaut des portiers à éclairer dans les maisons où on va.

Tout le peuple en hommes portent des manteaux ; en

général les femmes sont coiffées à peu près comme en France, excepté que la coeffe noire qu'elles mettent dessous est rabatue jusques sur les yeux, ce qui rend la figure intéressante, et leur robe est contenue sur les hanches par une ceinture. Au dessus du peuple tous les hommes sont habillés en espèce d'abbé, manteau et collet sans rabat, chapeau noir avec un bouton ; il y a je crois une distinction pour les vrais abbés que je ne sçais pas encore. Je ne manquerai de bien diner chez notre ambassadeur, mais à 4 heures tout est dit, surtout quand un étranger n'est pas encore répandu dans les conversations, ce que je verrai chez M. le cardinal, vendredy prochain. Cela commence à cinq heures sur ce que l'on m'en dit. J'en renvoy le détail quand je l'aurai vû. Les pauvres étrangers qui seroient absolument seuls seroient à plaindre, car que devenir faute de spectacles dont il faut se passer pendant l'Avent. On nous l'annonce pour le 28 de ce mois, pendant lequel tems on suspend les *conversations* ou assemblées très bruyantes et nombreuses avec beaucoup de rafraîchissements, glaces, etc.

Au travers de tout ce que j'écris je mêle mes réflexions pour que mes observations ne m'échappent pas, et je conclus que Gesnes, Pise, Florence, Rome me font l'effet de villes de province vis-à-vis Paris. La magnificence de Gesnes ne se voit que quand il fait jour et encore dans peu de rues, par l'architecture extérieure, et ensuite lorsqu'à la fin, au bout de 100 marches, on est parvenu au bel apartement. Si c'est le jour, on trouve au bas du palais, qui est comme une portion du Louvre, un savetier ; voyez quelle contradiction de magnificence ! S'il fait nuit, il n'y a au travers d'un amas de colonnes qu'une triste lanterne ; il faut aller chercher le seigneur et sa suite à la valeur d'un troisième.

A Gesnes encore, on nous donne pour palais des maisons peintes en dehors comme des curiosités et de mauvais goût pour la plupart; de plus, au bout de dix ans, l'humidité et le soleil délabrent tout cet état dont les restes font peu d'illusion et de plaisir à ceux qui savent voir. Je ne dis pas qu'il n'y ait dans l'intérieur du vaste et de la grandeur et de beaux tableaux qui ne sont qu'accessoires; je n'ai voulu controler une magnificence qui ne peut éblouir que les gens du pays, et qui n'est magnificence qu'à moitié. Pour Florence, je n'en ay encore qu'une idée : les palais sont d'une structure plus architecture et imposante ; j'ai entendu parler des magnificences intérieures, mais je crois toujours qu'il faut les aller chercher fort haut, et je vois en bas de tristes vestibules en colonnes, qui demanderoient qu'on y vît remuer 50 personnes sans quoi on croit être dans une haute futaye à 10 lieues d'une ville. A en juger par le peu de mouvement de Rome, je crois les palais fort déserts, à l'exception de très peu où la magnificence du propriétaire est connue ; mais le petit nombre d'amateurs et gens de goût ont suffisamment de quoi s'y satisfaire, étant tous remplis d'une variété à l'infini de curiosités. Si par la suite je venois à voir les choses différemment, je me rétracterois sans peine.

Rome, jeudi 9 décembre. — Rien n'est moins facile que de rendre compte de ma journée d'aujourd'hui. Nous nous sommes mis en marche dans la ville avant 9 heures. N'attendez pas de grands détails; je n'ose les entreprendre. Il faut voir et revoir. Je ne donnerai que des idées.

Le Panthéon, ou Temple de Tous les Dieux, dit la Rotonde, est précédé d'une colonade tout en granit d'une pièce et d'un diamètre considérable. On entre de là dans une église ronde et du même diamètre de 25 toises que l'hipodrome de *Nointelle* (1), voutée dans la même hauteur que sa largeur, avec une seule ouverture en haut de 15 pieds qui donne un jour considérable. Rien n'est plus étonnant que de voir une pareille élévation de ceintre sur une longueur aussi grande. Ce cirque est entouré d'autels ajustés avec d'autres petites colonnes précieuses. On y voit les tombeaux de *Raphaël* et d'*Annibal Carache*, avec leurs bustes en marbre. Je souhaiterois faire sentir l'effet imposant qu'un pareil vaisseau inspire. Tous les monuments ont ce caractère là, de grandeur et dominant, comme fait pour étonner la postérité. Après plus mur examen je reviendrai à l'historique et au détail.

L'église Saint-André della Valle. — On y voit à droite la chapelle des Strozzy, toute de *Michel-Ange*. On y voit entr'autres de luy, deux grands chandeliers en bronze d'environ 7 pieds d'un excellent goût et d'un grand fini. Peut-être y auroit-il quelque chose à souhaiter à la dernière base qui est trop confuse et moins bien que le milieu et le haut. Il y a un magnifique plafond du *Dominiquain* (2), superbe caractère, beaux angles de la coupole. Derrière le maître autel, trois tableaux du martyre et mort de saint André, de *Calabraise* (3), à fresque. Ce sera à revoir plus d'une fois,

(1) Le château de *Nointel*, situé à huit lieues de Paris et à une demi-lieue de la petite ville de Beaumont, appartenait à la famille Bergeret. D'Argenville. *Voyage pittoresque des environs de Paris.* — De Bure (1750, p. 333) indique déjà *Nointel* comme appartenant à M. *Bergeret*, fermier général, le père de l'auteur de ce voyage. — Le château de Nointel était l'un des plus beaux des environs de Paris. Il était renommé pour ses eaux et ses bosquets admirables. L'*Orangerie* était en effet de forme circulaire, comme le Panthéon, et c'est elle que Bergeret appelle l'*Hippodrome de Nointelle*.

(2) La coupole de Sant-Andrea della Valle a été peinte par *Lanfranc*. Dans les pendentifs le *Dominiquin* a peint les *Quatre Evangélistes* qui sont, en effet, des chefs-d'œuvre classiques.

(3) Mathias *Preti*, surnommé le *Calabrese*, né dans la Calabre en 1643, mort à Malte en 1699. Elève de *Lanfranc*, il prit du goût pour les grandes compo-

beau dessein et belle couleur. Voilà deux auteurs bien capables de décider les jeunes gens qui vont à Rome pour se perfectionner.

Saint Jérôme de la Charité.—Il y a au maître autel la *Communion de Saint-Jérome à un malade* par le *Dominiquain* (1). C'est un de ses plus beaux tableaux.

Palais Farnese (2).—On y voit le fameux Hercule colossale et qui paroit léger, la galerie du Carrache (3), l'étude de tous les habiles gens, nombre de statues de tous les Empereurs, des têtes d'Empereurs de 6 pieds de hauteur dont le total devoit être de 48 pieds.

On voit séparément les pieds et mains à proportion, et on croit rêver en voyant les vastes idées de ces anciens Romains ; on ne rencontre que magazins ou plutôt amas de testes, de bras colossales en bronze, en marbre, colonnes, tombeaux ; on ne sauroit sans l'avoir vû s'en faire une vraie idée ; une réflexion succède ou chasse une autre et on se trouve raisonnant à la même place sans s'en apercevoir au bout d'une heure, et on finit par demander quartier et remettre à revoir plus d'une fois. Il s'agit en commençant de se faire un local net dans la teste pour pouvoir reprendre par ordre dans la suite ses observations.

Eglise du Jésu.—Admirable plafond peint du *Bachiche* (4)

---

sitions. Sa touche est dure, son coloris noir, son dessin parfois incorrect. Ses fresques sont plus estimées que ses tableaux et celles qu'il a peintes autour du chœur de Sant-Andréa della Valle sont de ses meilleures.

(1) *Dominique Zampieri*, dit le *Dominiquin*, né à Bologne en 1581, mort en 1641. Personne n'ignore que la *Communion de Saint Gérôme*, l'un des trois chefs-d'œuvre de Rome, est actuellement dans une des salles du Vatican, avec la *Transfiguration de Raphaël*.

(2) Le *Palais Farnèse*, dont le couronnement a été exécuté sur le dessin de *Michel-Ange*, est aujourd'hui le palais de l'Ambassade de France.

(3) Ces fresques sont l'œuvre d'*Annibal Carrache*, qui fut aidé dans ce vaste travail par son frère *Augustin* et quelques-uns de ses élèves.

(4) Jean-Baptiste *Gauli*, surnommé le *Bacici*, né à Gênes en 1639, mort à

et qui se lie à merveille avec l'or et l'architecture. On voit à la chapelle de Saint-Ignace à droite en se trouvant vis-à-vis la chapelle un groupe de *le Gros* (1), sculpteur françois, qui est fort beau. On descend le tableau de l'autel et on voit un renfoncement où se trouve de le Gros et en argent Saint Ignace, un pied soutenu sur des nuages par des anges. Il est revêtu d'habits sacerdotaux et sa chasuble sur la croix est toute garnie de pierres précieuses avec la plus grande profusion.

Nous avons fini par voir le Capitol, Campo Vaccino, dans lequel est le temple de la Paix, la ville des Empereurs, Temple du soleil et de la lune, Colisé, arc de Constantin, tout cela nous a menés jusqu'à 4 heures après midi. Il semble, en voyant tous ces môles d'édifices à peu de distance l'un de l'autre que l'on voit avec un microscope qui grossit tout tant les plans et les idées qui ont été si bien rendues par les anciens nous paroissent colossalles et tenir toujours de la grandeur des Romains. On finit par suspendre d'étonnement toutes ses réflexions et on remet toujours à revenir pour nétoyer ses idées sur chaque partie et donner quelque détail par la suite.

Voilà l'effet que cette première vue me fait. On revient dîner souper à 4 heures; on parle de ce que l'on a vû comme les chasseurs de leur chasse, et ceux qui vous conduisent bien vous annoncent que vous n'avés encore rien vû. C'est inconcevable. Demain matin à huit heures nous recommençons nos courses.

Rome, vendredi 10 décembre. — Ce matin nous nous

Rome en 1709. Le plafond du *Jésu* est son œuvre la plus importante et la plus renommée.

(1) *Pierre le Gros*, né à Paris en 1666, mort à Rome en 1719, sculpteur habile

sommes mis en marche comme à l'ordinaire pour aller voir les belles choses, mais pour en prendre seulement une idée, ce qui ne se peut autrement pour une première fois ; ainsi je ne peux me promettre d'être en état de faire un vrai détail qu'après un examen plus mur, que je ne peux prendre que dans une saison où il fera moins froid dans les Galleries où sont toutes ces beautés.

Nous voilà donc au Capitole. Quel grand nom ! nous nous imaginons voir ces Romains dont les historiens ont encore relevé la grandeur. Effectivement, quel môle de bâtiment, quels beaux restes ! Il y a du moderne adapté et conduit par *Michel Ange ;* ce sont des bâtiments et galleries différentes, remplies déjà d'un nombre considérable de toutes sortes d'antiques égyptiennes et romaines. En bas, au rez de chaussée, on voit dans une niche une figure colossalle en marbre retamée par *Michel-Ange*, représentant un fleuve, des tombeaux très anciens, nombre de testes de marbre rare et égyptiennes, une vieille bacchante accroupie et fort singulière, la mère de Néron assise dans un fauteuil bien naturellement et ajustée de bon goût.

Le fameux Marius, belle teste ; Ptolémé roy d'Égypte très belle teste ; le Gladiateur mourant, qui a été copié pour les jardins de Versailles. Xénon, philosophe, en pied et d'une bonne manière. Aratus, très belle teste ; Andimion qui dort ; très beau bas relief, très fin. Un petit dieu Pan, plaisamment drapé, dont il faut tâcher d'avoir un plâtre, ou faire copier. Belle teste d'Alexandre le Grand, autre belle pour pendant, Ariane, toutes deux testes grecques.

dont Louvois fut le protecteur. Il l'envoya à Rome où les Jésuites, témoins de son talent, lui confièrent l'ornementation de la chapelle de Saint-Ignace, au Jesu. Le groupe de *le Gros* dont il est ici question représente *le Triomphe de la Religion sur l'Hérésie.*

La salle dite de *Conservatori* bien peinte par *Joseph d'Arpin* (1); peut-être en rapporterai-je quelques grouppes. Je sens bien que je ne donne qu'une liste peut-être ennuyante, aussi je ne cite que très peu d'articles, me réservant m'étendre sur tout ce qui m'aura affecté, quand j'aurai mieux vû et bien souvent.

De là nous voilà au Vatican. Encore quel nom imposant! Il faut se remettre icy nécessairement à relire son histoire romaine. On ne peut s'y refuser pour revoir toutes les époques curieuses dont tous les monuments rappellent la mémoire. On y voit des grandes galleries à jour que l'on apelle les *Loges du Vatican*, peintes par *Raphaël*. Les murailles sont décorées par pilastres, d'ornemens dits arabesques, du goût le plus agréable et le plus varié ; dans des plafonds de ces galleries, des peintures en grand nombre dans des compartimens, par *Raphaël*. C'est là que les artistes peuvent puiser des talents de différentes espèces. On entre dans une première salle peinte par *Jules Romain* (2) d'après les desseins de *Raphaël*. Il n'y a d'autres réflexions à faire sur ce, sinon que tout est connû par les gravures, et que c'est là où se forment tous les habiles gens, ainsi que dans la seconde salle peinte par *Raphaël ;* de même la 3ᵉ où est la fameuse *Ecole d'Athènes*. Tous ces tableaux sont de grands desseins et surtout des testes d'un caractère particulier à

(1) *Joseph Cesari*, né en 1570 au château d'Arpin, en terre de Labour, surnommé aussi le *Josepin*, mort à Rome en 1640. Il vint en France en 1600, amené par le cardinal Aldobrandini, nommé légat à l'occasion du mariage de Henri IV avec Marie de Médicis et fut fait à cette occasion chevalier de Saint-Michel. Le coloris de Joseph d'*Arpin* est froid ; ses expressions sont forcées, mais ses compositions ont du feu et de l'élévation. La suite de l'Histoire romaine qu'il a peinte à fresque dans la salle des *Conservateurs*, au musée Capitolin, à Rome, est, de tous ses ouvrages, celui qu'on estime le plus.

(2) *Giulio Pippi*, dit *Jules Romain*, né à Rome en 1492, mort à Mantoue en 1546, le disciple bien-aimé de *Raphael*, avec *Jean-François Penni* surnommé *le Fattore*.

Raphaël. Dans la 4° salle est l'*Incendie de Rome sous Léon IV*. Au Vatican, que nous parcourons, il y a un nouveau museum commencé depuis les trois derniers Papes et surtout le régnant Clément XIII. On y voit déjà une collection des plus considérables. En entrant à droite, un esclave en pied d'une tournure singulière et peu commune. Je l'ay notté ou pour le faire mouler, ce qui ne se pourra pas, ou pour le faire copier en petit ou grand. Il n'est pas possible, en ayant trop vû, d'entrer dans aucun détail; il faut reprendre d'autres nottes et très souvent. On y bâtit encore pour déposer, l'*Antinoüs*, l'*Apollon*, le *Laocoon*, etc. Après en avoir vu les plâtres les plus soignés à Paris pour l'Académie, on n'y reconnaît rien en voyant les marbres de ces savants Grecs. Tout en est beau, étonnant, d'un beau choix et d'une chair vraie et souple. En avant de ces cabinets, il y a des galleries immenses dont on prend une portion pour y appliquer sur la muraille, toutes les épitaphes, écrits de toute espèce que l'on découvre tous les jours et utiles à l'histoire tant grecque que romaine ; les murailles en sont presque déjà couvertes. Je vais mettre pour nottes icy pour m'en souvenir que *Jean Bottari* a donné 3 premiers volumes de description de ce cabinet sous le titre de *Museum Capitolinum* ; le premier volume, 90 statues, le 2^d 89, le 3° 91, avec 196 pages d'explication. On trouve aussi une partie de ces statues dans l'ouvrage de *M. de la Chausse* (1) (Rome, 1746, 2 vol. in-fol.).

Voilà à peu près notre matinée et bien employée jusqu'à 3 heures, mais avec quelques désagréments du froid qui se

---

(1) Michel-Ange de la Chausse, antiquaire, né à Paris vers la fin du xvii° siècle, fixé à Rome par son goût pour l'étude des antiquités; a publié plusieurs ouvrages sur les arts; l'un deux a été traduit en français sous le titre de *Cabinet Romain*.

fait encore plus sentir dans l'intérieur des maisons. A peu de chose près, c'est le même hiver qu'à Paris, sauf les grandes gelées ; tous les Italiens en conviennent. L'après midi à 6 heures du soir nous avons été à ce que l'on appelle la conversation de S. E. M. le cardinal de Bernis. Tout ce qu'il y a de prélats, cardinaux, noblesse et autres s'y rend; et nombre de dames. Cela se passe dans une enfilade d'apartemens très illuminés, mais on ne sçait par quelle raison tout ce monde en affluence se tient dans une même pièce où on est étourdi du mouvement et du bruit et où on étouffe pendant 2 heures et demi que dure la conversation. Des valets de chambre vous offrent continuellement toutes sortes de raffraichissements, gauffres, biscuits à profusion, glaces ; l'histoire dit que messieurs les Italiens prennent jusqu'à 15 glaces de suite les trouvant à bon marché. Comme on n'y joüe pas, du moins à celle-là, on l'appelle conversation *da prima sera*, et en sortant de celle-là on va dans d'autres, où on joüe et qui s'apellent *da secunda sera* et ainsi en augmentant. Nous nous retirons chez nous. Chacun comme il l'entend récapitule ce qu'il a vû et pour ma part je me couche à minuit après avoir écrit.

Rome, samedi 11 décembre.—Ma journée d'aujourd'hui a été repos pour notre conducteur, attendu d'ailleurs qu'il fait trop froid dans les galleries et palais et trop humide, car il pleut beaucoup depuis notre arrivée. Ainsi chacun de nous a pris le chemin qu'il a voulu. Pour moy j'ai parcouru seul, comme à Paris, une partie de la ville pendant 3 heures et je me suis aisément retrouvé quand j'ai crû être égaré. On ne rencontre que temples ronds, quarrés, bornes de porphire ou du plus beau marbre ; on entre dans des cours de palais et même de maisons entourées de figures entières ou tronquées inscriptions, tombeaux et débris. Rien ne porte plus à la réflexion et à la rêverie que cette immense variété; on ne peut se faire une idée assés haute de cette espèce d'hommes qui a précédé ceux qui leur ont succédé. Quelques visites ont fini ma journée, chez M. *le Bailly de Breteüil* (1), *ambassadeur de Malthe* à Rome et *Monseigneur de Bayanne* (2), auditeur de Rotte. Ils nous ont tous invité à dîner pour demain dimanche, mais S. E. M. le C. de Bernis nous avoit retenu hier pour demain dimanche. Je me couche à minuit comme d'ordinaire.

Chacun de son côté a été à la messe. Pour moy, après la messe, jai pris ma route du côté de la porte *del Popolo* pour reconnoître par où j'étois arrivé le soir. J'ai été très content de cette entrée; on y arrive par une rue de faubourg assez longue, et on entre par une porte à peu près comme la porte Saint-Martin à Paris. Alors, on se trouve dans un espace très vaste où il y a une pyramide de granite et Egyptienne, de hauteur 81 pieds 9 pouces et chargée d'hyérogliphes égyptiens. Ce fut *Auguste* qui la fit amener d'Egypte. Il y a dans tous les voyages de Rome, de M. *de la Lande* et autres, des descriptions plus détaillées que je n'entreprendrai pas de répéter. Je m'en tiendrai à dire qu'elle fait le plus grand effet, se trouvant en avançant dans la ville accompagnée de deux églises en dôme, d'architecture uniforme qui forment l'entrée de la rue du Course.

(1) De la famille Le Tonnelier de Breteuil; le Bailly appartenait à la branche des barons de Preuilly.

(2) Le cardinal comte de Bayanne, mort en 1820, rentra en France lorsqu'il cessa ses fonctions d'auditeur de Rote. Sa vie politique n'a commencé qu'en 1813. Nommé sénateur le 6 avril de cette année, il vota en 1814 la déchéance de Napoléon. Créé pair de France par le Roi, il fut rétabli sur la liste des pairs après la seconde Restauration et refusa de siéger comme juge du maréchal Ney.

Cette rue a plus de 900 toises de longueur et s'apelle ainsi par les courses de chevaux qui s'y font. A droite et à gauche de cette rue aboutissent sur l'Obélisque deux autres rues, l'une *la Strada del Babuino* qui conduit à la place d'Espagne où je demeure au bas *du mont de la Trinité*, et l'autre, *la Strada di Ripetta*, qui conduit au port du même nom. C'est l'arrivée de Rome la plus intéressante, l'arrivée de France et de presque tous les pays étrangers. C'est de là d'où partent tous les ambassadeurs pour faire leur entrée. Après avoir bien examiné cette entrée, j'ai continué deux heures de promenade dans la ville et je me suis arrangé pour tomber dans Saint-Pierre. On a raison de dire que plus on y va, plus on a de remarques à faire, d'étonnement sur l'énormité et la magnificence de ce temple. Effectivement, tout y est si bien proportionné en longueur, hauteur, largeur que l'intérieur et l'extérieur n'en paroissent pas énormes; mais quand on y arrive à pied par le milieu de la place, il semble, à mesure que l'on avance, la face de Saint-Pierre s'éloigne, tant la distance est grande. Voilà l'effet que j'ai ressenti, et quant on entre dans l'église peut-être à la 10° fois comme j'ai fait, on voit alors différemment par le détail dans lequel on entre et on est étonné des mesures de comparaison que l'œil fait et que l'on fait ensuite le pied à la main. Les oreilles servent aussi de mesure. J'y ai entendu un orgue dans une des chapelles, mais quelle chapelle! où se retirent les chanoines pour l'office. Cet orgue fait si peu d'effet dans Saint-Pierre que l'on croit entendre quelque bruit, mais on ne peut pas en être bien assuré. J'ai continué à parcourir et à revoir ce que je verrais encore bien des fois. M'y voilà; assurément je crois encore y rêver! A 2 heures je me suis rendu à diner chez M. *le cardinal de*

Bernis. C'est la plus forte maison qu'il y ait dans Rome. Son petit couvert, tous les jours, est au moins de 20 personnes, et trois fois la semaine de 40, composées de cardinaux et de gens titrés, et le vendredi sa *conversation*. On ne peut faire mieux les honneurs et plus magnifiquement. Demain lundi M. le cardinal va en grand cortège à Saint-Jean de Latran, assister à la grand'messe en musique, fondation faite par nos Rois de France. Tous les François qui s'y trouvent l'accompagnent. Nous y sommes invités.

Rome, lundi 13 décembre.—Nous voilà donc dès 8 heures du matin chez Son Eminence. Plus il y a de monde avant son départ dans les apartemens, plus la fête est belle. Il y avoit grande rumeur, savoir si on sortiroit les beaux carrosses de velours en dehors; mais la pluye s'y opposoit. Il a fallu s'en tenir à 4 carrosses immenses de moyenne beauté, mais de lourdes masses, qui se traînent au pas. Tout cela est une affaire sérieuse ; il n'y a pas de jour qu'il n'y ait une fête pour un cardinal qui occasionne une promenade dans Rome. Revenons à l'assemblée nombreuse dans les vastes apartemens du cardinal; elle est effectivement nombreuse, on s'y porte, mais elle est bien noire : on n'y voit que soutannes et quelques bas violets. Ces bas annoncent le *monsignor*. Ce sont gens en place et dans les différentes charges et beaucoup aspirants au cardinalat. C'est là le but de tout le monde. On y voit peu de gens qui soient vêtus autrement. C'est là où l'on voit un cardinal en pleine jouissance de sa pourpre, et où il développe toutes ses grâces; le contentement est peint sur son visage, et chacun, quand il est honnête, a sa petite audience. Notre cardinal ministre est bien fait pour plaire et réussir : Je n'en sçaurois jamais assés pour vous nommer tous les grades d'officiers noirs et à peu près vêtus comme aux terrements, qui précèdent, un jour de gala, les apartemens aux coins de toutes les portes ; il y en a de toutes tournures, rabats grands, rabats petits, manteaux courts, manteaux longs, cheveux longs, cheveux courts, calottes et sans calottes ; j'aurai bien de la peine, même sur le papier, à faire quelque chose de beau de ce spectacle ; le premier antichambre vous a annoncé à haute voix ; le second répète et ainsi de suite. En vérité le ton d'inventaire y est juste et vous arrivés jusqu'au Dieu du jour et qui l'est tous les jours, dans ce paysage. On est libre de faire comme tout le monde et de prendre des 8 heures du matin des glaces de toute espèce, limonade et biscuits à profusion que l'on vous offre avec beaucoup d'honnêteté, et avec instance. Je vous avoüerai que ce coup d'œil d'une quantité de personnages noirs la tasse à la main m'a étonné. L'heure venue, chacun dans son carosse a suivi le cortège ; j'ai fait comme les autres. Saint-Jean de Latran est à 3/4 d'heure de chemin. Dès qu'on est arrivé on s'empresse en bon françois de se trouver à la réception de M. le Cardinal à l'entrée de l'église par les chanoines ; de là on le conduit à la sacristie en attendant que tout s'apprête pour la messe où il assiste près de l'autel avec deux autres cardinaux.

Je ne peux pas convenir que tout ce spectacle ait l'air bien dévot dans l'église, l'attention étant donnée plus particulièrement à la musique qui s'est trouvée la meilleure que nous ayons entendue en simphonie. Il y avoit trois voix claires que l'on connoit ici sous le nom de musiciens et assés bonnes. Selon moy, je trouve cette musique remplie de jolies choses, mais n'ayant pas le caractère d'harmonie et de musique d'église que je souhaiterois. On y joua une ouverture très agréable d'opéra bouffon que tout le monde connoissoit. Cette messe et cérémonie a duré deux heures peu chaudement comme il fait dans les églises dans ce tems cy, car aux grandes gelées prés, il fait à présent froid comme à Paris, mais un froid humide. Tout le cortège est revenu dans le même ordre, et en vérité cela n'est ni beau ni amusant et encore moins par la pluye, ce qui fait mettre chapeau clabaud (1) à tous les domestiques qui vont à pied. M. le cardinal a voulu absolument que nous revenions encore diner et voir sa magnificence. Nous y sommes accoutumés, et nous admirons encore plus son honnêteté. Il y avoit 40 personnes à diner et la plus grande chère, mais presque tous les convives d'habillemens noirs, ce qui fait un coup d'œil peu brillant. Selon moi, je vois toujours avec peine une si belle et si immense dépense finir tout court et à 4 heures être le libre et le maître de la maison tout seul. Le pauvre étranger faute de spectacles s'en va dans son auberge. Il a beau avoir des lettres de recommandation, il ne trouvera que des gala et des conversations qui ne sont autre chose que des cohues de caffé, mais point d'intérieur et de société d'une douzaine de personnes. Voilà Rome, selon mes yeux et suivant ce que vient de m'en confier le prince *de la Palestine* qui est cordon bleu de France et une des plus grandes maisons. Il sçait que les François cherchent de la société et il nous a prévenu en nous disant ce que je pensois et ce que je viens d'en dire. Suivons cette grande journée : à 6 heures nous nous sommes rendus à la conversation de Mme la *marquise de Puismonbrun* (2), nièce de M. le cardinal

---

(1) Coiffure négligée; chapeaux dont les bords étaient rabattus.
(2) Marie-Christine-Thérèse, fille de Claude de Narbonne Pelet et d'Hélène-

de Bernis. C'est en plus petit celle de M. son oncle. On s'y tient dans une seule chambre. La maîtresse se tient assise à la porte et reçoit en se levant tout ce qui vient; on y sert des glaces, limonades et sucreries; les gens du pays y font la cour aux dames et beaucoup d'autres paroissent asseulés tant en hommes qu'en femmes. On se coudoye et on est toujours fort serrés. Voilà tout ce que j'y ai vû. Peut-être verrai-je mieux une autre fois. Je vous assure qu'après cela j'ai trouvé bon mon hôtel garni où nous avons des ressources entre nous d'amusements d'arts en quoy nous sommes fort heureux. Il est minuit 1/2, ma journée est faite. Point de courrier de France encore arrivé, les pluyes en sont sûrement cause. Il faut espérer pour demain.

Rome, mardi 14 décembre. — Aujourd'hui à 4 heures après midi le courrier n'est pas encore arrivé. Ce matin, après avoir écrit pour le départ du courrier demain mercredi, j'ai fait quelques promenades à pied dans mon quartier en montant des escaliers comme au *Mississipi de Nointelle* (1) et plus haut, à la Trinité du mont. De là on voit bien distinctement tout le plan de Rome qui est estimé comme le faubourg Saint-Germain à peu près. On ne voit aucun clocher dans ce pays-cy; tout est dôme, rotonde. Quelle belle vue, que de monuments de tous côtés, quel assemblage de temples, de ruines, de colonnes et de tout ce qui peut laisser trace de la grandeur! De l'autre côté, quelle nombreuse quantité d'églises modernes de la plus chétive architecture,

---

Françoise de Pierre de Bernis, épousa le marquis de Puy-Montbrun, mestre de camp de cavalerie. Elle était nièce par sa mère du cardinal de Bernis, et c'est elle qui, sous la dictée de son oncle, écrivit le manuscrit des mémoires du Cardinal.

(1) Nous avons déjà, dans la préface, parlé du Mississipi de Nointel.

souvent entourées de colonnes, vis-à-vis lesquelles il semble que les architectes ayent fermé les yeux! Mais les dedans, pour l'ordinaire, en sont nobles et plus passables que les dehors, pour la richesse surtout dont elles sont décorées. On y voit des tombeaux de porphire à étonner; des colonnes du plus précieux marbre et des diamètres de granit incroyables. On ne sauroit faire un pas comme moi à pied dans les coins les plus reculés où l'on ne voye dans une mazure une colonne tronquée du plus précieux marbre, un chapiteau délabré, ou quelques bas-reliefs dans la muraille. Quels hommes s'écrie-t-on continuellement! L'argent et les ouvriers étoient donc bien communs! Tout est prodigué et ils laissent encore voir des projets sans fin et qu'aucun royaume ne pourra atteindre. Voilà toute ma journée avec écriture et récapitulation particulière de tout ce que je peux avoir vû et lecture de ce que je dois voir ces jours-cy. Il est minuit 1/2, je me couche.

Rome, mercredi 15 décembre. — Aujourd'hui, on attend le courrier de Paris qui devoit arriver lundi dernier. Dans le moment il arrive et le courrier qui doit repartir emporte mon neuvième cahier de mes journées. Ainsi, à cause du courrier il n'y a pas eu de promenade aujourd'huy. Seulement chacun de son côté à courir une couple d'heures, et, à notre ordinaire, nous avons dîné à quatre heures et demie et musique chez nous. A six heures demain, s'il fait aussi beau soleil, nous verrons sûrement de belles choses.

Rome, jeudi 16 décembre. — Nous voilà en chemin dans la ville pour voir toujours du nouveau avec M. *Pa-*

ris (1), architecte, le meilleur conducteur, qui connoit tout avec les anecdotes historiques. Il n'est pas indifférent d'être bien mené. Comme il n'est pas question icy d'intérieurs de galleries, je pourrai entrer dans quelques détails. Nous avons commencé par l'église de la *Sainte-Trinité* (2). Il y a au maître autel un tableau célèbre par *le Guide* (3). Ce tableau est beau pour les testes, draperies, détails, mais sans effet et de composition cimétrique. Le Père Éternel en haut revêtu d'une chape bien drapée, mais les deux bras et mains étendus bien également; au-dessous est le Saint-Esprit, et après le Christ en croix accompagné de deux petits anges aux coins de la croix, mais bien également distants, ainsi que deux autres figures en bas. Voilà comme je l'ai vu. De là nous avons été à *Saint-Pierre in Montorio*. On y voit au maître autel le célèbre et dernier tableau de *Raphaël d'Urbin*, donné par le cardinal de Médicis. Ce tableau est fait pour plaire par les détails et beaux desseins de testes, mains et pieds, mais la composition ne paroit pas d'un bon choix, à droite en bas surtout. Le sujet est (4)   ; j'emporterai la gravure. C'est cependant un des sept célèbres tableaux à Rome, mais d'après son nom peu de personnes osent faire des réflexions.

Nous avons poursuivi à la *villa Pamphile*, maison consi-

(1) Paris (Pierre-Adrien), architecte, né à Besançon en 1747, mort à Paris le 1ᵉʳ août 1819, successeur de Soufflot à l'Académie d'architecture, l'un des illustrateurs du *Voyage en Italie* de l'abbé de Saint-Non, directeur de l'Ecole de France, à Rome, en remplacement de Suvée.
(2) Santa Trinita dei Monti, au-dessus de la place d'Espagne, église qui renferme l'admirable *Descente de croix*, chef-d'œuvre de *Daniel de Volterre*, exécuté d'après les cartons de *Michel-Ange*.
(3) *Guido Reni* ou *le Guide*, né à Bologne en 1575, mort dans la même ville en 1642, élève de Denis *Calvart*, peintre flamand, et ensuite des *Carraches*, peintre dont le pinceau était d'une facilité prodigieuse, qui a créé un type de Vierge bien connu et souvent imité.
(4) La célèbre fresque du prophète Isaïe.

dérable par son étendue. Ses jardins considérables, très variés et charmants par leur verdure en tous tems, n'étant plantés que de pins, cyprès, chênes verds, lauriers, mais d'ailleurs faite pour attirer l'admiration par le recueil immense d'antiques, belles colonnes du plus précieux marbre, granit, porphire verd d'Égypte. Tout cet amas et délabrement de jardins fait la ressource de tous les dessinateurs et peintres, mais cela ne fait qu'une habitation délabrée et des jardins dans le même goût. Nombre de figures mutilées, quelques belles choses mais beaucoup de mauvaises, dont quelques-unes n'ont que le mérite de l'ancienneté. On y voit beaucoup de fontaines, de pièces d'eau variées, quelquefois d'assés grande et belle forme, mais chargées souvent de trop de statues, bas-reliefs, qui pourroient être mieux placés. Il paroit que la prévention icy fait tout adorer et autorise un grand abus dans le grand nombre de statues tant bonnes que mauvaises. Il y a de l'eau partout, fort peu en jet d'eau, mais en napes et de différentes manières, souvent minces, et peu à imiter, dont on puisse prendre le dessein pour en construire pareilles. Je trouve que tout cela ne fait d'effet que par la grande quantité. Vous trouverez peu de personnes qui osent dire comme moi son avis. On dit que cette villa est une de celles en meilleur état. En vérité, cela n'est pas logeable ; il y a des beautés dans les jardins mal tenus.

De là nous voilà à la *villa Mattei*, autre villa moins considérable, mais que l'on voit avec grand plaisir par la quantité de figures antiques que l'on y voit. Je ne trouve pas qu'il y en ait beaucoup de remarque et du premier mérite. La quantité et variété des eaux font un des grands mérites de toutes ces villas ; elles sont d'ailleurs dans un abandon qui ne peut que convenir à remplir la teste des peintres de fêtes agréables sur le tableau. Une des beautés sont des pins et cyprès très élevés et toutes sortes de bosquets garnis d'arbres toujours verds.

Rome, vendredi 17 décembre. — Nous nous sommes mis en marche pour aller à la fameuse campagne ou *villa Albani* appartenant au *cardinal Albani*, fort âgé et cependant très amateur des belles choses et faisant continuellement décorer d'antiques et restaurer des antiques auxquelles il manque souvent bras et jambes. L'entrée ou l'arrivée se trouve par un chemin étroit et long entre deux murailles. On arrive dans une cour à peu près de forme ronde, entourée de balustrades. Ce coup d'œil est prévenant ; vous entrés dans un vestibule bien garni de colonnes et qui vous conduit dans une galerie qui tient toute la façade du bâtiment. Le coup d'œil en a l'air très élégant, donnant sur des parterres au bout desquels se présente une galerie circulaire soutenue par nombre de colonnes précieuses et meublée de toutes sortes d'antiques. Cette villa a bien l'air de l'élégance par la tournure et les ajours que procurent des colonnes. Mais cela ne gagne que par le total, car en vérité l'architecture qui est moderne est des plus mauvaises. Cette villa est faite pour plaire malgré ses défauts. D'ailleurs elle est logeable, bien entretenue et on y jouit de monuments entiers de toute espèce. L'ordre et l'arrangement ne peuvent se rendre. Les belles figures égyptiennes en porphyre y sont placées à faire le meilleur effet ; tout ce qui peut se trouver dans ce genre et dans le plus ancien est à sa place, et il y a des cabinets de détails et de volupté où il y a bien des choses dont notre architecture pourroit s'accommoder. Le jardin n'est pas grand et est peu de chose, mais il s'y trouvent de belles cuves antiques qui reçoivent les eaux, et toutes sortes de forme d'eau. C'est un endroit des plus curieux à voir par la quantité de choses qu'il renferme et qui demandent du tems et un examen particulier et point de froid comme il fait à présent.

La *Villa Mattei* se trouve auprès de *Sainte-Marie-Majeure*; on voit que c'est une campagne qui a été bien soignée et décorée d'une infinité de statues dont la plupart sont sans testes à présent, et mutilées ou de bras ou de jambes. Une pièce d'eau de Neptune dans le plus grand désordre, dans tous les coins du parc assés grand et composé d'allées comme les nôtres, on ne voit que de belles cuves provenant souvent de tombeaux anciens, avec des mascarons qui jettent beaucoup d'eau. On dégrade continuellement les jardins en abattant les beaux pins qui font l'exclamation des peintres et, effectivement, le peu qui en reste fait le plus bel effet. C'est là, dans un péristile qui avoit autrefois sa décoration, que l'on voit les deux consuls en marbre bien assis et comme à l'audience; l'un est *Manlius* et l'autre *Marcus*. Ce dernier est celui que *Guiart* (1), ancien pensionnaire du roy, a copié avec beaucoup d'intelligence et dont j'ai un plâtre à Paris réparé par lui-même. Il n'est pas question du bâtiment dont l'on ne montre pas l'intérieur, étant absolument en désordre.

Nous avons fini notre matinée par *l'église de Sainte-Marie-Majeure*. Nous n'avons pris que le tems suffisant pour en admirer la grandeur et la quantité immense de

---

(1) Guiart (Louis), sculpteur, né à Beaumont en Bassigny en 1728, mort à — en —, pensionnaire du Roi à Rome, auteur du tombeau de la princesse de Saxe-Gotha, mari de M'¹ᵉ Labille des Vertus qui devint, après son veuvage, la femme du peintre Vincent.

colonnes de très beau marbre dont elle est décorée et qui lui donne un air de temple. Toutes ces colonnes viennent des anciens édifices. J'y reviendrai. Il y a dans la place, devant l'église, une très belle colonne qui est l'unique de celles qui restoient dans le temple de la Paix, aux ruines de *Campo Vacino*. Elle fut transportée par Paul V, qui fit élever dessus en métal doré la figure de la Vierge. Je crois que, par la suite, je donnerai plus de détail. Tout cela nous a conduits jusqu'à 4 heures après-midi que nous avons soupé dîné comme d'ordinaire.

Rome, samedi 18 décembre. — Aujourd'hui, chacun a fait sa promenade comme il l'a entendu. Notre conducteur s'est reposé. Pour moi, j'ai été, en polisson (1), gagner la *porte del Popolo,* de là à droite en entrant dans la ville le long des murailles et du *Tibre*, gagner le *pont Saint-Ange* et sortir à la vue de *Saint-Pierre* par la porte *del Castello* et, me jettant à droite, j'ai été à portée de voir le derrière du *château Saint-Ange* et les fortifications. De là, j'ai embrassé la campagne à gauche, ce qui m'a conduit sous les fenêtres du *Vatican* et revenir ensuite le long des murs jusqu'à la même *porte del Castello*. Les Italiens commencent à croire que je connoitrai mon Rome comme Paris ; et de cette porte, je suis retourné chez moi, *place d'Espagne*, au travers de la ville cherchant à m'égarer ; mais on se retrouve toujours. Aujourd'hui nous avons dîné à 3 heures pour être en état de donner notre concert dans le palais de l'Académie, ce

(1) Cette expression semble ici vouloir dire, — *tout seul, sans suite,* — de manière à n'être pas remarqué, à passer inaperçu. Cependant, au XVIII° siècle, à Versailles, on appelait *polissons* les personnes qui ne figuraient pas sur les listes des voyages du Roi et qui conséquemment n'étaient pas logées, mais qui cependant avaient la liberté d'y aller. (V. *Intermédiaire des chercheurs et curieux*, 1890, 417-507 ; 1891, 114.)

que *M. Natoire*, directeur, a paru désirer. Cela a fait une espèce de conversation, mais coupée par beaucoup de musique, et comme l'endroit est vaste, on est maître de s'éloigner ou de s'approcher de la musique. L'assemblée a été fort nombreuse avec rafraîchissements et glaces dont *M. Natoire* a voulu faire les frais. Nous avions des voix claires, qui vont faire les femmes dans les opéras qui commenceront incessamment, et qui ont chanté des ariettes fort agréables. Toute cette soirée s'est très bien passée, et nous voilà de retour chez nous.

Rome, dimanche 19 décembre. — Aujourd'hui, la matinée s'est passée en allant chacun chercher messe de son côté. Pour moi, ma dévotion est à Saint-Pierre que je dois connoître un peu par détail, y ayant été presque tous les jours, et ce matin fort longtems. On y voit toujours et avec de nouveaux yeux les détails qui font grand plaisir et qui étonnent. Mes camarades ont déjà monté en haut et dans la Boule ; mon tour viendra.

J'ai donné à dîner au *R. P. Jaquier* (1), minime de la Trinité-du-Mont, le célèbre mathématicien et astronome du pays, dont *M. de la Lande* fait l'éloge dans son voyage d'Italie.

M. Natoire, directeur de l'Académie de France, m'a aussi fait cet honneur, le tout en très petit comité.

Le reste de la soirée s'est passé avec des mannes pleines de gravures de toute espèce que l'on nous envoye pour nous tenter ; mais cela ne coûte rien pour nous amuser. Le soir, j'ai renouvellé connoissance avec *M. l'abbé Sinateri*, que

(1) Jacquier François, célèbre mathématicien, né à Vitry-le François en 1711, mort en 1788.

j'avais vu à Paris avec un nonce, il y a 7 ou 8 ans. Il a voulu absolument m'amener la visite de *S. Ex. de Caëtani* (1), fait pour être cardinal après avoir été nonce un jour à Paris. Il est jeune, fort instruit et fort honnête. Il doit demain me présenter chez madame la Princesse de (2)
sa sœur. La reconduite s'est faite en gros gala ; nos gens y sont accoutumés. Chaque domestique prend un grand flambeau de poing et reconduit ainsi la visite. Les complimenents nous ont menés jusqu'en bas, malgré les instances du contraire par Son Excellence, mais à son carrosse, cela nous a procuré la révérence de ses laquais et même du cocher qui nous a donné un coup de chapeau. Nous nous sommes retirés en riant beaucoup de cette cérémonie.

Rome, lundi 20 décembre 1773. — Ce matin, il n'y a eu que des promenades particulières, chacun de son côté. C'est la seule façon de connoître une ville. L'après-midi nous avons été faire visite à son *Ex. M. de Caëtani*. Après une demie heure de visite, nous avons entrepris de nous retirer, disant que nous devions aller à la conversation chez *madame la marquise de Puismonbrun*, nièce de M. le cardinal de Bernis. Il a voulu nous y accompagner. En sortant nous avons trouvé tous ses domestiques en haye avec six flambeaux au moins, tous saluent en passant, et avec ce cortège nous sommes arrivés au carrosse de S. Ex. qui a voulu nous mener à la conversation cy-dessus. Il est resté un quart d'heure et nous, peu de tems après, nous avons pris notre parti de nous en aller. C'est une assemblée de toutes

---

(1) Caëtani (cardinal) appartenait à une famille romaine, élevée à la dignité princière en 1507.
(2) Nom resté en blanc dans le manuscrit.

sortes de nations et peu amusante, dans une seule chambre où il fait trop chaud. On y présente glaces et limonade et gauffres ; on s'y met au fait comme en province de l'histoire de chacun tant hommes que femmes. Nous sommes assés au courant : nous nous retirons chez nous avec nos desseins, plans, de quoy sauver l'ennuy.

Rome, mardi fête, 21 décembre. — Depuis plusieurs jours il n'est point question d'hiver ; on fait du feu un peu le matin à 7 et 8 heures ; le soir à la chute du jour il y a de la fraîcheur, et un beau soleil et chaud dans la journée.

Nous avons été présentés hier dans une nouvelle conversation chez *la princesse Doria*, elle est fille du prince de *Carignan de Turin*. On ne peut voir un plus grand étalage et magnificence meslés ; cependant de fort vilaines choses, car tous les domestiques y sont en haye, mais c'est le postillon, ou autre mal habillé, avec d'autres qui sont mieux. On passe des apartemens sans fin et très éclairés, et on arrive à la princesse. Elle est fort honnête et parle fort bien français ; on y prend un siège. Il y survient beaucoup de cardinaux ; on vous offre des rafraîchissements. La conversation n'est pas vive surtout pour des étrangers. En bon françois, tout cela est fort ennuyant. Nous y voilà présentés et nous pouvons y retourner tous les mardis. En sortant tous les domestiques se mettent en haye et vous font la révérence et, le lendemain, vous êtes sûr qu'il vient un domestique vous demander la *manca*. On en est quitte pour 30 fr. Il en est de même toutes les fois que l'on va dans une maison pour la première fois. Nous avions dîné chez *M. Natoire*.

Rome, mercredi 22 décembre. — Point de courrier arrivé de France depuis lundi qu'il devoit arriver. Les neiges, loin d'ici, en sont sans doute cause, car il ne fait pas froid icy et presque toujours un beau soleil. Je poursuis, très chères nièces, ma confession générale de chaque jour. J'ai remis aujourd'hui à la poste ma huitaine et j'en recommence une nouvelle. Les nouvelles du jour icy sont l'annonce d'opéras en grand nombre dans huitaine, ensuite le carnaval, les mascarades et les courses de chevaux. Ils n'ont tous qu'à se bien tenir, car j'aurai mon avis à moi, ne m'en tenant pas à aplaudir tout ce qui se dit beau de loin, et à se raprocher, souvent devient bien peu de chose. Notre petite musique du soir a fait notre amusement. Il y a eu peu de promenade dans la journée par les arrangements de chacun, mais beaucoup de lecture ; de l'histoire romaine et surtout la vie des Empereurs dont on voit les monuments tous les jours et leurs figures en marbre.

Rome, jeudi 23 décembre. — A midi, point encore de courrier de France. Il n'y a rien eu de remarquable dans notre conduite. Chacun de son côté a cherché à s'instruire et à se piquer de se retrouver, en se promenant dans Rome ou dehors, et le point de réunion est toujours au dîner à 4 heures. Ceux qui ne sont pas curieux doivent le devenir, car on ne voit que choses rares, même pour les gens du pays et tous les jours on fouille et on trouve. On prétend, malgré les choses immenses dont les cabinets sont remplis et le muséum du Capitole et du Vatican, qu'il y a encore plus d'enfouis dans la terre, dont la récolte amusera sans doute nos descendans. Nos chambres ne désemplissent pas de nombre de portefeuilles, d'estampes, desseins, d'avis de gens qui voudroient nous attraper ; mais outre nos yeux et nos conseils qui sont sûrs, nous sommes cuirassés contre les surprises.

Rome, vendredi 24 décembre. — A la fin, le courrier est arrivé cette nuit au lieu de lundi dernier 20 du courant. Les torrents et les neiges des montagnes sont cause de ce retard. Tout ce qui vient de Paris est toujours bien venu. C'est ce que je vois dans tous les pays. Ce matin nous nous sommes mis en marche pour aller visiter quelques antiquités et nous avons choisi *le cirque d'Antonin Caracalla* hors des murs. C'est un terrain très long, et plus long que large, sur la voie *Appia*, mais dépouillé à présent de tout ornement. On y voit encore l'enceinte des murs, et épaisseur de galleries et portions de voûtes. Nota que ces voutes, pour les rendre plus légères, étaient composées de grosses cruches de terre rangées l'une près de l'autre et couvertes et liées de chaux qui se trouve partout le pays, espèce de terre brûlée. C'est une chose curieuse à voir que la suite de ces cruches pour former une voute. On voit encore, aux extrémités de ce quarré long, deux espèces de tours où, sans doute, se tenoient les juges ; d'une de ces tours à l'autre, dans la largeur, sur le quarré long, étoit un mur dans lequel se trouvoient les différentes ouvertures ou portes qui s'apelloient *carceri*, par lesquelles entroient les bi-juges, quadri-juges et autres chars destinés à la course. On y juge encore la place où se mettoit l'empereur. A chaque bout, à quelques toises de l'extrémité, se trouvoit une borne ou obélisque, qui servoit de point par devant lequel il falloit passer un certain nombre de fois. On voit une de ces obélisques à la fontaine de la *place Navonne* et, dans le milieu de ce cirque, on voit encore le berceau où est restée bien des années couchée cette obélisque avant qu'on la transportât. En vérité, on croit voir les anciens Romains, quand on est au milieu. On voit encore à 100 toises de là un ancien palais où se rendoit l'empereur en attendant le moment du spectacle. Sur cette voye *Appia* on ne voit que tombeaux qui n'ont pas de noms pour la plupart; quelquefois c'est un bâtiment de 10 t. en quarré, avec jolis pilastres d'architecture finement faits, et quelquefois ronds. En dedans, il y avoit un double corridor et disposition pour niches, statues et urnes cinéraires et voutées. Dessus ces monuments anciens sont baties maisons de paysans, d'autres servent de moulins, de quelque côté qu'on se retourne, et même, cela paroit enfilé comme chemin, on ne voit que tombeaux à droite et à gauche, les uns ne représentent plus qu'une butte très élevée et beaucoup sont encore susceptibles à fournir matière à curiosité. Ne croyés pas que l'on en voye une douzaine. C'est à l'infini et cela s'étend, dit-on, fort loin. Ce cirque servoit aussi à donner des combats de bestes, de gladiateurs et même combats navals. On aperçoit aussi dans cette voye *Appia* les temples de l'Honneur et de la Vertu et nombre d'autres que j'aurai occasion de voir et que je détaillerai sans doute à mesure de mes courses. Toute cette visite nous a occupés jusqu'à 3 heures après midi. La retraite pour venir dîner est d'une heure environ.

Rome, samedi 25 décembre, Noël. — J'ai oublié de dire qu'hier au soir nous avons été au jour de conversation de *S. E. M. le C. de Bernis*. Nombre de monde comme dans un café, femmes et hommes, grands apartemens illuminés, force rafraîchissemens et beaucoup d'avaleurs de glace à discrétion ; peu de ressource pour les étrangers qui s'accostent de gens de leur païs. Voilà la conversation. Quand on est curieux, on trouve gens qui vous mettent au fait des intrigues du païs. C'est un plaisir facile à prendre. Au bout d'une bonne demie heure, nous en avons assés et nous nous en allons au travers de nombre de rabats à manteaux comme à un inventaire ou plutôt à une cérémonie de deuil. Il y en a à chaque porte qui crient tout haut tant en entrant qu'en sortant : *Signori forestieri!* pour vous annoncer en entrant et pour avertir vos domestiques en sortant.

Ce matin, jour de Noël, nous avions rendez-vous à la chapelle du pape à *Monte Cavallo* avant 9 heures pour assister à la grand messe dite par lui-même dans la chapelle de son palais. On y arrive avec assez de peine. Nous y étions protégés toujours par un abbé, et fort honnête. Ce grand jour est un vrai gala ; tous les cardinaux y viennent avec au moins 3 carrosses, et il y avoit au moins 40 cardinaux. Les carrosses des cardinaux sont ordinairement noirs, bordés en dehors de bronze dorés faisant comme broderies. Imaginés-vous la plus ancienne forme de *carabas* (1) avec des pommes dorées et grandes comme des panaches sur l'impérial. Celui du cardinal, pour sa personne, se ferme avec glaces, ce que les autres n'ont pas. Il est dans ses habits de cérémonie avec ses aumoniers, et dans les autres, écuyers, secrétaires et caudataires. Ce qui gâte tout cet appareil, c'est tout ce cortège vêtu de noir et rabats avec manteaux. Cela approche beaucoup du deüil et, d'autant plus que, excepté les prestres et aumoniers, tous les autres

---

(1) Voiture en forme de cabriolet.

du service sont mal peignés, comme gens qui viennent d'oter leurs bourses à cheveux et qui ont même laissé les cheveux noués et encore mal frisés des côtés. Jugez le coup d'œil que fait nombre de vêtus de cette espèce! Les cardinaux princes ont 4 carrosses et toute la livrée marche à pied devant ces carrosses qui vont au petit pas. On trouve à la porte du pape des cent Suisses, très à peu près habillés comme ceux de Versailles, mais assez mal tenûs, et éloignés d'être bien retapés. Ils ont un chapeau uni extraordinairement grand et un plumet blanc. Les cent Suisses qui se trouvent en dedans de la chapelle ont, au lieu de chapeaux, des *pots en testes,* qui est l'ancien casque de fer avec deux joues qui se rabattent des deux côtés. On voit chacun ce jour-là courir à ses fonctions : les officiers gardes chapelle portant cuirasse et haute chausse à la romaine, mais mal affublés d'une vilaine perruque à nœuds et au lieu de culottes larges et suivant le même costume, elles sont étroites et comme ils les portent à la ville, ce qui dérange tout l'ensemble et fait voir un monstre d'habillement qui à nos yeux ne rend qu'une mascarade risible. D'autres espèces d'officiers sont couverts d'une cotte de maille qui m'a paru moins mal. Nous voilà donc dans la chapelle papale avec peu de peine et sans trop de foule : nous n'avons pas tardé à voir le saint Père sortant en procession de ladite chapelle pour passer dans l'autre portion, séparée par porte et grille. Il était porté sur une espèce de table bien garnie en velours, sur laquelle il était assis dans un fauteuil, le tout porté par 12 hommes vêtus en damas rouge comme veste. Par dessus luy, est porté un dais par six bâtons et une étoffe souple et riche qui répond à chaque bâton, ce qui fait un dais souple et non tendu comme nos dais. A chaque côté du fauteuil, le saint Père est accompagné de deux espèces d'éventails en plumes fort larges, portés par un homme de chaque côté à la hauteur et au-dessus des yeux du saint Père, pour lui tranquilliser la vüe et lui ôter toute inquiétude qu'il pourroit prendre par l'élévation de son fauteuil. Vous jugés par là que l'on en a bien soin, mais à condition, disent les Italiens, qu'il faut qu'il s'arrange à laisser faire un nouveau pape tous les dix ans. Les cardinaux, en rochet seulement, accompagnent sur deux lignes cette procession chacun avec sa suite et le Pape est précédé de tous les officiers de la plus grande cérémonie, ce qui n'est pas long, n'ayant que le tour de la chapelle et de l'avant chapelle à faire. J'ai donc bien examiné et vû le saint Père qui a l'air bien portant ; sourcils fort noirs et paroissant prier avec ferveur, et bien fait à lui, car c'est le seul, je crois, qui m'a paru s'y livrer bien véritablement. Il étoit revêtu de la thiare sur sa teste. Sa phisionomie annonce de la bonté et de l'esprit. Voilà ma première vüe. Nous étions placés sur le côté, dans une espèce de couloir, derrière les stalles, où du moins, ce qui en tient lieu, près tous les chefs d'ordre de moines de toute espèce, évêques grecs, etc. L'autel est à la tête, à la place ordinaire ; à droite de l'autel est un grand trône couvert de son dais, près lequel est debout le *Connétable Colonne*, revêtu de l'ordre de Naples de Saint Janvier, en manteau et rabat ; au-dessous de lui sont 4 sénateurs en habits, ou plutôt robbes d'étoffes d'or et bouts de manches pourpre. A droite et à gauche est une estrade qui représente la place des stales ; c'est la place des cardinaux dans un fauteüil. Le costé droit m'a parû garni de cardinaux prêtres et habillés comme disant la messe, avec chasuble. L'autre côté en dalmatiques, sans doute de diacres et soûdiacres. La messe s'est commencée absolument comme notre archevêque à Paris. Je vous avoue que je ne m'attendois pas à voir le Pape se donnant la peine de dire la messe lui-même, et comme un autre. Dans la foule de son escorte on le distingue toujours par sa calotte blanche. Lorsqu'il a commencé la messe, on le place sur son trône, et alors, il y a nombre de cérémonies, changement de mître et tout le plus grand cérémonial, mais qui ne diffère pas beaucoup du nôtre. Il n'y a d'autre musique que des voix claires et autres, en espèce de plein chant. Je n'ay pas vû qu'il y ait grande police, ny grand gêne pour se parler l'un l'autre pendant la cérémonie. Je n'ai pas aperçu sur le très grand nombre d'ecclésiastiques, un seul livre en leurs mains; peut-être est-ce d'étiquette, et je les ai tous vûs occupés à regarder le cérémonial, et à rendre raison et causer avec les étrangers. Ce n'est pas là, je crois, où il faut venir pour s'en retourner pénétré de l'édification dont on croiroit icy la source. Le tout a fini par la bénédiction papale et que je communique à tous mes amis qui liront cette lettre. Voilà ma matinée. L'après-midi la pluye la plus forte a recommencé comme depuis deux jours, comme d'orage, mais sur les 4 heures le tems s'est remis un peu. Alors, las d'être en chambre, je me suis dépouillé de tous mes beaux vêtemens, je me suis botté dans l'intention de braver le tems et de faire une promenade; je me suis mis en marche vers le *Capitole,* de là je me suis dirigé vers la *porte} Pie.* Il s'est trouvé que c'était le chemin et l'heure de la promenade du Pape. Je n'ai pas été longtems sans l'apercevoir. Il est précédé d'une cavalcade de prestres à cheval, dont un porte la croix à cheval comme à la procession. Son carrosse vient ensuite, attelé de six chevaux gris et non des mules, le cocher et le postillon à cheval. Il est affublé d'un chapeau rouge et, je crois, robe rouge. Il regarda à gauche où il trouva du monde à genoüil à qui il donna sa bénédiction. Je me trouvai sur le trottoir à droite, ayant seulement oté mon chapeau et mis le pied en arrière comme voulant m'agenoüiller et il me donna aussi sa bénédiction. C'est sa manière de saluer. Il est suivi par une douzaine de chevaux légers, de sa garde. Comme le tems étoit mauvais, il étoit dans son carrosse, car ordinairement, comme la rue est très belle et qu'il y a un trottoir très aisé à marcher, et que c'est un quartier sans beaucoup de monde, il marche à pied. Ordinairement, il a un second carrosse de suite. Ainsi me voilà bien béni dans ma journée que je rachevai par une promenade où le saint Père auroit eu peine à me suivre à pied. De là revenu à notre hôtel que l'on apelle le *petit Paris*. Nous trouvons des desseins et occupations qui nous font oublier les pluyes immenses qu'il fait depuis deux jours.

Rome, dimanche 26 décembre. — La matinée a débuté à la suite de la nuit par une pluye inoüie. Sur les dix heures elle a suspendu, et j'en ai profité pour faire une promenade de près de trois heures en sortant par la *porta Maggiore* et rentrant par la porte *Saint-Gio di Latrano*. Ceci est pour m'en souvenir et pour ceux qui ont la carte ou plan de Rome. Je ne peux pas dire que j'aie rencontré un promeneur. Ce que je trouve d'incommode, c'est que toutes les vignes, biens, sont entourés ou de murailles ou de hayes très fortes, et pour peu qu'on s'engage, on ne trouve pas la fin ou d'une muraille ou d'une haye, ce qui oblige à un tour considérable et allonge la promenade plus que l'on ne voudroit. Je n'y ai rien vu de remarquable, sinon ce que l'imagination peut fournir quand on a lû son histoire romaine ou vie des Empereurs, le matin, et quand on revoye tous ces chemins qu'ils ont battus avec des milliers d'hommes, tantôt battus et souvent triomphans. Avec cela on ne se promène jamais seul. Avant 3 heures nous avons dîné. Le soir, j'ai été voir des *Preceps*. Ce sont des crèches à l'occasion de Noël. Quelques particuliers se font un devoir et plaisir de consacrer une pièce de leur maison où ils établissent comme un petit théâtre où ils rendent en peinture, cartonnage, figure, des paysages, montagnes, chûtes d'eau et une gloire où est le Saint-Esprit, Dieu le Père et la Vierge et Saint Joseph dans une étable contemplant le nouveau-né sur la paille. Chacun y développe son génie et tous ne font que des capucinades. Cela dure 8 jours environ, et on leur fait grand plaisir de les aller visiter et faire bien des compliments. La pluye ne discontinuant pas et étant bien aise d'avoir ce prétexte, nous nous renfermons dans nos desseins, après avoir eu à dîner trois pensionnaires de l'Académie avec lesquels la conversation n'a pas tari sur toutes les beautés qui sont dans Rome, et sur les mauvaises choses que les peintres du pays et les architectes osent mettre à côté, car on ne peut voir dans le moderne une architecture plus désordonnée.

Rome, lundi 27 décembre. — Notre matinée a été employée entièrement à faire visite à un ancien pensionnaire de l'Académie Royale de France, *M. Menageot* (1), peintre,

(1) Ménageot (François-Guillaume), né à Londres le 9 juillet 1744, mort à Paris le 4 octobre 1816, élève d'*Augustin*, de *Deshay*, de *Boucher* et de *Vien*, second prix de peinture en 1765 et premier prix en 1766 sur un tableau représentant la *reine Tomyris faisant plonger la tête de Cyrus dans un vase plein de*

et à *M. Berthélemy* (1), à présent pensionnaire. Nous les avons vûs chacun chez eux en particulier et la visite de leurs études et portefeuilles nous a fait le plus grand plaisir. Ils ont tous deux bien étudié et à fond, Raphaël et Michel-Ange, avec choix et profit. Leurs études d'après nature et académie sont aussi très nombreuses, et chacun dans leur genre promet un habile homme. J'en ai retenu dans mon portefeuille quelques dessins qui m'ont fait plaisir et qu'ils m'ont cédé. Ces deux visites nous ont occupé entièrement et bien agréablement. Le soir, le tems s'obstinant à la pluye et nous tenant renfermés nous avons envoyé un carrosse à *M. Berthélemy* le prier de nous rapporter son portefeuille et de venir souper avec nous. Autre soirée fort agréable.

Rome, mardi 28 décembre. — Ce matin, j'ai fait une promenade particulière en allant au *Colisée* à pied et de là à la porte *S.-Paolo* et entrer par celle de *S.-Sebastiano*. A la porte de *S.-Paolo*, j'ai admiré la piramide *de Caïus Cestius* qui étoit son tombeau, entre le mont Aventin, le mont Testache et le Tibre. Nota que le Testache est une montagne composée de cruches cassées, ce qui a formé une montagne. C'étoit apparamment là où se portoient les débris de cette espèce. Ce *Cestius* fut consul et brave homme, estimé, et un des sept du magistrat des Epulares, nommés ainsi par raport aux banquets qu'ils donnoient en l'honneur

sang, élu académicien le 30 décembre 1780, son tableau de réception, qui est au Louvre, n° 346, est intitulé : *l'Étude arrête le Temps.* Directeur de l'École de Rome en 1787. Ménageot a exposé aux salons depuis 1777 jusqu'en 1806. A l'époque où *Mme Vigée-Lebrun* commençait à percer comme peintre, Ménageot passait pour corriger les œuvres de cette artiste. (Voyez à ce sujet les *Mémoires secrets de Bachaumont.*)

(1) Berthélemi (Jean-Simon), peintre d'histoire, né à Laon le 5 mars 1743, élève de Hallé, grand prix de Rome, membre de l'Académie royale en 1780; son tableau de réception était : *Apollon ordonnant au sommeil et à la mort de rendre le corps de Sarpédon à ses parents.* Mort à Paris le 1ᵉʳ mars 1811.

des Dieux. Je reviens au mont Testaccus. L'histoire dit que du temps du roy Numa on travaillait à cet endroit une grande quantité de briques pour tous les ouvrages, ainsi que potterie de toute espèce, et que l'on jettoit les décombres dans le Tibre ; mais le peuple romain s'étant aperçu que cette quantité immense de décombres pouvoit combler le fleuve et le faire refluer, il fit assigner par un Édit cette place pour y aporter toutes ces espèces de décombres. Il y auroit bien eu, dans ces environs, d'autres antiquités et débris à observer, mais l'heure me pressoit et surement j'y reviendray plus d'une fois, et mes nouvelles observations entreront dans la partie du journal du moment où je reviendrai. Je suis donc revenu par la porte *S.-Sebastiano* située à peu près où étoit la porte *Appia*. Cette porte est une arcade avec une colonne composite de marbre à chaque côté ; elle paroit avoir été restaurée plus d'une fois. On la dit anciennement faite par *Nero Claudius Drusus*.

J'oubliois ci devant d'observer, au sujet de la piramide de *Caius Cestius*, qu'elle se trouve posée en dehors et en dedans les murs. N'étant pas d'usage d'enterrer ou élever des monuments funéraires dans la ville, le peuple romain voulut bien, en reconnaissance de ses services, que son tombeau fût élevé moitié en dehors et en dedans de ses murs. Son quarré est de 86 pieds 3 pouces et de 113 pieds de hauteur indépendamment de la hauteur du socle. L'épaisseur de la maçonnerie est de 25 pieds, le noyau en est de briques ; il est revêtu de dalles de marbre blanc très épaisses, on y entre par une très petite porte et par une gallerie étroite, on parvient dans un quarré de dix pieds environ où on ne trouve que des restes très effacés de fresque. On voit que cet intérieur avoit été fait avec le plus grand soin.

En avant de cette piramide, on voit encore deux grandes colonnes qui étoient sans doute terminées par des vases. Voila la première piramide que j'aye vûe. C'est une espèce d'édifice imposant, encore n'en est-ce qu'une de médiocre hauteur. Quand on fait de ces courses là du matin, il faut être en garde sur la curiosité et l'envie de voir, car de l'un à l'autre on ne finiroit pas d'aller, s'arrêtant à tous ces môles importants dont on voudroit savoir l'histoire et la lire sur le tas.

J'étois rentré à une heure après midi pour m'habiller et aller diner chez *M. le Cardinal de Bernis*, toujours en compagnie nombreuse. A 4 heures, je me suis mis en rang dans mon carrosse à la promenade rue du Course ; c'est le rendez-vous tous les jours de fête. Il ne peut tenir que trois carrosses dans la largeur de la rue et on se promène ainsi sur deux files depuis la Porte du Peuple. Nous y avons vû *le Prétendant avec sa femme* (1) précédés de 4 coureurs avec deux carrosses dans le plus grand gala. Cela est bien éloigné de ressembler à l'affluence de nos boulevards. Jugez d'une promenade de rue peu large ! C'est un des plaisirs du pays.

Rome, mercredi 29 décembre.—Ce matin est parti un courrier assez considérable de mes despêches, et de mon journal, et je poursuis. Ma matinée a été employée à par-

---

(1) Jacques Stuart, fils de Jacques II roi d'Angleterre de 1685 à 1688, détrôné par Guillaume de Nassau, prince d'Orange, mort en France, au château de St-Germain-en-Laye, en 1701. — Le prétendant (Jacques III) vécut jusqu'à 25 ans en France sous le nom de *Chevalier de St-Georges*. A la suite d'une expédition malheureuse tentée par lui en Ecosse, Jacques III se retira dans les États Romains où il a passé le reste de sa vie. Il avait épousé la princesse *Casimire Sobieska*, petite-fille du grand *Sobieski*. Tous deux n'étaient connus, en Italie, que sous la dénomination du *Prétendant* et de *la Prétendante*; il mourut en 1788.

courir différents sculpteurs pour raisonner sur le prix de quelques tables de porphire, verd d'Égypte, etc. Toutes ces choses, qui étoient très communes, commencent à devenir rares, la Russie ayant fait des enlevemens considérables. Il y a aussi des sculpteurs qui tournent des vases de porphire et de belle forme. On voit avec plaisir toutes sortes de débris de colonnes et d'échantillons de marbre que nous ne connoissons pas à Paris. Ces sculpteurs sont fort adroits et ont un grand usage de manier le marbre. Il y en a qui réussissent très bien en ornements, fruits, etc. Voila de quoy amuser des amateurs ; d'ailleurs on rencontre quelques testes antiques, il est vrai souvent mutilées. On ne peut s'empêcher, au milieu de tous ces débris, de rêver aux Romains. J'ai encore vu un obélisque égyptien de la plus grande hauteur, en granit d'une grosseur et d'un poids énorme, qui est depuis des siècles dans une mauvaise cour, et qui attend la curiosité de quelque pape pour le remettre sur ses pieds. On y perd le calcul, savoir comment les anciens ont pu, d'Égypte, de Grèce, aporter d'immenses fardeaux comme tous ces obélisques et une quantité innombrable de colonnes de la plus grande beauté dont les églises sont décorées avec profusion. Il falloit des flottes entières et un vaisseau avoit une furieuse charge d'une seule aiguille d'une seule pièce. Nous restons étonnés et nous n'avons encore rien vû. L'après midi s'est passée, ou plutôt la soirée, à voir un boisseau de pierres et bagues que l'on m'avoit confiées. Ce sont toutes pierres qui se trouvent tous les jours par les paysans dans la campagne d'un particulier. Elles sont gravées en creux et nous ont rendu, avec la cire, quelque chose passable, mais cependant qui n'a pas mérité de nous rendre curieux jusqu'à en savoir le prix. Cela nous a beaucoup amusé. Nous avions donné à diner à *M. Natoire*, directeur de l'Académie de France icy, et à *Mademoiselle* (1) et autres de l'Académie.

Rome, jeudi 30 décembre. — Ce matin le courrier vient d'arriver au lieu de lundi dernier, mais il n'y a point de lettres pour moy. On se plaint à Paris de ce que je n'écris pas et il est de fait que tous les mercredis, jour du départ du courrier, je remets considérablement de paquets à la poste. Il faut donc s'en passer et attendre. Le tems ayant été douteux, toute ma matinée a été employée à tendre dans ma chambre un très grand plan de Rome, très bien fait, ce qui dirige nos marches et nous fait connoître toute notre ville de Rome. Il est certain que je la connoitrai mieux que Paris. D'un autre côté, j'ai tapissé ma chambre d'un autre plan dit *Campo Martio*, qui est le plan ancien de Rome, c'est-à-dire le plan de tous les beaux et fameux édifices, dont il y a peu de restes. C'est sur ces fameux édifices qu'est bâtie la ville actuelle, et le reste du terrain vaccant, quoique dans les murailles, est la place qu'occupoient les habitans qui, avec le tems et persécutés par les guerres, s'étoient réfugiés dans les édifices publics que l'on voit, selon le plan, être à l'infini : palais des Empereurs, académies de jeux de toute espèce, pour course, naumachie, etc., et tout ce que le plan de *Piranese* (2) fait voir d'intéressant. Je serai en état, avec la baguette, de donner sur la carte raison de tous ces changements. De là, je me suis jetté dans le dessein d'après *Raphaël, Michel-Ange*, comme un jeune homme

---

(1) Mlle Natoire était la sœur du peintre, qu'elle avait accompagné à Rome.
(2) Piranesi (Jean-Baptiste), peintre, graveur et architecte célèbre, né à Venise en 1721, mort à Rome en 1778, dont le burin habile a reproduit les monuments les plus remarquables de Rome.

qui recommence ses études. Aussi je m'annonce pour changer ma manière, ce n'est pas stile Oriental, mais stile de peintre. J'avoue que si j'avois fait ce voyage, non pas dans ma première jeunesse, mais dans ma plus mure jeunesse, j'aurois, outre le plaisir de la théorie en peinture, peut-être pû parvenir à de meilleurs yeux et à un peu plus de talents, mais je m'en tiens au présent et je prends toute la jouissance que je peux. Mes études nouvelles m'amuseront du moins pour le présent. Il est sur que je ne vois et ne parle que d'arts, de peinture, sculpture et antiquités. Nous n'avons soupé dîné qu'à 5 heures avec *M. Ménageot*, ancien pensionnaire de l'Académie de France, qui a beaucoup de talens, beaucoup étudié et qui a rassemblé des portefeüilles considérables. Après le souper nous nous en sommes régalés jusqu'à minuit et avec le plus grand plaisir. Voilà notre vie ; nous allons passer ainsi en revue toute l'Académie qui est montée en jeunes gens très honnêtes, aimant tous le travail. Je n'ai qu'à me louer de toutes leurs complaisances et honnêtetés.

Rome, vendredi 31 décembre. — Ma journée est très édifiante. Il est fête aujourd'hui dans Rome, saint Sylvestre, et de plus, fête de la chapelle ou église de saint Sylvestre, dont M. *le Cardinal de Bernis* est protecteur, ou plutôt titulaire ; savoir si c'est l'un ou l'autre, c'est ce que j'ignore pour le moment ; je ne promets pas même de m'en instruire ayant des choses qui m'occupent davantage et plus agréablement. Bref M. le Cardinal nous avoit invités à l'aller voir dans sa gloire à cette église ; effectivement il y marche en grand fioch (1), avec cinq carrosses et tout l'étalage de

---

(1) Marcher *in fiocchi*, expression italienne qui signifie : *Dans le plus grand appareil* et en ce qui concerne un cardinal : *en camail et en rochet*. Cet usage,

valets à pied. Il y est reçu par le clergé et tous les monsignori qui s'y trouvent en grand nombre. Il s'y dit une messe en grande musique par un évêque, pendant que M. le Cardinal est comme le Pape sur son trône, sous un dais, avec le plus grand étalage et robe rouge et queue sans fin de cardinal; toutes les révérences sont pour lui et il y représente tout au mieux. Il est doué de figure de représentation et fort agréable.

Le soir, après le dîner, sur les 4 heures, ennuyé de n'avoir pas trouvé de moment pour me promener depuis plusieurs jours, je me suis transporté à la *Porte Pie*, où il y a une très belle rüe et un trottoir des deux côtés bien battu, attendu que c'est la promenade du Saint Père. Après avoir fait un tour, nous avons aperçu le Pape qui arrivoit à la *Porte Pie*. Nous nous sommes arrêtés en haye comme tout le monde, et à son passage j'avais fléchi seulement le genoüil, et non en me mettant à genoüil tout à fait, posture fort peu comode surtout quand on est proprement vêtu. Sans le vouloir, je me suis fait, dit-on, reconnoitre François. Nous sommes soupçonnés n'avoir pas grand foi à la bénédiction papale et n'être pas d'humeur à mettre les deux genoüils en terre. N'allés pas cependant croire que j'aie causé du scandale; j'ai commencé par être salué du pistolet par toute la garde à cheval; ensuite un coup de tête honnête du porte-croix à cheval, et à la fin, en conséquence de mon inclination et génuflexion, le Pape m'a donné sa bénédiction avec distinction. Mon ruban peut m'avoir attiré tous ces honneurs. Sa Sainteté arrivée à la *Porte Pie* a aparemment trouvé qu'il était trop tard, elle a fait retourner ses carrosses et nous

observé à Rome dans certaines cérémonies, n'était pas usité en France. (V. Mém. du duc de Luynes, t. I, p. 110.)

nous sommes vûs obligés de recevoir encore une bénédiction en la recevant décemment, mais à la françoise, car ordinairement tout le monde se met à genoüil des deux genoüils. J'ai admiré avec attention l'escorte composée de chevaux légers et de cuirassiers, faisant en tout 30 hommes à cheval, beaucoup de valets à pied, le carrose du Saint Père en glaces et 6 chevaux gris, son cocher et postillon revêtus d'une casaque de damas cramoisi et une perruque blonde, mais l'un et l'autre sans chapeaux, plusieurs ecclésiastiques à cheval qui accompagnent le porte-croix.

De jour en jour M. *le Cardinal de Bernis* me propose de me présenter au Pape ; cela arrivera un matin, quand j'aurai tout vu le nouveau Museum où il rassemble quantité de belles choses antiques, ce qui fera matière à conversation, autant qu'elle se pourra faire, le Saint Père ne parlant pas françois et moi peu italien.

La soirée s'est passée moins canoniquement. Il a fallu aller à une répétition d'opéra au théâtre *d'Aliberte*. Ce sont des burlettes ou opéra-comique, musique *d'Anfossy* (1). On a répété 3 actes. Cette salle est mal située, dans une petite rue, près de la place d'Espagne, du côté de la porte du Peuple. Les entrées n'en sont point heureuses ; on entre dans des corridors fort étroits et des loges comme les nôtres à Paris, à l'exception qu'elles sont mal propres et sans chaises. Si on en veut on les loüe ou on en envoye meubler sa loge par un tapissier, si on la loue pour le tems du spectacle qui dure six semaines. L'affluence est immense. Il paroit que les Italiens ont les passions violentes, car leurs

---

(1) Anfossi (Pascal), compositeur italien, élève de Piccini, né en 1736, mort à Rome en 1795. Les opéras d'Antigone, de Démétrius et l'opéra buffa *l'Avare* sont ses œuvres les plus réputées.

spectacles, surtout quand on y donne de bonnes choses, sont plus que pleins, quoiqu'il y ait 6 rangs de loges, et leurs aplaudissements outrés et démontrés par des cris redoublés et qui ne peuvent se rendre par écrit. On y ajoute des démonstrations de mouchoirs que l'on remue à la main avec frénésie, on y ajoute les mêmes démonstrations dans les loges, avec le manteau dont les Italiens gesticulent sur le bord de la loge en dehors. Tout y va pour aplaudir, les expressions, les hurlements, et pendant ce tems et cette tempête, l'ariette se chante et on en perd la moitié. Le plus grand désordre de bruit et de cris subsiste et est toléré pendant tout le spectacle, on s'y permet tout, les habitans du parterre qui sont assis ne se refusent ni à boire ni à manger, ni aux opérations qui s'en suivent. Nous pouvons certifier les mauvaises odeurs par la place que nous occupions aux premières loges. Pour ce qui regarde la salle du spectacle, elle est très vaste, très mal décorée, et de six rangs de loges en hauteur qui paroissent toutes égales, sans décoration, ni différence, ni variété des premières aux secondes et ainsi de suite. On croit voir des boulins de colombiers. Je ne peux rien dire du spectacle du théâtre ne l'ayant pas encore vu éclairé, ni les acteurs habillés. La musique *d'Anfossy* m'en a paru charmante et plusieurs acteurs, les meilleurs bouffons. Les castrats qui doivent être habillés en femmes et en faire les rôles me paroissent pour la plupart très adroits. Nous ne nous faisons pas à entendre le bruit épouvantable et les aplaudissements qui tiennent. de la folie et que l'on nous assure être chose ordinaire. Je serai plus savant sur cet art dans un mois, et si je dois me rétracter je le ferai. Il va y avoir 5 théâtres à parcourir, jusqu'au Polichinelle, très plaisant, mais du plus bas comique, et cela, jusqu'au carême, après quoi il ne sera plus question que de processions, dévotions et indulgences et toujours avec la même fureur. A 10 heures, nous nous sommes retirés de cette répétition.

Rome, le samedi 1er jour de l'an 1774. — Bon jour, bon an à tous mes parents et amis qui ces lettres liront.

L'usage de ce pays-ci est de souhaiter les bonnes festes, Pâques, Noël et 4 grandes fêtes ; on parle peu du jour de l'an. Nous autres, toujours françois, avons fait notre visite à *S. E. M. le Cardinal de Bernis*, à *Mgr de Bayanne*, auditeur de Rote, à *M. de Breteuil*, ambassadeur de Malte, et à *l'Académie de France* et tout est dit. Comme il fait un tems très doux, je suis venu me déshabiller, me botter, pour entreprendre pour ma santé une vraie promenade inconnue aux Italiens et hors des murs. Premièrement, en sortant par la porte du Peuple, *del Popolo*, traverser la villa *Borghese* composée de plusieurs parcs remplis de daims, et de chevreuils et de jardins plus peignés, remplis de fontaines, cascades, cuves, tombeaux et figures antiques. Comme notre but n'a été que la promenade, nous ne sommes pas entrés dans le *Palazzo* ; nous en sommes sortis par une autre porte qui nous a procuré l'entreprise d'un très grand tour dans la campagne et en tout une promenade de 4 heures en rentrant par la porte *Solara*. Mon camarade et moi nous en avions notre dose. Pour nous délasser, nous nous sommes mis à dîner-souper avant 7 heures, et notre soirée et souper toujours avec quelques gens d'arts qui font icy notre ressource.

Rome, dimanche 2 janvier. — Ce matin, je devois être

présenté à *S. E. M. le Cardinal Orsini, ministre de Naples*, ayant des lettres à lui remettre ; mais il lui est survenu des affaires qui ont dérangé ma présentation. A 2 heures, nous nous sommes rendus dîner chez *Mgr de Bayanne*, auditeur de Rottes. Depuis notre arrivée, nous n'avions pas encore pu accepter son offre. Il vit avec M. son frère, officier de marine et chevalier de Malthe. Ils sont tous deux très honnêtes et vont au devant de tous les François. Dans tous les endroits où on dîne, tout est dit à 4 heures ; après avoir très bien dîné il faut s'en aller non pas se promener, surtout comme à présent qu'il pleut, non pas au spectacle, attendu qu'ils ne commencent que demain, plus d'assemblées appelées conversations ; ainsi, il faut que le pauvre étranger s'en retourne chez lui ; tant pis pour lui s'il ne sçait pas s'amuser.

Je ne peux pas encore prononcer sur le spectacle, mais j'y vois un grand désordre faute de police et dont conviennent tous les italiens. De plus on ne sçait comment pouvoir y entrer et avoir des billets. Le billet qui vaut un écu peut valoir 12 francs et plus. Ils ne se prennent point à la porte du spectacle. L'entrepreneur les fait vendre sur la place et surtout le premier jour ils ont un prix fort, aussi si l'opéra vient à être médiocre on les a à bon marché. On convient d'ailleurs qu'à la 1re représentation il n'est pas possible d'entendre, attendu les aplaudissemens dont on ne peut se faire une idée sans les avoir vû. Ce sont des possédés d'entousiasme comme j'ai dit ; tout y va, le mouchoir en l'air, le chapeau au bout de la canne, le manteau agité en l'air, et quand le calme paroit bien revenu, vous entendés dans quelques loges un vrai soupir comique de plaisir et de transport, rendu surtout dans les termes expressifs de l'Italien : *o caro mio, carissimo!* Il faudrait noter ces mots pour leur donner le vrai.

Rome, lundi 3 janvier.—Il n'est point arrivé de courrier aujourd'hui ; il tombe une pluiye froide comme neige fondue, ce qui le retardera dans les montagnes. Nous avons dîné chez *M. le C. de Bernis* avec 40 personnes. Il y avait 4 cardinaux et tous les gens de la plus grande distinction. Il n'a été question que de l'ouverture du spectacle d'aujourd'hui, et du grand théâtre dit d'*Argentine*.

Les femmes sont occupées de la quantité de diamants qu'elles mettront. Effectivement, on cite sur cet article des sommes immenses pour ces diamants dont beaucoup de femmes sont pourvües, plus de 400 ou 500.000 fr.

Rien n'est si difficile ni plus rare que d'avoir des loges ce premier jour. Par bonne avanture j'ai trouvé *M. de Breteuil, ambassadeur de Malthe*, qui m'a offert sa loge avec instance et avec la plus grande honnêteté. J'en ai joüi avec lui et ai vû l'opera bien à mon aise. Voilà donc cet opera fameux d'Italie, et ces salles si belles que l'on nous vante tant, si on apelle une belle salle une salle immense, une fois plus grande que notre opera de Paris, presque ronde, garnie de 7 rangs de loges, sans aucune décoration, sans distinction de hauteur des premières loges d'avec les secondes et ainsi de suite en montant. Il n'y a point d'amphitéâtre, le parterre l'occupe et, dans ce parterre, on est assis sur des bancs dont chaque place est marquée bien juste. L'orchestre est rangé comme celui de la comédie Italienne, deux rangs de violons dont un tourne le dos au Théâtre. Il y a au rond du milieu du plafond un lustre immense pendu et garni de 12 gros flambeaux de poing, qui éclaire parfaitement toute la forme immense du spectacle, mais que l'on remonte absolument en haut, dès que le spectacle commence ; alors toute la salle est dans l'obscurité et le théatre seul y jette quelque lueur. Le premier jour du spectacle, chacun décore sa loge, surtout celle des ambassadeurs, des Grands de la ville. Elles sont tapissées et galonnées en or, selon la volonté de chacun et dans celles des ambassadeurs, seulement, il est permis qu'il y ait des bougies allumées à des bras, vis-à-vis des glaces et, pour parler lumière, il est toléré que dans le parterre ceux qui veulent ont une petite bougie pour suivre le livre de l'opera, ce qui fait une multitude de petites lumières ainsi que dans plusieurs loges. Cela ne s'accorde pas avec notre goût de spectacle, mais voila l'usage.

J'ai donc dit que la beauté du théatre, sans ornements pour la partie des loges, consistoit à être très vaste. Est-ce une beauté ? mais il y faudroit une entrée, mais elle ressemble à l'entrée d'une grange, où on auroit construit un méchant théatre, des petits corridors très étroits et des loges fort petites où on tient 2 de face et peut-être 6 dans chaque loge. Suivons à présent au théatre ; on ne peut pas parler de machines, on ne peut les négliger davantage et avoir de plus vilaines décorations sans aucune machine. L'opera a commencé à 7 heures ; toutes les loges absolument garnies du bas en haut. On employe le tems que le lustre reste en place à se regarder et les femmes, debout, à se faire regarder par leurs diamants. Si le parterre s'impatiente de ce que l'on ne commence pas, il peut faire impunément le tapage qu'il veut, de même que d'aplaudir à son gré fille, femme, ou homme qui lui déplairoit ; aussi faut-il avoir bonne teste pour tenir à ce bruit insuportable et fort long avant le spectacle. C'étoit un grand opera. Il étoit composé d'environ 7 acteurs dont 4 femmes et 3 hommes, c'est-à-dire 4 hommes *Musico* habillés en femmes avec leurs voix claires. L'illusion y est assés, et la voix y contribue ; ils cherchent à y mettre toutes les grâces du genre féminin, ils n'ont contr'eux que la prévention où nous sommes que ce sont des hommes *ou especes d'hommes*. Des 3 autres hommes, il y en a encore 8 à voix claires et l'autre, *Ténor* ou voix d'homme ordinaire. Jusque-là tout va passablement, le récitatif seulement est chose à laquelle nous nous accoutumons difficilement ; peut-être cela viendroit-il. Cependant je vois les gens du pays qui s'en ennuyent beaucoup car, tant que le récitatif dure, on fait du bruit et on parle au point que l'on n'entend ni les voix ni l'orchestre, mais dès que l'ariette vient, si elle est bonne, on fait silence, mais si elle plait, on en perd la moitié, car ce sont des aplaudissements qui tiennent de la frénésie ; les pieds, les jambes y vont, on tire les mouchoirs et on les met au bout de la canne, avec des cris de toute espèce ; malheur aux testes faibles et à ceux qui seroient bien aises d'entendre ! Voilà un genre de spectacle et de spectateurs pour ceux qui l'aiment ainsi ; pour moi, j'en ai bientôt assés. Cependant, j'ai trouvé une loge pour le carnaval dans les deux spectacles principaux pour *Argentine* et pour *Aliberte*. Mais comme le spectacle dure jusqu'à minuit, on vient un jour voir les deux premiers actes et, l'autre jour le reste. Enfin le grand opera a peu réussi. Il y a peut-être 2 ariettes passables et le reste très commun et fort ennuyant.

Il y a 3 actes, fort longs, comme on peut juger à chaque acte, du moins après les deux premiers. Il y a un ballet ;

ah ! quel ballet ! quelle longueur ! le coup d'œil ressemble à peu près aux nôtres de Paris ; beaucoup d'hommes et femmes, mais ces femmes sont des hommes, non pas *musico*, mais hommes ordinaires habillés en femmes. Ils ne cherchent l'illusion que dans l'habillement, car il n'est pas difficile de voir bientôt et discerner ce monstrueux assemblage. Les sauts des danseurs de corde sont du même goût que ces ballets, et notre *Nicolet* est fort peu au-dessous. Cependant il y a peut-être 200 personnes sur le théâtre. Il y avoit pour sujet un siège ; beaucoup de troupes sans ordre et sans la marche la moins réglée ; on montoit à l'assaut sans trouver de résistance et sans procurer aucun effet des deux parties. Ce ballet est extrêmement long, il y a des danseurs qui dansent seuls formant des sauts à effrayer loin de faire plaisir, et ils sont aplaudis dans le goût que j'ai dit cy-dessus. Des hommes habillés en femmes y dansent aussi seuls dans le même goût et on y voit continuellement les culottes noires dont l'uniforme est indiqué par la police. Les ecarts de jambes, les piroüettes et tout ce qu'il y a de plus singulier attirent à ces espèces de femmes danseuses les plus sincères aplaudissements et avec un bruit et des cris auxquels nous sommes peu accoutumés. Pendant cette longueur immense de détestable ballet, il y a eu quelques bonnes musiques, simphonie ou ariette ; elle a le tems de s'effacer et le souvenir en est furieusement fatigué. Le second acte reprend et ensuite un ballet, et le 3⁰ finit à pres de minuit sans ballet. On trouve alors tous les corridors remplis de domestiques que l'on trouve effectivement sous sa main avec ses manteaux, car il fait très froid et même il gèle, chose rare, mais jugés de l'embarras que causent dans ces corridors une quantité immense de domestiques. Les carosses, à la porte, sont difficiles à avoir par le défaut de police. Voilà l'opera d'Italie, ou plutôt de Rome, que l'on nous vante. Il n'y a rien que de voir les choses soi-même et de près. Dans tout le carnaval on ne donne que deux opera. Il y en a tous les jours excepté le vendredi et quelques fêstes. Tous, abbé, prêtre, prelat, vont à l'opera. Les cardinaux y alloient; ils ont sacrifié au dernier Pape cet agrément, ayant parû le souhaiter ; j'y ai vû le cardinal gouverneur de Rome. Il étoit le seul.

Rome, mardi 4 janvier. Ma matinée a été employée à être présenté en grand Gala *à son E. Monseigneur le Cardinal Orsini,* ministre de Naples, en luy remettant les lettres que j'avois pour luy. Il est extremement honnête et nous a invités à dîner pour dimanche prochain. Il nous sera très utile pour notre voyage de Naples.

A 7 heures nous nous sommes rendus à l'opera de *Aliberte*, opera de Burlette ou Bouffon, dans le goût de nos opéras comiques, excepté que le sujet est ordinairement sans peu d'intérêt. La simphonie est d'*Anfossy* et merveilleuse. Il faut passer par les récitatifs ordinaires et que personne n'écoute, mais il y a nombre d'ariettes charmantes dont on perd une partie pour les folles exclamations et bruyantes comme au grand opera. La plus grande partie du tems est aussi employée ou perdue en ballets sans fin et des plus ridicules, encore plus qu'à l'opera dont j'ai parlé çi-dessus, et les très bonnes choses que l'on a pû entendre sont presque effacées par les vilains ballets dont la longueur est assommante ainsi que le bruit effréné des aplaudissemens pour des choses bien éloignées d'en mériter. Avant minuit, nous étions avec bien de la peine retirés chez nous, avec les réflexions ci-dessus. Le théâtre est à peu près dans le même goût, même nombre de loges, mêmes corridors étroits et remplis de domestique et vilaine entrée. Voilà de quoi juger des operas d'Italie.

Rome, mercredi 5 janvier. — Le froid nous empêche d'aller dans les galleries ou dans les jardins. Aujourd'hui il gèle tout de bon ; il faut que depuis 30 ans les saisons soient bien changées, car autrefois il n'y avoit point de cheminées et aujourd'hui on voit qu'elles sont postiches et on est obligé d'en construire ; on se contentoit d'un très grand brasier. Le courrier qui devoit arriver lundi dernier ne l'est pas encore à ce moment.

Nous n'avons pas de spectacle jusqu'à lundi prochain, quelques festes locales, dévotions, les empêchent.

Rome, mercredi 5 janvier. — Point de courrier encore de la journée. La gelée est très forte comme à Paris. On nous assure que cela ne doit pas durer ; tant mieux, car le froid est mon ennemi. Il a fait très beau soleil toute la journée. On va dire que je ne parle que de la pluye et du beau tems ; effectivement, ma journée n'a pas fourni matière. Ce matin j'ai écrit pour le courrier jusqu'à midi, quoique j'aye beaucoup écrit toute la semaine, et à midi, au beau soleil, je me suis promené dans Rome seulement à pied, pendant 3 heures, cherchant à me perdre et à me retrouver ; mais je n'ai pas pu m'échauffer, le vent étoit fort dur. A 3 heures je me suis jetté dans le dessein et toutes sortes de choses curieuses qu'on m'a portées et, avant 7 heures, nous avons dîné soupé avec deux pensionnaires de l'Académie. En voilà pour notre soirée à feuilleter et parler peinture avec peintres et sculpteurs. Il est inutile ici de chercher maison de société pour aller passer la soirée, on ne la connoit pas ; les plus grands restent entr'eux dans un petit cercle, bien heureux ceux qui ont d'autre ressource, et à présent que les spectacles sont ouverts il n'y a plus de conversations que chez *M. le Cardinal de Bernis* les vendredis. Aujourd'hui et jusqu'à lundi il y a fête et veille de feste, ainsi point de spectacles et beaucoup d'ennuy. C'est le pays pour ceux qui ne sçavent pas voir et n'ont pas quelques connoissances dans les arts. Nous avons eu bon nez de n'être pas venus icy l'année prochaine, car ce sera l'année Sainte ; il ne sera question que de sermons, processions et autres exercices amusants pour ceux qui aiment ce genre de cérémonie, et absolument aucun spectacle ni carnaval.

Rome, jeudi 6 janvier. — Aujourd'hui, jour des Rois, ma messe a été Saint-Pierre. Quelle immense église et qui n'étonne cependant pas du premier coup d'œil ! On ne s'en aperçoit que quand on cherche des comparaisons. On voit par exemple des enfans de marbre auprès des bénitiers, et on ne s'aperçoit qu'ils ont 6 pieds que quand on en aproche et qu'on les mesure. Il en est de même de toutes les parties. Ce peu de l'étonnement à l'œil ne vient que de l'accord et harmonie de son tout ensemble. Vous jugés bien que ma prière faite, j'ai parcouru tous les détails avec le plus grand soin et un nouveau plaisir. Le soir à 4 heures, comme il est feste, on va promener en carrosse dans la rue du Course sur deux rangs et tout le peuple et bourgeois regardent, montés sur des trottoirs. Il est d'usage et de politesse d'y saluer les étrangers, même *le Préten-*

dant et son Epouse, qui m'ont honoré d'un salut. Je ne vois rien de bien agréable qu'une promenade de cette espèce dans une rue, peu large et fort longue, mais voilà l'usage et ce que les Romains trouvent beau. La soirée pour nous est d'aller faire peu de visite et encore d'ambassadeurs. Cela est bientôt fait et de retour chez nous avec rendez-vous de quelque artiste.

Rome, vendredi 7 janvier. — Le vendredy est toujours un jour où il n'y a aucun plaisir, ainsi il faut chercher des occupations. Il n'y a pas eu moyen de faire de promenade ce matin, le tems s'étant mis au dégel et une pluye qui a duré toute la journée. Hier et ce matin il y avoit de la glace partout fort épaisse, ce qui me contrarie beaucoup me trouvant absolument comme dans l'hiver à Paris. On me console en assurant que dans huit jours cela finira.

Ce soir nous avons été au spectacle de la conversation chez *S. E. M. le Cardinal de Bernis*. C'est le seul spectacle et il y a toujours grand monde en dames, en cardinaux, prélats, etc., et étrangers. Nous sommes les seuls François pour le présent. On y sert de la limonade, glaces à profusion. Cette assemblée n'est pas encore un plaisir bien vif; les uns entrent, les autres sortent, il y a beaucoup d'étiquette et de cérémonie, et apartemens immenses, très éclairés pour se tenir dans la moindre pièce et tout le monde dans la même. On ne manque pas de gens qui vous instruisent des caquets de la ville et des noms et surnoms de toutes les belles dames. C'est le seul divertissement pour un étranger; on a beau quester et chercher de vraies sociétés du second ordre, cela n'est pas aisé et très difficile. Cependant on m'a fait espérer de me présenter dans quelques conversations bourgeoises qu'on apelle civiles, qui ne sont ni princes, ni prélats, ni ambassadeurs. Sans cela nous oublierons à tourner un compliment aux dames, ne faisant que des révérences aux grandes que nous voyons. La conversation ne dure pas 2 heures et chacun se retire. Il n'y a pas de jeu, et en général on ne joüe pas et si par fois on joüe, c'est très petit jeu. Ne venez à Rome que pour les monuments, sachés vous en amuser quand la soirée vient en hiver, sans quoy, faute de société, l'ennuy vous gagneroit bien vite. C'est le propos même des Italiens de bonne foy ; ils sentent et disent que c'est un pays gouverné par des prestres qui doivent garder un decorum absolument, du moins extérieurement. Pour l'intérieur ni moi ni d'autres n'en répondront.

Rome, samedi 8 janvier. — Le tems a tourné du grand froid à l'humide très doux ; j'ai fait cependant une promenade à l'italienne dans mon manteau, et je suis rentré pour m'habiller et aller diner chez *M. le cardinal de Bernis.* C'est le jour de petit comité où on est 20 personnes, et en maigre, car nous n'avons pas icy les samedis gras comme à Paris, nous sommes plus réguliers. Ce régime de maigre est fort passable et vaut du gras, chez S. E. Le soir on nous a offert une loge pour le grand opéra au grand théâtre dit *Argentine.* C'est la deuxième fois que je le vois. Il ne m'a pas plus amusé que la première. On peut se faire illusion sur les espèces d'hommes habillés en femmes qui chantent et en vérité dont les gestes, les bras, aprochent de quelques grâces de femme, mais pour les ballets composés d'hommes habillés en femmes et qui veulent nous rendre nos grâces de nos groupes de jolies filles de notre opéra, c'est trop entreprendre ; surtout quand l'allegro vient et que vous voyez ces espèces de filles qui oublient leur sexe, et qui font des tours de force d'un bout du théâtre à l'autre, ce qui procure l'agrément de voir des culottes de velours noir. Elles sont d'ordonnance du Pape ou des Papes. Joignez à tout cela la longueur des ballets dont je ne peux vous envoyer la mesure, de plus, point de ressource du côté des décorations ni des machines, ils n'en connoissent pas et tout en est mauvais. Un récitatif toujours ennuyeux, pour les Italiens même, pendant lequel tout le monde parle tout haut et, si une ariette agréable arrive, on commence à l'écouter, mais sans attendre la fin on l'applaudit des pieds, des mains, et des cris. J'ai entendu dire que l'on prétendoit que les Italiens, dès le commencement de l'ariette en jugeoient la finale, ce qui les déterminoit à l'aplaudir dès le commencement. Et nous, nous prétendons que quand on n'entend pas jusqu'au bout on ne peut pas juger, ou du moins on n'a pas le plaisir de joüir jusqu'à la fin. On se retire de tout cet assemblage monstrueux sans extase, sans admiration, sans matière à conversation, ni même de critique, car on ne doit critiquer que les choses qui en valent la peine et on baille à cause de la chose et à cause de près de minuit que finit le spectacle.

Mon parti est pris d'entendre un jour un acte seulement et un autre jour un autre ; il en faudra trois pour l'opéra. De cette façon, je trouveray à mieux employer mon tems chez moi. Il est d'usage, preuve d'ennui pendant l'opéra qui commence avant 7 heures, d'aller faire des visites dans différentes loges où on connoit du monde. Je me suis, sur cet article, conformé à l'usage, car il faut tâter de tout.

Rome, dimanche 9 janvier. — Ce matin, après la messe, j'ai entrepris d'aller revoir notre chemin de France jusqu'au *Ponte Molle* ou jusqu'au Tibre. Il faut une heure pour y aller et autant pour revenir ; le tems étant très doux et revêtu de mon manteau, j'ai eu très chaud.

Je me suis préparé pour aller dîner au *Palais Farnese chez S. E. M. le Cardinal Orsini, ministre de Naples.* Il occupe un palais appartenant au Roy de Naples, où est le fameux *Hercule de Farnèse, la belle Flore, la belle Galerie du Carrache.* J'en ai joüi avec le plus grand plaisir. Si on avoit dîné dans cette galerie, nous nous serions moins occupés de manger de mauvais macaroni italien sucré, et autres sucreries avec des viandes, joint à du beurre douteux dans d'autres. Il est fâcheux qu'on l'ait trompé sur le vin de Bordeaux et le vin de Bourgogne, car le cardinal donne d'ailleurs de la meilleure grâce et on ne peut être plus honnête. Nous étions à table 14, dont un Cardinal, des Espagnols, des Napolitains et aumôniers ou officiers de la maison. C'est la première fois que j'ai vû servir des curedents sur chaque assiette. Ils se trouvent en levant la serviette, et on en trouve pareillement au dessert en changeant de linge. Autre usage : aussitôt la soupe, on apporte à tout le monde un vin étranger de dessert. Je l'ai bû comme tout le monde et par complaisance. J'ai accepté tout ce qui m'a été offert, sauf le soir, à prendre trois tasses de thé. Au surplus, l'arrivée dans ces palais représente la grandeur. Vous êtes conduits de chambre en chambre par un Écuyer différent à chaque chambre et ce jusqu'au Cardinal. Il est réellement très honnête, parle un peu françois et est affable. Il nous sera très utile pour notre voyage de Naples. Le Cardinal Orsini a été marié ; il a ses enfants établis et grands seigneurs à Naples. Il est le seul des cardinaux de son espèce. Je l'ai vu officier en diacre auprès du Pape le jour de Noël. Le reste de ma journée s'est passé en quelques visites, et toujours, le soir, notre ressource des arts. On vient de m'aporter ce qu'on apelle en italien la dépouille du Pape, ce sont ses souliers galonnés et brodés avec croix d'or et en damas et sa calotte blanche, le tout à vendre 20 francs. Je l'aurai pour moitié. Le marchand veut me persuader que bien des gens l'achètent par dévotion; la nôtre ne va pas encore là, mais loin de Rome, cela pourra faire une curiosité. Quelque instance que l'on m'ait faite, je n'ai point été à l'opéra aujourd'hui. Il est minuit et demie et je me couche.

Rome, lundi 10 janvier. — Toute ma matinée a été employée à dessiner comme un jeune homme. Quels moments heureux et tranquiles cela fait passer! J'ai diné chez moi, et après le diné j'ai été passer une heure chez le fameux *Piranèze*, dessinateur et graveur, qui a un cabinet curieux de toutes sortes d'antiquités en marbre, vases, figures, tombeaux, et de matières précieuses. Il en cède pour le plus d'argent qu'il peut. C'est un homme qui a fait des ouvrages immenses et curieux en gravure. A 7 heures, le spectacle commence au théâtre d'*Aliberte* comme aux Italiens à Paris, opéra Bouffon, mais d'excellente musique effacée ensuite par des ballets infâmes et sans fin. Aussi n'ai-je entendu qu'un acte, et je suis venu m'occuper, après avoir fait visite à notre Académie.

Rome, mardi 11 janvier. — Ma matinée s'est passée à voir tous les graveurs en pierres et toutes sortes de pierres antiques et aussi quelques marbriers qui sont d'une adresse singulière à tourner des vases de porphire, dont la netteté de l'ouvrage est étonnante; j'ai vu aussi des marbres dont nous n'avons aucune idée pour la beauté.

J'ai été diner chez M. l'ambassadeur de Malthe, qui est un vrai amateur, tant en tableaux qu'en toutes sortes de curiosités, marbres, vases, sculpture. On a le plaisir de rassasier ses yeux de choses charmantes, d'y être reçu avec toute l'honnêteté possible, et d'y faire grande chère. De là, au spectacle, cependant à 7 heures seulement au grand opéra d'*Argentine*. Je n'y ai été passer qu'une heure pour les mêmes raisons cy dessus et je suis revenu avant 9 heures répondre aux lettres du courrier arrivé ce matin au lieu d'hier lundi. Ainsi le beau temps fait rapprocher nos courriers : cette vie assés douce donne le temps aux vrais amateurs de s'occuper, et nous ne faisons autre chose. Demain, il y a aparence que je dinerai chez *le Cardinal de Bernis*, ce qui m'arrive quelquefois trois fois la semaine.

Rome, mercredi 12 janvier. — Le matin, nous avons été à la place *Navone*, jour de marché, où il se fait des ventes de meubles et de tableaux comme à la place Saint-Michel, mais il est bien rare qu'il s'y trouve quelque chose de passable ; il faut tout voir. De là nous avons été au *Vatican* attenant la fameuse *Eglise de Saint-Pierre*, que j'ai vue à mon aise nombre de fois. J'y ai été voir *la Bibliothèque du Vatican*. Ce sont des salles immenses. Je crois qu'à la plus grande longueur on y attendroit un boulet de canon. Ces salles sont voutées et remplies de livres, mais dans des armoires, ce qui fait qu'il faut savoir que c'est une bibliotèque. Le dessus des armoires garni et riche en vases

Etrusques variés à l'infini, les murailles et plafonds sont peints par des peintres communs, du tems de *Sixte Quint*. Il y a des cabinets particuliers et armoires qui renferment toutes sortes d'antiques précieuses dans tous genres, jusqu'à des griffes avec lesquelles on tourmentoit les Chrétiens. Il y a aussi des suites de médailles d'or, données par les Roys d'Espagne, de Sardaigne, etc., et entr'autres la plus belle par le roi Louis XV, de tout son règne et âge avec celles des mariages. La différence pour le goût et le travail est bien sensible vis-à-vis les autres. C'est un superbe présent que le Roy vient de faire au Pape depuis 15 jours.

Delà nous avons parcouru les salles d'armes dans le Vatican pour armer, dit-on, 10.000 hommes ; tout y est très bien tenu sans qu'il y ait rien de remarquable. A notre retour nous avons réussi à entrer au *Château Saint-Ange*, non dans le vrai intérieur où il est impossible de pénétrer, attendu qu'il y a 12 jésuites enfermés très soigneusement, mais nous avons eu permission de tourner le long des murs en dehors. C'est un bâtiment rond, bâti des plus grosses pierres et dont le diamètre a, je crois, le double de la Rotonde, 50 toises. C'étoit le tombeau de l'Empereur *Adrien* dont les dehors étoient décorés des plus superbes colonnes en grand nombre, de marbres les plus rares. On les voit en partie à Saint-Paul. Rien n'est plus admirable et plus surprenant que leurs diamètre et hauteur. Tout est sujet icy à exciter des extases et on s'y confirme en lisant dans la journée, tous les jours, l'histoire Romaine. Je ne finirois pas de détailler tous les marbriers, lapidaires, graveurs, où on voit toujours quelques débris curieux et quelques morceaux de marbre inconnu à Paris. L'heure du dîner, à 3 heures, est venue, et le soir employé à voir chez soy et gravures et recueils de soufre représentant toutes les pierres gravées antiques, et toutes sortes d'amusements connus aux seuls amateurs.

Rome, jeudi 13 janvier.— Il a fallu ce matin profiter du beau tems et s'arracher de son intérieur et des desseins, et courir la ville et un peu les dehors, promenade de santé seulement, jusqu'à midi. Bien m'en a pris car à 2 heures il a tombé une pluye des plus copieuses ; c'est, dit-on, le tems qu'il doit faire. J'ai été diner chez *S. E. M. le Cardinal de Bernis*, de là quelques visites en petit nombre m'occupent, et toujours de retour de bonne heure pour venir m'amuser à examiner mile choses que l'on aporte aux étrangers dans tous les genres. Voilà notre vie, ne voulant aller au spectacle au plus que deux fois la semaine, n'étant pas assés bon pour en supporter la longueur jusqu'à la fin.

Rome, vendredi 14 janvier. — La matinée s'est employée en partie à dessiner. Le soir à 6 heures est la conversation de M. le Cardinal de Bernis, il y avoit 12 cardinaux et beaucoup de femmes, d'ailleurs beaucoup de monde et nombre d'apartements illuminés avec rafraîchissements à profusion. On y cause comme dans un caffé, on en sort quand on y a fait le quart d'heure ou à peu près et voilà les plaisirs de Rome. Il n'y a que cette conversation dans Rome à présent à cause des spectacles. Je plains le maître de la maison qui va au devant et reconduit continuellement, surtout les femmes et gens de distinction. La maîtresse de la maison est obligée d'aller au devant des dames et de se lever à chaque personne qui vient. Au surplus tout ce coup d'œil de monde est bien noir, attendu que tout le monde, à peu de personnes près, est vêtu en abbé.

Rome, samedi 15 janvier. — Mille choses nous occupent les matins ; cela ne peut se détailler, en attendant que l'humidité soit passée et que nous prenions le parti de suivre nos courses par quartiers, ce qui ne tardera pas, car le tems est au beau et point de froid ; que de l'humidité.

Le soir à l'opéra Bouffe, cela s'apelle ainsi, Théâtre d'*Aliberte*. Ordinairement, j'en entends un jour un acte et un ballet, ce qui fait 2 heures, et un autre jour je vois la fin, car il est de toute impossibilité d'être en place jusqu'à près de minuit, avec des ballets qui font oublier quelques bonnes ariettes que l'on a entendues.

Rome, dimanche 16 janvier. — Voilà la première fois aujourd'hui que j'entends parler de la restitution d'*Avignon au Pape* ainsi que de *Bénévent*. Il faut que mes nouvellistes de Paris en ayent bien gardé le secret. La nouvelle est très vraie. En conséquence il y aura demain lundi des *Te Deum* et autres choses que je sçaurai plus particulièrement. Aujourd'hui j'ai dîné chez notre auditeur de Rotte, *M. l'abbé de Bayanne*, avec peu d'Italiens, car on a de la peine à les rassembler. Ils aiment mieux manger leur mauvais dîner chez eux et dormir et ils croyent faire grâce quand ils acceptent un dîner. Chaque pays a ses usages, celui-cy, de leur aveu, en a de fort ennuyeux.

Rome, lundi 17 janvier. — Ce jourd'hui, le Pape a été en grande cérémonie aux *Saints Apôtres*, son ancien couvent, chanter Grande Messe et le *Te Deum* en actions de graces de la Restitution d'Avignon. C'est un événement flatteur et sensible pour le Pape. Le peuple paroit y prendre part. Le tems étant beau, chaud et superbe, je me suis abandonné dans la ville à pied et de là au Vatican, palais du Pape dans certains tems. J'en ai parcouru toutes les immenses et nombreuses cours et galeries. Les escaliers sont des espèces de rampes ou margées, longues et larges, de façon que chevaux peuvent monter jusqu'en haut et y porter l'eau et autres choses nécessaires. Car il faut savoir que dans ce pays cy, à commencer de Gesnes, les palais sont immenses et au moins comme le grand commun à Versailles. Le Prince ou maître y est logé la valeur de notre 3° étage. Tout le rez-de-chaussée, premier, etc., est absolument vaccant et sans monde, ce qui fait que tous les domestiques ont derrière le carrosse une petite lanterne sourde pour éclairer leurs maîtres, en entrant dans un palais ou autre jusqu'en haut. Nous avons aussi la lanterne, mais en sortant de la visite, vous êtes éclairé jusqu'en bas par trois gros flambeaux de poing et au moins par un chez les moindres particuliers. Nous avons aussi deux gros flambeaux dans notre antichambre qui nous servent quelquefois à reconduire, surtout des Monsignori. Ce sont des abbés qui portent bas violets ou par charge qui leur donne ce titre, ou par leurs noms et qualités et leur prétention au cardinalat. Tous les abbés ne portent que de petits collets et non des rabats. Ce soir, il y a eu illumination pour toute la ville. Tous les palais sont illuminés par grand nombre de vrais flambeaux, au moins à 2 étages, ce qui fait un très bel effet. M. le *Cardinal de Bernis* les surpasse tous par sa magnificence et l'état qu'il tient. Demain on annonce que la coupole en dehors de Saint-Pierre sera illuminée, ce qui est une chose curieuse, comme qui diroit quatre fois le dôme des Invalides à Paris. Il y aura aussi un *Te Deum* à Saint-Pierre où le Pape se rendra à 8 heures en grand fioch.

Rome, mardi 18 janvier. — J'arrive à 11 heures de Saint-Pierre où s'est rendu le Saint Père avec toute la pompe des cardinaux et de la papauté. On m'avoit assuré qu'il fallait y être avant 8 heures, notre ferveur nous l'a fait croire et nous nous y sommes rendus 2 heures trop tôt, car le Saint Père n'est arrivé qu'avant 10 heures. Je l'ai vu entrer lestement dans l'église où il a été en arrivant faire sa prière dans une chapelle à droite en entrant et où on lui fait sa toilette. Pendant ce tems là, nous avons cherché à nous placer derrière l'autel à baldaquin où est établi un trône vis-à-vis l'autel. Nous avons admiré la place immense qui reste encore dans l'église avec la grande quantité de monde qu'il y a. C'est dans un pareil jour d'affluence que l'on conçoit l'énorme grandeur de l'église de Saint-Pierre. Nous étions heureusement placés à peu de distance du trône et sur le côté. Nous avons eu le plaisir de voir le Pape porté sur son fauteuil sur les épaules de 12 hommes depuis l'entrée de l'église jusqu'à son trône. On juge encore de la grandeur de l'église en voyant arriver le Pape sur ce fauteuil qui paraît gros comme une mouche et qui est fort long tems à arriver. On ne peut avoir mieux vu cette cérémonie, et nous avons trouvé beaucoup d'honnêteté de la part de la garde pour tous les étrangers. Delà, la messe a commencé, le Pape sur son trône accompagné de deux cardinaux à sa droite et, en avant, assis sur un tabouret, le *Cardinal de Bernis*. A droite du Pape, le *Connetable Colonne* en noir, en épée, manteau, revêtu de l'ordre de Saint-Janvier. Ensuite tous les cardinaux à droite, et à gauche, autre ligne des évêques qui n'ont aucune marque distinctive, autre ligne en avant, de tous les Monsignori, auditeurs de Rotte, gens en grande charge et place, prétendant au cardinalat. Cette ligne s'asseoit sur les marches de l'autel dans les moments où on s'asseoit et, en arrière, sur une autre ligne, se trouvent tous les chefs d'ordres. Les cardinaux ont commencé l'un après l'autre à aller à l'adoration du Pape, lui baiser la main ; tous les autres états y vont ensuite, mais baiser les pieds. Tout ce cérémonial est fort long. Pendant ce tems, près de l'autel, et pas loin, chacun parle, cause, et encore plus ceux qui sont éloignés ; on ne se gêne pas. Notre dose suffisamment prise, nous nous sommes retirés, et avons vu tout l'appareil des carrosses, cavalcade, etc., qui attendent le Pape et toute la pourpre. Toutes les troupes, régiments en haye depuis Saint-Pierre jusqu'au pont du château Saint-Ange. Voilà Rome vue dans sa pompe, et l'étalage est considérable. On annonce la nomination de 12 cardinaux.

Rome, mercredi 19 janvier. — Quiconque voudra bien lire ceci, doit savoir que je tiens notte journalière de mon passe tems à Rome pour en retrouver le souvenir à mon retour à Paris. C'est pourquoi ceci ne doit intéresser que moi et ennuyer les autres. Ce matin n'ayant d'autres affaires que de m'amuser, j'employe mon tems jusqu'à 11 heures, que le soleil est chaud, à dessiner et parcourir toutes sortes d'estampes, pierres gravées et lectures de plans antiques ; à 11 heures la promenade de pied pour suivre les objets que j'ai choisis et me voilà sorti marchant au moins 3 heures. Ne doutés pas qu'en traversant Rome tantôt me perdant, tantôt me retrouvant, je n'aye beaucoup de plaisir, et souvent découvrant chez des marchands choses que les gens du pays ignorent. A mon retour, ou je vais dîner chez le *Cardinal de Bernis,* ou chez moi ; c'est le plus commode, m'en tenant à dîner deux fois la semaine chez le Cardinal.

Ce matin le courrier de France est arrivé au lieu de lundi dernier 17 courant. On dit que les chemins sont épouvantables. Je me félicite de n'y être pas et de ne pas sentir de froid ou peu, car il n'en fait que très peu le matin et à 10 heures le soleil est chaud. Voila donc ma vie du matin et aujourd'hui, grande occupation du courrier tant à lire qu'à répondre; c'est un vrai plaisir. Le soir l'opéra au théâtre bouffon d'*Aliberte*, dont la musique est excellente, mais il n'est pas possible pour moi d'y tenir jusqu'à 11 heures. J'en entends un jour le commencement ou moitié et un autre jour la fin. Alors je rentre chez moi où je suis sûr d'employer mon tems qui me paroît toujours trop court.

Rome, jeudi 20 janvier. — Il s'est avisé cette nuit et ce matin de faire très froid; aussi n'ai-je commencé ma promenade qu'à 11 heures, le soleil bien levé. Je suis sorti après avoir traversé la ville, par la Porte Saint-Jean de Latran, dite la *Voye Appia*. De ce côté comme de tout autre, on voit des acqueducs immenses, des monuments et toujours matière à admirer et à réflexion. N'ayant d'autre but que de marcher et faisant trop froid, je n'ay eu aucun projet de voir ni de m'arrêter. J'ai rencontré, comme cela arrive souvent, de nouvelles foüilles entreprises où on espère toujours trouver quelque chose à 25 pieds de profond; du moins on y trouve de la brique qui paye les frais. J'y ai vû quelques vases étrusques.

La fin de la journée est l'opéra. Aujourd'hui au grand opera d'*Argentine*, c'étoit ma loge loüée. En voila assés pour quelques jours. Je n'en ai entendu que fort peu, aimant mieux m'occuper à mille choses chez moi. Il n'y a pas autre chose à faire, point de société, absolument personne à voir, toujours et seulement chez les grands, des conversations à comparer à un caffé où on entre et sort en prenant force glaces qui ne coutent rien. Ils savent tous, et nous le disent, que les François ne doivent pas s'en amuser, et eux-mêmes conviennent que c'est un usage qui n'est pas divertissant. Jusqu'à présent le carnaval de Rome n'est pas brillant ; ce que l'on en dit de loin ne se retrouve pas de près. Otez de cette ville les anciens monuments de cette ancienne capitale du monde qui sont en grand nombre, sans compter ceux qui en sont sortis et en sortent tous les jours ; ôtez en tous les beaux tableaux du *Carrache*, de *Michel-Ange*, de *Raphaël*, du *Dominiquain*, etc., Rome seroit vüe comme ville de nos provinces. J'ai peut-être répété cette réflexion là plus d'une fois, mais c'est le sort des lettres écrites sans prétention et pour son ressouvenir particulier.

Rome, vendredi 21 janvier. — Aujourd'hui vendredi, suspension de tous spectacles ; le plus grand et seul est le soir, la conversation de M. *le Cardinal de Bernis*, qui est très nombreuse et en cardinaux et en dames, mais il y fait fort chaud, sans feu. Cependant en me levant ce matin, j'ai trouvé tous les toits blancs de neige ; je me suis crû à Paris et j'ai murmuré beaucoup contre ce vilain tems. 2 heures après la neige a fondüe et causé beaucoup de boüe dans les rües, et le tems est devenu doux et s'est soutenu de même toute la journée. On dit dans ce pays que dès que la neige tient un peu sur le pavé, alors tous les écoliers ne vont plus en classe et les chanoines sont dispensés d'aller à l'office, ce qui fait voir combien peu on est accoutumé au froid trop grand. J'ai dîné aujourd'hui avec 40 personnes chez M. *le Cardinal :* toujours avec la plus grande élégance et abondance, et faisant les honneurs avec beaucoup d'honnêtetés et sans gêner personne.

Rome, samedi 22 janvier.— Il est près de minuit et j'entends dans la place d'Espagne, où je demeure, les carrosses qui commencent à rouler sortant du spectacle. Je vois des personnes qui en reviennent dont la plus grande partie y a dormi ; vous en conclurés ce que vous voudrés. Il faut voir de près les opéras de Rome dont on parle tant. Il y a de bonnes simphonies, il est vrai, un récitatif ennuyant, peut-être 2 ou 3 ariettes bonnes, mais le tout absorbé par une heure de ballets infâmes à chaque acte, aucune décoration bien faite, ni machines pour dédommager du moins les yeux, le dedans du spectacle aucunement éclairé et très triste pendant 5 heures, par la raison, dit-on, que la lumière des spectateurs détruiroit celle du théâtre. A la bonne heure si ce théâtre cherchoit à faire illusion par l'intelligence de la peinture, mais rien n'est moins intelligent et rien de plus mauvais en peinture. Ainsi ils pourroient sans conséquence donner un peu de lumière pour que les spectateurs puissent se voir du moins un peu, et se préserver contre l'ennuy. On n'aperçoit dans cette obscurité que nombre de petites bougies tant dans le parterre que dans quelques loges, pour la commodité de ceux qui veulent lire et suivre la pièce. Ce qui fait un coup d'œil de gens qui font leur prière, au salut, dans une église, et d'ailleurs cela fait voir dans le parterre quantité de vilaines figures à manteaux et toutes sortes d'espèces dont la toilette est très négligée. L'aplaudissement effréné est encore une chose insuportable et qui empêche d'entendre la fin d'une ariette qui méritera aplaudissements. Si le théâtre ou la place des spectateurs est trouvée belle, à la bonne heure si c'est par la grandeur et la forme, car d'ailleurs la distribution des loges est sans bonne forme et sans ornements. Les premières sont comme celles d'en haut ; cette égalité fait des trous égaux et ressemble à des boulins de pigeonniers ou à des loges à poulets. Voilà ce qu'on apelle le théâtre d'*Argentine* grand opéra, et celui d'*Aliberte*. On ne me trouvera pas complimenteur et peut-être trouverai-je gens qui adorent tout, et qui ne parlent que d'après les autres qui seront fort étonnés de mon jugement. J'ajouterai encore que l'entrée de ces belles salles est épouvantable, les corridors et escaliers dans le même goût. J'ai tout dit. Ma journée d'ailleurs a été bien occupée des arts et de choses agréables. Il gèle bien fort, mais à midi, il n'y paroit plus.

Rome, dimanche 23 janvier.—Il y auroit bien mauvaise volonté si on n'alloit pas à l'église surtout le dimanche, car elles sont presque toutes curieuses et très propres et souvent de la musique. Ce devoir rempli, on rentre attendre le dîner, car le tems change et du froid d'hier à la gelée, il pleut à présent et il fait doux. Nous avons dîné chez M. *de Bayanne*, auditeur de Rotte pour la France. Il en fait les honneurs ici avec beaucoup d'attention pour les François qui s'y trouvent.

Pour le coup, je me suis deffendu d'aller à l'opéra aujourd'hui ; demain, je n'irai qu'à une portion pour faire à peu près comme tout le monde. Au surplus je ne suis nullement embarrassé de mon tems et il passe trop vite.

Rome, lundi 24 janvier. — Ce soir, il n'est point arrivé de courrier ; on ne l'attend pas sitôt, attendu beaucoup de pluye et de neige dans les montagnes, puisqu'il en est tombé icy. Le tems est remis au doux. Il n'y a rien de remarquable dans nos occupations d'aujourd'hui. Nous gémissons sur le temps qui est trop humide pour admirer les tableaux dans les églises et dans les palais. L'humidité est, d'ailleurs, reconnue icy pour dangereuse, et pour ces espèces de préventions de pays, j'y ajoute volontiers foy, de peur de payer cher mon incrédulité par quelque maladie. J'ai été passer les deux dernières heures à l'opéra bouffe d'*Aliberte*, c'est ainsi que cela se nomme. J'y ai entendu avec plaisir de très agréable musique et bien chantée. Peut-être est-ce la dernière fois, attendu que l'on va en donner un autre pour rachever le carnaval. Les répétitions occasionnent déjà des rumeurs et des partis différens.

Rome, mardi 25 janvier. — Le beau soleil est venu nous revoir ce matin ; hier au soir nous avions eu du tonnerre et éclairs. J'ai distribué ma journée en dessinant toute la matinée jusqu'à midi et, delà, me promener à pied 3 heures, revoyant seul différents monuments, comme *Monte Cavallo*, place où est le palais du Pape, dans laquelle place sont deux grandes figures en pied de *Phidias* et de *Praxitelle* ayant chacun un cheval qu'ils tiennent en mains et qui se cabre, avec une fontaine par devant, dont l'eau jaillit continuellement. La situation du lieu, les bâtimens qui l'entourent et surtout ces deux énormes monuments en marbre, font un coup d'œil imposant. De là je suis descendu à *Monte Campidoglio* dit le *Capitole*. Cela se présente à peu près comme les *Escaliers de Nointelles* (1).

---

(1) Le parc de *Nointel* comprenait les jardins bas et les jardins hauts. On arrivait des premiers aux seconds, — qui étaient plantés en bois, partagés en étoiles, — par un splendide escalier coupé de plusieurs paliers agréablement inter-

Le bas des escaliers est garni de lionnes antiques, jettant de l'eau ; le haut des escaliers, de chaque côté, est un groupe de *Castor* et de l'autre *Pollux* en marbre, ayant chacun à côté d'eux un cheval. Rien ne termine mieux les deux rampes, ayant pour fond, à 50 toises par delà environ, le bâtiment du Capitole et dans le milieu de cet intervalle, la figure équestre de *Marc-Aurèle* en bronze. Tout cet ensemble fait le bon effet qu'il ne peut manquer de faire et fait l'entousiasme des gens d'art. De là j'ai été au *Colisée* par derrière le *Capitole*. J'ai revu avec admiration cette masse imposante que le tems n'a encore pu détruire et j'ai appliqué à mes réflexions les fêtes et combats que je relis tous les jours, à présent, dans l'histoire romaine, donnés par les empereurs. Tantôt on y faisait battre 200 lions ou lionnes, tantôt 200 criminels jusqu'à ce que mort s'ensuivît, etc.

Du *Capitole* au *Colisée* il n'y a pas un quart d'heure de chemin, et on y voit, à droite et à gauche, plus de huit ou dix monuments ou fragments de temples ou palais de la plus grande conséquence, ou arcs de triomphe, suffisants pour faire juger de leurs plans. Il y a aparence que cet espace étoit destiné à y dresser comme les *ex voto* de ceux qui avoient moyen de les bâtir, comme le temple *de la Paix*, *de Janus*, la villa ou campagne des Empereurs. En voyant tout cela après nos lectures quotidiennes, on reconnoit que ce ne sont pas des rêves, et que tous les grands Romains avoient idée de passer à la plus reculée postérité leurs

rompus par des bassins servant de réservoir. Sur la gauche, il y avait un bosquet orné de figures et d'arbres taillés en boules et, au-dessus, un quinconce terminé par une pièce d'eau d'où s'élevàit un beau jet. (Dezallier d'Argenville, *Voyage pittoresque des environs de Paris*.) Cela pouvait, en effet, au point de vue décoratif, avoir quelque rapport avec le grand escalier du Capitole.

monuments. Je me réserve un plus particulier détail pour mes descriptions que je reprendrai plus en ordre lorsque je recommencerai mes courses, qui iront de suite, au premier beau tems et sans interruption, et par quartier bien suivi, car rien ne m'échapera.

Rome, mercredi 26 janvier. — Point de courrier de France de la journée, et qui auroit dû arriver lundi dernier. Les pluyes fréquentes et des plus abondantes en sont sûrement cause et ont occasionné des torrents que nous connoissons, tant sur la coste de Gesnes que 20 lieües avant Rome. La journée a été sans pluye et douce; ce soir minuit, la sortie de l'Opéra-Bouffe passe avec force carrosses sous mes fenêtres, et tous les piedtons, fort embarrassés, car il pleut depuis 3 heures comme d'orage des plus forts.

Ce matin, j'ai été à la conversation du *Card. Orsini* qui nous sera fort utile, étant ministre de Naples. Je lui fais ma cour en conséquence. On trouve à cette conversation les plus belles princesses romaines, et on y présente beaucoup de chocolat, bien mousseux, très bien fait et sans vanille, simplement le cacao avec canelle. Les Italiens se croiroient brulés s'ils usoient de vanille. Je ne croyois pas pouvoir m'y accoutumer, mais je le trouve fort bon. Notre journée s'est passée avec peintres et choses curieuses.

Rome, jeudi 27 janvier. — Point de courrier encore. Cependant il fait assés beau aujourd'hui, et après nos occupations ordinaires, je viens de faire une promenade charmante à la *Villa Patrice*, près la *Porte Pie*. C'est l'endroit de la campagne où le S. P. va tous les soirs promener, et le S. P. y joue au billard, et quand il fait beau il revient à pied et les carrosses suivent. Depuis son palais qui est à *Monte Cavallo* jusqu'à cette villa ou campagne, il y a loin comme du Pont-Neuf, le long des quays, jusqu'au bout de la terrasse des Thuilleries. Il y a des deux côtés de la rüe deux trottoirs qui sont bien battus et entretenus, et le S. P. se donne la peine d'aller lui-même à pied. Il fait cette promenade à 3 heures ordinairement. Ce quartier là est fort élevé et en bon air et bien bâti. N'attendez rien de nouveau aujourd'hui, il vaut mieux se taire que de répéter, ou que de faire quelque histoire de voyageur.

Rome, vendredi 28 janvier. — Le courrier est arrivé ce matin à 8 heures. Il y a eu des endroits, comme à la montagne de *Redecofani,* où il est resté 24 heures. Cependant il n'y a pas eu à Rome de froids considérables. Avant midi le peu de gelée, quand il y en a, est bientôt fondue.

Ce soir le seul spectacle à Rome est la conversation de M. le *Cardinal de Bernis.* Quoiqu'il y ait 7 ou 8 pièces l'une dans l'autre, il y faisoit une chaleur considérable, attendu que tout le monde se tient dans la même pièce. J'en ai dit assez sur cet article, c'est quelque chose de mieux qu'un caffé très bruyant. Il y avait nombre de dames et de cardinaux.

Rome, samedi 29 janvier. — Je crois pour le coup que la matière va me manquer; ma matinée s'est passée très sédentairement à dessiner, mais avant midi il est prudent de faire beaucoup d'exercice, l'air du pays l'exige, sans quoi on risqueroit de tomber malade, car ce remède ne m'est pas difficile, et ordinairement je double la dose le soir, et je m'en porte à merveille.

Rome, dimanche 30 janvier. — Quoique je n'entre

dans aucun détail sur tout ce que je vois, je ne laisse cependant pas que de voir bien des choses, mais comme c'est de côté et d'autre, sans ordre, j'appelle cela ébaucher en attendant que je puisse aller de suite. Alors j'aurai une matière suffisante, et mes observations se trouveront locales et s'effaceront moins de ma teste. D'ailleurs, en formant un plan de suite et, par ordre, on est plus sûr de ne rien oublier. L'*Église Saint-Pierre* est mon refuge le dimanche. Il y a toujours de quoi admirer. Il en est de même de cette superbe église. Le dimanche après dîner, la rüe du *Course* est remplie de carrosses de deux files, à peu près comme notre boulevard à Paris, mais c'est bien à peu près, car c'est une rue droite comme la rue de *Richelieu,* mais moins belle, et meslée de vastes palais et de très communes maisons. Cela n'est rien moins que beau. J'y fais cependant le tour en carrosse. Quand on veut faire honneur aux étrangers on les salue des autres carrosses. Nous l'avons été *du Roy et de la Reine d'Angleterre*, que nous ne connoissons que sous le nom de Prétendant, et de bien d'autres.

Le spectacle, le soir, comme à l'ordinaire. Le grand opéra est médiocre, et l'opéra bouffe a beaucoup de jolies choses, mais des ballets et décorations horribles, et l'on en revient avant minuit; liberté d'y dormir. L'obscurité des loges donne beaucoup de liberté. Les Italiens aiment peu être éclairés. Voilà pourquoi les rues ne le sont que par quelques madones aux coins des rües ou à différentes distances, près desquelles il y a une ou deux petites lanternes. Les carrosses ne peuvent avoir derrière qu'une petite lanterne et non des flambeaux. Tout cela n'est rien moins que beau; le gouvernement et la police de prestres n'est pas admirable. Je parle d'après les gens du pays.

Rome, lundi 31 janvier. — Toute la matinée, destinée à sortir pour aller voir toutes sortes de choses indiquées, tableaux, marbres, etc., et tout cela ne vaut rien; aussi dit-on qu'il faut beaucoup voir et ne rien acheter. Le soir, j'ai pris séance dans mon cabinet pour jouïr d'un peu de repos et préparer pour le courrier.

Rome, mardi 1ᵉʳ février. — Le courrier vient d'arriver au lieu d'hier. J'ai été occupé toute la matinée à écrire et répondre. A midi et demi j'ai fait une promenade sans dessein et toujours admirant, revenir dîner chez soi, et le soir, absolument dans notre intérieur, avec vrais amateurs et artistes de mérite.

Rome, mercredi jour de la Présentation, 2 février. — Il a fallu se lever matin aujourd'hui, car le S. P. est expéditif et aime à expédier et promptement. Il a officié dans sa chapelle pontificale à peu près comme à Noël, et il distribue des cierges à qui en veut après les cardinaux. Il y a des Etrangers qui se présentent après les génuflexions accoutumées et qui ont un cierge en baisant les pieds, ce que nous n'avons pas fait. Ce sera assés quand nous y serons présentés quelque jour. Il n'y a jamais d'autre musique qu'un chant grégorien que je ne trouve pas merveilleux. D'ailleurs on y voit facilement le S. P. avec un nombreux chœur de cardinaux. Les étrangers sont bien reçus partout et on se prête avec honnêteté et empressement à leur faire place pour leur laisser voir les cérémonies.

De là j'ai dîné avec 40 personnes *chez le Cardinal de Bernis*, où il y avoit 4 cardinaux et le reste des Monsignori à bas violets, c'est leur marque. Au surplus, tout ce coup d'œil est d'habits noirs et triste. Mon habit écarlate étoit le seul dominant. On ne peut faire plus grande chère. De tout Rome, de toute l'Italie et de tous les ambassadeurs, M. le *Cardinal de Bernis* tient le plus grand état et avec la plus grande aisance et honnêteté. J'ai l'agrément d'y être invité une fois pour toutes, toutes sortes de jours, cérémonie ou non.

Rome, jeudi 3 février. — Il a fallu se tenir chez soi ce matin, car il a plû toute la nuit et tonné, et ce matin sans discontinuer, ce qui inquiète beaucoup pour la course de chevaux qui commence samedi prochain. On espère cependant du beau tems. Je n'ai pas manqué d'occupations dans mon intérieur.

Le soir, comme il faut tout voir, j'ai été en négligé, et en manteau comme les Italiens, au théâtre de la *Vallée* où est *Polichinelle*, et j'ai été dans la platée ou parterre où on est assis. Il y a à chaque place deux petits tasseaux de bois qui marquent une place, ce qui règle tout le monde. Il est vrai que la compagnie y est bien meslée et de toutes sortes de bas peuple en bonnet blanc, en veste, etc. Il s'agit d'une comédie où le polichinelle fait notre rolle d'*Arlequin* dans nos comédies italiennes à Paris, et ces comédies n'ont pas plus de suite. Les entr'actes ou intermèdes sont en musique et forment une autre comédie de la plus mauvaise intrigue et peu intéressante, mais souvent la musique en est bonne. Celle d'aujourd'hui est faite par *Guillelmi* (1), mais le plaisir qu'elle peut faire est effacé par la continuation des scènes de polichinelle qui reprennent alternativement. Le peu de

---

(1) Guglielmi (Pierre), célèbre compositeur italien, né à Massa di Carrara, principauté de Lucques, en mai 1727, mort à Rome le 19 novembre 1804; a laissé de nombreuses œuvres à peu près inconnues en France.

bon est trop payé par 5 heures de spectacle, car on n'en sort qu'aux environs de minuit. La veille des jours maigres on en sort plutôt pour ne pas manger gras sur le vendredi ; de même le samedi, on en sort plus tard pour manger gras le dimanche. Ni moi ni d'autres ne peuvent faire l'éloge des spectacles ; les Empereurs répondent aux Princesses avec la même voix, les belles danseuses sont des hommes, tout est faux, et il y a trop d'illusion à se faire.

Rome, vendredi 4 février. — Aujourd'hui il a fait un froid noir ; cela ne m'a pas empêché, après avoir travaillé jusqu'à 11 heures, d'aller faire une promenade au *Capitole*, au *Colysée*, à *Sainte-Marie-Majeure*, et à *Saint-Jean-de-Latran*, de là revenir par le mont de *la Trinité* et chez moi *Place d'Espagne*. Cette notte n'est que pour moy et pour le plaisir du souvenir, à mon retour à Paris, sur mes cartes. Il est de grande conséquence icy de faire beaucoup d'exercice : on dit que les digestions y sont pénibles et qu'il faut très peu souper, et user beaucoup de limonade. Je me prête avec plaisir à tout ce régime. Si je fais beaucoup d'exercice, aussi je dîne bien. Il y a tous les matins grande audience de tous les brocanteurs ; il s'agit de voir beaucoup et d'acheter peu, à quoy on est bien forcé, car il y a peu de choses tentantes, excepté les porphires et marbres rares, mais forts chers. Il faut peu compter sur les tableaux, je n'en ai pas encore vû qui excitassent la moindre envie. Le soir à 6 heures la conversation de M. *le Cardinal de Bernis*. Elle était un peu moins nombreuse, une grande partie des Monsignori et gens d'Eglise étant allés aux spectacles, trajédies, dans différents couvents de religieuses. On dit que c'est une chose à voir et dont nous nous donnerons le plaisir cette huitaine des jours gras. Cela fait l'opéra des cardinaux qui depuis le dernier Pape ne vont plus au spectacle.

Rome, samedi 5 février. — Aujourd'hui étoit le jour si annoncé des courses de chevaux. Dès Paris, et en aprochant, et à mon arrivée à Rome, on me félicitoit sur ce que je devois voir. Souvent, comme on me les exaltoit beaucoup, je me plaisois à y marquer peu de confiance et même à les simplifier, analyser et réduire à peu de chose, connoissant depuis bien des années ce qu'un cheval peut faire. Je leur démontrois que ce qu'ils admiroient étoit bien peu de chose, qu'il n'y avoit et ne pouvoit y avoir que du hazard pour le cheval qui arrivoit ou plutôt ou plutard et qu'enfin cette course se réduisoit à plusieurs chevaux échapés dans une ligne étroite bordée de carrosses et de peuple, où il n'étoit pas possible que deux chevaux fussent de frond. Mais le préjugé du pays est bien différent. C'est attaquer une religion que de paroître douter de ce préjugé. On est persuadé que ces chevaux savent qu'ils sont destinés à courir, et on croit voir entre eux une émulation que chacun, suivant sa sensation, adore plus ou moins, les gens du pays les voyant se mordre entr'eux, pour se dire, au déffaut de langage, que l'un veut passer l'autre. Au surplus, pourquoy détruire le préjugé ? il amuse une nation aisément crédule, il procure aux étrangers de voir les femmes de tout état hors de chez elles, ne pouvant les voir autrement, il occasionne un très grand mouvement et feste pendant 8 jours. Enfin l'heure et le moment sont venus et j'ai vû cette course. La distance m'a parû comme des *Quinze Vingt, rue de Richelieu*, jusqu'aux remparts à *Paris*. Le soleil doit faire une des principales décorations de la feste, mais aujourd'hui il en a été bien loin, car il avait plu toute la nuit, toute la matinée et il pleuvoit encore à 3 heures après midi. Jugés de la consternation d'une ville dont les plaisirs sont rares et dont tous les préparatifs sont tout disposés. Il est vrai que ces courses durent 8 jours et que si elles viennent à ne pas réussir un jour, on peut reprendre sa revanche un autre ; mais le premier jour est un grand Saint, il faut absolument le fester, quelque temps qu'il fasse. A 3 heures est survenu une trêve de pluye, alors on a commencé à voir quelques masques en petit nombre, qui ne peuvent pas le disputer au faubourg Saint-Antoine; beaucoup de polichinelles. Il paroit que c'est le masque favori du pays. A 4 heures, tous les carrosses se rendent dans la rue dite *le Course*, ce qui forme deux files assés nombreuses. Dans cette grande quantité je crois en avoir vû une demi-douzaine masqués, les maîtres et maîtresses, les domestiques et cochers, mais on reconnoit toujours qui ils sont. Les chevaux ont les poitrails garnis de grelots, de même aux genoüils et aux pâsturons, et sont nattés et caparaçonnés avec voitures fort peu aparentes, peut être à cause de la pluye, entr'autres, deux carrosses au *Roy et Reine d'Angleterre* que nous apellons le *Prétendant*. Elle nous a jetté par politesse quelques poignées de dragées à notre carrosse ; c'est l'usage. On passe une heure environ en attendant la fin du jour que les courses doivent couronner, à faire la file de carrosses et à voir la multitude de peuple et les fenêtres bien garnies de tapis et de monde ; toute la ville est en rumeur, c'est le plus sûr du spectacle. Pendant ce temps et en attendant la course, le *Barigel* de ville et celui de campagne (1) se promènent,

---

(1) Bergeret donne, quelques pages plus loin, l'explication de ce mot italien; Barigel. — C'est le commandant des gardes et des archers, par conséquent l'officier chargé de la police municipale.

assés mal montés, et suivis de deux domestiques à cheval, le tout assés mal équipé. Ils ont le chapeau sous le bras et vont et viennent pour mettre sans doute la police, mais il n'y paroit guères, car toute la ligne est remplie de peuple qui interrompt la course des chevaux et, capable de l'arrêter par le bruit, ou par quelqu'un, entreprenant avec des gestes du manteau au risque de se faire estropier ou tuer, ce qui est arrivé quelque fois. Enfin à la chûte du jour, à un signal donné et très tard, pour couronner, dit-on, la journée amusante de toutes sortes de masques, les chevaux partent du but et de la place de la *Porte du Peuple*. Et ne pouvant avoir d'autre direction, ils enfilent la rue du *Course* et arrivent, dit-on, de ce but à l'autre but en... minutes. On compte un mil, faisant un tiers de lieue. Cette première course cy, il n'y en avoit que trois courant. Cependant au départ on dit qu'il y en avoit 2 de plus, de parade, tant pour la décoration que pour animer, dit-on, les autres. Pour bien juger, il faudroit qu'une même personne vit le départ, le milieu et le dernier but où il y a des toiles dans lesquelles se jettent les chevaux et qui les arrêtent ; mais cette façon de voir étant impossible, je compte voir ces trois points en trois jours différens. J'étois cette fois-cy placé à peu près au milieu, dans mon carrosse, à la portière. Ils ont passé tout près de moi, comme chevaux échapés sans que j'aie pu dire qu'ils fussent un train bien singulier, et au contraire un très médiocre. Je ne doute pas qu'il n'y en ait eu près de moy qui les ayent vû passer rapidement. Ils sont couverts de plusieurs pièces d'étoffe arrangées, ayant de l'élasticité, auxquelles se trouvent ajustées des boules garnies de pointes qui doivent les entretenir dans l'ardeur d'aller en avant. Je n'ai pû encore voir de près cet équipage ni ces chevaux, ce que je verrai et dont je m'instruirai, ainsi que de la manière dont on les prépare à ces courses, dont je ne conçois aucune merveille et sur lesquelles ce que j'en ai vû hier ne m'a pas prévenu. Je suis prest à me rétracter demain ou dans la huitaine, suivant ce que je verrai avec le plus d'attention que je pourrai, sans prévention ni pour ni contre. Voilà le temps remis au beau et les plus belles espérances pour la huitaine.

Rome, dim. 6 février. — Aujourd'hui point de course, ni mascarade. Il fait beau et bien près de la gelée. Si cela continue, demain lundi du moins le soleil éclairera le mouvement de Rome et fera éclore une plus grande quantité de masques. Rien ne prouve plus icy la rareté des plaisirs que l'ardeur avec laquelle les Italiens l'annoncent et s'y livrent, quand même les choses ne vaudroient rien.

Ce matin, j'ai tenu à 10 heures jusqu'à midi ma conversation en chocolat, thé et limonade. Elle est en grande partie composée d'artistes ou amateurs. J'y ai même eu des abbés. Il y a toujours desseins et portefeuilles qui ne laissent pas tarir la conversation.

A 2 heures, j'ai été dîner chez *Monseigneur de Bayanne*, auditeur de Rotte, avec plusieurs François qui se trouvent icy. A 4 heures promenade en carrosse dans la rue du *Course*, précisément comme sur le boulevard, à Paris. La rue étoit garnie dans sa longueur de deux files ; rien n'est moins beau ni plus triste dans une rue peu large. Et voilà ma journée, le reste consiste en occupations particulières inutiles à écrire.

Rome, lundi 7 février. — Au moyen d'une petite gelée,

le tems s'est mis au beau, mais le courrier n'est pas encore arrivé. La rue du *Course* a été bien sablée et disposée pour la course du soir. Les trottoirs garnis de chaises, les fenêtres et balcons, garnis de tapis de damas presque tous cramoisy, galonnés d'or, enfin chacun est sur son beau et pour l'apareil de la plus grande feste. Tout le monde se masque sans chercher à être inconnû. On attend à une heure la cloche du *Capitole ;* les masques ne peuvent pas paroitre auparavant et alors, ils sortent de tous côtés et courrent les rues comme à Paris, faubourg Saint-Antoine. Les carrosses ne commencent à entrer dans le course que vers les 3 heures. On y marche au pas et on fait le chemin depuis la *Porte du Peuple* jusqu'au but de la Course. On compte un mil environ. J'avois diné chez M. *le Cardinal de Bernis* dont le palais est sur le Course. Dès trois heures, on est empressé de se mettre aux fenêtres, qui sont décorées comme doivent être dans ce pays cy celles d'un ambassadeur. Il y vient nombre de princesses et cardinaux, et on y sert des rafraîchissements toute la journée à profusion. A mesure que l'heure avance, le *Course* devient effectivement intéressante par la quantité de carrosses, presque tous masqués, tant maîtres que valets ; il y en a peu de grande distinction, mais il peut y en avoir une demi-douzaine que j'ai trouvés fort bien, entr'autres, 2 carrosses au *Roy et Reine d'Angleterre* ou *Prétendant,* fort bien ajustés tant les maîtres que les chevaux. Les maîtres et dames surtout ont un petit panier plein de dragées dont elles jettent une poignée ; c'est le geste et salut honnête, surtout quand elles voyent un étranger. J'en ai été gratifié de la *Reine* qui est d'une figure honnête, jeune et charmante. Pendant ce moment, qui est fort vif, surtout par le plus beau soleil, les deux *Barigels,* qui sont les deux commandans des archers ou gardes, se promènent pour le bon ordre, du bout du Course à l'autre, à cheval, le chapeau sous le bras. Il est d'usage, avant la course, dans l'intervale d'une heure environ, de tirer trois signaux des boëtes; au second, les files de carrosses doivent s'arrêter, et il n'est plus permis aux carrosses d'être en mouvement. Il faut qu'ils restent où ils se trouvent. Les *Barigels* vont et viennent, toujours le chapeau sous le bras, mais au dernier tour qu'ils font pour aller prendre l'ordre du Gouverneur et venir le porter à l'endroit du départ des chevaux, ils ont leur chapeau sur la teste. D'où vient cet usage? Je n'en sçais rien, mais dès qu'ils sont arrivés au départ, ils n'ont que le tems de se ranger et les chevaux partent, dès que la corde qui est devant eux est tombée, ce que je n'ai pas encore vû, car je me suis placé aujourd'hui à l'*Académie de France* où il y a plusieurs grands balcons à peu de distance du but où arrivent les chevaux. J'en ai été plus content que samedi dernier, et sans aller un train extraordinaire, ils m'ont fait plaisir. Il y en avoit 4, dont un certain noir a gagné le prix étant arrivé le premier. Il y en avoit un d'un gris foncé qui traînoit 30 pas derrière et que tout le peuple a hué. Mais derrière le noir suivoient deux autres gris, à peu de distance ; comme on n'a sans doute pensé qu'à arrêter le noir gagnant le prix, ou par quelqu'autre raison, ces deux gris n'ont pas été arrêtés et au contraire ont rebroussé chemin d'où ils venoient et se sont trouvés tout d'un coup sur une multitude de peuple qui ne s'y attendoit pas et qui avoit refermé le passage. Ces deux chevaux se sont culbutés par l'effroy dans la multitude, ils sont tombés eux-mêmes les quatre fers en l'air et ont renversé beaucoup de monde, dont quatre sont restés comme morts sur la place. J'aprends qu'ils

sont blessés, surtout deux, et sont à l'hôpital. Ces fêtes, à
Rome comme à Paris, sont rarement sans événements, et
il est étonnant qu'il n'en arrive pas davantage, car les
chevaux qui courent jusqu'à 15 ensemble ne font leur
passage qu'à mesure qu'ils avancent, et le peuple se met en
travers avec leurs cris et présentant leur manteau fort im-
prudemment. Il y en a souvent ou à qui le pied glisse ou qui
ne se rangent pas assés à temps et qui sont culbutés par
les chevaux ; mais c'est un article de plaisir que les accidents, pour le peuple; on est étonné qu'à tous ces cris et ce
monde, les chevaux ne s'arrêtent pas. Ils le feroient sans
doute s'ils n'étoient pas violemment aiguillonnés par la quantité de petites plaques de tôle garnies de balles avec pointes
qui se trouvent toujours en mouvement et entretiennent l'ardeur des chevaux. Le cheval gagnant une fois arrivé, tout
est dit ; il est ordinairement très près de la nuit. Peu de
tems après, à la chûte totale du jour, l'Angelus sonne, et
alors tous les masques doivent être ôtés et se retirer prompt-
tement ; c'est la loi de police. Je ne sçais quand on donne
le prix destiné au gagnant, où à son palfrenier. C'est quelques aunes d'étoffes que l'on promène dans la matinée comme
des étendards et drapeaux. A tout cela on pourroit mettre
plus d'ordre et de magnificence. Chacun se retire donc et
1 heure et demie après, à 7 heures, on va à l'opéra. J'ai été à
un nouveau, à *Aliberte* Bouffon, dont la musique est excellente ; mais à la fin ils ont hué leurs indignes ballets. Cela
nous a mené jusqu'à 11 heures passées. On ne peut se
coucher sans un peu souper et il est 1 heure et demie et je
me couche. On vouloit me débaucher pour aller cette nuit
à ce qu'on apelle un festin. C'est une assemblée de danse
donnée par la noblesse qui se cottise pour en faire les frais ;

on y boit et mange si on veut, mais pour son argent. Après demain j'irai et je serai en état d'en rendre compte. Il n'y en aura que trois. Comme il y a bien des avis, tant pour les étrangers que pour les gens même du pays, il faut prendre le parti de voir par soi-même.

Rome, mardi 8 février. — Le courrier de France est arrivé ce matin, chose intéressante pour nous autres, étrangers. Nous bénissons ceux qui nous donnent des nouvelles. Le tems n'est pas absolument si brillant de soleil qu'hier ; il paroitroit qu'il voudroit tomber un peu de neige, faisant un gris qui n'est pas chaud, et nous aprenons qu'à Naples, pays plus chaud, il y vient tomber de la neige. Nous l'aurons à notre tour. Cependant, on continue les préparatifs comme hier et il semble que les masques sont plus nombreux. Il faut que la moindre femme se masque cette huitaine cy, jusqu'aux petits enfans. A 1 heure après midi est à peu près l'heure où tout se met en train et les carrosses à 3 heures, comme j'ai dit cy-dessus. J'étois invité à aller voir la course près l'endroit du départ chez les *Pères Picpus*, et il me restera à la voir peut être demain à l'arrest ou bût des chevaux. C'est un vrai spectacle de voir l'empressement du peuple, et le mouvement des masques qui sont nombreux, mais qui ne sont pas parlant. On est masqué, et c'est tout le souverain bonheur. Après avoir fait plusieurs tours à la file en carrosse, j'ai pris place à la fin du jour chez les *Pères Picpus* d'où je voyois fort bien le départ des chevaux et les préparatifs ; le signal donné, la corde tombe et huit chevaux partent, avec une rapidité qui m'a fait plaisir. Ce premier moment est des plus vifs, rien n'est si curieux que de voir que leur chemin ne s'ouvre qu'à mesure qu'ils avancent. Les cris du peuple, les gestes de leur manteau et leur imprudence ne peuvent pas se rendre. On dit qu'il leur faut moins de trois minutes pour arriver au bût. *M. de la Lande,* d'après *M. de la Condamine* (1), dit 2 minutes 21 secondes pour parcourir 865 toises. On dit que c'est un cheval noir, le même d'hier, qui a gagné le prix. Il ne reste après la course que ce qu'il faut de jour pour se retirer. J'avois oublié de dire que le premier jour du carnaval ou de la huitaine des courses et masques, on débute par exécuter les coquins qui sont condamnés. Nous les avons vû passer au nombre de 4. On dit que ce moment est pris pour avertir que l'on se contienne dans les plaisirs que l'on va commencer. Demain, à peu près la même chose excepté les variétés et évenemens qui peuvent orner la fête.

Rome, mercredi 9 février. — J'ai obligation au carnaval et aux courses qui me fournissent le même spectacle pendant 8 jours de suite, mais avec des variétés, sans quoi notre vie, assez tranquile tant qu'il fera froid et humide, ne nous procurera que peu de détails bons à écrire. Hier nous avions été à l'opera Bouffe d'où on ne sort qu'à près de minuit, ce qui fait coucher tard. Cet opera est charmant et est celui que l'on a joüé il y a peu d'années à la Comedie Italienne dit la *Buona Figliola,* la bonne fille. Il perd beaucoup pour la musique en chant françois, mais il est excellent et bien accueilli. L'histoire des ballets, toujours mauvais, a enfin été siflée.

(1) Charles-Marie de la Condamine, né à Paris en 1701, mort dans la même ville le 4 février 1774, membre de l'Académie française et de l'Académie des sciences, savant illustre qui, avec Godin et Bouguer, alla au Pérou pour déterminer la forme de la terre. Il était à Rome vers 1740 et c'est à la suite de ce voyage qu'il en écrivit une relation, du reste fort peu connue.

Ce matin il a fallû se lever tard. La première observation est de voir quel tems il fera pour la course et pour les masques. Il avoit fait toute la nuit un vent impétueux et ce matin un vent de Nord très vif et très dur, mais beau soleil. Les masques ont pris leur cours comme d'ordinaire à une heure, au son de la cloche du Capitole ; le nombre en augmente tous les jours, ainsi que celui des carrosses. Il n'y a presque aucun homme ou femme qui ne se masque, et même les enfans. Les masques vont tranquillement dans les rües et font peu de mouvement. L'heure de la course, à la chûte du jour, est arrivée ; j'ai été, enfermé dans mon manteau, me mettre sur un échaffaut élevé précisément derrière les chevaux, pour les voir partir, mais il n'y en avoit que deux et deux acolites pour la montre et donner de l'émulation aux autres, mais ces deux derniers ne couroient pas. Il est fort curieux de voir la rapidité avec laquelle ils partent dès qu'une grosse corde tendue devant eux tombe à un signal et que chaque palfrenier lâche le licol qui les tient. On voit bien qu'ils ont eü, comme chez les marchands de chevaux, force coup de foüet à cette place là, ce qui leur donne envie de l'éviter. Il y a aussi à plusieurs distances quelques coups de foüet qui entretiennent leur vitesse jusqu'au bout ; c'est ce but qui me fera un vrai plaisir à voir. Il y avoit un cheval gris et un noir. Ce dernier a gagné le prix, mais demain, jeudi gras, on prétend qu'il y en aura 15 qui partiront ensemble. Je reprendrai ma place précisément dans le milieu, derrière les chevaux. On ne pourroit pas choisir une meilleure place pour le Roy. Ce soir à 7 heures nous avons été au nouvel opera d'*Argentine*, grand opera, où il y a peu de bonnes choses et qui nous a menés jusqu'à 11 heures 1/2. Il est près d'une heure. Je finis ma journée et crains bien qu'il ne gèle bien fort, mais cela fera du beau soleil pour demain.

Rome, jeudi gras 10 février. — Le froid et de la gelée nous annoncent du beau tems, du moins pour aujourd'hui. Voila la première nouvelle intéressante du matin, et très intéressante, car les plus petits se masquent et c'est une fièvre de 8 jours qui gagne grands et petits. Nous verrons le mercredi des Cendres force coups de poings dans la poitrine et grand changement de décoration. Au milieu de la rue du Course, on voit tous les moines aux fenêtres et toute la journée dans les rües. Cette frénésie va augmenter tous les jours. J'ai été diner chez *M. le Cardinal de Bernis* où on voit très bien le mouvement des carrosses, de masques, qui est très considérable. A la chûte du jour, je me suis mis en chemin en carrosse pour aller me placer près le départ des chevaux comme hier, mais les embarras m'ont arrêté, de façon que je suis arrivé au moment que les 9 chevaux venoient de partir. C'est une mal adresse que je me suis reprochée, mais comme le tems était fort dur et qu'on me retenoit des places, j'ai crû arriver assez à tems. Je m'en console. Demain vendredy, il n'y a jamais rien dans ce pays cy, mais je prendrai ma revanche les autres jours. Nous avons fini par l'opera Bouffon jusqu'à 11 heures ; il nous a fait grand plaisir.

Rome, vendredi 11 février. — Comme le tems passe ! Voila notre jeudi gras parti sans passer la nuit ; on ne connoit pas cela icy, et je m'en soucierois fort peu. Aussi notre vie de curieux et tranquilles nous rendra trop gras, un jour, à notre capitale de Paris.

Je vois en me levant que le tems est brillant et bien sec. Effectivement, à 11 heures, par un beau soleil, j'ai entamé une promenade par un tems fort dur, mais corrigé par la chaleur du soleil. J'ai vu, non pas les fontaines gelées, mais de la glace très épaisse autour. Je ne cesse de faire des reproches aux Italiens de leur vilain froid. Il y en a qui disent que depuis 20 ans les saisons sont singulièrement changées, la preuve en est que dans la plupart des palais il n'y a pas de cheminée et les hommes comme les femmes n'ont qu'une chauffrette qu'on apelle *Marito*. Comme on m'avoit persuadé qu'il falloit tout voir, je me suis laissé mener à une tragédie dans un couvent de religieuses. Les pensionnaires y jouent et font les rôles d'hommes habillés absolument en hommes ; il étoit question du martire de Sainte-Agnès, sous Dioclétien. Je comptois en voir du moins une jolie, mais on ne peut pas être plus laide. Cela nous a tenu 2 heures environ. Il y a aussi des entr'actes ou intermèdes en musique. C'est une comédie qui étoit la *Femme Extravagante*. Elle valoit mieux que la tragédie ; la musique assez bonne. J'en ai assés. Cela a été joüé comme dans les couvents, c'est tout dire. Pour avoir notre matinée libre et plus longue, nous avions changé notre régime et nous n'avons diné qu'au retour de notre tragédie à 6 heures, avec quatre pensionnaires du Roy de l'Académie. J'avois invité le reste de l'Académie à venir passer la soirée en manière de conversation du pays, avec force glaces. Cela nous a conduit, avec portefeüille, desseins et beaucoup de raisonnemens, jusqu'à près de minuit. Tout le monde a paru s'amuser beaucoup, et nous avons trouvé moyen d'égayer le vendredy qui est le plus triste jour de la semaine, car on prend icy les choses très au sérieux, ou du moins on en fait le semblant. Il a continué à faire très froid toute la journée.

Rome, samedi 12 février. — Toute la nuit il a plû et tonné. Quelle différence d'hier, qu'il géloit bien fort ! Voilà peut-être la différence du climat de Paris avec celui d'Italie. Toute la matinée a été incertaine et a inquiété les masques. Cependant le tems a tourné au beau, mais il n'y en avoit pas moins de boüe dans les rües, surtout la rue du *Course*, qui avoit été sablée ces jours-cy. Avant 2 heures, la cloche du Capitole a permis aux masques de sortir dans les rües et en peu de tems elles en ont été remplies. Peu après les carrosses ont commencé à former deux files ; il n'y a que les ambassadeurs et le *Prétendant* auxquels il soit permis d'aller dans le milieu de la rüe. Il y avoit grand nombre d'équipages que l'on apelle landau, dont l'impériale s'ouvre, ce qui laisse ceux qui sont dedans jouir du spectacle du mouvement. Effectivement, il est très varié et tout Rome, du petit au grand, est masqué, sans projet d'intrigue, mais pour être masqué. Vers les 4 heures 1/2, à la seconde décharge de boëtes, les carrosses ne peuvent plus remuer de la place où ils se trouvent et les files s'arrêtent ; alors les gens de pied ont plus beau jeu et se tirent mieux d'affaire. Avant la fin du jour, la course composée de 9 chevaux ensemble a commencé ; je m'étois placé aujourd'hui à l'endroit où ils sont arrêtés par des toiles, tendües dans une rue étroite qui termine la course ; le *Stella d'or*, cheval noir et qui a gagné jusqu'à présent, est encore arrivé le premier. J'ai été bien aise de voir la fin de la course, mais je ne l'ay pas trouvée si vive que je m'y attendois. Le mouvement est bien ralenti et ils arrivent comme des chevaux las. Effectivement la course est longue. Je compte la voir lundi ou mardi au départ ; c'est je crois le moment le plus agréable, c'est sûrement le plus vif, puisque les chevaux paroissent avoir une ardeur considérable, surtout quand ils partent par troupe de 9 ou 15.

On avoit dit que jeudi dernier il y avoit eu une princesse de morte sous le masque à l'heure où on fait la file, mais c'est l'ambassadrice de Venise, depuis longtemps malade, qui est morte dans son palais qui se trouve près la rüe du *Course*. Ce matin, j'ai été dans l'église voisine de son palais, et par hazard, dans mes courses ; je l'ai trouvée suivant l'usage dans le milieu du chœur, étendue, la teste posée sur un carreau et à visage, et mains et pieds découverts, habillée de blanc, avec un grand voile. On faisoit l'office ; les uns pleurent, les autres rient. Cela a été et sera.

Rome, dimanche 13 février. — Ce matin à 10 heures la conversation que j'ai établie a été fort nombreuse. Tous les gens d'art s'y trouvent, de l'Académie ou autrement. Elle est moins sérieuse que toutes les superbes conversations des palais ; on en parle déjà et cela ne peut que me faire honneur. Il s'agit de chocolat et limonade. A midi, nous avons profité du plus beau soleil pour faire une promenade à pied jusqu'à 2 heures, l'heure du dimanche. Aujourd'huy il n'y a pas de course. Les dimanches et festes on n'entend point parler de vespres, il semble qu'il n'y en ait pas ; ce n'est pas la dévotion du pays. Il y a souvent de la musique dans quelques églises, mais sans Salut.

Après dîner, le tems étant superbe, nous avons été à la *Porte Pie* quester une bénédiction du Saint Père. A 4 heures 1/2, nous l'avons trouvé avec son cortège, en carrosse, revenant de la promenade. Je me suis diverti étant à pied sur le trottoir avec ma compagnie à m'attirer les saluts de toute son escorte en me déboutonnant (1). L'avant-garde, le porte-croix, le Saint Père, son carrosse de suite et l'arrière-garde nous ont salué avec tous les honneurs, et la bénédiction adressée particulièrement à nous. Je la rends toute fraîche à mon lecteur à qui je souhaite tout ce qu'elle peut me valoir. A notre retour, les uns ont été au spectacle, d'autres sont restés, comme moi, à employer mon tems chez moi à préparer mon prochain courrier et mille autres choses amusantes. Je me couche à près de deux heures, ayant attendu jusqu'à près de minuit ceux qui reviennent du spectacle.

Rome, lundi 14 février. — Le superbe tems ! Beau soleil et plus de froid aujourd'hui. Voilà de la joye pour le lundi gras. Je le passe pour la matinée à dessiner dans ma chambre, car c'est le pays qui donne la fièvre du dessein à ceux qui y ont disposition. On se presse de dîner pour aller en carrosse prendre la file dans le *Course;* on y est bientôt arrêté, car le nombre des carrosses augmente encore aujourd'huy, et les masques à pied sont innombrables. Il me semble que les dragées se sont lancées avec plus de profusion de la part des carrosses et aussi par les fenêtres. Je ne trouve pas cette galanterie là si plaisante, car il en tombe quelquefois une grêle si considérable, que j'ai crû que les glaces de notre carrosse en casseroient, mais je vois qu'il est peu agréable pour les femmes de recevoir des poignées de dragées sur la gorge et qui tombent dans leurs corps. Je peux me tromper ; c'est peut-être un plaisir que

(1) Pour mettre en évidence le grand cordon que Bergeret portait toujours.

j'ignore. Il ne m'a pas été possible de faire un tour entier à la file qui s'est trouvée bientôt arrêtée. Il a fallu en sortir de peur de manquer l'heure du départ des chevaux de course, comme il m'est arrivé samedi. J'y ai trouvé la même place que j'y avois eu le mercredi 9 du courant, absolument au-dessus de la place où on amène les chevaux pour partir. L'heure venue, à 5 heures environ, et le signal donné par une trompette, la corde est tombée et 9 chevaux sont partis au bruit et cris d'une populace immense. Cet instant est vif, assés beau et m'a fait quelque plaisir, mais moins à la vérité que la première fois. J'y suis arrivé non pas avec préjugé contre, ni pour contrôler, mais pour me rendre compte à moi-même de ce que j'ai vû et aussi comparer et tâcher de trouver la vérité et le fondement de toutes les histoires amphatiques que les Italiens font de leurs courses et de leurs chevaux soi-disant Barbes. Comme amateur de cavalerie et y ayant quelque usage depuis 30 ans, je ne peux me rendre à tout l'esprit qu'ils donnent à leurs chevaux. Me voilà donc en place, et voilà les chevaux arrivés au nombre de dix, dont deux n'étoient que pour me faire montre. Étant au-dessus d'eux et très près, j'ai pu les examiner. Je n'ai vu que chevaux très communs, extrêmement communs; j'ai vu gens près de moi les admirer, attendu qu'à leur arrivée il se fait tant d'exclamations et tant de bruit que je ne suis pas étonné qu'ils ne prennent un peu de mouvement. Je ne doute pas d'ailleurs et, comme il est de fait, qu'on ne leur ait fait connoître le fouet plus d'une fois, et à différents points dans la ligne de la course; d'ailleurs j'ai assés jugé de la maladresse de leur palfrenier pour ne pas douter que ces chevaux en mains intelligentes remueraient très peu. Mais il faut peut-être en cela comme en tout, donner un tour imposant à ceux qui en ignorent les ressorts ; alors j'accepte cette raison, et je ne veux pas interrompre la jouissance de messieurs les Italiens. Je ne veux pas cependant me laisser compter leurs fables, qu'il y a eu des chevaux qui ont sauté par-dessus des carrosses ouverts, qu'ils se mordent l'un et l'autre en courant. Hélas ! les pauvres animaux ne sont autre chose que chevaux échappés, dont celui qui gagne n'a d'autre mérite, selon moi, que parce que les autres courrent moins bien que luy. Je sçais ce que *M. de la Lande* et *M. de la Condamine* en ont dit, et leur calcul ne me jette encore dans aucune admiration ; ils ont bien fait le calcul du tems que les chevaux mettent à parcourir 865 toises, en 2 minutes 21 secondes, mais je ne leur crois pas assés d'usage de cavalerie pour conclure que l'on ne peut pas faire mieux. Je n'ai pas fait part de toutes ces réflexions aux Italiens, car ils ont trop d'attache et prévention pour leurs courses, et d'ailleurs, il ne serait pas honnête de les contredire jusqu'à un certain point. Le soir à l'Opéra ; de retour avant minuit et voilà mon lundi gras.

Rome, mardi gras 15 février. — J'ai oublié de rendre compte du bal qu'on apelle ici *Festin*. Il n'y en a qu'un seul ce carnaval cy. Plusieurs nobles se cottisent pour en faire les frais. Les Italiens même m'avoient prévenu contre. Ils loüent ou se font prêter un palais ; alors ils font un certain nombre de billets, et beaucoup trop, qui se répandent dans le public. Nous fûmes depuis minuit et demi jusqu'à 2 heures pour y parvenir par la quantité de carrosses. Enfin on arrive dans un palais des moins grands et composé d'une douzaine de très petites pièces ; nous y sommes entrés et partout déboutonnés, et comme des étrangers, sans être masqués, et nous avons été reçus avec honnêteté, même dans la salle où dansent les nobles. Tout nous a été ouvert. Nous y avons trouvé nombre de peuple, et beaucoup de tous les étages, de foibles et mauvais orchestres, une chaleur insuportable, un monde innombrable dans de très petites pièces et au milieu de cette multitude de masques, presque tous démasqués, règne un silence qui ressemble à celui d'un cloître. Que viennent donc faire tous ces masques avec tant d'appareil et sans chercher à se déguiser ni à s'intriguer les uns et les autres? Les gens du pays n'ont pu m'en donner de bonnes raisons. C'est l'usage de se masquer, il faut l'être. La chaleur et l'ennuy nous en ont chassé bientôt, ainsi que l'affreuse compagnie. Ce n'est pas des filles dont je veux parler comme à Paris, car ce seroit bonne compagnie de bal, surtout étant jolies, mais c'est la compagnie de tout ce qu'il y a de plus bas peuple qui est masqué et faite pour dégouter à jamais du bal. Notre promenade et retour ont duré 1 heure 1/4 environ. La police pour l'entrée et sortie n'est pas faite pour procurer aucune facilité. A 4 heures du matin nous étions couchés, aussi ce matin je tenois au chevet à 11 heures, que j'ai aperçû le plus beau soleil, bien assuré pour tout le mardi gras. Aussi les masques, surtout de pied, ont fourmillé et on en a vû de toutes les espèces et couleurs. Cette variété est assés plaisante, mais 8 jours de cette espèce de plaisirs deviennent trop longs pour être également vifs. La distribution du tems a été la même que les jours précédents ; on dîne de bonne heure pour arriver et prendre file aux carrosses dans la rüe du *Course*, car aujourd'hui on fait tout de bonne heure, pour anticiper le souper sur le mercredi des cendres. Ainsi la course a été faite au moins une demie heure plutôt que tous ces jours derniers. Il y a eu 8 chevaux courants ensemble que l'on apelle troupe. Le *Stellador*, cheval noir, a encore gagné, mais les autres alloient ou courroient modérément. Ce sont les juifs qui fournissent chaque jour quelques aunes d'étoffe pour le prix qui se livre au palfrenier du vainqueur par le gouverneur de Rome, qui se trouve à une fenêtre près l'endroit où arrivent les chevaux à la fin de la course, ce que l'on apelle la *Reprise*, parce qu'on y reprend les chevaux. Ce jourd'hui j'ai vû passer les chevaux, étant aux balcons de *M. le Cardinal de Bernis*, où il y a grande compagnie et force rafraîchissements avec profusion. Le mouvement, la joye et les cris du peuple romain à l'arrivée des chevaux font le vrai spectacle. La rue est absolument remplie de monde ; ce n'est qu'à mesure que les chevaux arrivent qu'ils leur font un passage qui se rebouche dans le moment, mais lorsqu'il arrive un cheval traineur auquel on ne s'attendoit pas et que tout est refermé, c'est alors que le cheval, étourdi du bruit, se jette dans la multitude, y culbute lui-même et tombe, et par la chûte, et en se relevant, écrase ou estropie toujours quelqu'un. J'ai dit mon avis sur ces courses, je ne peux leur donner d'autre mérite sinon qu'elles donnent occasion à rassembler bien du monde et des croyants aux choses singulières, et qu'elles terminent la fin de chaque jour des huit derniers du carnaval.

Rome, mercredi des cendres, 16 février.—Tout est dit pour le carnaval ; voici la décoration changée. Je vois tout le monde las des six semaines de carnaval et surtout des huit derniers jours. Je crois être aussi las d'en entendre parler. Ce dont on nous parle de loin perd beaucoup de près.

Pour cet article, d'autres s'y attraperont. En voila assés dit. J'ai passé ma journée à voir des choses charmantes, pour profiter du très beau tems, dans la *Villa Borghese*, en sortant et près la *Porte du Peuple*, en statües de la plus grande réputation, comme *le Gladiateur*, *l'Hermaphrodite*, nombre de colonnes du plus précieux marbre. Mais comme cette promenade, quoique curieuse, n'entre pas dans l'ordre que je suivrai bientôt, je n'entre dans aucun détail, sinon que j'ai joüi de nombre de belles choses très promptement, les apartemens immenses étant trop froids pour faire des observations, comme je le compte par la suite et dans peu. Nous avons continué notre promenade dans les jardins et parcs qui sont toujours verds, étant de chesnes verds, ifs, pins, sapins, lauriers. Nous voyons déjà beaucoup d'arbres en fleurs dans ce pays-ci. L'après midi s'est passée en promenade, le tems étant de la plus grande beauté.

Rome, jeudi 17 février. — Sans suivre encore un ordre exact dans nos courses de curiosités, on nous a engagé à aller ce matin à l'endroit dit le *Mont de Piété*. C'est un grand bâtiment qui sert à la banque et au dépôt des gages sur lesquels on prête de l'argent. Cet établissement date de 1539, pour remédier à l'abus que faisoient les juifs de la misère du peuple en lui prêtant à trop gros intérêt et usure. Il y a 150 personnes, commis ou autre, pour suivre l'ordre nécessaire et que demande l'immense quantité de gages de tous les pays. Toutes sortes de gages y sont admis, depuis les bijoux les plus précieux jusqu'aux haillons, poëlons, grils de fer. Ce sont des magazins très vastes, les uns de paquets de linge et hardes, d'autres de féraille, le tout tenû dans le plus grand ordre et étiqueté d'un numéro. Les bijoux, diamants, vaisselles sont enfermés dans de fortes armoires avec le même ordre. On y prête jusqu'à 800 francs sans intérêt, mais au dessus on paye deux pour cent et au bout de 18 mois, si le gage n'est pas retiré ou renouvellé, il est vendu. On remet le surplus au maître du gage.

L'affluence du peuple dans ces bureaux n'y donne pas une bonne odeur, ainsi que certains magazins remplis de hardes et linges plus vieux que neufs. Il y a en entrant, à droite, une chapelle ronde et d'assés bon goût. Au maître autel et dans les deux pans à droite et à gauche, il y a des bas reliefs en marbre fort beaux, entr'autres un de *M. le Gros* sculpteur françois, et de plus, 4 autres figures en marbre dans les intervals qui ne sont pas mauvaises. Cela fait une chapelle fort riche en sculpture et en matière de marbre blanc.

Nous avons diné chez *M. de Breteuil*, ambassadeur de Malthe, très amateur et curieux des arts de toute espèce. Il avoit rassemblé une douzaine de personnes tant amateurs que peintres et sculpteurs. Non seulement il a de quoi occuper par ses tableaux et portefeuilles, mais par les marbres précieux et pierres qu'il a été à portée de rassembler depuis 15 ans. Il a entr'autres, une espèce de *Dormant* (1) qui reste sur la table, composé et représentant une partie des beaux monuments de Rome, comme les belles piramides en beau

---

(1) C'était un *surtout de table*, pièce capitale du « Catalogue de tableaux, estampes, dessins, terres cuites, marbres, bronzes antiques et modernes... de M. le bailli de Breteuil », vente qui a été faite en 1785. — M. E. de Goncourt (*Maison d'un artiste*, t. I**er**, p. 308) décrit ainsi ce *Dormant :* ... « Un surtout de « table composé de petites architectures représentant le Temple de Flore pris « sur celui de la Sibylle Tiburtine, le temple de Minerve, le temple de Mercure, « un cirque, deux arcs de triomphe, des obélisques, des trophées, des co-« lonnes triomphales, des sceaux à rafraîchir, des figures d'Isis ; le tout « exécuté en lapis, en prime d'émeraude, en jaspe verdâtre, en rouge an-« tique et monté en bronze doré ; un surtout, dont faisaient partie 75 couteaux « aux manches composés des matières les plus précieuses, aux lames « d'or. »

porphire, aux quatre coins, des fragments de colonnes et entablemens, mais en belle agathe, ou pierre de lapis et autres des plus précieuses, les porte-huilliers sont de beau porphire, les sallières de lapis et jusqu'aux manches de couteaux, pour servir une table de 40 personnes. Le tems et beaucoup d'intelligence rendent ce service d'un prix inestimable et bien agréable pour des amateurs. Après le diner jusqu'au soir, les portefeüilles de toute espèce ont fait notre amusement et plus agréable que tous les operas dont il n'est plus question. On compte à présent à Rome, pour s'amuser, sur quelques seigneurs anglais qui vont donner des concerts. Malheur ici à ceux qui ne savent pas s'amuser chez eux, car il n'y a aucune ressource les soirs.

Rome, vendredi 18 février. — La paresse m'a tenu ce matin. Je suis resté chez moi toujours occupé à mille choses agréables, et le tems n'a passé que trop vite. A 2 heures j'ai été diner chez *M. le cardinal de Bernis* avec 40 personnes. Il y avoit 3 cardinaux et deux dames. M. le cardinal tient les convives dans une honnête gayeté et quoiqu'il y ait de toutes les nations, cependant on y est assés libre, et le grand apareil ne tient pas les convives, comme j'ai vû ailleurs, dans un morne silence. Avant cinq heures, je me suis fait conduire à la *Porte du Peuple* qui est la principale pour venir de France et autres pays. C'est assés la promenade ordinaire des cardinaux, prélats et Monsignori, l'après midi. J'y ai aussi rencontré le *Prétendant et Madame* précédés de 4 coureurs et suivis d'un carrosse. Dès qu'ils aperçoivent un étranger, ils lui font les plus grandes démonstrations d'honnêtetés, ainsi que Madame, qui est fort honnête et a une phisionomie des plus prévenantes. Aussy, comme j'étois à pied sur les trottoirs, j'ai fait l'objet de leurs révérences et j'ai sçû qu'ils avoient envoyé un coureur demander si je n'étois pas Espagnol. Ils sont très curieux de s'informer de tout ce qui arrive et c'est leur seul plaisir. Tout le carnaval, lorsqu'ils arrivent au spectacle, je les ay vû toujours très aplaudis, à quoy ils repondent l'un et l'autre par les révérences les plus en règle, sans oublier le parterre. Cela prouve qu'on ne leur veut que du bien. Comme il faut tout voir peut être trouverai-je moyen d'y être présenté. Il faut que les étrangers soient curieux de voir les intérieurs. Le soir à 6 heures comme c'est le vendredy, jour de la conversation de notre ambassadeur, je m'y suis rendû. Le maître de la maison y rachève la journée en recevant sur ses jambes toute la ville, cardinaux, dames, etc.; on y prodigue toujours force rafraichissements et tous les étrangers y sont reçus avec toute l'honnêteté possible. A 7 heures, chacun se retire. Malheur à celui qui s'ennuye chez lui dans son auberge.

Rome, samedi 19 février.— La journée s'annonce mal, car il a plû toute la nuit et cela continue ce matin. Quand il a fait beau soleil 8 jours, il ne manque pas de pleuvoir comme d'orage pendant plusieurs jours. Il a donc fallû aujourd'hui redoubler et de travail et de recherches pour s'amuser. Le soir, notre concert a bien rempli le tems et très sagement; nous étions retirés à 11 heures après avoir soupé toujours avec deux pensionnaires de l'Académie et peintre et sculpteur. Chacun suit son goût. Cette journée cy n'amuseroît pas tout le monde.

Rome, dimanche 20 février.—La journée a été fort belle.

Ma conversation établie le dimanche à 10 heures a été très nombreuse et, de l'un à l'autre, on demande à y être présenté. Le thé et chocolat sans vanille aident à la dite conversation. Il paroit que nous y avons abrégé tout cérémonial, et que tous les assistans la trouvent assés amusante. Cela fait une nouvelle dans Rome. Elle est suivie d'une promenade assés nombreuse qui est près de notre hotel, en montant au *Mont de la Trinité à la Villa Médicis* où il y a un fort beau jardin d'où on domine sur toute la ville de Rome. On a l'agrément d'y profiter du bon soleil et d'y voir un peu de monde. Il y a d'ailleurs beaucoup de bas reliefs et statues antiques qui font grand plaisir. De cette hauteur, on a l'agrément de raisonner sur la situation de Rome, de voir toutes les montagnes qui la dominoient, suivant l'histoire. On y fait les triomphateurs. Depuis la porte jusqu'au *Capitole*, on y voit les restes des monuments anciens qui sont bien réels et qui s'accordent avec les indications que donnent les auteurs, de tous les édifices qui étoient immenses et bâtis dans le *Champ de Mars*, destiné à élever la jeunesse et à toute espèce d'exercices. Mais, tout ce *Champ de Mars* là, à présent, est occupé par la ville bâtie dessus, et dessus les ruines de nombre d'édifices des plus imposants, ce qui feroit souhaiter qu'à mesure qu'on bâtit on pût faire des foüilles. Mais il y a eu, par la ruine de ces bâtimens inombrables, et par les saccages que Rome a essuyés, des décombres sur lesquelles les bâtimens actuels sont bâtis, de 30 pieds. On augure qu'on y trouveroit des milliers de colonnes et statues comme on en trouve encore tous les jours, mais il n'y a qu'un avenir bien éloigné qui puisse espérer renouveller cette ville et faire les recherches qui seroient d'une très grande dépense, mais curieuses. Je m'étendrai en tems et lieu plus particulièrement sur le plan de Rome tant ancien que nouveau. Je continue mon dimanche en disant que l'après midi, non après vespres, car on n'en parle pas icy, le tems étant brillant et du soleil, nous avons fait une promenade jusqu'à *Ponte Molle* par la *Porte du Peuple* pendant 3 heures à pied. Delà nous nous sommes retirés, toujours avec gens qui connoissent le pays par détail et instruits de l'antiquité, et nous n'aurions pas troqué notre soirée contre une conversation meublée de cardinaux.

Rome, lundi 21 février. — Ce matin, j'étois destiné à me ragouter, *terme de peinture*, à aller dans chaque étude de pensionnaires du Roy de l'Académie, m'amuser de leurs différends génies et talents. Autre plaisir connu à ceux qui peuvent voir et qui aiment. Je suis content de ma matinée qui vaut une bonne journée. Le soir, j'ai été à une conversation de cérémonie. J'en ai assés dit sur cet article. Delà, à 7 heures jusqu'à 8, je me suis fait présenter à un concert dont une trentaine d'Anglois, hommes et femmes, font les frais et les honneurs avec toute l'honnêteté possible. Le concert a été exécuté par un très bon orchestre de 30 musiciens, avec les plus fameux *musico (chanteurs à voix claires)*. Les rafraichissements y ont été donnés comme aux conversations. Bien des Italiens n'y viennent que pour manger 15 glaces. Cela m'a mené jusqu'à 9 heures.

Rome, mardi 22 février. — Le courrier de France vient d'arriver ce matin au lieu d'hier. Voila le tems qui les remet un peu en règle. On est étonné ici d'un jour de gelée qu'il y a eu vers la Purification. Depuis ce tems, nous avons de beau soleil, et quelques fois des pluyes comme d'orage, et souvent. Les concerts tiennent lieu de tout à Rome, pendant le carême.

Rome, mercredi 23. — Voila le courrier parti qui porte mon 19ᵉ cahier de ma confession journalière. Telle qu'elle soit, elle me fera surement plaisir à mon retour. Qu'ai-je donc fait ce matin ? Beaucoup de lettres pour Paris et une petite promenade à 11 heures à la *Porte Pie* depuis *Monte-Cavallo*, promenade que le S. P. a coutume de faire l'après midi. Le matin, on y trouve quelques femmes, ou plutôt Dames et Princesses Romaines et des Monsignori. Cette promenade n'est autre chose qu'une rue aux deux côtés de laquelle il y a des trottoirs élevés d'un pied environ et bien battus en terre. D'un côté on a le soleil qui est agréable dans ce tems cy. Les étrangers sont salués, ce qui met fréquemment dans le cas de le rendre. Une couple d'heures de promenade dispose très bien au diner et, sur le chemin de cette promenade, comme les églises sont extrêmement nombreuses et toutes très soignées et meublées de quelques belles choses, on y entre en passant et on se procure des plaisirs toujours nouveaux et utiles. L'après midi, je suis resté, ce que nous apellons en *polisson*. J'ai été promener et à l'*Académie de peinture de France*. Ce sont nos moments les plus agréables. Nous y voyons toujours choses et études nouvelles et une émulation édifiante. A 7 heures, il s'est fait un peu de musique jusqu'à près de 10, et nous voila tous contents. J'oublie bien des détails de conséquence et de grand plaisir pour des amateurs, mais ils ne sont pas de genre à être écrits, se multipliant trop, et qui seroient peut être regardés comme bien peu de chose sur le papier.

Rome, jeudi 24. — Quand je dirai que je vois icy tous

les jours quelque chose de nouveau, je ne peux être entendu que d'un amateur de peinture. Tantôt c'est un joli dessein, une galanterie que me font quelques pensionnaires de l'Académie, tantôt, ma chienne blanche *Diane,* levrette délicieusement peinte par M. *Vincent* (1), pensionnaire du Roy, qui m'en a fait l'agréable surprise, tantôt un dessin nouveau par mon camarade de voyage M. *Fragonard,* quelquefois un morceau de porphire précieux, à bon marché, ou autre marbre granite, souvent faisant de fréquents voyages, inutiles, mené par un brocanteur qui nous vante des tableaux ou curiosités que nous jugeons infâmes dès le pas de la porte. Mais on dit qu'il faut tout voir et à la fin on rencontre quelque chose. Je suis content de ma matinée; elle a été bien employée. Le soir, nous avons profité du concert anglois où grande partie des dames de Rome de considération se rendent. Il ne faut pas croire que la musique soit toujours parfaite, comme nous nous le laissons dire à Paris; leurs ariettes valent mieux que les nôtres, mais nos symphonies, mieux exécutées. Ils ont de très bonnes choses, nous en avons d'autres.

Rome, vendredi 25 février. — Je me suis levé avec projet d'aller en espèces de visites, et le soir en conversations. Mais, en me levant, les artistes m'ont apporté différentes choses qui m'ont séduites et occupé toute la matinée

---

(1) Vincent (François-André), né à Paris le 30 décembre 1746, mort dans la même ville le 3 août 1816, élève de *Vien,* grand prix de peinture en 1768 sur un tableau représentant *Germanicus haranguant ses troupes,* qui fut très remarqué; agréé à l'Académie le 31 mai 1777 sur un tableau représentant un *St Jérôme;* académicien, le 27 avril 1782. Son tableau de réception, qui est un au *Louvre,* représente l'*Enlèvement d'Orytie par Borée.* Il avait épousé Mlle *Adélaïde Labille des Vertus,* veuve du sculpteur *Guyard* et peintre elle-même. Vincent fut un artiste de talent qui, avec *David,* contribua à réformer le goût français et à substituer le genre néo-grec aux gentillesses de *Boucher* et de ses successeurs.

fort agréablement. L'après dîner, par le plus beau soleil comme les plus beaux tems d'automne, nous avons été promener dans les jardins du *Vatican.* Le Vatican est un palais du Pape attenant l'Eglise renommée *de Saint-Pierre.* C'est un bâtiment immense, où on prétend qu'il y a six mille chambres. La situation de ce palais qui serre de trop près *Saint-Pierre* a fait faire bien des fautes dans la décoration voisine de l'Eglise. Mais nous avons été pour voir les jardins. Ils sont assés grands, toujours verds et ont le mérite d'avoir de très beaux points de vüe ; d'ailleurs sans aucunes décorations ni statues. Il y a deux espèces de grottes où il y a de l'eau en abondance, assés bien ajustées. Je trouve que cela a l'air d'une très grosse abbaye. Voila l'effet que cela m'a fait.

Le *Vatican* n'est habité par le Pape que dans le tems de la Semaine Sainte, et il est aussi habité dans le tems des conclaves. On voit dans un des petits jardins du *Vatican* une pomme de pin de 15 pieds de hauteur faite en bronze et terminée comme si elle n'avoit qu'un pied. Elle terminoit autrefois le haut du *Tombeau d'Adrien*, qui est aujourd'hui le *Château Saint-Ange*, qui étoit d'ailleurs décoré de plus de 200 colonnes précieuses en dehors. Ces colonnes sont actuellement à *Saint-Paul-hors-les-Murs* (1). Au retour de notre promenade nous reprenons l'ouvrage ; quelque entreprise de dessein. Chacun s'y occupe suivant son genre, et l'heure de souper et de coucher ne vient que trop tôt.

Rome, samedi 26. — Je ne peux, je crois, aujourd'hui, parler que du beau tems, car nos occupations ne sont inté-

---

(1) On sait que la basilique de *St-Paul-hors-les-murs* a été complètement détruite par un incendie en 1823. Elle a été reconstruite avec une grande magnificence par Léon XII, mais les colonnes du *Tombeau d'Adrien* ont disparu avec tout le reste de l'ancienne église.

ressantes que pour nous. Elles sont toujours vives et très agréables. Les brocanteurs, marchands de tableaux ou courtiers nous poursuivent, ainsi que les sculpteurs, les marbriers, nous annonçant toujours des choses ou rares ou antiques; et lorsque l'on va au rendez-vous, il est bien rare, sur 50 tableaux, d'en trouver un passable. Las et fatigué et dégoûté de faire des voyages inutiles dans la ville, je leur donne rendés-vous le dimanche à une conversation de 10 heures, et comme tous les docteurs, et en peinture et en antiques s'y trouvent, nous laissons pérorer ces beaux diseurs qui vantent leurs marchandises, et quand cela est trop mauvais ils sont hués et chassés honteusement. Cependant, on dit qu'il faut voir beaucoup et acheter peu. J'aime assés à suivre ce parti-là. Demain dimanche, nous jugerons donc ces drôles-là qui en veulent à notre bourse et qui souvent se connoissent très peu aux choses qu'ils professent. J'ai dîné aujourd'hui en petit comité de 25 chez *le Cardinal de Bernis.*

Rome, dimanche 27 février. — A dix heures, ma conversation établie tous les dimanches a eu lieu. Il paroit qu'on y prend goust, car de l'un à l'autre on se présente et on se fait présenter, et elle est fort nombreuse. Cela me fait plus d'honneur que cela ne vaut, et me voilà au ton de tout le monde, à l'exception que la mienne est beaucoup plus sans façon et assés amusante. On y voit aussi beaucoup de choses curieuses, car c'est au dimanche que je renvoye tous ceux qui proposent de m'apporter quelque chose à voir et à acheter, et je suis sûr d'avoir bien de bons yeux.

Rome, lundi 28. — Il fait depuis 2 jours un tems plus

que de printemps, mais qui doit nous amener de la pluye. Nous en profitons, ainsi que tout le monde, car on dit que, pour les étrangers, il est très dangereux d'être sédentaire. Cette médecine là me va assez bien.

Le courrier est arrivé aujourd'hui. Il est en règle, n'ayant été que 14 jours. La bonne ville de Paris nous fait toujours plaisir de loin, et nous savons gré à ceux qui nous en donnent des nouvelles. Une conversation le soir, dans un palais et de la musique chez les Anglais ont terminé notre journée, et comme j'ai dit cy devant, mils amusements qui ne peuvent se rendre et qui proviennent toujours des arts.

Rome, mardi 1ᵉʳ mars. — Depuis plusieurs jours nous sommes plus occupés dans l'intérieur que dans l'extérieur, à des desseins et petites entreprises que nous suivons et qui se verront dans notre collection à Paris.

Nous avons dîné chez *Mgr de Bayanne*, auditeur de Rotte, qui reçoit fréquemment et parfaitement bien les François. Le tems vient de se mettre à la pluye et je ne suis pas fâché de rentrer pour terminer mon courrier pour demain. Et nous aurons recours à nos provisions de curiosités et à nos docteurs.

Rome, mercredi 2 mars. — Il ne faut pas me faire grande violence pour user du remède du pays pour prévenir la maladie; c'est de marcher beaucoup. C'est ce que j'ai fait ce matin en gagnant le *Mont de la Trinité,* la *Fontaine de Moyse* (1), les *Chartreux* ou *Termes de Dioclétien,* la *Porte San-Laurenzo,* suivant en dehors les murs, la porte *Sainte-*

---

(1) Fontaine de l'*Acqua Felice* ou *de' Termini*, près des Thermes de Dioclétien, construite sous *Sixte-Quint*. Elle est décorée d'un *Moïse* colossal.

Marie-Majeure, et rentrer par la porte *Saint-Jean-de-Latran;* de là gagner *Sainte-Marie-Majeure*, suivant la ligne droite et très longue jusqu'au *Mont de la Trinité* et *Place d'Espagne;* mais je compte cela comme si on avoit la carte de Rome. Au surplus, j'ai marché 3 heures, n'en ayant pu faire autant depuis six jours. Après le dîner, autre promenade, ne pouvant s'en dispenser par le plus beau tems. La soirée, un peu de musique et bien des occupations.

Rome, jeudi 3 mars. — Aujourd'hui, comme tout le monde, par un tems superbe, j'ai fait une très grande promenade à pied pour me préparer au grand dîner suivant l'ordinaire *chez M. le cardinal de Bernis*. La mer et les poissons y fournissent tous les jours une consommation étonnante, et cela sans relâche, tous les jours absolument. Il n'y a aucun ministre dans aucune cour qui tienne un aussi grand état et qui en fasse les honneurs avec plus de grâce. L'après-midi, je me suis rendu aux instances de quelques brocanteurs qui nous poursuivent pour nous mener dans quelques maisons où on ne trouve rien de ce qu'ils annoncent. Le soir, nos occupations ordinaires, et nous les préférons à toutes les grandeurs bien ennuyantes, surtout dans ce pays-cy.

Rome, vendredi 4 mars. — Aujourd'hui 1ᵉʳ vendredy du mois, le Pape va, matin et soir, en étalage à Saint-Pierre assister à l'office; mais nous l'avons tant vû que nous n'y avons pas causé d'embarras, et nous lui avons préféré nos curiosités journalières et toujours variées.

Le soir, je me suis rendu à la conversation chez *M. le cardinal*, qui étoit fort nombreuse en cardinaux, en dames et Monsignori; aussi, quoique les apartemens y soient très vastes, il y faisoit une chaleur considérable. C'est un tourbillon de

monde au travers duquel on présente une grande quantité
de glaces et de limonade, avec biscuits, gauffres. Je me
mets à l'usage du pays, le matin au chocolat sans vanille,
le soir à la limonade et quelques fois des glaces. Il me reste
encore une couple d'heures au sortir de cette conversation,
à huit heures, et je trouve à les bien employer chez moy;
mais le détail ne peut être intéressant que pour moy seul.

Rome, 5 mars 1774, samedi.—La matinée s'est passée
absolument dans l'intérieur, attendu une pluye considérable
qui a duré toute la journée. Cela ne se passe pas autrement
dans ce tems cy. Il fait très beau 4 jours et il vient ensuite
des pluyes abondantes comme d'orage, qui durent au moins
une journée. Nos ressources ordinaires nous mettent à
l'abry de l'ennuy. Le soir, notre petite musique qui atti-
reroit bien du monde si on vouloit.

Rome, dimanche 6 mars.—La conversation à 10 heures
est le début du dimanche. Il paroit que l'on y prend goût,
car il se fait des demandes et des présentations nouvelles
tous les jours. Nous étions aujourd'hui 25. Elle est quelquefois un peu bruyante, étant composée de beaucoup de jeunes
artistes dont la plûpart ont beaucoup de talents. Je vois que
chacun commence à se faire honneur d'y aporter quelques
ouvrages. Si cela prend, cela nous fera un Sallon qui nous
fera plaisir et remplira encore mieux notre goût et nos idées.
Nous y fournissons, rangé dans mon cabinet, ce que mon
camarade de voyage, *M. Fragonard*, a fait dans la semaine,
ainsi que *M. Vincent*, pensionnaire du Roy à l'Académie,
qui a un talent particulier et qui nous procure de quoy meubler notre petit sallon. Il s'y joint les petites emplettes de
vases, de porphire, granite.

Rome, lundi 7 mars.—Un peu de travail le matin et un peu de promenade ; de là , dîner chez *M. le Cardinal de Bernis* avec 40 personnes à une même table. Le courrier est arrivé en 13 jours 1/2 ce matin à 11 heures. Ce n'est pas une petite affaire d'en faire la lecture après le dîner, occupation, avec celle d'y répondre, qui a presque employé la journée. Le soir conversation chez *Mad° la marquise de Puismonbrun*, nièce de *M. le Cardinal de Bernis*.

Rome, mardi 8 mars. — Je pourrais, en historien menteur, faire une histoire pour remplir la journée ; mais elle ressemble aux autres sans variété que nos amusemens particuliers. Je me rapelle que j'ai oublié hier de marquer que le *Duc de Cumberland* (1), frère du Roy d'Angleterre (2), est arrivé le lundi hier, et le soir, je l'ai vû arriver au concert des Anglois. Il est peu grand et plus que blond. Il est broüillé avec son frère le Roy, et je ne scais encore sa marche ni si on lui prépare quelque réception ou amusement. Il tombe dans le carême, où on tâche d'avoir l'extérieur pénitent ou du moins régulier.

Rome, mercredi 9 mars. — La matière de mes gazettes ne manqueroit pas, si je répétois tout ce que j'ai dit cy-dessus. Quand on est sédentaire dans un endroit, et qu'il ne peut guères y avoir de variété dans la façon de vivre, il est difficile de trouver des événemens qui méritent de faire histoire. Notre amusement de curiosité est sans fin et varié à l'infini, et cependant de nature à ne pouvoir être écrit.

---

(1) Troisième fils de Georges II, vaincu à Fontenoy par le maréchal de Saxe en 1745. Vainqueur du Prétendant à Culloden, en 1846.
(2) Le roi d'Angleterre, à Rome, n'était autre que le Prétendant; Bergeret a eu soin de nous le dire plus haut. (Voir le samedi 5 février.)

C'est ce qui nous a occupé toute la journée, sans voir de monde.

Rome, jeudi 10 mars. — Sans souhaiter mal à personne, nous désirons quelque événement et, on nous annonçoit depuis quelque tems le spectacle d'un cardinal mort; car tout est spectacle icy. Mais, j'ai vû que celui-cy n'est pas mieux composé que les spectacles que nous avons eüs 6 semaines avant le carême. Bref, il a plû au cardinal *Cavalchini*, doyen du Sacré-Collège, de mourir et fort âgé, étant né en 1683. Ce matin, toute la ville de bonne heure étoit aux fenêtres et en mouvement comme un jour de fête de Course du carnaval, ce qui annonçoit quelque chose de curieux. Mon logement, *Place d'Espagne*, étoit on ne peut pas mieux situé pour joüir de ce coup d'œil. Le commencement de la cérémonie qui est le transport du cardinal à l'Eglise *des Saints-Apôtres* a débuté dans notre place vers les 6 heures 1/2 du soir par un petit détachement de gardes et, ensuite, pendant 3/4 d'heure, différents corps de pénitents, tantôt blancs, tantôt bleus, tantôt gris et variés à l'infini de couleur et formant des colonnes sans fin, 2 à 2, avec leurs banières différentes. Je crois qu'en suposant un nombre très fort, on ne rendroit pas encore la quantité de pénitens innombrables que j'ai vûs et qui précédoient toute la marche avec des cierges. Venoient ensuite toutes les maisons religieuses, capucins et autres, en nombre comme il n'y en a surement dans aucun pays. Le tout, marchant assés mal et sans qu'il y paroisse qu'il y ait quelqu'un pour suivre et diriger cette marche. Chaque corps chantoit et le peuple n'en paroissait pas plus édifié. Cette marche partoit de la *Datterie*, à *Monte Cavallo*, près le Palais du Pape, venoit gagner la *Place d'Espagne* et retournoit par une rue vis à vis le *Mont de la Trinité* gagner la rue *du Course* et de là *aux Saints-Apôtres*, où le Pape ira demain assister à son service.

Après avoir vu défiler pendant trois quarts d'heure cette multitude de pénitents ajustés comme des masques, et aussi la multitude de moines, il est arrivé une lacune et un vide considérable, faute de bon ordre. On n'a plus rien vû, et cette absence a duré près d'un quart d'heure. Alors le peuple ne s'est pas gêné de siffler et de huer cette cérémonie mal ordonnée. Enfin, est arrivé le Prélat mort, précédé de nombre d'autres religieux et prêtres marchant 4 de front, portant chacun un gros flambeau. La nuit étoit venue, et cette quantité de fortes lumières ne laissoit pas de faire un coup d'œil, auquel je ne peux accorder le nom de spectacle, et enfin, est arrivée une grande machine, précisément comme un lit entier et fort grand, et porté par nombre d'hommes, et sur le ciel de ce lit très élevé, et assés solide et arrangé, étoit le cardinal couché, revêtu de ses habits, et la tête sur un oreillé.

Aux 4 coins, des étendards de ses armes, vanité jusqu'à la fin; et de suite, toute sa maison, apparament avec prélats dont j'ignore les grades et des sénateurs tous à cheval, caparaçonnés, et beaucoup de valets, mais toute cette fin mal éclairée, ce qui m'aide beaucoup à terminer mon détail. Ce n'est autre chose que l'amplification d'un de nos plus grands enterremens à Paris. Faisant tant que de faire de l'étalage, j'y voudrois plus d'ordre et plus de magnificence, un chant qui fut soutenu et qui dit quelque chose ou fit quelqu'effet, avec musique analogue à la chose. Au lieu de cela, ce n'est autre chose qu'une marche ou un transport avec très peu de chant et très peu d'effet. Voilà tout ce que je peux dire de l'enterrement d'un cardinal. Cela ne me donne nullement envie de mourir cardinal. Le *duc et la duchesse de Cumberland* étoient allés voir cette cérémonie chez *M. le Cardinal de Bernis* où s'étoient rendus 200 personnes. Il s'y est fait une grande profusion de rafraîchissements. A 8 heures, j'ai vû venir au concert *le duc et la duchesse; Madame* est grande et a une figure aimable sans être belle. Avant 10 heures, j'étois revenu du concert, et après le souper et avant, dans mon petit comité, nous avons donné nos conclusions sur les grandeurs passagères, sur l'idée que l'on a de loin de bien des choses à Rome, et que l'on voit bien différemment de près.

Rome, vendredi 11 mars. — Il ne tenoit qu'à moi ce matin de me rendre *aux Saints-Apôtres* où le Pape assistoit aux cérémonies du cardinal défunt, mais j'ai tant vu le Pape officiant et de toutes les façons que j'ai pris le parti d'employer mieux mon tems et ma matinée. Le soir, à 4 heures, je me suis rendu comme tout Rome à *Saint-Pierre*. C'est le rendez-vous général chaque vendredy du carême; on y va en carrosse et on entre dans Saint-Pierre où on y voit toutes les dames et hommes qui en font le tour, les uns par curiosité et sans dessein, d'autres pour remplir les formalités nécessaires pour gagner des indulgences. L'affluence de monde et de peuple est considérable, et il n'y paroit que très peu dans *Saint-Pierre* ainsi que dans la place. Voila le plaisir des vendredy de carême et il y fait très beau. Le soir à 7 heures, me voila à la conversation de M. *le Cardinal de Bernis*, où il s'est rendu le double de monde qu'à l'ordinaire. *M. et Madame la duchesse de Cumberland* devant s'y rendre, la garniture de valets de chambre, abbés, decans (1), auditeurs et tout le plus grand étalage de cardinal étoit sur pied, la livrée dans l'antichambre avec nombre de flambeaux pour aller au devant, à la portière du carrosse. M. le cardinal a bien tout ce qu'il faut pour ôter le roide et le froid de ces représentations, par l'air facile et agréable dont il est doüé. Lorsqu'ils ont été une fois dans l'assemblée, M. le cardinal les a laissés entourés de gens de leur connoissance ou empressés à se faire voir ou à leur faire leur cour. On leur a proposé beaucoup de rafraîchissements dont il me paroit qu'ils n'ont pas usé. Pour moi, j'étois en train de faire le contraire, et je me suis livré à la limonade et aux glaces. A 9 heures, j'étois de retour dans mon petit comité occupé d'arts et choses agréables.

Rome, samedi 12 mars. — On a entrepris de me peindre et j'ai été modèle toute la matinée. Nous en verrons la réussite à Paris (2). A 2 heures, j'ai été dîner chez *M. le Cardinal de Bernis*. C'est le jour du petit comité où on n'est que 20. Toute la soirée ou plutôt pendant 3 heures de jour, occupé à voir mille choses curieuses qui n'entrent pas encore dans mon ordre de détail. Le soir notre petite musique ordinaire.

Rome, dimanche 15 mars. — Aujourd'hui, il a fait le plus beau tems possible, vrai soleil et très chaud. Ma journée a commencé par ma conversation à 10 heures jusqu'à midi ; sans difficulté toute l'Académie de France s'y rend, mais l'un et l'autre se pique de présenter tous autres artistes sans être pensionnaires du Roy et, tout artiste que je n'ay pas encore reçu se trouve mortifié et croit être regardé sans

---

(1) *Decanus* (doyen).
(2) Le portrait dont parle ici Bergeret a été peint par Vincent; il fait aujourd'hui partie du musée de la ville de Besançon. Nous l'avons reproduit en tête de cet ouvrage.

talent si je n'ai pas parcouru ses portefeuilles, et de là, dîner chez moi et à la conversation le dimanche. J'ai l'air de me donner les violons, comme l'on dit, mais ce qu'il y a de sur c'est que cela me fait honneur et me procure une infinité d'amusemens variés dans mon goust. Ainsi le nombre des artistes augmente tous les jours et meuble très bien ma conversation, car on se fait un plaisir d'y aporter toujours quelqu'ouvrage de la semaine, ce qui fait matière à éloge et à encouragement. Je trouve cette vie là charmante et variée à l'infini. L'après diner on ne peut se refuser à la promenade. J'y ai rencontré le *duc et la duchesse de Cumberland* et un moment après le *Prétendant et madame son épouse;* l'un et l'autre venaient de se rencontrer. On dit qu'il y a eu des révérences fort honnêtes de part et d'autre. Comme les soirées sont encore longues quoique le jour ne finisse icy qu'à près de 7 heures à présent, je suis toujours muni de quelque pensionnaire du Roy de l'Académie. Bien des gens les regardent comme des étudians et écoliers, mais ce n'est pas cela; ce sont tous gens pleins d'honneur et d'ardeur pour leur talent, gens bien avancés puisqu'ils ont mérité de venir à Rome en gagnant le prix à Paris, et qui viennent avec des yeux icy en état de voir les anciens maîtres et d'en prendre avec discernement ce qu'il faut pour confirmer leur talent. Voila l'idée que j'ay été obligé d'en donner à des étrangers qui les regardoient comme des écoliers. Et cecy est pour ceux qui ne sont pas au fait.

Rome, lundi 14 mars. — A 11 heures, le courrier n'étoit pas encore arrivé, cependant nous avons toujours eu du beau tems depuis 8 jours et aujourd'hui il a fait le plus beau soleil. Une conversation et le concert des Anglois ont rempli ma soirée. Je ne rapelle pas que la matinée ne se passe pas sans qu'on m'aporte mille choses curieuses qui la font passer fort agréablement.

Rome, mardi 15 mars. — Point de courrier de France encore aujourd'hui ; il a plû toute la nuit et une partie de la journée, c'est cette pluye là qui l'aura rencontré plutôt que nous et qui aura fait quelque torrent. On dit aussi que la mer de Gesnes a été fort mauvaise. Au surplus, il fait fort doux et les avenües d'ormes sont toutes vertes et les feuilles dehors, ce que j'ai vu pendant une grande promenade que j'ai faite ce matin. L'après midi, nous avons été voir plusieurs couvents où on fait des fleurs artificielles. La soirée est venue, nous ne sommes jamais seuls et toujours les arts nous suivent.

Rome, mercredi 16 mars. — Le courrier vient d'arriver avant midi au lieu de lundi dernier. Il faut mettre les lettres à la poste pour le départ. Et voila le courrier parti avec le plus pluvieux tems que l'on puisse voir. Je ne crois pas qu'il y ait en France de pluye aussi constante. Je plains les voyageurs à Rome qui n'ont pas de ressource dans leur intérieur, car il n'y en a pas d'autres que de tristes conversations, ou de rester chez soy, ce qui nous est arrivé avec grand plaisir, en préférant d'aller diner chez les grands. Il est minuit et la pluye des plus copieuses continue depuis hier.

Rome, jeudi 17 mars. — Le tems est encore malade, mais comme il l'a trop été hier, il faut, pendant qu'il ne pleut pas, se dédommager et tâcher de prendre l'air, ce qui m'est arrivé pendant 3 heures. C'est le régime que l'on recommande icy très fort. Aujourd'hui j'ai diné chez *M. l'abbé de Bayanne*, auditeur de Rotte et, on ne peut mieux faire les honneurs aux étrangers. Le soir, j'ai été au dernier concert ou académie de musique donné par les Anglois. On devroit leur avoir obligation, car ils se sont donnés bien de la peine pour faire les honneurs et rassembler les dames romaines. Tous ces concerts se sont passés avec beaucoup d'ordre, une garde considérable, beaucoup de pots à feu en dehors et dans toutes les rues aux environs *du Palais Pagani*. M. le duc de Cumberland y est venu aujourd'hui, et tous les honneurs et reconduites s'y sont passés dans la plus grande règle. Nous voila tout de bon tombés dans la pénitence. On attend les cérémonies des semaines saintes qui ne sont autre chose que spectacle comme celles que j'ai déjà vües où on ne se gêne pas trop pour parler, même très près du Pape.

Rome, vendredi 18 mars.—Le tems est un peu traitable aujourd'hui ; nous avons été diner chez *M. le Cardinal de Bernis*, mais avec 40 personnes dont 4 cardinaux, *le général Shernicheff*, Russe, qui doit rester icy jusqu'à Pâques ; il avoit un uniforme blanc avec revers bleus ou verds et une garniture de boutons de diamants blancs, ainsi que la plaque de ses ordres. Le soir à 7 heures, comme d'ordinaire, il y a eu chez *M. le Cardinal de Bernis*, conversation, où il faisoit, sans feu, une chaleur insuportable. *M. le duc de Cumberland* s'y est rendu.

Rome, samedi 19 mars.—Nous avons à la fin pris jour pour ce jourd'hui nous mettre en marche pour les églises et les palais; nous avons trouvé qu'il fait encore froid en dedans,

dans les intérieurs, et dès que l'on sort, on sent beaucoup de chaleur. Nous avons commencé avant dix heures, en suivant à peu près l'itinéraire du livre de *Vasi*, mais je ne me charge cependant que de parler des églises où il y aura eu quelque chose de bien remarquable. En entrant par la *Porte du Peuple*, on voit à droite et à gauche deux églises couronnées d'un dôme. Mais près la porte, en entrant à gauche dans la place, on trouve *Sainte Marie du Peuple*. On voit à droite *la Chapelle de Chigi*.

On y voit à l'autel, un tableau de *Carles Marate* (1) fort beau, figures drapées d'une grande manière ; la vierge est en haut dans les nuages, saint Grégoire écrit sur l'immaculée conception ; beaux caractères de testes, beau tableau. A gauche, est le *martir de saint Laurent*, de *Daniel* (2). Je le trouve bien peint et d'une bonne pâte. Le total de la chapelle est décoré assés bien comme par 4 arcades soutenues de 16 colonnes plaquées de jaspe, et autres placages de verd antique dans les fonds, sur la muraille. On voit dans le chœur deux tombeaux de marbre par *André Sansovinus* (3), dont les ornemens, représentans des émoulemens de fleurs et ornemens, sont en marbre d'une légèreté singulière et de

---

(1) *Maratte* (Carle), peintre et graveur, né en 1625 à *Camerano*, dans la marche d'Ancone, mort à Rome en 1713, élève d'*Andrea Sacchi*. Maratte a été de son vivant l'un des artistes les plus renommés de Rome ; il excellait surtout à peindre des Vierges. Louis XIV le nomma son peintre ordinaire. Ses œuvres se distinguent par la pureté du dessin, la fraîcheur du coloris et la manière pleine de majesté avec laquelle il a rendu ses idées. Le tableau que Bergeret apprécie ici est une *Conception*.

(2) *Volterre* (Daniel Ricciarelli de), peintre et sculpteur, né en 1509 à Volterre, ville de la Toscane, mort à Rome en 1556, élève de *Balthazar Peruzzi* et de *Michel-Ange*. La *Descente de Croix* qu'il a peinte à la *Trinité du Mont* est un chef-d'œuvre. Il s'est plu, du reste, à reproduire ce sujet. L'église de l'hôpital de la Pitié et le Palais-Royal à Paris avaient leur *Descente de Croix* peintes par Daniel de Volterre. C'est à cet artiste qu'est dû le cheval qui porte le statue de *Louis XIII*, dans la *Place Royale* à Paris.

(3) Tatti (Jacques), dit Sansovino, architecte et sculpteur, né à Florence en 1479, mort à Venise en 1570, auteur des belles portes de bronze de la sacristie de St-Marc de Venise.

très bon goût. On voit ensuite la chapelle *Cesare* une *Assomption* d'*Annibal Carrache* au maître autel, très beau tableau, mais qui n'en impose pas. Mais il y en a deux dans les côtés de *Michel Ange de Caravage* (1) qui me piquent d'avantage, qui sont peints ferme, belle chair et avec goût ; l'un est la *Conversion de saint Paul* et l'autre *saint Pierre crucifié*. Je reviens aux deux églises que j'ai annoncées ci-dessus en arrivant par la *Porte du Peuple* et après la piramide. La première en entrant rue du Course à gauche, *Sancta Maria de Monte Sancto ou des Miracles*. On voit dans *la Chapelle du Crucifix* 5 tableaux *Salvator Rose* absolument noirs ; on y découvre cependant des choses excellentes, surtout *Daniel dans la fosse aux Lyons*. Delà dans la *chapelle Colicola* on y voit *saint François prosterné devant la Vierge* de *Carles Maratte*. La téste du saint est pleine de vérité et de dévotion, celle de la madonne est très belle avec la plus belle main.

Nous avons suspendu nos courses d'églises à cause de la fête, et nous avons continué en visitant les palais par celui de *Rondanini*, à l'entrée de la rüe du Course. C'est un palais moderne ; on dit que la batisse en est conduite par le maître lui-même ainsi que les décorations, il n'y a rien qui n'y paroisse, en le voyant. La cour est remplie le long des murailles d'inscriptions antiques avec têtes et figures de peu de remarque ; il n'y a de particulier qu'un ancien masque cinique. On monte dans une gallerie la plus mal décorée et du plus mauvais goût avec peu de tableaux. Cependant il y a une petite *Magdelaine*, d'*Annibal Carrache*,

---

(1) Michel-Ange Amerighi, né en 1569 au château de Caravage en Milanais, mort en 1609. Ses têtes manquent de noblesse, mais il y a dans ses peintures des oppositions subites de clair et d'ombre qui détachent admirablement les figures.

huit superbes *Vernets*, 2 petits paysages de *Locatelli* (1), quantité de mauvaises choses et du plus mauvais goût. De là nous nous sommes transportés au palais *Colonne*. On ne peut donner une idée trop grande de l'étendue des apartemens de ce palais ; on y voit une partie de plafond de *Benedette Lutti* qui joint à une couleur agréable une vigueur suffisante. Il y a aussi des portions de plafonds de *Pompeo Battoni* (2), peintre romain actuellement à Rome, d'un pinceau frais et d'une belle couleur. A la suite de ces apartemens, on entre dans une gallerie très large et très imposante par sa hauteur et par des colonnes très fortes de jeaune antique aux deux extrémités. A l'entrée il y a beaucoup de paysages de *Guaspe* (3) d'un grand mérite, beaucoup du *Claude Lorrain* (4), très beau, de *Salvator Rose* (5) merveilleux et étonnant et même du *Poussin* (6) tout en paysages. Dans le milieu de la gallerie, de beaux tableaux d'*Andrea del Sarto*, du *Titien*, du *Dominiquain*, du *Guide*, du *Parmesan*, de *Guercino*, du *Carrachi*, de *Carle Marate*. Dans l'apartement en retour il y a 2 très beaux tableaux de *Subleyas* (7),

(1) Locatelli, peintre, né à   , en   , mort à Rome en 1741, un des meilleurs paysagistes connus.
(2) Batoni (Pompeo-Girolamo), né à Lucques en 1708, mort en 1787. Peintre de grande réputation à Rome, à la fin du xviii° siècle.
(3) Dughet (Gasparo, dit le Guaspre), beau-frère de Poussin. Ses paysages historiques sont ceux qui approchent le plus du genre du Poussin.
(4) Gelée (Claude, dit le Lorrain), né en 1600, près Toul, mort à Rome en 1682, le roi des paysagistes.
(5) Rose Salvator, né à Naples en 1615, mort à Rome en 1673, a abordé tous les genres : histoire, combats, marines, paysages et figures d'animaux et de soldats. On connaît l'histoire de ces merveilleux tableaux de Salvator qui sont au palais Colonna : le connétable Colonna paya un tableau de Salvator avec une bourse pleine d'or, le peintre lui envoya un second tableau et le connétable, une bourse plus considérable. Troisième tableau, troisième bourse ; enfin au cinquième, le connétable ne voulut plus continuer un jeu qui l'épuisait. Il envoya deux bourses à Salvator et lui fit dire qu'il lui cédait l'honneur du combat.
(6) Poussin (Nicolas), né en 1594 aux Andelys, mort à Rome en 1665. Le Raphaël de la France.
(7) Subleyras (Pierre), né à Uzès en 1699, mort à Rome le 28 mai 1749. Elève de son frère Mathieu et d'Antoine Rivaltz, de Toulouse, membre de l'Académie de St-Luc.

représentant l'un une *peste de Rome et Inondations*, l'autre une *Profession de religieuse*. La couleur de ce peintre est douce et moëlleuse et paroit tenir beaucoup de *le Moine* (1). Cet auteur est fort estimé à Rome. Il n'est pas possible, suivant mon plan, de m'étendre davantage sur une quantité si considérable de tableaux n'ayant d'autre dessein que d'en garder note pour me les rapeller.

Passons à un autre Palais, celui de *Chigi*, place Colonne, très vaste, très mal décoré; mais tout en haut dans les apartemens un beau *Baroche* (2) et très beau *Guide*, 2 très beaux *Claude Lorrain*, un grand et beau *Salvator Rose* où il y a un *Mercure qui prend les yeux d'Argus pour en enrichir la queue du paon*, un beau *Guerchin* (3) et dans le fonds un cabinet entouré d'excellents desseins sous verre du *Dominiquain*, du *Guide*, testes de *Vandeyck* (4). Ce palais a été bâti par les neveux du pape *Alexandre sept;* on y entre par la rue du *Course* et sa principale façade donne sur la place Colonne en face de la fameuse *Colonne Antonine*.

Il y a encore une petite gallerie assés curieuse ou sont peintes toutes les villes renommées comme *Paris, Londres, Rome*, etc., en haut, en élévation et vües, et le long des murs, le plan de chaque ville, avec de très grandes mappemondes peintes sur la muraille de différentes faces.

---

(1) Le Moyne (François), né à Paris en 1688, mort en la même ville le 4 juin 1737. Grand prix de l'Académie en 1711, membre de cette Académie en 1718; son tableau de réception : *Hercule assommant Cacus*, est au Louvre. L'un des décorateurs des grands hôtels de Paris au commencement du xviiie siècle et du palais de Versailles.

(2) Baroche (Frédéric), né à Urbin en 1528, mort dans la même ville en 1612. Protégé tout jeune par le cardinal Della Rovère, il a fait beaucoup de portraits et de tableaux d'histoire, mais a surtout réussi dans les sujets de sainteté.

(3) Guerchin (Jean-François Barbieri da Cento, dit le), né à Cento, près Bologne, en 1590, mort en 1666, un des meilleurs élèves des Carraches.

(4) Vandyck (Antoine), né à Anvers en 1599, mort à Londres en 1641, tellement connu et admiré qu'il paraît inutile d'insister sur son nom.

Rome, dimanche 20 mars. — Aujourd'hui à 10 heures s'est tenue ma conversation ordinaire. Le nombre d'artistes et gens à talents, architectes et autres, augmente. Les artistes anglois et étrangers s'y font présenter. Je me fais plaisir d'aller voir leurs ouvrages et porte-feüilles et quand ils ont du talent, il est impossible qu'il ne m'en revienne quelques desseins. Elle se passe toujours moins sérieusement que chez les grands et nous y jugeons bien des ouvrages qu'on s'empresse d'y aporter, ce qui rend notre conversation fort intéressante. J'en retiens ce jour là quelques-uns à diner, et le soir on se rassemble encore en petit nombre. Voila la journée très complette pour nous.

Rome, lundi 21 mars. — Nous avons destiné notre matinée jusqu'à 2 heures 1/2 à parcourir quelques palais dont je vais rendre compte ou du moins prendre notte pour moy. Nous avons reçu à notre grand étonnement notre courrier de Paris à midi, malgré les pluyes considérables, depuis 8 jours. C'est encore un plaisir qui n'est pas indifférent, et dont nous avons joui au retour de nos courses. Nous avons commencé par le Palais *Barberin*, dont nous avons vu quelque chose, mais nous n'avons pu voir le reste, attendu que l'on étoit en dévotion dans la chapelle du Palais et que tous les domestiques y étoient pour longtems. Ainsi je reviendrai à ce Palais. Nous avons poursuivi en allant au Palais *Justiniani*. On y entre dans une cour assés petite, entourée de nombre de statües et beaucoup sur l'escalier. On dit qu'il y en a plus de 500, dans tout ce Palais; effectivement, outre ce qui est répandu dans tout le Palais, il y a une galerie, en bas, remplie à doubles rangs, sans ordre, comme dans un atelier de sculpteur, et dans tout ce nombre immense, moi, avec mes yeux et les meilleurs de mon escorte, nous n'en avons pas trouvé 6 de passables. On arrive par un escalier très commun, on trouve une antichambre vaste, et une enfilade à perte de vüe de chambres l'une dans l'autre, meublées des murailles avec nombre de tableaux à peine embordurés et dans un désordre des plus désagréables, capable de dégouter de la peinture, à force de voir tant de mauvaises choses. Ajoutés que ces apartemens immenses donnent sur une très petite rüe qui les rend très noirs, et met dans l'impossibilité de tacher de découvrir s'il y en a quelques uns de passables. On en compte, sur cette quantité, très peu de beaux. Je mettrai du nombre un de *Gerardot della Notte* (1), superbe tableau; c'est *Pilate à la lumière dans son cabinet qui interroge Jésus-Christ*, l'effet de la lumière est terrible et les deux testes de la plus grande vérité. Il est très beau. Autre tableau du *Guide*, très beau, représentant *Saint-Antoine et Saint-Paul, hermite*. De là, en bas, dans la galerie ou cimetière de figures dont j'ai dit mon avis cy dessus. En voila beaucoup trop sur *Justiniani* qui a l'air de la misère plutôt que d'un Palais.

Passons au Palais *Spada* (2). On y entre dans une petite cour mal décorée de beaucoup de choses. L'escalier a du grand et n'est pas mal; on entre dans une immense antichambre où est la statüe colossalle de *Pompée*. De là, dans une suite sans fin d'apartemens, pleins d'une quantité de

---

(1) Honthorst Gérard, surnommé en Italie Gherardo delle Notti ou della Notte (Gérard de la Nuit) à cause de l'habileté avec laquelle il sut représenter les effets de lumière, né à Utrech en 1592, mort à La Haye en 1662, après avoir séjourné plusieurs années à Rome et à Londres. — « Trouvant sans doute la « lumière du soleil chose commune et triviale, il n'éclaira guère ses tableaux « qu'avec des lampes et des chandelles et se fit ainsi dans l'art un domaine et « un nom propres. » (Louis Viardot, *les Merveilles de la Peinture*.)

(2) Le palais Spada est aujourd'hui le siège de la cour de cassation du royaume d'Italie. La statue colossale de Pompée s'y trouve encore; on croit que c'est celle aux pieds de laquelle César tomba sous le fer des conjurés.

tableaux qu'on ne peut pas regarder pour la plupart, tant ils sont noirs ou en mauvais ordre. Ces enfilades ont plutôt l'air de greniers tristes que de palais. On y fait remarquer un tableau du *Guerchin* représentant *Didon qui se tüe sur le bucher*. Ce tableau n'est pas sans beauté, mais il a été mal raccommodé, mal verni et repeint dans bien des endroits, et on ne peut pas plus mal adroitement. Ce que l'on y voit de plus clairement beau, c'est l'esquisse du beau plafond du *Bachiche au Jésus*. Je reviens à la décoration de la cour, que *M. de la Lande* annonce pour bonne. Je la trouve bien loin de là, et j'étois avec des yeux très connoisseurs. L'architecture en est du *Boromini* (1), l'escalier est la seule chose où il y ait du grand. On dit que la statue de *Pompée* dont je viens de parler cy dessus est celle aux pieds de laquelle Cézar, le 15 mars de l'an 45 avant J.-C. (2)... D'autres prétendent que c'est la statue d'*Auguste* à cause du globe qu'il tient dans la main gauche et qui marquoit la souveraineté. On fait remarquer à la suite d'un rez de chaussée fort humide, meublé de mauvaises statües pour la plupart, un très misérable petit jardin de 4 enjambées, dans lequel, vis à vis les fenêtres de ce rez de chaussée, on a construit une gallerie dont la voute est soutenue par des colonnes doriques dégradées et faisant perspective dans le gout, dit-on, de celui de *Bernin* au *Vatican*, de manière que l'on prétend que cela grandit beaucoup le lieu où on est et que, par l'effet de l'optique, une statue du *petit fluteur antique* de 3 pieds 3 pouces placée au bout par de là les colonnes, pa-

---

(1) Borromini (François), architecte, sculpteur et peintre, né à Bissone près Côme en   , mort à Rome en 1667. Elève comme sculpteur du chevalier Bernin. La façade de l'église de Sainte-Agnès est son chef-d'œuvre.

(2) Mots laissés en blanc dans le manuscrit, qui doivent se rapporter à l'assassinat de César aux pieds de la statue de Pompée.

roit grande de plus de 5 pieds. Tout cela est beau dans le voyage de *M. de la Lande*, mais sur le lieu cela n'est plus rien ; on n'est ni satisfait, ni entousiasmé, ni de ce dernier article d'admiration, ni de tout ce palais. Il n'y a point de cabinet d'antiques placé au 3ᵉ dont parle *M. de la Lande*.

La soirée s'est passée, c'est à dire une heure, à la conversation chez *Mᵐᵉ la marquise de Puismonbrun*, nièce de *M. le Cardinal de Bernis*.

Rome, mardi 22 mars. — Aujourd'hui diner chez *M. le Cardinal;* peu de promenade dans la matinée, et beaucoup d'écriture pour le courrier de demain mercredy. La journée très douce et sans pluye, me voila faute de matière qui vaille la peine de faire des écritures, faisant des almanacs sur la pluye et le beau tems.

Rome, mercredi 23 mars. — Le courrier pour Paris n'est pas plutôt expédié, qu'il faut en recommencer un autre. C'est une loy que je me suis faite d'écrire tous les soirs ma journée ; mon volume s'avance surement à Paris et je ne suis pas au bout.

Je commence par l'histoire du plus beau tems aujourd'hui, mais j'ai bien peur que le soleil n'enlève notre humidité pour la laisser retomber dans peu. J'ai eu beaucoup d'artistes et choses curieuses à aller voir. Cela m'a fait une promenade délicieuse. Le diner chez moy est venu à l'heure ordinaire de 2 heures, et l'après midi, à 4 heures, chacun suit son goût en curiosités ; ce qui nous a mis en jouissance du plus beau tems toute la journée et à 6 heures 1/2 à la nuit, un peu de musique. Pour tout dire, je pourrois répéter que je me suis trouvé sur le chemin de la promenade du Pape à 5 heures. Il étoit à pied en grande robbe blanche dont on lui portoit la très longue queüe, accompagné de deux conservateùrs; il marchoit suivi de ses chevaux légers à cheval et précédé aussi de la croix dont le porteur étoit à pied. C'est son étendard qui marche toujours devant luy. Pour suivre son habillement, il avoit un rochet rouge, calotte et chapeau rouge. Ses deux carrosses le suivoient et après, ses cuirassiers et nombre de gens à pied, cent suisses. Tout ce qui se rencontre se met à genoüil, ce que j'ai évité dans la position où je me suis trouvé, car à la fin, je serois trop béni, l'ayant été nombre de fois. Le S. P. marche aussi bien que moy; il est leste et de figure et structure à faire attendre longtems son successeur. Il n'a rien augmenté à sa cuisine du tems qu'il étoit moine, et il mène une vie fort sobre. Tous les jours il se promène et va faire sa petite partie de billard à son Casin, *Villa Patrice*, à la porte de la ville en sortant *la Porte Pie*, et sa vie est toujours uniforme. Ces jours cy elle va être variée par les offices et grandes cérémonies, qu'il expédiera le plutôt qu'il pourra, car il va vite et est expéditif.

Rome, jeudi 24 mars. — Ce matin devant partir à 10 heures, j'ai été tourmenté par nombre de brocanteurs, qui m'ont fait voir mille choses plus mauvaises les unes que les autres. A la fin, nous nous sommes mis en course pour aller voir le *Palais Corsini* par delà le Tibre. Ce Palais a une très belle entrée par plusieurs arcades, voutes et colonnades; il s'annonce bien. Après être entré sous ces ordres, il y a une très vaste cour séparée des jardins par des grilles; les jardins vont en montant, mais quoiqu'assés bien distribués ils ne se trouvent pas vis à vis le Palais, non plus qu'une cascade d'eau qui se voit en haut de loin. Ce Palais a été bâti par le pape *Corsini, Clément XII*. C'étoit autrefois le Palais des *Riari* parents de *Sixte IV*. L'escalier a beaucoup de noblesse et annonce bien un grand antichambre fort élevé qui distribue à une première pièce à droite où il y a un beau *Jordans* (1). Je suis étonné de le trouver gris, mais on dit qu'il est sale, ainsi que tous les tableaux des palais qu'il n'est pas possible de voir. Ce tableau représente *J.-C. prêchant dans le temple*. On passe de là dans une gallerie large et fort peu longue, le tout mieux tenu que dans tout autre palais. On y voit un grand paysage du *Guaspe* très beau, un *Prométhée déchiré par un vautour*, par *Salvator Rose*; ensuite, autre gallerie à droite, petite, mais claire. Il y a de beaux *Baroche, Guarcin* (2), un beau *Caravage* d'une *Vierge tenant Jésus*. Très belle tête du *Guide*. En suivant, une autre chambre quarrée, il y a un des beaux *Guide* que j'aie vûs pour la finesse de la couleur et du dessein ; c'est *Hérodiade qui porte la teste de Saint-Jean*, c'est un superbe tableau. Autre grand tableau du *Baroche* peint d'une grande manière et d'un stile neüf; c'est *la Magdelaine éplorée aux pieds de J.-C.*; elle n'est point prosternée comme d'ordinaire, elle a un genoüil en terre et la main droite dans les cheveux épars avec la plus noble douleur sur sa figure ; un *Bassan* (3) qui m'a fait beaucoup de plaisir, peint avec beaucoup de goût et bien différemment touché et varié que tout ce que je vois en grand nombre de cet au-

(1) Il y a eu deux Jordaens : l'un Jacques, né à Anvers en 1594, est mort dans la même ville en 1678; l'autre, Lucas, surnommé Fa Presto, et plus souvent appelé Luc-Jordans, est né à Naples en 1632 et mort dans la même ville en 1705. C'est de ce dernier qu'est le tableau indiqué par Bergeret.
(2) Le Guerchin.
(3) Jacopo da Ponte, dit Jacques Bassano, né à Bassano, dans les Etats de Venise, en 1520, mort à Venise en 1592 ; un des peintres les meilleurs et les plus féconds de l'Ecole vénitienne.

teur; plusieurs belles testes de *Rubens* (1). Les portes de ce sallon sont peintes en paysages par *Lucatelli*, d'une touche pleine d'esprit et de vérité. On passe dans la chambre à coucher, où on voit un tableau *de la Vierge et Jésus* par *Morillos* (2). C'est un tableau peint ferme et avec bien du goût, un très beau tableau; deux belles testes séparées du *Guide* : la *Vierge* et *Saint-Jean*. Elles sont sublimes. Je reverray tout cela plus d'une fois. Près le lit est un tableau de *Rubens*, un *Saint-Sébastien;* on revoit toujours ce peintre avec une sensibilité qui est pour tout le monde. Un très beau paysage de *Pandolfe*. On parcourt ensuite une enfilade d'apartemens à perte de vüe, sans tableaux mais avec des plafonds peints très mauvais. Ces apartemens sont coupés par un très grand sallon; on y voit une *Diane de marbre* par le *Bernin* (3). Les draperies en sont d'un goût, d'une souplesse et légèreté admirable.

Nous avons suivi au Palais *Boccapaduli*. Il n'est qu'un très petit Palais mais qui renferme quelques beaux tableaux très mal tenus, surtout les 7 tableaux renommés des Sept *Sacremens* du *Poussin*. Il est bien triste que le mauvais état où ils sont cache une partie de leurs beautés. J'ai vû différents sentimens dans des relations, sur leur mérite. Je m'en tiens à dire qu'ils sont bien beaux et que leur réputation est bien fondée. Dans le dernier cabinet, au fond, il y a un beau tableau que je crois du *Feti* (4). C'est *une femme*

---

(1) Rubens (Peter-Paul), né à Cologne en 1578, mort à Anvers en 1640, l'illustre auteur des toiles superbes composant l'ancienne galerie de Médicis au Luxembourg, qui sont aujourd'hui au Louvre.
(2) Murillo (Bartholomé-Esteban), né à Séville en 1616, mort en 1682, l'un des plus grands peintres de l'Ecole espagnole. *La Vierge et l'Enfant*, du palais Corsini, est l'une de ses toiles les plus renommées.
(3) Bernin (Jean-Laurent, dit le Cavalier), sculpteur né à Naples en 1598, mort à Rome en 1680. Il a embelli Rome d'une foule de monuments qui font l'admiration des connaisseurs. Ses œuvres ont une grande élégance, mais peut-être un peu trop d'afféterie.
(4) Feti (Domenico), né à Rome en 1589, mort à Venise en 1624; son coloris

appuyée sur une table dans l'action de quelqu'un qui médite; les tapis et accessoires, et surtout une espèce de surtout d'argent, y sont peints d'une vérité et d'une touche, surtout l'argent, que j'ai peu vû. Ce tableau m'a fait grand plaisir.

Nous avons de là continué notre route pour voir *Templum di Nerva Medica*. C'est un espèce de rotonde de 20 toises de diamètre ornée de niches où il y avoit sans doute des figures, et voutée à la hauteur d'environ 80 pieds. Les voutes sont composées de bandes de briques et le reste, ou entredeux, remply de pierres de ponce, ce qui fait des voutes de la plus grande légèreté et solidité. Si je découvre quelque chose de particulier sur ce temple, je l'ajouteroi en le revoyant.

A peu de distance de ce temple, qui est auprès de la *Porte Majeure*, on fait voir les tombeaux des *Aronces;* c'étoit une famille Romaine. C'est une cave dans laquelle on descend environ 20 marches et avec des flambeaux. Le plan n'en est pas bien grand; on y voit autour comme des potagers dans une cuisine sur lesquels sont établies et enfoncées des espèces de cruches ou pots de terre qui sont encore bien entiers, dans lesquels on voit des os et cendres calcinés ayant été brulés. Les vrais amateurs font bien des raisonnemens et extases sur ces tristes restes. Le dedans de la voûte avoit été très bien décoré de jolies statues que l'on voit encore, et dans la muraille, jusqu'en haut, il y a aussi de ces pots cinéraires. On prétend que c'étoit pour une famille entière, maitres et valets.

Rome, vendredi 25 mars. — Il devoit y avoir aujour-

---

est vigoureux bien que trop noir, ses figures sont peu correctes; il a surtout imité la grande manière de Jules Romain.

d'hui, comme d'ordinaire le 25, la cavalcade du pape allant à la *Minerve*. C'est, dit-on, une très belle chose ; mais, à cause de la fête et du vendredi, elle est remise au dimanche de Quasimodo. Nous avons été diner chez **M. le Cardinal de Bernis** avec 40 personnes. Les souverains de ce pays cy et de l'Italie ne vivent si magnifiquement. A 4 heures 1/2 chacun s'enfuit pour aller à *Saint-Pierre*. Effectivement il y a un concours considérable de peuple et beaucoup de carrosses; la place de Saint-Pierre, quoiqu'immense, est bien remplie et très vivante. Toutes les dames y viennent faire 3 stations et moyennant 5 *pater* et *ave*, je n'ose dire pour combien de cent ans on a des indulgences, et qui délivrent des âmes du purgatoire. Je suis fâché que ma relation soit lue par des François que l'on ne regarde pas icy comme croyants. Je donnois, à ces stations, le bras à la nièce du *Cardinal de Bernis*, Mme *la marquise de Puismonbrun;* ainsi j'y suis bien pour quelque chose. L'Église de Saint-Pierre, qui est d'une étendue célèbre, paroissoit du premier moment remplie, mais les croisées et bien des chapelles se trouvent comme des cathédrales et vuides ; jugés de la grandeur et du vaste. Les Romains ont fait des monuments qui paroissent au dessus des forces humaines, mais dans l'avenir et avec un long tems, celui de *Saint-Pierre* acquérera encore plus de réputation. Je ne me suis point encore étendu sur cet édifice. Cela viendra quand je parcourerai *Saint-Pierre* pour prendre mes nottes, car je l'ai vû plus de 40 fois. Quand on a donc fait sa station, on fait un tour ou deux de la place au pont Saint-Ange, et on voit tous les Romains et Romaines. *M. le duc de Cumberland*, faisant peu d'usage des stations, se promenoit en polisson, très polisson dans un mauvais cabriolet à 2 chevaux, place Saint-Pierre, avec

Madame la Duchesse ; il avoit le chapeau clabeaud rabattu et Madame étoit vêtue d'une robbe rouge fermée depuis le haut, espèce d'amazonne, coëffée d'un chapeau en travers avec des plumes. Tout cet équipage avoit l'air de marchand d'orviétan, sans deux coureurs qui marchoient devant et deux domestiques à cheval derrière, mal montés. Au surplus le peuple icy n'est pas méchant et est accoutumé à voir des étrangers de tous les pays. Voila notre soirée bien avancée. A 7 heures, comme vendredi, on se rend à la conversation chez *M. le cardinal de Bernis*, de là chez moi toujours avec quelques artistes.

A présent, jusqu'après Pâques, plus de conversations nulle part ; changement de décorations et de spectacle, à commencer d'après demain, par les Rameaux, dont j'en iray recevoir un de la propre main du Pape : ce dont je rendrai compte.

Rome, samedi 26 mars. — Absolument rien à détailler.

Rome, dimanche des Rameaux 27 mars. — Le S. P. est très prompt et très leste, il fait toutes ses opérations de bon matin, et tient Mgs les cardinaux alertes, afin que cela ne dérange pas l'heure de son diner et de son régime. Le S. P. est bien portant, de moyenne taille, beaucoup de sourcils noirs et l'air aimable ; il est fort honnête. En conséquence de sa promptitude, il fait lever de bonne heure et nous étions avant 9 heures au *Capitole* à sa chapelle pour l'office des Rameaux. En y arrivant j'y ai vû le Pape sur son trône couvert de sa mitre blanche, avec cardinaux ses assistans. J'ai vu qu'il rioit de tout son cœur, je ne sçais de quoy. L'office n'étoit pas encore commencé. Ce rire a paru se communiquer à tous les cardinaux rangés comme dans un chœur, de là aux Monsignori, et j'ai vû qu'il n'y avoit rien de trop sévère ni trop ennuyant à cette cérémonie, qui a commencé par la bénédiction des Rameaux, et *oremus*, chantés à haute voix par le pape luy-même. C'est une bonne voix de moine; il l'a été 40 ans. Toute la pourpre pontificale est rassemblée, on s'empresse d'en procurer le coup d'œil aux étrangers. Les cardinaux ont leur mitre à la main et revêtus de dalmatiques ou plutôt chasubles des plus richement brodées; à droite et à gauche de l'autel, sont entassés des patriarches de Constantinople, grecs, et toutes sortes d'évêques qui n'ont que l'air de simples abbés. Il n'y a icy que le Pape et les cardinaux; les évêques, archevêques n'ont aucune distinction, ni croix, seulement bas violets et gances d'or et violette au chapeau. De l'autre côté de l'autel est encore un monceau d'ecclésiastiques, les uns revêtus de surplis simples mais jusqu'aux hanches avec dentelles suivant l'usage, d'autres revêtus de surplis doubles et d'autres de robbes rouges et d'autres de noires. Tout cela fait coup d'œil riche, et sur des bancs, le long des murs, tous les généraux d'ordres. On parle librement à droite et à gauche avec ses voisins, et je ne vois point sur aucuns visages de cardinaux et de Monsignori d'austérités qui proviennent du Carême. Il paroit que l'on ne prend icy les choses qu'au point où il faut. La bénédiction faite des Rameaux, on les présente l'un après l'autre au Pape, et alors il en remet un à chaque cardinal et généralement à tout ce qui est ecclésiastique. Chacun vient à son tour à son trosne, les cardinaux baisent son anneau à sa main, et une croix brodée sur un satin qu'on lui étend sur les genoüils, et, passé les cardinaux, tout le reste baise les pieds après avoir reçû un rameau. Les étrangers, comme moy et d'autres, s'y présentent et reçoivent un rameau de sa main après avoir déposé son épée et son chapeau avant de se mettre en file. Le rameau du Pape a environ 2 pieds de haut, bien historié, décoré et facile à porter. Ceux des cardinaux sont de 6 pieds et aussi richement garnis, mais ensuite les autres diminuent d'ornements par degrés et enfin, après l'Église, ce ne sont plus que des rameaux de buis ordinaire. Il a fallu en accepter un simple pour lequel j'ai baisé les pieds, comptant réellement, moi et d'autres, que nous en aurions un plus historié. Tel est l'usage qui nous a fait regretter un moment notre baisement de pied. Quand tout est pourvû de rameaux, on marche en procession en sortant de la chapelle dans la salle précédente dont on fait le tour, le Pape porté sur un fauteüil très élevé. On chante *Attollite portas* et l'office se continue avec les cérémonies peut être doublées de celles de nos archevêques dans leurs cathédrales, mais à peu près dans le même goût. A 2 heures, nous avons été diner chez l'*abbé de Bayanne*, auditeur de Rotte, qui s'occupe beaucoup à bien recevoir les étrangers. A 5 heures j'ai été passer une heure dans les salles du *Capitole*, remplies d'un très grand nombre de statües de toute espèce et des plus curieuses.

Le soir ma conversation, qui n'avoit pû avoir lieu le matin, s'est tenüe à 7 heures et a duré jusqu'à 9 heures ; il n'est pas douteux que les artistes de toutes les nations s'y trouvent. On y agite souvent de grandes questions sur les arts ; et de cette façon la journée se trouve bien passée et bien terminée.

Rome, lundi 28 mars. — Point de courrier ce matin : cependant le tems est assés beau depuis 8 jours. Qu'avons nous fait aujourd'huy ? de très petites courses pour répondre à nombre d'indications de brocanteurs auxquels nous nous rendons sur les assurances bien positives qu'ils ont fait des découvertes bien réelles, de beaux tableaux et beaux marbres rares. Jusqu'à présent il n'y a pas eu un mot de vrai. Le soir, chacun a fait sa volonté et promenade en particulier, le tout pour ménager notre conducteur, M. *Paris*, architecte pensionnaire du Roy, de beaucoup de talents et supérieurement instruit de toutes antiquités et de tout Rome.

Rome, mardi 29 mars. — Le courrier qui devait arriver hier n'est venû qu'aujourd'huy, ce qui a arrêté nos courses du matin, chacun pour lire ses lettres. L'après-dîner nous avons cherché à voir quelque chose autant que le tems nous le permettoit ; nous nous sommes transportés à l'endroit dit *Forum Nerva*. Il en reste 3 colonnes cannelées et deux pilastrès. C'est un des plus anciens monuments dont les restes sont les plus beaux qui se voyent à Rome. Les chapiteaux des colonnes et des pilastres sont du plus beau travail, les ornemens du plafond sont très riches et du meilleur goût ; tout annonce une magnificence des plus grandes et avec ces points principaux d'ornements et colonnes on a bien de la peine encore à retrouver et juger de la forme de cette place tant les niveaux ont changé pour le laps de milliers d'années. Il y a des endroits où il faudroit aller chercher le vray niveau à 20 et quelquefois 30 pieds, ce qui est facile à voir par les colonnes enterrées. On gémit en voyant ces immenses destructions, et de voir qu'il est presque impossible de faire des recherches bien curieuses et bien justes sans des frais qu'un souverain même ne peut faire. Rome est remplie de ces sujets à exclamations continuelles, en voyant ce terrein dans mils endroits, qui étoit bas, se trouver élevé considérablement par la quantité étonnante de Thermes, Temples et autres monuments publics, dont les décombres ont dénaturé toute la surface du terrein. On ne voit autre chose dans l'enceinte et hors de Rome que des ruines effrayantes de Bâtiments, Palais, ou Thermes dits Bains, bâtis par différents Empereurs. L'étalage du vieux Louvre à Paris ne peut pas rendre la magnificence et la solidité de ces énormes masses ; on ne sauroit s'empêcher de dire, en les voyant, qu'il falloit que les hommes d'autrefois fussent bien différents, pour avoir pû multiplier un si grand nombre d'édifices et entreprises si colossales et annonçant un grand goût et la plus grande magnificence. Toutes les églises, tous les palais actuels font foi de cette magnificence, puisqu'il est de fait que c'est dans ces anciennes destructions que se sont trouvées l'innombrable quantité de colonnes et de statues dont les unes et les autres sont décorées. Nous avons encore eü assés de jour pour aller aux *Thermes de Titus*. Ces Thermes étaient ordinairement des bains publics, que chaque empereur, voulant enchérir sur le précédent, bâtissait, mais avec la plus grande magnificence. Les desseins n'en rendent rien ; il faut, sur le terrein, en voir les restes en suivant avec quelqu'un d'entendu en architecture. Outre les élévations et épaisseurs de murs imposantes, on est dans l'admiration de découvrir l'immensité de ces projets qui enveloppoient un terrein immense par des galleries et colonnes sans nombre, et dans le milieu, leurs thermes avec étuves, réservoirs, et de plus on voit des restes de stuc, peintures, décorations qui annonçoient la plus grande recherche. On y voit la place de colonnes innombrables de granit et de porphire de 30 à

40 pieds de hauteur ; on les connoit et leur origine ; elles sont dans les différentes églises. La fameuse figure du *Laocoon* fut trouvée dans les *Thermes de Titus*. On voit la vaste niche où elle étoit, avec nombre d'autres niches plus petites. On sort de ces endroits fort revenu ; on relit la vie de tous ces empereurs et on croit que l'espèce humaine a dégénéré en voyant de si grandes choses qui nous ont précédées.

Rome, mercredi 30 mars. — Ce matin nous nous sommes mis en campagne hors des murs sur la *Voie Appia,* nom bien connû à qui a lû l'histoire romaine ; on y voit l'ancienne construction de ce chemin dont on découvre 5 pieds de fondation, les pierres subsistent encore en partie au dessus, comme on en voit dans quelques rües de Rome. Elles sont en lozange et ont environ 18 pieds en quarré. La solidité est ce qui fait l'admiration de ce chemin. Il étoit d'ailleurs bordé à droite et à gauche de monuments dont on voit des restes, de bâtisse très solide, et très près l'un de l'autre, et ainsi pendant plus d'une lieue de chemin. On voit encore dans ces tombeaux la disposition des urnes ou pots de terre dans lesquels on déposoit les cendres de chaque famille après en avoir brulé les corps. Nous avons poussé notre promenade jusqu'à *Lustrinum* sur le même chemin ; c'étoit un terrein quarré, entouré de très gros murs, dans l'espace duquel on brûloit les corps. Tout cecy est dans une vaste plaine hors de Rome. On ne peut s'empêcher d'être étonné de la vue bizarre de la multitude de tombeaux que le tems ne peut ruiner à fond, et d'un autre, de voir s'élever des acqueducs qui alloient jusqu'à 20 lieües. On y voit encore différentes portions de très gros murs de la même solidité que ceux dont on rencontre tant de restes. Avant d'arriver à tout ce que cy dessus, nous nous étions arrêtés aux *Thermes de Caracalla* dont il y a des restes considérables au pied du *Mont Aventin*. Les restes énormes annoncent les plus grands édifices et la plus grande magnificence. On voit encore la division des salles immenses, des bains, des portiques, et la place de nombre de colonnes. On prétend que 3,000 personnes pouvoient s'y baigner à la fois ; ces bains étoient décorés des plus belles statües, et l'on croit que cétoit là où étoit ce fameux *Hercule de Farnèse* et l'immense quantité de porphire et de marbre qui sont à *St Jean-de-Latran*. Près de là on voit l'église de *St Sébastien-aux-Catacombes*. C'est une église de l'ordre de Citeaux, située sur la *Voie Appia*, l'une des sept principales églises de Rome. On y voit la *Chapelle de St Sébastien* où son corps est déposé. Sous la table de l'autel, qui représente son tombeau, est couché le Saint fait en marbre par un élève du *Bernin*. Il y a beaucoup de vérité et le marbre y rend bien la chair. Le portique de l'église est soutenu par 6 colonnes de granit antique blanc, et deux de granit verdâtre. On voit communément dans les moindres églises les marbres les plus rares en colonnes tant en dedans qu'à l'extérieur ; c'est aussi dans ce couvent que l'on voit des catacombes. Un religieux y conduit les curieux en donnant à chacun une espèce de cierge. On y descend environ 12 pieds de profondeur et on entre dans des galleries d'environ 4 et 5 pieds de large, souvent de 6 pieds de hauteur et souvent, on trouve des passages où il faut être absolument sur ses mains. On prétend qu'on pourroit y faire jusqu'à 20 milles de chemin, qui font un peu plus de 6 lieües. Les galleries sont variées à droite et à gauche à l'infini et demandent un conducteur très au fait. On voit tout le long de ces galleries des tranchées dans la muraille qui est de sable et qui forment juste la grandeur d'un homme. On faisoit une tranchée et on y mettoit des martirs avec des croix ou autres choses qui pouvoient indiquer par la suite qu'ils avoient été martirisés et, cette tranchée, lorsque le corps y étoit déposé, se rebouchoit avec une plaque de marbre bien scellée ou de briques. On en voit une très grande quantité, mais vuides; on en voit aussi scellés de leurs plaques de marbre où l'on n'a pas encore touché. On ne le peut faire sans grande cérémonie et sans ordre du S. Père. Dans celles qui sont vuides, on voit beaucoup de débris d'os, les uns en poudre, d'autres comme une pâte molle; on prétend qu'il y a eu 13 papes et 74.000 martyrs qui y furent enterrés. C'est là que le Pape puise les reliques dont il fait présent. On ne manque pas de matière à histoire ; il y a bien des anecdottes qui ont même l'air de vérité, mais comme on peut en douter, je n'en ai pris aucune notte. Toute ma journée cy est bien curieuse, et quoique l'on soit jetté dans toutes sortes de réflexions pleines d'étonnement sur la magnificence des empereurs d'un côté, de l'autre sur leur cruauté, et sur la constance de tant de martyrs si avérés.

J'ai oublié cy devant sur la *Voie Appia*, on y rencontre la *Tour* dite *de Metella*. C'est une tour d'une bâtisse très solide dont il n'y a que le pourtour de reste.

Rome, Jeudi-Saint 31 mars. — Hier, le Pape s'est transporté et a été coucher de son Palais de *Monte-Cavallo* au *Vatican*, autre palais près *Saint-Pierre*, où il reste pendant toutes les fêtes de la Semaine Sainte et de Pâques.

Les grandes cérémonies ont commencé ce matin par l'office ordinaire dans la chapelle du Pape au *Vatican*, dite la *Chapelle Sixtine*. Sa construction est la même que celle de *Monte Cavallo*; c'est un quarré long dont les deux tiers sont partagés par une grille. La grande partie sert pour chapelle et le service du Pape et cardinaux, etc., et l'autre sert pour la garde et le public. Je reviendrai à la décoration de cette chapelle, et je passe aux cérémonies du jour. On ne les voit pas sans beaucoup de peine, y ayant un peuple infini et grand nombre d'étrangers de tous les pays. Il a donc fallû, malgré les petites protections, s'aider et pousser souvent dans la foule. J'ai été assés heureux de parvenir. Pour le lavement des pieds de 18 pauvres, par le Pape, je me suis trouvé au bas des banquettes élevées, sur lesquelles ils sont assis, et j'ai vû de près le S. P. faire les fonctions. Les pauvres sont 12 prêtres de différentes nations ; ils sont habillés tout en blanc, d'une espèce de voile avec camail blanc de foye, les parements de la robbe, de foye, bonnet quarré blanc, pantalon blanc qui sert de bas et culotte, avec souliers blancs; les jambes de ce pantalon sont fendües ou décousues par derrière, pour pouvoir sortir le pied droit au moment du lavement des pieds. Cette cérémonie se passe dans un très petit endroit, comme presque toutes les cérémonies papales, ce qui ne me paroit pas bien. Cet endroit s'apelle la *Salle Ducale*, composée de deux pièces qui se communiquent par une grande ouverture quarrée. Au haut de cette ouverture de communication, le *Bernin* a mis un rideau de stuc bien drapé et soutenu par des anges, ce qui fait un bon effet. Il y a dans le fond de la salle principale une estrade où est le trône du Pape. L'heure venue, on l'amène avec toute sa pompe, porté dans son fauteüil. Il descend, et va se mettre tout en blanc avec une étole, pour faire le lavement des pieds. Les pauvres sont donc sur un premier gradin et les pieds posés sur un second et à peu de distance, fermé par un retranchement de planches à hauteur d'appuy. Le Pape n'y peut tenir qu'avec deux assistans dont un verse de l'eau sur les pieds. Le Pape les essuye, les baise, et donne la serviette et un bouquet blanc à chaque, avec une médaille et, à ce que l'on dit, un billet de 36 ₶ chacun, ils laissent leur bonnet quarré sur leurs têtes. Le Pape parle à chacun sur son pays ou son état aparament. Quoique je fûs très près, je n'ai pû voir que les gestes. Cette cérémonie faite, il faut essuyer la poussée de la foule et chercher à entrer dans une autre salle où sera le festin des pauvres. J'ai trouvé gens honnêtes qui m'ont beaucoup aidé et m'ont placé précisément derrière les sièges des convives. Ils arrivent et se rangent vis à vis la table, le dos à une muraille. Le Pape arrive et leur présente à laver les mains en leur versant luy-même, aidé de ses assistans, et à chaque, il donne une serviette pour s'essuyer et un autre bouquet, mais rouge. De là, ils prennent place; alors le Pape reçoit les plats que chaque Monsignori, évêques, prélats, luy présentent à genoux et les met sur la table en allongeant le bras jusqu'à chaque pellerin, et ainsi jusqu'à trois services. De même, il leur présente à chaque une soucoupe, où il y a un verre de vin blanc et un de rouge. Il s'en tient là et laisse faire le reste du service à ceux que cela doit regarder et il s'en va. Nous en faisons autant, pour tâcher d'avoir place au dîner des cardinaux. C'est encore une autre bataille; le Pape va dîner chez lui, il faut encore attendre une heure et se placer. J'étois derrière le fauteüil d'un cardinal. Je ne vois aucune magnificence à ce repas ni aux dispositions, cela en seroit susceptible, mais je crois que faute de goût et de bon goût cela n'est pas mieux. Après avoir vû débuter par la soupe et quelqu'autre chose, nous en avions assez, et j'en dis assés sur cet article qui n'est qu'un concours très pressé de monde, et les cardinaux simplement mis.

Avant toutes ces cérémonies, l'office du jeudy saint se fait avec toute la plus grande pompe et après l'office, avant de remettre l'hostie dans le tombeau préparé dans la chapelle *Pauline*, il est porté à la loge, qui est une tribune au milieu du portail *de Saint-Pierre*, laquelle est décorée en damas galonné et de là, toujours dans son fauteuil, après des prières, il donne une absolution générale au bruit des tambours et d'une décharge d'artillerie du *Château Saint-Ange*. Le coup d'œil immense de la *Place Saint-Pierre*, garnie de troupes et de peuple fait un très bel effet, joint à la dévotion du pays pour cette grande cérémonie.

Je reviens à présent à la chapelle du Vatican dite la chapelle Sixtine. Toute la voute et le fond en sont peints par *Michel Ange* et à fresque. Le fond, derrière le maître autel, représente *le Jugement dernier*. Quoique le nom de *Michel Ange* soit respectable, cependant presque tout le monde s'accorde à ne voir dans cette peinture qu'un amas confus de figures sans ordonnance ni couleur, ni effets. Il n'y a que des peintres étudiants qui puissent aller discerner la grandeur du dessein et des formes qui sont des beautés bien réelles. Il en est de même de la partie de la voute. Les côtés de la chapelle sont peints par division de tableaux par le *Perugin* (1), représentant l'*Ancien Testament*, et dessous

(1) Pietro Vannucci, dit Il Perugino, né à Pérouse en 1446, mort dans la même ville en 1524. Elève de Léonard de Vinci, un des peintres italiens dont la manière est la plus élégante et la plus gracieuse.

ces tableaux sont peints des étoffes d'or, façon or et soye, qui font un assés bel effet. C'est dans cette chapelle où les cardinaux vont au scrutin pour l'élection du Pape dans le tems du conclave.

Me voila au bout des cérémonies du jeudi saint et la matinée assez fatiguante. La chapelle *Pauline* dont j'ai parlé cy dessus qui fait le Tombeau, reste extrêmement illuminée. Elle est conséquemment fort noire de fumée et je n'y vois qu'une beauté de nombre de cierges qui gâtent et ont tout gâté.

Rome, vendredi saint 1ᵉʳ avril. — Les cérémonies qui ont occupé aujourd'hui, à la présence près du Pape, ne font pas plus d'effet que dans nos cathédrales ; c'est pourquoi je ne vois rien à en dire. La soirée se passe en promenade, sans entreprendre de rien voir, mais, sur les 5 heures, tout le monde, grands et petits, va promener à *Saint-Pierre*. On y voit arriver de tous les côtés tous les différents corps de pénitents, les uns bleus, d'autres blancs, verds, bariolés, la croix à leur tête. Ils viennent en stations adorer les reliques qu'on leur montre du haut d'une tribune. C'est alors que l'on voit l'immensité de *Saint-Pierre*, parce que malgré cette foule de monde qui y arrive, on n'y est jamais coudoyé. Le soir, autre spectacle ; à la nuit, on suspend à environ 25 pieds de hauteur une croix de cuivre garnie de lampions ; elle peut avoir 20 pieds de haut, elle est suspendue en avant à l'entrée de la croisée de l'église, vis à vis le maître autel. Il n'y a dans *Saint-Pierre* aucune autre lumière que celle de la croix qui est considérable et éclatante. On voit dans tous les coins de l'église des jeunes gens, architectes, peintres, qui dessinent différentes vues et effets d'architecture éclairés pittoresquement et qui rendent des desseins fort heureux. J'ai été voir cet effet le vendredi au soir et le samedi.

Rome, samedi saint 2 avril. — Il n'y a rien sur notre liste de remarquable pour aujourd'hui, aussi comme le tems est précieux, nous avons pris le parti de faire une prompte course à *Tivoly*, qui est à 6 lieües de Rome. Nous y sommes arrivés à 3 heures 1/2. Tout le chemin n'est que plaines arides, et quelques tombeaux ruinés qui ne sont plus que des masses informes. Il faut monter très haut pour arriver à cette ville que l'on dit contenir 18.000 âmes. On voit au haut, sur la platte forme de ladite ville, la grande cascade qui sert en haut d'abreuvoir et lavoir, et elle tombe ensuite à 50 pieds de bas, ce qui produit une cascade très bruyante et des effets très convenables aux peintres, se trouvant toujours meublée en haut de bestiaux qui vont boire et de femmes qui lavent. Il faut entendre sur cette situation les amateurs de desseins et de peinture. Près de là, autre chose qui se trouve derrière, en regardant la cascade. C'est un petit temple rond dit le *Temple de la Sibille*, dont il subsiste environ la moitié et entouré de colonnes. Il paroit que les architectes et peintres l'admirent également. Cette situation d'eau et de temple de l'autre côté fait le canevas de tous les dessinateurs et peintres qui passent et ont passé à Rome. Toutes les relations s'étendront sur ce, beaucoup plus que moy; je n'en peux donner une vraïe idée, qu'en regardant cet endroit comme peintre. Il y a des variétés de desseins à l'infini et, avec des yeux ordinaires, c'est une nature de montagnes peu agréable avec un bruit d'eau continuel et trop fort et trop triste pour pouvoir y habiter continuellement; mais il est de la nature des endroits bien houspillés, pourvu qu'il y ait de l'eau et des ruines, de rendre des desseins et effets de peinture qui ornent mieux un cabinet que le tableau de tout endroit simétrisé et plein de régularités. Ce premier coup d'œil nous a occupé jusqu'au dîner à 11 heures, pour suivre notre projet de réserver 5 heures pour marcher et voir *la Villa d'Este* qui est le *Château de Tivoly*. Mais, avant de dîner, on a voulu voir au dessous de cette grande cascade, une voute considérable de montagne, dite *la Grotte de Neptune*. Il faut descendre très mal à son aise jusqu'à 200 pieds comme l'on peut, et lorsqu'on y est parvenu non sans quelque danger, on voit des effets et de cavernes et d'eau, effrayants et imposants ; la curiosité engage à enjamber de pierre en pierre pour voir de nouveaux points de vüe, ce qui est fort dangereux, attendu les herbes très glissantes et le tapage effrayant de la chute d'eau. On a de la peine à se déterminer à y descendre, et quand on en est remonté, on se trouve fort content et peu disposé à recommencer.

Après notre dîner nous nous sommes mis en marche à pied, pour faire près d'une lieüe, à tourner la montagne pour aller chercher la façade des petites cascatelles ; c'est la chûte des eaux produite par la grande cascade. J'avoüe que ces petites m'ont fait beaucoup plus d'effet que la grande ; il paroit que tout le monde en est d'accord. C'est encore un canevas de tableau pittoresque, où peu de peintres ont réussi, étant presque impossible de mettre une figure de comparaison pour faire paroitre ces cascatelles ce qu'elles sont effectivement, car cette figure telle qu'elle fut seroit encore trop grande. C'est une belle horreur, dans le sens d'une belle tragédie, qui cependant fait plaisir à ceux qui aiment ce genre. Le sauvage du pays, les rochers de toute figuré sur lesquels tombe l'eau en mille formes variées, les différens effets du soleil à chaque heure, composent un tout que l'on ne peut guères rendre dans le récit. La peinture y trouve quasi de l'impossibilité, on ne peut qu'inviter à l'aller voir. Au retour de là nous avions marché 5 heures. Mais je reviens à la *Villa d'Este* : le château est très vaste et sans être habité ; je vois que c'est le sort de tous les endroits immenses de ce pays cy. Les jardins ont des beautés en les prenant en total, et rien à copier pour nous ; ils tirent leur mérite de beaucoup d'eau, comme nous n'en avons guères dans la France, mais des effets maigres d'eau par de petits jets qui se trouvent si répétés par leur multitude, qu'effectivement cela rend un tout ensemble qui fait sensation ; mais on ne peut s'empêcher de dire que l'on employeroit mieux ces eaux. Il y a cependant un effet d'eau circulaire et une chute ronde sur la droite, qui fait un bel effet toujours par le volume d'eau et non par la composition de la pièce. Les hauts et les bas de ces jardins par terrasse, avec des cyprès et pins de la plus grande hauteur, attirent encore des éloges à cette villa, étant prônés et admirés par les peintres et qui y trouvent un choix de vües très variées et piquantes. Depuis longtemps les peintres ne quittent jamais Rome sans avoir fait nombre de desseins dans les jardins de la *Villa d'Este*. Il y a bien des choses à y voir aux environs, mais notre projet étoit rempli, sauf à y revenir habiter huit jours pour voir les environs.

Rome, jour de Pâques, 3 avril. — Avant hier, vendredi saint, ayant vû le Pape de près dans ses fonctions, je dis que le S. P. avoit l'air fatigué et mal portant. Cela s'est trouvé vrai. En conséquence, derrière le maître autel, à *S.-Pierre*, on dispose ordinairement en planche et tapisserie un thrône et une espèce de chœur pour contenir toute la suite et les cardinaux ; mais on y avoit ajouté une espèce de grande tente qui couvroit le tout pour abriter du grand air, et conserver le S. P. qui se trouvoit aussi enrhumé. L'heure de l'office est arrivée à 10 heures ; les côtés de l'autel et du chœur se trouvent bondés d'étrangers de toutes nations et de toutes religions. *M. le duc et la duchesse de Cumberland* y avoient une enceinte élevée et grillée et commode pour voir toutes les cérémonies qui sont peut être doubles de celles d'un archevêque à Paris. Le cortège est trois fois plus considérable ; il y a des grouppes près l'autel de toutes sortes d'habillemens, tous évêques et archevêques, sans qu'ils ayent aucune marque distinctive. Un cardinal dit la messe et le Pape vient aussi en dire une partie. Tous les cardinaux sont en chasubles et dalmatiques, tenant à leurs mains chacun leur mitre blanche. Le Pape seul est mitré. Le maître autel est richement orné et de chandeliers d'or renommés pour le travail. Au dessous, sur un gradin, sont huit tiarres et couronnes différentes du Pape, garnies de diamants et pierres précieuses ; tous les ornemens sont de la plus grande richesse. Chaque portion de la messe occasionne une marche et cérémonie qui fait spectacle et qui remplit la curiosité de quantité d'étrangers qui attendent ce jour de Pâques.

La communion sous les deux espèces, que l'on porte au Pape sur son thrône, fait un riche tableau. Je souhaiterois, pendant ce tems, dans cette belle église, de la musique ; mais il n'y en a jamais où est le Pape. C'est, dit-on, un chant grégorien, que je trouve ressembler à un charivari et moins agréable pour moy qu'un beau plain chant. Il n'est pas question là d'entendre la messe. C'est un spectacle. On y raisonne sur ce que l'on voit, et la dévotion est médiocre. Après l'office, il faut suivre le Pape porté dans son fauteuil, que l'on monte à une tribune dans la face du portail de *Saint-Pierre.* Cette tribune domine sur une belle place à colonnade garnie de troupes et d'un peuple considérable. Le S. P. entonne quelques prières et finit par le *Benedicat vos* et bénédiction au son des trompettes, tambours et canons du *Chateau Saint-Ange*, qui se trouve vis-à-vis. J'étois attenant le fauteüil du Pape. Ce même Pape s'est vû, étant moine, bousculé et bouré dans la place sur laquelle il donne sa bénédiction. On le reporte comme il est venû et chacun va diner. Il s'en retourne de bonne heure à son palais de *Monte Cavallo*, de celui du *Vatican* où il était depuis le mercredi saint. Il y a bien des incidents qui font spectacle et trop longs à détailler, comme la marche de tous les cardinaux, etc.

L'après midi, on parle peu de vespres dans ce pays cy, nous avons été aux promenades, mais le tems n'étoit pas bien beau.

Rome, lundi 4 avril. — Il n'y a rien de particulier. Les autres fêtes, chaque chose reprend son train. La Semaine Sainte et jour de Pâques, sont seuls vivement en mouvement. Ainsi, lundi, rien de nouveau que promenades et cherchant toujours à voir quelque chose de curieux. Le courrier est arrivé de bonne heure le matin, et voilà de la besogne pour répondre.

Rome, mardi 5 avril. — On ne voit que départs, les uns pour Naples, les autres pour l'Angleterre et tous les pays et beaucoup cependant restent jusqu'à lundi prochain, attendu que dimanche, il y a la cavalcade du Pape qui va à l'église *de la Minerve*, et qui a été différée. Ce qui a retardé notre voyage de *Naples* jusqu'au mercredi après Quasimodo.

Rome, mercredi 6 avril. — On doit nous trouver dans l'inaction, si on en juge par les détails bien en bref de quelques journées ; cependant, nous ne sommes jamais sans occupation de nous transporter de côté et d'autre sur le dire de brocanteurs qui nous annoncent et promettent ce qu'ils ne tiennent pas. Nous n'avons parcouru ni jardins, ni villas, ni palais. Aujourd'hui nous avons dîné chez *M. le Cardinal de Bernis*. L'après diner nous avons profité du beau tems pour de simples promenades à la découverte de quelques vües pittoresques pour faire des desseins, et le soir un peu de musique.

Rome, jeudi 7 avril. — Il n'est question aujou rd'hui que d'un grand diner que la maison *Borghese* donne aujourd'hui à *M. et à Madame la duchesse de Cumberland ;* nous en saurons quelque détail. C'est à *Frascati* à 4 lieues de Rome. Le *cardinal de Bernis* avoit donné avant hier mardi un très grand et magnifique repas à *M. le duc.*

Notre matinée, par un tems doux et couvert, a été destinée à aller à *Saint-Pierre* pour monter sur le dome et dans la boule sur la croix. C'est une des caravannes que doit faire un étranger qui veut entrer dans les détails. Il a même occasion de se distinguer par des tours de force en montant sur l'extérieur de la boule et aller embrasser la croix ; c'est là où on voit des gens de teste. Je confesse que je ne m'en suis pas senti assés, et me suis contenté de monter jusque dans la boule qui est de cuivre, dans laquelle on monte peu à l'aise, mais bien enfermé et sûrement, sans être effrayé de la hauteur que l'on ne voit pas. Je vais entrer dans quelques détails de ce voyage. La construction de cet énorme édifice fut commencée par *le Bramante* (1) en 1506 : *Michel Ange* enchérit ensuite sur le plan immense de la coupole, voulant faire voir qu'il étoit possible de faire aussi vaste que la fameuse *Rotonde* qui subsiste à Rome. Mais me voilà en marche pour monter en haut. On monte par un escalier en limaçon dont la pente est aussi douce que les mulets peuvent y monter tout chargés. Après 141 marches de briques en rampe, on se trouve sur la platte forme de l'église qui est pavée en briques posées de champ. On continue à monter 190 marches par un escalier en limaçon, au haut duquel on en trouve un qui règne entre les deux voutes ceintrées de 48 marches, et on se trouve à la première croisée de la coupole. De cette première croisée jusqu'à la lanterne, il y a 58 marches posées sur le dos de la coupole. Depuis l'entre-deux des voutes jusqu'à la platte forme sur laquelle s'élève la lanterne, il y a 22 marches ; de là 56, jusque sur la voute de la lanterne, et de dessus cette voute de la lanterne jusques dans la boule il y a 34 échelons. La boule est de bronze et a 8 pieds de diamètre ; elle est surmontée d'une croix de 13 pieds, ce qui forme ensemble un tout de 408 pieds de hauteur. Il y a des détails bien curieux faits par des architectes de cette curieuse et étonnante construction. On voit dans toutes les

(1) Le Bramante, célèbre architecte, né à Castel-Durante, province d'Urbino, vers 1444, mort à Rome en 1514. On sait que Bramante, qui détermina Jules II à démolir l'ancienne église de Saint-Pierre pour la reconstruire sur les plans qu'il avait fournis, mourut avant l'achèvement de son œuvre, terminée par Michel-Ange sur un plan modifié.

plattes formes du pourtour du dôme des établissements et habitations, des chambres, des réduits et logements sans fin : il y a peu de personnes qui ne frémissent en se trouvant à pareille élévation, surtout quand du haut de la lanterne on plonge dans l'église. On voit ce fameux et énorme baldaquin réduit à une hauteur bien médiocre et les hommes paroissent avoir un pied de hauteur ; on fait mille réflexions sur cette merveilleuse entreprise. Quant on est dans la boule où on monte avec peine, mais sans danger, on est bien le maître de monter sur la dite boule, mais c'est par dehors, à l'air, et par une échelle de fer bien cramponnée, mais toute droite, et dont les échelons pourroient se casser quoique de fer, ou il pourroit survenir une crampe ou une suffocation par l'air. Cependant on trouvera mon nom sur la boule. J'étois accompagné d'un architecte qui étoit tranquillement au bas de la croix et sur l'échelle, écrivant sur la boule. Mes forces n'alloient pas jusqu'à pouvoir le regarder. Il faut que chacun fasse son métier. Voilà le mien fait, je descends et peux dire que j'ai monté dans la boule de Saint-Pierre ; je n'y étois pas tranquille, voyant que le tems qui ronge tout paroit avoir émincé ce cuivre et avoir fait des trous qui donneront accès à la pluye. Ces trous laissent voir une profondeur peu curieuse pour le moment. Je suis à la fin de ma relation et tout à fait en bas sur le terrein ferme. Nous avons vu sur le dôme les pots à feu et illuminations qui se préparent pour dimanche prochain. On doit penser que ceux qui sont près de la boule sont des marmites très grandes pour paroitre quelque chose d'en bas.

Rome, vendredi 8 avril. — Rien de nouveau aujourd'hui. Il ne tiendroit qu'à moi de faire mille histoires de voyageurs, mais nos occupations ordinaires ne sont que pour nous et toujours curieuses, mais point faites pour écrire.

Rome, samedi 9 avril. — Rien de nouveau que la fin des cérémonies de Pâsques dont on ne va plus parler. Tous les Anglois et tous les pays repartent pour Naples et quelques uns attendent encore demain.

Rome, dimanche 10 avril. — Voici le jour de la fameuse cavalcade pour laquelle tant d'étrangers attendent et restent icy depuis le carnaval. Elle avoit été différée jusqu'à ce jour et *M. et Madame la duchesse de Cumberland* n'étoient restés icy que pour ce spectacle, et pour celui de l'illumination renommée de la place Saint-Pierre et de la coupole. Le tems s'étoit mal disposé par une pluye continuelle hier et toute la nuit; la matinée en promettoit encore beaucoup. Cependant, à 8 heures 1/2, sans pluye, le Pape s'est mis en marche. J'étois placé à un balcon au dessus de la loge de *M. le duc de Cumberland* et par conséquent bien placé pour voir venir de loin. Je ne peux décrire le détail de cette escorte qui peut être sera dans la *Gazette*. Cet événement met toute la ville en mouvement et tous les balcons sont richement tapissés. Beaucoup de robes noires à cheval ouvrent la marche; le coup d'œil *du Châtelet* est aussi beau, mais les grands et la noblesse en robbes rouges et des pages à pied richement vêtus, font un beau coup d'œil. Le Pape vient après les cardinaux, Monsignori, etc.; il est monté sur une hacquenée blanche superbement caparaçonnée et donnant des bénédictions à tout le peuple à genoüil qui la demande à grands cris. L'estampe que j'en raporte le rend bien dans ce moment. 4 magistrats qu'on apelle conservateurs, tiennent la bride de son cheval. Il est entouré de gens qui le couvrent de parasols, dont l'utilité n'a pas tardé, car à peine le S. P. a-t-il eu le tems d'arriver à la *Minerve*, qui est l'église où il se rend, que la pluye est tombée sur la queue de toute sa suite. Après lui, marche un gros de troupes à cheval, et ensuite chaises à porteurs de velours cramoisy, très belle litière de velours de même en dedans comme en dehors, autre voiture portée par des mulets, aussi de velours, comme un fauteüil à découvert, et ensuite son carrosse très riche attelé de six chevaux gris richement caparaçonnés, cocher à cheval ainsi que le postillon, tous deux sans chapeau sur leurs testes, les chevaux, surtout les deux en avant, attelés avec des traits d'une longueur singulière, suivant l'usage du pays. Il y a dans tout cet étalage un amas de richesses et d'acteurs propres à le décorer, mais le mauvais ordre qu'il y a, au point d'être presque confondu avec le peuple qui ne fait place qu'à mesure que la marche avance, ce peu d'ordre, et disposition à grande pluye très prochaine, ne nous a laissé que le moyen de juger que tous les matériaux de cette fête sont très beaux et bons ; et chacun est de retour chez soy avant dix heures, comptant sur l'illumination pour le soir.

Rome, lundi 11 avril. — Point de courrier encore aujourd'hui, les pluyes considérables de 3 à 4 jours en sont sans doute la cause. Nous préparons notre bagage pour partir pour *Naples*, après le courrier, qui arrivera sans doute demain ; nous l'attendrons même mercredi. Nous sommes occupés à faire partir pour *Paris* notre petite récolte de curiosités. Pour le coup, tous les étrangers partent de Rome; voila le carnaval, le carême, la semaine sainte, Pâques, tout est passé.

On attend à présent les fêtes du couronnement du Pape, dans les premiers jours de juin et la Saint Pierre fin de juin, où se font les grandes illuminations du *dôme de Saint-Pierre*, et le feu d'artifice sur le *château Saint-Ange*. Mais j'ai oublié cy dessus qu'hier dimanche il y a eu la cavalcade du Pape et de sa suite, et de plus pour *M. le duc de Cumberland*, le Pape lui a fait la galanterie de lui faire illuminer l'extérieur du *dôme de Saint-Pierre* et la *place à Colonnades*. Le tems a bien voulu s'y prêter sans pluye; le soir à la nuit tout a été illuminé simplement par lanternes de papier, dans laquelle il y a une chandelle. C'est immense la quantité qu'il en faut. Il faut convenir que surtout le coup d'œil du *Dôme* est imposant. On est fort satisfait de cette belle illumination, mais on est fort étonné d'une seconde illumination composée de grosses marmites, il est vrai moins multipliées que les autres, mais d'un effet étonnant. Quand *M. de Cumberland* eut fait un tour dans la place, cette seconde illumination, par un signal à nombre d'hommes postés, fut allumée en un instant. Il faut avoüer que ce changement subit depuis l'extrême hauteur du *Dôme* jusqu'au pourtour de la *colonnade* est merveilleux, ce que l'on ne voit nulle part. *M. le duc de Cumberland* se plaça dans ma maison qui lui avoit été disposée pour voir le coup d'œil; sans cette précaution on est beaucoup mieux au milieu de la place comme j'y ay été.

Voila toutes les fêtes pour *M. le duc de Cumberland* de la part du Pape et que nous avons partagées.

Rome, mardi 12 avril. — Point de courrier de France encore aujourd'hui. Il faut espérer que ce sera pour demain, avant mon départ pour Naples, et encore, s'il se trouve des chevaux, car toute la place d'Espagne, qui est notre faubourg Saint-Germain, part tout à la fois pour Naples, ou côté de France ou de Venise. Nous voila occupés à plier nos bagages après 4 mois 1/2 de séjour à Rome.

Rome, mercredi 13 avril à Velletry (1). — Enfin le courrier arrive et me laissera partir à 10 heures ce matin ; nous n'irons qu'à *Velletry*. Nous voila partis pour *Naples*. *Velletri* est à 8 lieües de Rome environ ; nous y voila arrivés à 5 heures du soir par le plus beau tems. Presque toute cette route depuis Rome est de plaines incultes, pays plat ; on y voit quelques tombeaux ruinés de côté et d'autre, mais qui n'ont pas de nom. *Velletri* est situé sur une colline agréable ; on voit sur une des places de *Velletri* la statue d'*Urbain VIII* en bronze, elle est d'une assés bonne manière. On y voit aussi le *Palais Ginetti* qui apartient au prince *Lancelotti ;* l'architecture fait un étalage imposant, quoique de mauvais goût. J'ai lû qu'il y avoit nombre de statues ; il est vrai, mais toutes mutilées et dans le plus mauvais ordre. Sans avoir rien vû de bon, on voit qu'il y a eu dans les jardins beaucoup d'effets d'eau dont il ne reste que des ruines. C'est dans ce palais que logea en 1744 le Roy d'Espagne pendant quelques mois, à l'occasion de la guerre et du séjour des armées du Roy de Naples et de l'Empire. Après avoir parcourû tout ce que cy dessus, nous nous sommes mis à souper à 7 heures avec grand plaisir.

(1) Ancienne ville des Volsques, lieu de naissance d'Auguste. Le palais Lancelotti est célèbre par son superbe escalier de marbre.

Rome, au môle de Gaëte, jeudi 14 avril. — Ce matin nous sommes partis à 4 heures de *Velletry* pour venir coucher icy au *Môle de Gaëte*, en passant par *Terracine*, les confins des terres papales, et à peu de distance de là, on entre sur les terres de *Naples*, où il faut montrer ses passeports. On nous avoit annoncé l'ancienne *Voye Appia* toute ruinée et qui brisoit les voitures par les cahos qui incommodoient beaucoup les voyageurs, mais point du tout, nous avons trouvé de très beaux chemins et les meilleurs chevaux, et postes bien servies. On trouve dans *M. de la Lande* des détails curieux sur toute cette route, et sur les *marais Pontins* si connus où nous avons vû quantité de troupeaux de buffles que l'on ne voit pas en France. *Gaëte* est joliment située sur le bord de la mer, ainsi que notre auberge.

A Naples, vendredi 15 avril. — Nous voila arrivés à *Naples* à 5 heures après midi par les plus beaux chemins, les plus droits et les plus unis depuis *Terracine*, hors des terres du Pape. Tout le pays est cultivé avec le plus grand soin, et planté d'arbres en quinconce et chaque arbre entouré de vignes qui montent et se guirlandent fort agréablement. Tous ces chemins bien ferrés sont plus agréables que nos pavés de France. Nous voila donc en plein soleil, arrivés au haut de notre carrière à *Naples*. Avant d'y entrer nous avons aperçu le mont *Vésuve*, vomissant ses flâmes continuellement. Nous nous trouvons délicieusement logés sur le bord de la mer, du port, des quays, et vis à vis le *mont Vésuve* qui se voit très clairement surtout le soir; nos lunettes ne le perdent pas de vüe, et pour notre arrivée, il paroit qu'il aura voulu donner une représentation de vomissement de lave, qui est la pierre fondue qu'il rend fluide et qui coule pendant une longue distance comme plomb fondu. Cependant il n'aura pas encore notre visite que nous ne soyons bien instruits et au fait de sa marche et de la nôtre. Le premier coup d'œil de la ville *de Naples* est fort agréable. C'est une ville très mouvante, et de gens de pied et de beaucoup de carrosses, presque tous avec des coureurs, au moins deux. Le soir beaucoup de flambeaux et devant les voitures et derrière ; cela sent la grande ville. Le *Roy* et la *Reyne* n'y sont pas pour le présent ; ils sont à *Portici*, de l'autre côté de la mer, du côté du mont *Vésuve*, vis à vis *Naples*. Nous avions bon appétit à souper à 7 heures, et après, nous avons profité du clair de lune pour nous promener vis à vis le palais du Roy qui est fort près de notre logement.

Naples, samedi 16 avril. — Nous voila reposés de notre peu de fatigue de notre voyage de Rome à Naples, et dès le matin, à pied, en polisson, au travers les rües, sans conducteur, pour prendre une première connoissance. Tout est nouveau pour nous ; nous voyons de très belles rües, entre autres la *Rue de Tolède* qui est la principale, les femmes du peuple singulièrement ajustées. Ce qui tient beaucoup et de Turc et de Chinois, tous les enfans sont presque nuds. Tout se ressent de la chaleur du pays ; nous n'avons pas encore à nous en plaindre, mais nous voyons tout dans sa verdure. Cependant on convient qu'il y a hiver icy et qu'il faut se chauffer, mais cette année cy bien peu. Le reste de la journée s'est passé à dîner, à défaire nos ballots et à découvrir des gens d'arts pour nous aider à reconnoitre les choses curieuses. Il se trouve justement icy un ancien pensionnaire du roy, architecte avec beaucoup de talents, qui nous est et sera fort utile. Il a été retenu icy dans ses courses par des plans qu'il a donnés pour établir un *woxal*(1). Ces plans avoient été très bien reçus du Roy et de la Reyne, mais des raisons d'économie ont assoupi cette première aprobation. Ses plans sont livrés, on ne pense ni au projet ni à le récompenser. Je vois que dans toutes les cours les finances sont en assez mauvais ordre.

Naples, dimanche 17 avril. — On ne peut avoir un plus beau réveil que celui de nos chambres à chacun : d'un côté la mer, tant qu'elle se peut voir et vis à vis, *Portici* et toutes les campagnes de l'autre côté de la mer, et d'un autre côté à notre gauche la ville, et vis à vis le *mont Vésuve*. L'élévation de ses feux et la fumée me donnent une giroüette sûre pour le vent. Mais il a fallu à la fin s'habiller et faire usage de nos lettres de recommandation, en commençant par *M. le baron de Breteüil* (2), ambassadeur. Nous l'avons trouvé très honnête et en avons été très bien reçus. Il nous a fait l'honneur de nous inviter à dîner pour mercredi prochain. Au retour de quelques visites nous avons dîné de bonne heure pour être en état de parcourir en carrosse quelques points principaux, comme les quays le long de la mer, et les endroits affectés à la promenade. Il n'y en a pas d'autre que les quays; on ne connoit aucun jardin dans la ville. Le soir nous avons été à une mauvaise comédie italienne.

Naples, lundi 18 avril. — Nous avons projetté d'em-

(1) Vauxhall.
(2) Louis-Auguste Le Tonnelier, baron de Breteuil, naquit à Preuilly, en Touraine, en 1733. En 1759, il fut envoyé, en qualité de ministre plénipotentiaire, auprès de l'Électeur de Cologne; en 1760, il était nommé ambassadeur en Russie, ambassadeur en Suède en 1769, ambassadeur en Hollande, puis à Naples en 1773, et enfin à Vienne en 1775 ; ministre de la maison du Roi en 1783, il émigra en 1790; rentré en France en 1802, il mourut à Paris le 2 novembre 1807.

ployer notre matinée à aller voir le *Palais du Roy*, près de nous, pendant que la Cour est à Portici ; mais il a fallu, pour des raisons qui ne dépendoient pas de nous, remettre cette partie à l'après midi. Dans la matinée, nous avons été à *l'Eglise du St. Esprit* vis-à-vis le palais. C'est un couvent de Bénédictins. Il y a un tableau dans la chapelle à droite près le maître autel, de *Luc Jordans*. Il y a beaucoup de peinture dans la voute, de *Paul Matteis* (1), auxquelles je ne m'arrêterai pas. Je reviens au beau tableau *de Jordans* qui m'a fait le plus grand plaisir. La *vierge est sous un dais tenant un rosaire, à ses pieds saint Dominique et une sainte religieuse*. Les têtes en sont très belles et le tout d'un très beau pinceau. De là nous avons entrepris d'aller *au Château*. Il faut monter fort haut près *le Château St.-Elme*, qui domine sur toute la ville que l'on voit comme un petit plan en relief par l'élévation dont il est. Le couvent s'appelle *San Martino*. Les dehors et cours n'en sont pas immenses, mais les cloîtres sont tenus très proprement et le grand cloître est très beau et vaste, orné de colonnes doriques en marbre, avec des bustes aussi en marbre de plusieurs religieux. Il n'y a rien de merveilleux que le total qui est fort bien. Les jardins et surtout le belvédère, qui est sur une petite terrasse à l'angle des jardins au midi, sont une chose curieuse par le surprenant coup d'œil et de la mer et du *Vésuve* et de la *montagne du Pausilipe*. On croit voir l'univers en entier. Il y a beaucoup de tableaux et dans les salles et dans l'église, dont il y a des détails.

(1) Mattei (Paul), surnommé Paoluccio, né à   , en   , mort à Naples le 28 juillet 1718, élève de Luc Jordaens ; appelé en France par Louis XIV, il peignit à fresque la galerie de l'hôtel du célèbre collectionneur Crozat.

Il y en a de *l'Espagnolet* (1), de *Luc Jordans*, de *Lanfranc* (2). Mais, ce qui m'a occupé le plus, c'est dans la sacristie, un tableau du plus beau de *l'Espagnolet*, représentant un *Christ mort, saint Jean qui le soutient, la Vierge fondant en larmes et la Magdelaine qui lui baise les pieds*. Tout est beau. Il seroit à souhaiter que le fond n'en eut pas poussé au noir. Dans cette même sacristie est un plafond par *Luc Jordans*. Il représente *Judith qui porte l'effroi dans l'armée d'Holopherne en présentant sa teste*. Ce plafond est lumineux, léger et d'une couleur qui plaît ; les figures assés bien de plafond. Ce seroit le vrai genre de plafond brillant pour un palais ou apartement pour la couleur brillante, cependant je souhaiterois un peu plus d'effet et moins égal. Au surplus il m'a fait grand plaisir et on se seroit moins dégouté des plafonds s'ils avoient été faits dans ce goût. L'après midi nous nous sommes rendus au *Palais du Roy*. Il présente une façade de 100 toises environ de longueur, ayant l'air palais sans magnificence. La cour est peu grande, mais dépourvue de tout ornement, et susceptible d'être bien décorée. Ce palais est situé sur une assés grande place très irrégulière, et difficile à décorer, s'y trouvant plusieurs églises. L'autre vüe du château donne sur la mer, et voit à droite et à gauche la ville de *Naples*, le *mont Vésuve* de l'autre côté de la mer presque vis-à-vis *Portici*. Il y a dans ce palais beaucoup de très beaux tableaux, mais en grande partie dans des pièces très mal éclairées. M. *Cochin*

(1) Ribera (Joseph), dit l'Espagnolet, né en 1589 à Xativa, royaume de Valence, en Espagne, mort à Naples en 1656 ; il étudia la manière de Michel-Ange de Caravage, et devint le célèbre peintre dont le nom est si connu. Il fut le maître de Luc Jordaens.

(2) Lanfranc (Jean), né à Parme en 1581, mort à Rome en 1647, élève d'Augustin et d'Annibal Carrache. Il excellait dans les grandes compositions ; la coupole de Sant-Andréa della Valle, à Rome, est son ouvrage le plus considérable.

et M. *de la Lande* en donnent de grands détails. Pour moi je ne parle jamais que de ce qui m'a frapé plus particulièrement. D'ailleurs on ne retrouve plus dans les auteurs que je cite les tableaux selon l'ordre qu'ils étoient, ayant été transportés à une maison du roy dite *Monte di Capo* dont je parlerai cy-après.

Les tableaux, *Shidone* (1), auteur que nous connoissions peu, nous ont fait grand plaisir et paroissent tenir du *Guercin* et du *Caravage*. Il y en a plusieurs de grand mérite.

Plusieurs tableaux d'*Ilario Spolverini* (2) : le *passage d'un pont, un port de mer* et une *marine*. Il n'est pas aisé d'en faire de détail, mais la composition en est ingénieuse et la touche très fine. Les appartemens sont fort vastes, souvent beaucoup d'or prodigué aux portes, plafonds, mais d'un goût tourmenté et mauvais ; du vaste sans recherche. A la suite de l'apartement de la Reyne, j'y ay vû avec le plus grand plaisir une terrasse longue et étroite d'où on voit la plus magnifique vüe et bien digne d'un palais de Roy, dominant sur la mer, sur sa marine, sur ses galères et découvrant sa ville à droite et à gauche et le reste comme je l'ai dit cy-dessus. On vous fait remarquer différentes tables précieuses par le rapport d'agathe et pierres de toutes espèces, un cabinet chez la Reyne garni d'armoires remplies de porcelaines de différents pays, France, Saxe, Allemagne et aussi de Naples, ou il y a une manufacture

---

(1) Schedone Barthélemi, né à Modène vers 1560, mort à Parme en 1616; d'abord élève d'Annibal Carrache, puis imitateur du style de Corrège et celui qui a approché le plus de ce maître. Ses œuvres sont précieuses par le fini, les grâces et la délicatesse de la touche.
(2) Spolverini (Ilario Mercanti), né à Parme, mort dans la même ville vers 1750, excellent peintre de batailles, qui a meublé de figures les compositions de Bibiena.

près du château où on cherche à approcher de celle de *Saxe* et de France, mais qui en est encore éloignée. Il y avoit beaucoup d'autres tableaux mais qui ont été transportés à une autre maison dite *Capo di Monte*, dont je parlerai cy-après. En total le palais du Roy n'a rien de merveilleux.

Naples, mardi 19 avril. — Nous nous sommes occupés aujourd'hui à aller voir le château dit Capo di monte, je n'entrerai pas dans le détail de savoir qui l'a bâti ou fait bâtir, mais c'est une très mauvaise bâtisse du plus mauvais goût. Vaste, par le nombre de pièces, ouvrage commencé et non fini où il y a grand nombre de tableaux en assés mauvais ordre sur la muraille toute blanche. Ces tableaux sont avec peu d'ordre et sans bordures, cependant il y a de quoi occuper un amateur et connoisseur en tableaux. Il y a un recueil de médailles très curieux, et de *camées et Intaglie*. Je reviendrai peut être à une seconde vüe.

Naples, mercredi 20 avril. — Ce matin j'ai fait à pied une très grande promenade et à dessein de me perdre, à quoi j'ai presque réussi, mais m'étant jetté du côté de la mer, j'ai pris une petite barque pour me rendre à mon quartier de Ste-Lucie fort éloigné. L'après midi nous avons été à la conversation à 8 heures chez M. l'ambassadeur, elles sont plus nombreuses que celles de Rome et on y joüe, chacun s'arrange comme il veut. Cette façon rompt un peu le tumulte de celles de Rome et fait plus de variété. Il peut y avoir 200 personnes et plus. Les rafraichissements s'en suivent et cela dure jusqu'à minuit et plus.

Naples, jeudi 21 avril. — Nous avions pris des arrangemens pour aller ce matin à Caserte, surtout pour y voir et faire notre cour à M. le prince de Francaville (1), grand maître de la maison du Roy que j'ai eu l'honneur de recevoir à Paris chez moi. Il n'y a sorte d'honnêteté et de prévenance qu'il ne m'ait fait. Nous avons passé 4 fois les uns chez les autres sans nous rencontrer jusqu'à ce jour et par toutes sortes de mal entendu. Il ne s'est pas rendu aujourd'hui à Caserte ; nous nous y sommes rendus, mais il avoit envoyé un courrier avec ordre de nous offrir tout ce qui étoit chez luy ; le café et du bon vin ont été acceptés et ont fort bien aidé au dîner que nous avions porté au cabaret à Caserte. Il faut faire comme tout le monde, aller voir les endroits désignés et surtout ceux détaillés dans les livres ; mais, si on m'eut dit que c'étoit un palais du roy commencé et fait pour être dans dix ans bien à peu près comme celui de Versailles et les jardins, et qu'aprésent on n'y voit qu'une masse énorme et embarassée de pierres comme est d'ordinaire un bâtiment, je me serois bien gardé d'y aller, et j'aurois mieux employé ma journée. Mais il y entroit beaucoup le prétexte de ma visite à M. le prince de Francaville qui ne s'y est pas trouvé, étant resté à Naples, et la princesse étant allée de Caserte diner à Capoüe à 4 lieues. Caserte est une très petite ville quoiqu'épiscopale à 5 lieües au nord de Naples, dans la plaine où étoit autrefois la délicieuse Capoüe. Le chemin pour s'y rendre est ferme et uni sans une pierre même petite, aussi y va-t'on un train à effrayer. Il faut, même à ce train, deux heures et demie. Après avoir dîné nous nous sommes occupés à voir le vieux château sur lequel il n'y a pas une ligne à écrire. De là nous avons été

(1) Le prince de Francavilla appartenait à une famille qui tirait son nom de la petite ville de Francavilla, province de Lecce, à 30 kilomètres de Brindisi.

voir le nouveau où il y a nombre d'ouvriers. C'est un quarré long dont toute la bâtisse est faite. J'ai vû dans des livres que c'étoit de la plus belle architecture, et je peux assurer au contraire, de beaucoup de lourdeur dans l'extérieur, et dans l'intérieur à regarder l'escalier et le vestibule en dessus et en dessous, beaucoup de plans tourmentés et présentant quantité d'angles fort baroques lesquels sont garnis de colonnes et pilastres en beau marbre. L'escalier est du plus vaste et sera aussi en marbre, et avec tous ces deffauts, qui ne paroissent peut être tels qu'aux gens qui aïment l'architecture raisonnée et sage, le total a et aura un air de magnificence qui aura plus de partisans que de controleurs, bien entendu, par la raison qu'il y a dans ce pays cy bien peu de connoissance et très peu d'artistes instruits. Pour un plus grand détail on peut lire cet article dans M. de la Lande. On nous a fait voir une provision peut être de 60 figures de marbre et plus, destinées pour ce palais ; il faut que l'on ait pris le plus mal adroit de tous les tailleurs de pierre pour les faire, on ne peut avoir plus mal à propos massacré du marbre. Les talents par toute l'Italie sont bien engourdis et tous les métiers comme serruriers, artisants sont encore dans la barbarie. Voila ce que j'ai vû et comme j'ai vû. J'aurois pu aller voir des acqueducs de 21,133 toises de longueur jusqu'à trois arcades l'une dessus l'autre, je m'en suis tenu à croire tout le bien que l'on dit de cet ouvrage très bien fait et avec difficulté dans des montagnes pour amener des eaux à Caserte ; nous sommes revenus à Naples en 2 heures 1/4 avec une vitesse incroyable et par le plus beau tems. Les campagnes que l'on rencontre sont plantées de quantité d'arbres comme en quinconce et à chaque arbre un cep de vigne qui l'entoure et monte jusqu'en haut ;

de là tous les jets de vigne vont chercher les autres arbres et former des guirlandes sans fin, et dessous ces arbres le terrein est bien cultivé et semé. En France, la terre étant moins échauffée on se garde bien de planter des arbres sur des terreins destinés à recevoir du bled ; et icy, la trop grande chaleur a besoin d'être mitigée par des plantations.

Naples, vendredi 22 avril. — Aujourd'hui, j'ai diné chez M. l'ambassadeur en particulier, avec gens amateurs et artistes. Le soir, nous avons été à la conversation chez le chevalier Amilton (1) où il se trouve 200 personnes. Il y a un concert très nombreux que l'on n'entend pas même étant près. C'est l'usage du pays qui a la réputation de faire tant de musique. Il y a des musiciens dans l'Italie, mais mauvais exécuteurs, et peu d'amateurs. On vient d'y donner la nouvelle d'une éruption du Vésuve et que la lave y coule, ce que nous voyons un peu de nos fenêtres ; mais demain matin nous et tous les curieux irons à 8 heures au Vésuve voir de près mais avec prudence. On y porte son diner pour voir de jour et on reste jusqu'au soir. Je m'attends de voir ce tableau magnifique des effets de la nature. Si je ne peux en rendre compte par écrit, je tâcherai de raporter un tableau de M. Volaire (2), qui est un peintre françois icy qui rend supérieurement ces effets de peinture.

Naples, samedi 23 avril. — Nous faisons réflexion que nous voila sans peine à Naples comme à Paris ; mais laissons

---

(1) Ambassadeur d'Angleterre près le roi de Naples, fils d'Antoine Hamilton, célèbre écrivain anglais, le spirituel auteur des Mémoires du comte de Gramont.
(2) Volaire (Jacques), né en   , mort en   , élève de Joseph Vernet, qu'il accompagna à Toulon, à Bordeaux, à Bayonne, à La Rochelle, lorsque Vernet peignit ces différents ports. On prétend qu'en qualité d'élève du maitre, Volaire a collaboré à quelques-unes des toiles des ports de France. Volaire se retira à Rome en 1763.

Paris et comparons à Rome. A la fin, je ne vois plus une continuité d'habits noirs et de rouge vêtus qui se font trainer dans trois grands carabats dorés et toujours la même uniformité. Voila l'effet du mouvement de Rome. Icy tout est remis dans le mouvement ordinaire; ville vivante, ouverte sur le bord de la mer sans brouillard et humidité comme à Rome; tous les dehors et chemins sont ouverts et non à Rome où on se promène toujours entre deux murailles et plus loin entre deux hayes; tout est resserré et le pays, et je crois aussi les testes : icy une populace immense et le plus grand mouvement. Voicy une journée de curiosité terminée non sans peine et fatigue. Il a fallu se déterminer à aller voir le Vésuve qui nous attendoit pour faire une éruption et faire couler sa lave. Il étoit question de le voir de jour et de nuit; nous sommes partis à 9 heures; nous avions porté notre diné dans nos voitures jusqu'à Portici, et de là sur des mulets et asnes jusqu'au bas du Vésuve. Il faut compter de Naples 4 heures pour arriver en bas. Après avoir diné chez l'hermite qui est au milieu, nous continuâmes notre route sur nos mulets encore trois quarts d'heures après lesquels il faut mettre pied à terre. Alors on marche comme l'on peut dans une plaine couverte de monceaux d'écailles de laves d'une ancienne éruption. Tous ces morceaux sont de forme et de figure hérissée et comme des rapes de fer, présentant des intervalles et fentes considérables propres à se casser une jambe. Il faut avec beaucoup d'adresse et en se reposant souvent, marcher la dessus. On voit à droite et à gauche sortir des fumées qui désignent du feu. Sans doute ce chaos vient d'une ancienne éruption qui d'une montagne en a fait deux : à la fin nous sommes arrivés à notre destination en face de la lave qui couloit;

nous étions escortés chacun de deux hommes nous servant d'écuyers : alors, en place, nous étions à portée d'entendre les mugissements de la montagne dans laquelle est renfermé cet affreux volcan. C'est un feu d'artifice continuel et précisément l'effet de ce que l'on apelle la gerbe, à la fin d'un feu, qu'il faut centupler cette idée, et on voit à chaque gerbe des muids de pierre enflammée sauter en l'air et rouler tout en feu jusqu'au bas de la montagne; devant nous à une demie lieüe nous voyïons venir et descendre à nous une cascade de feu de la montagne de la largeur de vingt pieds au moins, et au bas de ladite montagne prendre différentes directions comme de l'eau suivant la pente du terrein. Nous voila donc vis à vis ce spectacle imposant! Quelques-uns de notre bande voulant se satisfaire de plus près entreprirent de monter le long de ce fleuve de feu, s'efforçant d'aller jusqu'en haut de la bouche. Ils partirent bien gays et avec beaucoup d'ardeur sans avoir égard à toutes remontrances, et sans suivre et tourner la montagne comme il est de coutume. De notre poste nous les voyïons grimper sur les mains et tâcher d'arriver, mais ils ne purent pénétrer à une certaine hauteur; ils revinrent une heure après déchirés, sans souliers, effrayés de mils dangers qu'ils avoient courus, et de l'effroyable bruit qu'ils avoient entendu de près, de l'odeur de souffre dont ils avoient pensé être étouffés, et promettant qu'ils n'y retourneroient plus. Pour moi je n'avois pas besoin de cette épreuve pour m'entretenir dans ma résolution de ne voir qu'à une distance convenable, car il y avoit longtems que j'avois vû à Rome nombre de personnes revenües de Naples se plaignant d'avoir eu la complaisance de monter le Vésuve au risque d'y périr ou du moins d'en revenir avec la plus grande fatigue : nous avons resté à notre poste jusqu'à la nuit, près de 8 heures, pour voir l'effet du feu de nuit, ce qui est un spectacle bien différent que celui de jour. Un quart d'heure a été suffisant, et effectivement le spectacle est superbe de voir un torrent de feu et une bouche vomir continuellement des gerbes de feu. Nous étions très empressés de revenir, ayant les mêmes chemins à traverser à pied au clair de lune et des flambeaux, ce qui se fait non sans peine. Les souliers et bottes y furent examinés, et à 9 heures du soir nous repartons de l'hermitage sur nos mulets jusqu'à Portici. Nous n'étions de retour chez nous à Naples qu'à minuit, bien contents d'avoir vû, et promettant de nous contenter d'une seule visite. J'étois avec un peintre nommé M. Volaire qui réussit supérieurement à rendre l'horreur du Vésuve dont je raporterai un tableau.

Naples, dimanche 24 avril. — Je me suis senti de ma promenade d'hier, car ce matin je n'ay pû m'arracher de mon lit qu'à 9 heures, m'étant couché à près de 2 heures. Mais il falloit se trouver à la cour à Portici avant midi pour être présenté au Roy par M. l'ambassadeur de France. Effectivement à midi on nous a fait entrer au diner du Roy et de la Reyne auquel nous avons assisté et après le diner chaque ambassadeur présente ceux de sa nation, ainsi qu'à la Reine. L'un et l'autre font un accueil favorable aux étrangers et leur dit quelque chose d'obligeant. Toute cette cérémonie n'est pas longue. De là nous avons été diner avec l'ambassadeur chez un des ministres et de là de retour à Naples à la conversation chez M. l'ambassadeur à 8 heures du soir. Plus j'y vois nombre de femmes dont l'une est duchesse, princesse, les autres distinguées, plus je trouve ces cercles ressemblants à ceux de nos provinces les moins aprochants du ton de Paris. On y est d'ailleurs fort honnête pour les étrangers et cette conversation dure jusqu'à minuit avec force glaces et limonade, rarement soupe t'on dans ce pays cy.

Naples, lundi 25 avril. — Je n'ay pas été en train aujourd'hui de rien entreprendre me ressentant encore un peu de mon voyage du Vésuve ; je me suis contenté de très petite promenade, seul, à pied, dans la ville : de là je suis revenû diner peu, devant souper ce soir chez le prince et princesse de Francaville ; après le diner nous avons été en carrosse promener au Pausilipe. C'est une montagne située le long du bassin de Naples, au couchant, après le faubourg de Chiaia. Cette montagne est creusée sur une longueur de 450 toises, ce qu'on apelle la Grotta, sur 50 pieds de hauteur et 30 de largeur. On y voit clair par les deux extrémités et de plus par deux soupiraux. Il y a aparence qu'elle a été faite pour abréger le chemin de Naples à Pouzol, qui passoit autrefois par dessus la montagne. C'est un ouvrage imposant et fort utile ; on en donne différentes origines, mais on le croit plus ancien que la domination romaine.

Delà, sans aucune destination ni projet, nous avons continué notre promenade sur la gauche par une large route bordée à droite et à gauche de quinconce d'arbres, autour desquels montent des ceps de vignes dont les rejettons sont conduits d'arbre en arbre, formant mille guirlandes variées qui doivent faire un effet bien singulier garnis de raisins, et cette route nous a conduits jusqu'au bord de la mer. On rencontre quantité de cabriolets qui vont un train dont nous n'avons pas d'idée. Il en est de même dans les rues de Naples dont les pavés sont de grandes dalles plattes provenant de la lave du Vésuve. Ces cabriolets servent comme nos fiacres dans Paris ; ce qui nous paroit nouveau, c'est d'y voir des prestres, moines, abbés, femmes, mener eux-mêmes et aller comme des traineaux sur la glace. Naples rend à peu près le mouvement de Paris par la quantité de carrosses. Le spectacle du soir dans les rues est assés singulier, par la quantité de flambeaux dont chacun se fait suivre, même au clair de la lune et par les coureurs qui sont devant presque tous les carrosses, deux et souvent 4. On dit que rien n'est à meilleur marché que d'avoir un carrosse. Il en est de même apparemment d'autre chose, car mon cordonnier est venu l'autre jour en habit de velours noir à boutons d'or, bas blancs de soie et veste d'or, l'épée au côté et plumet blanc ; un tailleur de même. Le soir j'ai été souper chez Mme la princesse de Francaville ; on n'y soupe qu'à onze heures. C'est la meilleure maison de Naples. Madame soupe et le prince dine ; on ne sauroit être plus honnête et faire mieux les honneurs.

Naples, mardi 26 avril. — Ce matin, nous n'avons encore rien entrepris de voir ensemble, bien des raisons nous en ayant empêchés. Ainsi j'ai continué de prendre seul connoissance de la ville ; j'ai été chez différents marchands pour voir si on trouveroit chose que nous n'ayons pas. Avant 1 heure, par le plus beau soleil, j'étois peu éloigné de mon gîte dans un espace presque comme la place Vendôme à Paris ; j'étois sûr qu'à 60 pas autour de moi il n'y avoit absolument personne, et je ne me méfiois de rien, lorsque j'entendis crier derrière moi. J'y regardai en retournant sans m'imaginer qu'il fût question de moy. Je vis bien du monde en mouvement et entr'autres un jeune homme honnête, qui couroit et me demanda si ce n'étoit pas à moy que l'on venoit de voler un mouchoir. Je mis la main à la poche et je vis qu'effectivement je ne l'avois pas. Je me rapellai qu'un petit polisson étoit le seul qui eût pu aprocher de moi, étant bien sûr de m'être vû seul, et tout le monde à 60 pas avoit vû le drôle me prendre mon mouchoir. Je suis bien sûr que dans une foule et même dans les rües de Naples, on ne me volera pas, parce que j'y prends garde, mais dans une place vaste, en plein soleil, et me croyant éloigné de tout le monde, j'étois peu sur mes gardes. Tout le monde obligeamment m'accosta me montrant que nombre de gens courroient après le drôle dans une petite rue. Je remerciai bien, et je dis que je n'en irois pas un pas plus vite, que c'étoit un mouchoir de perdu, et cependant, sans augmenter mon train, je me trouvai si près de la petite rue que j'y portai mes pas. A l'entrée, je vis un polisson tenant en l'air un mouchoir qu'il me raporta; je le pris et lui donnai la récompense bien juste, et à 20 pas de là je voyois donner de bons coups de canne au voleur par le jeune homme qui m'avoit donné l'avis et qui avoit bien voulu courir après le drôle. Voilà mon histoire peu tragique. On ne sçauroit rendre l'adresse des voleurs subtiles d'icy, et je connois quelqu'un à qui on a volé trente mouchoirs depuis un an. D'où je conclus que tout seul, en plaine, je serai sur mes gardes comme dans les rües et les presses. Rira qui voudra de mon aventure.

Sur le soir avant 8 heures, nous avons été entendre un petit opéra bouffe, répétition du fameux Pichini (1), qui va aller à Paris, ce qui nous a conduits jusqu'à 11 heures 1/2.

---

(1) Piccini (Niccolo), compositeur italien d'un rare talent, qui eut la gloire d'être le rival de Gluck et de lui faire échec, né à Bari, royaume de Naples, en 1728, mort à Passy, près Paris, le 7 mai 1800. (La correspondance littéraire de La Harpe donne les détails les plus intéressants et les plus complets sur la rivalité, à Paris, de Piccini et de Gluck.)

Le poëme ou sujet est très mauvais, mais la musique, pleine de variété et d'ariettes charmantes. Ce sera une bonne acquisition que fera notre nation. Garre la secousse à la musique françoise ! On fait tout tard à Naples, on n'est de retour ou d'assemblées, conversations, ou spectacles qu'à minuit : Cet opéra ne se donnera que dans 15 jours.

Naples, mercredi 27 avril. — Il faut que les voyageurs rendent compte de tout. En me levant, j'ai vû passer sous mes fenêtres un enterrement accompagné de pénitents et prêtres. Il n'y a jamais ny suite, ni parents, mais on ne les porte pas à découvert comme à Rome. Ils sont dans un coffre bombé et faisant bien la tombe et brodé en or richement. Le tout est porté par six hommes sur une espèce de table couverte d'un tapis bleu ou cramoisy, relevé en broderies très riches d'or ; il y a une magnificence. Le soir, nous avons traversé le Pausilipe dont j'ai parlé ci-dessus pour aller à la grotte du Chien. Il faut, de Naples, 3/4 d'heure au plus. Ce nom paroit lui venir de l'expérience que l'on fait continuellement sur un chien. Cette grotte est creusée dans un terrein sabloneux à la profondeur de 10 pieds, hauteur 9 pieds sur 4 pieds environ de large. On voit dans cette grotte s'élever jusqu'à 6 pouces de terre, une vapeur humide. On prend un chien par les pattes et on luy contient la teste sur la terre. Peu de tems après, environ 2 minutes, il s'agite beaucoup, tire la langue et perd le mouvement et, si on le laissoit un peu plus longtems, il périroit faute d'air qui est sans doute repoussé par la vapeur qui sort de la terre ; mais dès qu'il parvient à être sans mouvement, on le met promptement dehors au grand air et, peu à peu, il reprend son état naturel dans aussi peu de tems qu'il l'avoit perdu. On voit le même effet sur un gros flambeau allumé qui s'éteint dès qu'on le présente à 6 pouces de terre : il y a eu sur ce, bien des dissertations curieuses faites par des physiciens et des médecins. Cette grotte est située sur le bord du lac d'Agnano. Il y a aussi, sur ce bord, des étuves de Saint-Germain ; ce sont des vapeurs chaudes qui sortent de la terre, lesquelles, retenues par les bâtimens qu'on y a fait, suffisent pour produire des sueurs abondantes et très salutaires pour bien des maux. La chaleur y est de 39 à 40 degrés suivant le thermomètre de M. de Réaumur, d'après les observations de M. de la Condamine. Le soir, nous avons assisté à un concert chez M. Pichini, fameux compositeur, qui a fait nombre d'opéras admirés dans l'Italie. Le Roy de France lui fait une pension pour l'attirer à Paris, où il y sera rendu dans juillet prochain. On y connoit déjà des fragmens de sa musique ; il y a tout lieu de croire qu'il réussira.

Naples, jeudi 28 avril. — Ce matin j'ai été au manège du Roy, au rendez-vous que l'écuyer m'y avoit donné pour me faire voir des chevaux montés. Effectivement, j'y ai vû quelques bons chevaux, mais la façon de les monter est si dure, si grimacière et si éloignée de la nôtre que je n'entreprendray pas de la contrôler ni d'en garder mémoire. Nous avons été diner chez le prince de Francaville, de là mille occupations qui ne peuvent se détailler et qui nous font passer notre tems agréablement.

Naples, vendredi 29 avril. — J'ai été ce matin à un rendez-vous chez le Père Della Torre (1), savant physicien

---

(1) Bernard della Torre, évêque de Castellamare, né à Naples en 1746, mort à Porticci le 28 mai 1816, célèbre par sa science et ses vertus ecclésiastiques.

et astronome, raisonner avec luy de ses talents et il est venu diner chez moy, voir mes microscopes, télescopes, lunettes et tout ce que je peux porter d'amusements de cette espèce. Toute la journée a été employée jusqu'au soir fort agréablement; à 8 heures en conversation chez M. le chevalier Amilton, ministre plénipotentiaire d'Angleterre. Il peut y entrer 300 personnes; il y a un brillant, des tables de jeux et musique, mais quelle musique ! Nous voilà bien revenus de toute la musique, surtout exécution, d'Italie, qui sans doute étoit merveilleuse par comparaison à nos exécuteurs, lorsque nous étions, il y a 30 ans, dans l'enfance. Demain, procession de Saint-Janvier où il ne faut pas rire, il faut y aller avec prudence.

Naples, samedi 30 avril. — C'est aujourd'hui le grand jour de la fête de Saint Janvier. Il s'agit de faire voir au peuple une phiole remplie du sang de Saint Janvier, lequel se liquéfie. Cette fête doit durer 8 jours, on avertit les étrangers qu'il faut qu'ils satisfassent leur curiosité avec beaucoup de prudence, attendu que si le miracle venoit à ne pas se faire, le peuple pourroit s'en prendre à quelques mécroyans ou du moins qu'il croiroit tels, et un étranger y seroit plus exposé que tout autre. Le premier jour, on va en grande procession à une espèce de reposoir, dressé exprès dans un quartier de la ville; chaque année on change de quartier. Le soir, à 5 heures, nous nous sommes rendus à l'endroit désigné, nous y avons trouvé un très grand concours de peuple, un nombre étonnant de reliques portées en procession avec un clergé immense, tant de moines que de prêtres; je n'y ai rien trouvé de beau qu'une très grande quantité de reliques d'argent garnies de bijoux. J'ai vu des bonnes femmes invoquant avec ferveur le Saint pour l'exécution de son miracle, d'autres lui disant des injures et le menaçant au cas qu'il ne lui plût pas de faire le miracle, mais je n'ai vû aucun danger de se trouver dans la foule sans être paré. On dit bien des choses qu'il faut voir par soy-même. Le miracle a été fait en 6 minutes et tout le monde a été content, et moi aussi, car j'avois assés de procession et j'aimois mieux employer mon tems à me promener par le plus beau jour.

Naples, dimanche 1er may. — Ce matin, j'ai essayé d'aller voir moi-même, en polisson, l'église de Saint-Janvier qui est la cathédrale, ayant reconnu qu'il n'y a aucun danger. J'ai vû sur le maître autel une vingtaine de chasses de saints qui viennent en visite voir saint Janvier, et lui est sur le bord de l'autel entouré de six cierges avec une fiole de son sang que l'on fait voir au peuple se liquéfier tous les matins. A ce moment il y a des coups de poing effrayants dans la poitrine et des cris de miracle sans fin. Le concours de monde ne peut se rendre; je ne crois pas devoir mettre par écrit le secret du miracle, cela n'est pas de mon fait. Au surplus, je n'ay pas encore aproché d'assés près, ce qui m'arrivera dans la huitaine en me présentant dans tous mes atours pour baiser la phiole. L'évêque cardinal et tout le clergé fait distinction et accueil à ce moment aux étrangers. J'ai de là parcouru une partie de la ville à pied par le tems le plus délicieux. De là dîner. Après le dîner, nous avons pris une barque avec six rameurs et nous nous sommes promenés par un tems charmant et calme le long des côtes, du côté de Pausilipe sans projet autre que de promenade. On y voit la place et le reste des murailles de la maison de

Lucullus qui se trouvoit dans la plus belle situation à une pointe de langue de terre avançant dans la mer. On voit que depuis ce tems la mer a gagné du terrain et a couvert une partie de ces débris. Les anciens auteurs parlent des délices de Lucullus ; cette coste étoit garnie de nombre de maisons délicieuses. A ce moment nous n'avançons pas encore trop dans nos courses par l'indisposition de quelques-uns de notre bande.

Naples, lundi 2 may. — Notre printems de may pourroit bien passer à Paris pour un petit été ; mais nous avons toujours de la fraîcheur de la mer ; et le soir il faut mettre le manteau, mais sans humidité comme à Rome. Ayant trop différé de sortir ce matin avant 10 heures, j'ai trouvé qu'il faisoit trop chaud ; je me suis tenû chez moy jusqu'à l'heure du dîner chez le prince de Francavilla où je suis resté tard, occupé à voir tous ses chevaux en grand nombre. Le reste de la soirée, j'ai été aux promenades ordinaires en carrosses à Strada Nuova, route de Portici, qui est très fréquentée, sur le bord de la mer. C'est comme le chemin de Paris à Versailles. Portici est l'endroit où se tient le Roy dans ce tems-cy ; la route est garnie de voitures et surtout de cabriolets qui vont comme l'éclair, aussi il n'y a pas dans le chemin un gravier plus gros que l'autre. Quand on a vu beaucoup de monde dans la journée, que l'on ne connoit guères, on est bien aise de rentrer.

Naples, mardi 3 may. — Aujourd'hui *shiroc* (1), c'est-à-dire tems très chaud, lourd, accablant ; il fait effet presque

(1) Siroco, vent brûlant qui souffle du sud-est sur la Méditerranée.

sur tout le monde, et surtout sur les gens du pays, ce qui occasionne la méridienne après le dîner. Pour la première fois je m'y suis laissé aller surtoût me trouvant dîner chez moy, n'ayant pû suivre aujourd'hui aucun projet dehors. Nous n'avons pas manqué d'occupations intérieures, desseins et autres ; le soir à 6 heures, la fraîcheur de la mer nous a invités à la promenade dont nous avons profité 2 ou 3 heures jusqu'à l'heure du souper 10 heures. Nous projettions d'aller nous promener en chaloupe sur la mer, mais les matelots eux-mêmes nous ont dit qu'elle avoit trop de mouvement : à demain chose nouvelle. La nouvelle du jour est que Madame de Matignon, veuve (1), fille de M. le baron de Breteüil, ambassadeur de France est accouchée ce matin d'une fille ; on auroit souhaité un garçon.

Naples, mercredi 4 may. —Voilà la première fois que nous voyons de la pluye à Naples et un vent considérable qui embellit notre vüe de la mer qui bat sur le quay qui est entre nous et elle. C'est un spectacle qui nous dédommage un peu du beau tems : cela fait variété, et nous n'avons pas à nous plaindre. L'après midi, la mer toujours agitée, nous avons été en prendre le spectacle dans un casin ou petite maison apartenant à M. le prince de Francaville. Il y a un petit jardin où il y a des orangers en plein vent et la plus agréable situation de la mer et de la terre.

Naples, jeudi 5 may. — Nous avons entrepris ce matin de voir quelques églises pour les tableaux qui valent la peine d'être regardés avec quelqu'attention. Les églises, sans être en grand nombre, sont un objet de curiosité renfermant

(1) Voyez, page 343, le triste événement qui rendit veuve Mme de Matignon.

quelques tableaux, surtout de Luc Jordans ou *Fa Presto*, de *Solimen* (1), etc. Je m'en tiendrai à garder notte de ceux qui m'ont réellement affecté : M. de la Lande et M. Cochin dans leurs livres sont entrés dans un grand détail que je ne peux entreprendre. Je commence cependant par Saint-Louis-du-Palais et Saint-François-de-Paule, église des moines près du palais. On en trouve dans les livres les origines et institutions. Ce détail est bon pour ceux qui veulent faire imprimer. Le tableau derrière l'autel, de Luc Giordano : il représente saint Michel terrassant le diable. C'est un tableau lourd. On ne voit ni dans M. Cochin ni dans M. de la Lande aucune description de la sacristie peinte, qui ne l'étoit pas de leur tems, mais seulement depuis 8 ans par Sorrado qui est aussi mort depuis. C'est l'histoire de la Vierge en 7 tableaux et de plus le plafond. Rien n'est si agréable et n'a plus de grâce, et tient beaucoup des grâces de M. Boucher. La composition, dans de petits espaces, a des tournures pleines de génie et d'agréments avec une très belle couleur. De là en face du palais, l'église des dominicains, San Spirito à Palazzo ; dans la croisée de l'église à droite est un tableau de Luc Jordans, d'une très belle couleur, représentant une Vierge dans un dais tenant un rosaire, saint Dominique à ses pieds et une religieuse. La composition est bien entendue, les testes sont agréables et ont beaucoup de grâce, le pinceau en est facile et moëleux. Il y a dans cette église nombre d'autres peintures dont je ne parlerai pas ; je m'en tiens à celles qui me font le plus de plaisir.

Ste-Maria-Della-Solitaria, couvent de religieuses espa-

---

(1) Solimene (François), né près de Naples en 1657, mort à Naples en 1747. Ses œuvres, qui sont presque toutes à Naples, sont d'une touche ferme, savante, libre et d'un coloris frais et vigoureux.

gnolles : il y a plusieurs bons tableaux de l'Espagnollet et de Luc Jordans; de ce dernier, J.-C. mis au tombeau, la Vierge et autres figures. Il y a des livres qui le disent de Massimo ; il paroit bien de Jordans et son nom au bas. A la première chapelle à gauche est une Sainte Cécile de Michel-Ange de Caravage, touchant l'orgue. La teste en est très belle ; on perd beaucoup du reste qui est fort sale et a poussé au noir. On peut juger que c'est un très beau tableau. Tout cela est plutôt écrit que vû ; nous mettons le tems aux choses qui en valent la peine. Le soir, nous avons suivi le cours ordinaire du pays en allant en carrosse promener sur le quay dit la *Nova Strada*, sur le bord de la mer, allant à Portici comme le chemin de Versailles à Paris. Il y a deux files très longues de carrosses ; on ne connoit dans ce pays cy ni promenades d'arbres, ni jardins, ni campagnes, ni usage de ses terres. Quelle différence de nos goûts !

Naples, vendredi 6 may. — Voici aujourd'hui une journée complette qui demande beaucoup de détails et qui cependant peut se rendre en peu de mots. Nous sommes partis à 8 heures du matin de Naples pour nous rendre à Pompeia, ville curieuse, découverte depuis peu d'années. Il faut près de 3 heures pour s'y rendre, à une heure et demie par de là Portici, en tournant le bas de la montagne du Vésuve. Cette ville avoit été ensevelie il y a environ 1700 ans à la suite d'une éruption du Vésuve, par une abondance de cendres, d'eau, et de petites pierres de ponce. Il s'agissoit de découvrir où elle étoit ; c'est toujours le hazard de quelque fondation ou puits creusés qui ont produit ces découvertes. Une grande partie de cette ville ne se trouvoit enterrée que d'environ 12 pieds, mais le reste, en suivant la pente de la montagne, se trouvoit peut être de 20 ou 30 pieds ; mais la matière étant facile à débarasser, on est parvenu à découvrir des choses fort intéressantes. On voit d'un côté par où on commence un grand quarré entouré de colonnes sans ordre d'architecture, qui devoit servir de place d'armes et autour, un espace comme rue de 18 pieds, entouré de petites chambres qui sans doute servoient de cazernes. De là on poursuit dans plusieurs maisons bourgeoises dont les murailles sont peintes à panneaux, comme de notre tems, avec beaucoup d'arabesques bien conservées. Alors on voit tous les amateurs d'antiquités s'extasier du plaisir de voir où habitoient gens il y a nombre d'années et qui furent obligés d'abandonner promptement leurs maisons. Et ceux qui ont pû se sauver ont dû voir à la place de leur ville une montagne. Dans beaucoup de ces maisons on a trouvé des meubles d'usage, sans magnificence, y ayant à croire que l'on avoit emporté les plus précieux, et les cabinets du Roy, à Portici, en sont remplis de curiosités. Par leur ancienneté, on souhaiteroit, en voyant toutes ces maisons, qu'on eût laissé en place quelques-uns de ces ustansiles qui auroient touché et intéressé d'avantage à leur place. Dans une maison, entr'autres, dans une chambre par bas, où sans doute on faisoit la lessive, on y voit tous les ustancils, fourneau, lavoir, etc., et un tas de cendres sur lequel est le cadavre d'une femme dans la position de quelqu'un qui, après avoir cherché à se sauver de la cendre délayée qui entroit à flos partout, étoit enfin tombée à la renverse où elle étoit morte. Toute l'attitude y est parfaitement dans le mouvement qui indique tout cela, et on reste en extase sur l'espace de 1.700 ans. De là on vous promène dans des souterrains où on voit que, peut-être, le maître de la maison, avec huit ou dix personnes, avoient cherché à se sauver et garantir, en mettant des planches devant eux pour n'être pas suffoqués, et on voit tous leurs squelettes à la suite l'un de l'autre avec une clef à la main comme espérant gagner la porte. C'est un tableau intéressant. On voit les anciennes grandes cruches pour mettre le vin, dont le vin a été chassé par cette lave et remplies de cette matière ; on voit le vin figé et ayant coulé par dessus, le long des vases ; on ne peut s'empêcher de prendre part à un événement si singulier et si affreux, et il paroit cependant, en suivant certaines fondations, que Pompeia même avoit été bâtie sur des laves et peut être sur une ville qui avait essuyé le même sort. Cependant tous les environs sont bâtis et jouissent tranquillement, voyant à leurs portes des monceaux de laves témoins des éruptions qui peuvent survenir d'un moment à l'autre. En continuant son chemin et montant, on arrive à un petit temple ; on y voit les autels disposés pour égorger les victimes et, à côté, les logemens et cuisines des prêtres ; on voit tout le pourtour du temple décoré de colonnes sans richesse ni architecture de remarque. Il y a à Portici plusieurs statües de divinités qui en proviennent, épitaphes et bas-reliefs.

De là, on se promène dans quelques maisons communes et on tombe dans la principale rüé d'arrivée, encore pavée de ces grands pavés quarrés de lave comme ils sont encore aujourd'hui dans Naples. Il faut avoüer que cette rue bien entière fait impression. Elle conduit à la porte d'entrée qui est bien entière ; on voit à droite et à gauche toutes les boutiques qui indiquent différents marchands par la disposition du devant. A l'entrée de la ville est une colonne sur une forte base qui servoit à plaquer les ordres du prince et autres; à l'entrée de la ville on voit de grandes portions circulaires en siège de piere, où il étoit d'usage que les allants et venants s'asseyassent en entrant pour se reposer. Il semble que les habitans vont revenir, en voyant l'entrée et cette rüe comme elle étoit et les pavés marqués des voitures, et si on veut, on se les représente se sauvant promptement et abandonnant une ville qu'ils n'ont jamais pû revoir. J'ai vu des gens plus extasiés que moy; les uns le sont trop, d'autres pas assez. Il est permis de prendre de ce plaisir la dôse que l'on veut. Si on occupait beaucoup d'ouvriers, il est facile de remuer la matière qui a englouti cette ville. Et ce sera une jouissance singulière de pouvoir un jour se promener dans toutes les rües. On doit espérer aussi découvrir des choses peut-être singulières en statües. Nous voilà à la fin dehors, après avoir parcouru une grande partie de l'enceinte de cette ville et par un soleil de midi et de Naples. De là on nous conduit à un petit quart d'heure hors de la ville à une jolie maison de campagne à mi-côte voyant la mer. On juge qu'elle apartenoit à quelqu'un de conséquence (1). Une grande partie est développée de toutes ces terres et cendres. On en conçoit très bien l'entrée et le plan. On voit plusieurs arcades qui forment des terrasses, l'une dessus, l'autre dont toutes les voutes sont peintes à fresque, en arabesque très frais comme si elles venoient d'être faites. On y trouve toutes les commodités de bains, d'étuves par des poëles, des petits jardins particuliers, des souterrains considérables et tout ce qui indique une maison commode. Il y a toujours des quarrés entourés d'espèces de colonnades qui donnent un certain air de grandeur sans être correct en fait d'architecture. Cette

---

(1) Villa de Diomède, découverte en 1771.

maison nous a fort occupé et nous a fait beaucoup de plaisir. Nous nous sommes mis en frais de plaindre les pauvres maîtres de la maison qui existoient il y a 1.700 ans. Dès qu'il y a un petit stuc bas-relief qui en vaut la peine, on le porte à Portici au cabinet du Roy. Tous les cabinets du Roy sont pavés d'une espèce de mosaïque composée de petits morceaux de marbre de différentes couleurs et de desseins variés qui ont été trouvés dans toutes ces découvertes. On les a enlevés par grandes pièces et posés comme ils étoient; ils font un fort bon effet et donnent idée des soins et de la recherche de ce tems-là, et que la mosaïque et le mastic y étoient bien connûs. Voila tout ce qui est le plus loin et le plus long à voir. De là on remonte en voiture et on revient à Portici à une heure et demie de chemin. Portici est l'habitation du Roy, à une heure de Naples, où il passe environ trois mois de l'année. Il y est encore jusqu'à la fin de may. La situation de Portici est belle par son étendue de la vüe sur le bord de la mer et par le coup d'œil de celle de Naples qui se trouve vis-à-vis, mais il n'y a absolument rien à regarder aux bâtiments qui sont communs et mauvais. Il s'agit d'y voir la ville d'Herculanum qui est à 80 pieds sous terre et les cabinets du Roy enrichis de tout ce qu'on a trouvé dans cette ville et dont la collection augmente tous les jours. Commençons par Herculanum. Cette ville avoit été engloutie, bien différemment que Pompeia, par une vraie lave, matière fondue composée de pierres, de terre, de matière ferrugineuse et cuite au point de conserver sa fusion et la plus grande chaleur jusqu'à deux lieües. Cette matière s'est insinuée dans tous les intérieurs de la ville et est restée en mastic le plus dur et le plus impénétrable. Elle a brulé tout ce qu'elle a rencontré à son passage et n'a laissé aucun vuide. Celle de Pompeia n'étoit qu'une abondance de cendres, d'eau et de pierre ponce. On descend donc dans Herculanum très profondément. Il faut se munir de manteaux pour le grand frais, et de nombre de flambeaux. On ne peut s'empêcher de rester dans le plus grand étonnement de voir la difficulté qu'il y a eu à découvrir et à travailler ce qui a été fait jusqu'à présent, et par la dureté de la matière et par la difficulté de déblayer les terres et matériaux. Il a fallu d'ailleurs travailler aux lumières nécessairement, et je crois que les ouvriers, dans un endroit si profond, si humide et si privé d'air, ont dû essuyer des maladies considérables. J'ai donc vu que l'on a fait des ouvrages considérables, malgré toutes ces difficultés. Il y a encore des obstacles qui se présentent ; pour penser à la solidité c'est qu'il faut fréquemment laisser d'énormes piliers pour soutenir le poids immense de la lave et des portions de la ville de Portici qui se trouvent dessus, ce qui fait qu'après avoir découvert un grand théâtre, on ne peut qu'en juger les deux ou quatre points principaux et non le milieu du théâtre, attendu les masses immenses qu'il faut laisser pour la solidité. Ainsi on est privé de voir ce que l'on désireroit, bien des gens croyent y voir beaucoup par l'envie qu'ils en ont, ou par leurs lumières. Pour moi, j'ai bien vû les gradins du théâtre et quelque disposition, mais j'ai continuellement admiré comment on avoit pû travailler à 80 pieds de profondeur et une matière si dure. On passe à la vérité par des corridors et par des rües, mais la fraîcheur et l'humidité bien dangereuses donnent envie continuellement d'abréger le voyage. On voit la place des statues que l'on en a tirées. On voit beaucoup de restes de stucs colorés tant dans le théâtre que dans peu de maisons, mais la peine ou l'inquiétude du frais passe le plaisir, et nous en voila revenus. Il faudroit 4.000 hommes pour que cet ouvrage prît une certaine forme et il y en a peut-être vingt qui travaillent. Le tems nous en aprendra d'avantage. Il y a des livres qui ont trouvé moyen d'en dire bien long sur Herculanum ; on peut se satisfaire. Je me tiendray à ce qui est provenu porté au cabinet du Roy que j'ai vû.

Nous voilà donc au cabinet du Roy, mais où est donc la quantité immense de figures, curiosités, plus qu'il n'y en a dans toute l'Italie, et tout le reste de l'Europe? Les voyageurs qui ont écrit ainsi me paroissent s'être trompés, du moins je n'ay point vû cette quantité, mais j'ai vû en général que les cabinets de Portici pouvoient facilement s'augmenter, si on les remplit de nombre de choses qui ne sont pas plus curieuses que celles que nous avons aujourd'hui, je veux dire surtout, de tous les ustanciles communs de cuisine, qui se peuvent augmenter à l'infini. Je consens que dans chaque genre on ait un échantillon de tout, mais de multiplier trop chaque espèce de curiosités ou plutôt d'antiquités, c'est ce qu'il me paroit que l'on pourroit éviter.

Premièrement, j'ai trouvé que l'on vendoit fort cher les livres que le Roy ne vendoit pas autrefois. Je trouve que ces livres sont de trop de petits détails. Il semble que l'on ait voulu absolument faire des volumes qui se trouveront sans fin, par nombre de desseins peu intéressants, fort connus et souvent mal rendus. On commence par voir une petite cour avant de monter dans l'escalier qui va aux cabinets. Il y a plusieurs statues qui ne sont pas sans mérite, mais non de la première beauté et en marbre. En haut, on voit dans les cabinets, en figure de remarque, un Mercure en bronze, deux lutteurs, deux consuls Romains. Les livres en détaillent d'autres. Les auteurs de ces livres nous ont du moins rendus curieux de chercher toutes les beautés annoncées comme mieux que ce qui se trouve dans toute l'Europe. Moy et plusieurs bons yeux de ma société avons trouvé les belles figures aisées à compter. Je ne trouve pas à redire à ceux qui se plaisent à y admirer l'antiquité. Ce mérite là ne suffit pas pour mes yeux : c'est pourquoi, pour un plus grand détail, je renvoye aux livres des voyageurs qui ont détaillé. J'y ay remarqué des trépieds en bronze d'un très beau travail, un surtout, porté par trois satyres dans une posture un peu libre. Il y a aussi nombre de petites figures de bronze, pénates ou autres, parmi lesquelles il s'en trouve de très bien faites, mais elles sont rares. Ce qui est lampes, ustanciles pour les sacrifices ou autres services, sont faites avec le plus grand soin et la plus grande finesse en bronze. Les livres détaillent tout pour que chacun en prenne suivant sa curiosité. On y fait voir des pains tout faits, bien dans leur forme, mais en charbon, du bled de même, des figues et autres fruits, toutes sortes de grains, des rouleaux d'écriture représentants un gros charbon auxquels il n'est pas possible de toucher sans risquer de les voir réduits en cendre. Tous les instruments à patisserie, les moules, roulots et plusieurs marques pour mettre sur les pains ou pâtés. On est bien aise de voir qu'ils satisfaisoient comme nous aux mêmes besoins et que les formes et procédés étoient à peu près les mêmes. Il ne m'est pas possible d'entrer dans de plus grands détails qui peuvent aller à l'infini. Tout ce que je trouve, c'est que tous ceux qui en ont écrit en ont trop dit. Il est facile de verbiager sur peu de chose quand on veut faire imprimer. Les belles choses sont rares, mais les antiquités très nombreuses. En revenant de tous ces cabinets, on voit dans le vestibule de l'escalier du Roy une des deux figures équestres tirées d'Herculanum ; elles sont de marbre blanc. Celle cy est la statue équestre de Marcus Nonius Balbus, faite à demie nature. Il y a des beautés dans l'homme et dans le cheval. Il est chaussé avec des brodequins, une partie des cuisses et des jambes nües, sans selle et sans étriers, ce que les livres appellent à la manière des anciens et ce que j'apelle à la manière des sculpteurs d'autrefois comme d'à présent. On a trouvé à côté l'inscription suivante : *M. Nonio. M. S. Balbo. Pr. po. Cos. Herculanenses*. C'est à dire : les habitants d'Herculanum ont fait ériger cette statue à Marcus Nonius Balbus, fils de Marcus, procurateur et proconsul.

L'autre statue est de l'autre côté de la cour, sous un autre péristile ; elle est à peu près dans le même mouvement et le même costume avec cette inscription : *M. Nonio, M. f. Balbo Patri D. D.* A Marcus Nonius Balbus père : outre le mérite de ces deux marbres, elles sont rares dans le genre de figure équestre en marbre provenant de l'antique. Je ne suis pas d'avis de la beauté et de l'illusion de la peinture de l'escalier du Roy par Vincent Ré, et je suis bien loin d'être enthousiasmé des apartemens du Roy, qui ne le cèdent pas en médiocrité à l'extérieur. Les inscriptions en parlent cependant bien différemment.

Naples, samedy 7 may. — Rien de curieux.

Dimanche 8 may à 14 dudit. — Occupation ordinaire de promenade. L'après midi le long de la mer à Strada Nova. On voit une foule de peuple ordinaire et de distance en distance des prestres ou moines montés sur des traitteaux et prêchant avec action un crucifix à la main. On voit aussi des enfans de dix ans dressés par les moines, prêchant et parlant comme de grandes personnes avec tous les gestes et toute l'action possible ; j'en ay vû s'établir auprès d'une boutique de polichinelle pour lui enlever ses pratiques et pour profiter de l'assemblée toute établie. Il ne s'agit que de voyager pour voir des choses singulières. Toute cette semaine jusqu'au samedi 14, s'est employée en diners différents et promenades sans pouvoir aller dehors voir quelques environs, attendu la maladie d'un de nos voyageurs. Souvent dans la semaine, je me suis trouvé à des conversations chez M. l'ambassadeur de France, M. le baron de Breteüil, ou chez M. le chevalier Hamilton, ministre d'Angleterre ; elles sont toutes différentes qu'à Rome et beaucoup plus nombreuses. A Rome on va et vient et icy une grande partie du monde reste jusqu'à une heure après minuit. On y voit 200 personnes ; rien n'est moins amusant, surtout quand on y connoit peu de monde et que l'on n'est pas familier avec la langue. Depuis peu de jours, il s'est ouvert le théâtre dit Florentin, ce qui fait une ressource le soir pour les étrangers, mais à 8 heures jusqu'à minuit, je ne vois d'autres plaisirs icy que les conversations nombreuses ; point de spectacles, ou peu amusants et on ne peut pas moins intéressants, des promenades toujours en carrosses. On ne connoit icy aucun jardin ; on les compte, encore sont ils médiocres, et on ne sçait ce que c'est d'aller dans ses terres, ou du moins à la campagne aux environs. C'est pour des Parisiens une nouveauté fort déplaisante. Tout y est borné en fait de connaissances, et même d'arts les plus communs ; on y jouit du beau soleil et de la fertilité naturelle au pays et qui éteint toute industrie ; on tire en vins tout de France, de Lyon toutes les étoffes, et de Paris tous les agrémens superflus.

Naples, dimanche 15 may. — En allant à la messe on visite plus d'une église, car il y en a beaucoup en fiochi, c'est à dire extrêmement décorées pour festes, tantôt dans l'une tantôt dans l'autre, avec beaucoup de musique. Je suis toujours étonné du mouvement immense de peuple dans la journée, et de la quantité de carrosses et flambeaux le soir, avec des coureurs appellés *volantes*. L'après midi, un peu avant le coucher du soleil, les carrosses le disputent, je crois, à la quantité de ceux de Paris, aux promenades de Chiaia, de Sainte-Lucie, et de Strada Nuova. Il y en a deux files des plus longues et d'autres en place. Ce soir il y avoit un feu d'artifice vis à vis le palais du Roy, pour la feste d'un Christ très vieux et très effacé, sur une muraille. On dit que dans ce tems cy, tous les jours, il va y avoir quelques fêtes et feu d'artifice pour quelque Saint : demain chez des Récolets à *Monte Calvare*, au Calvaire. Il fait le plus beau tems, le soleil très chaud et l'ombre très fraiche. On prétend icy que dans les plus grands chauds, pourvû que l'on soit à l'abri du soleil, on n'a jamais trop de chaleur.

Naples, lundi 16 mai. — Il faut tous les matins faire sa promenade à pied dans la ville pour en connoitre par soi-même le plan avec celui que je porte dans ma poche. Une couple d'heures est suffisante, car à 11 heures il feroit trop chaud. J'espère connoitre cette ville comme Rome. Nos courses ensemble sont suspendües par la continuation de la maladie d'un de nos acteurs. Pour moi, je vais toujours à la découverte de boutiques sans rien trouver qui mérite attention.

L'après midi, répétition de promenades le long de la mer et de la rue *Strada Nuova* avec deux files de carrosses, mais personne ne met pied à terre. Il n'y a que moy, qui suis François partout, et qui trouve un endroit à me promener à pied. Bien des Napolitains trouvent mon idée bonne, mais aucun ne la suit. A la nuit, on rentre, et alors les flambeaux s'allument et le tourbillon des carrosses, des coureurs avec flambeaux et autres domestiques est plus considérable que le moment d'une de nos sorties de spectacles à Paris. De cette façon, Naples n'a pas besoin d'être éclairée, l'étant dès le soir et toute la nuit par les flambeaux que le moindre particulier fait porter devant luy. Tout le monde a son fiochi. Une bourgeoise, le dimanche, est précédée d'un petit marmiton habillé à peu près ; elle marche ainsi allant à la messe. Le perruquier, cordonnier, est en épée et talon rouge et plumet blanc. L'état du carrosse est à très bon marché.

Naples, mardi 17 may. — Il arrive souvent, et comme aujourd'hui, que je reste le matin à m'occuper avec mes docteurs peintres. Ce sont mes matinées les plus surement agréables. Alors, nous donnons audience à tous les brocanteurs de tableaux antiques et nous voyons beaucoup de mauvaises choses. Le soir, comme cy-dessus, excepté aujourd'hui à 9 heures, que nous sommes très dévotement chez des Récolets à Monte Calvare, pour y voir un feu d'artifice pour je ne sçais quelle feste, mais assez considérable et qui nous a amusé. Nous en avons trouvé un second à peu de distance, sans le chercher, encore plus considérable et aussi en l'honneur de quelque Saint : à quelques détails particuliers voilà à peu près notre journée.

Naples, mercredi 18 may.— Il faut que des voyageurs voyent tout. Nous avons rencontré depuis 8 jours et vû dans toutes les conversations, une grande demoiselle de la belle taille, marchant bien et belle brune, ne sentant nullement le couvent. Je la prenois pour une dame de cour par son grand habit et couverte de diamants, mais elle étoit destinée à prendre l'habit dans le couvent des religieuses de Ste. Claire, et elle faisoit ses adieux au monde par son exactitude à toutes les promenades et assemblées. Aujourd'hui étoit le jour de sa prise d'habits. L'église étoit en grande parure, avec deux orchestres de 60 musiciens chaque ; tout ce qu'il y a de distinction dans Naples s'y est rendu. Elle y est arrivée comme tout le monde, mais avec la plus grande distinction suivie de pages portant épée et accompagnée des plus grandes dames luy donnant la main. Le reste de la cérémonie se pratique comme à Paris ; la grandeur de la fête finit par les ciseaux qui jettent à bas tous ces beaux cheveux. Je n'ay pas été curieux d'attendre la fin, ayant peu de foy au succès de cette folle entreprise de répondre de sa façon de penser pour toute sa vie. Je reste court sur cet article qui n'est pas de mon voyage. De là, j'ai été à un grand dîner chez M. le prince de Francaville avec notre ambassadeur et autres de nations différentes. C'étoit un gala dans toutes les règles. Après ce dîner, notre promenade, comme tout le monde sur le bord de la mer, mais plus courte qu'à l'ordinaire attendu la pluye qui est une suite de celle considérable que nous avons eue hier, et dont la campagne et la ville avoient grand besoin. C'est la première fois que j'en ai vû à Naples. Le souper arrive pour nous vers 9 heures pour pouvoir jouir de l'opera bouffe qui finit à minuit depuis 9 heures 1/2.

Naples, jeudi 19 may. — Nous aprenons ce matin une nouvelle intéressante, inquiétante et touchante, qui est que notre Roy de France a la petite vérole. Cela fait sensation, icy parmi tous les ambassadeurs et les bons François. Nous attendons avec impatience un second courrier. Nous nous sommes occupés intérieurement toute la journée de toutes sortes d'ouvrages, peintures, et le soir, je n'ay pas crû à propos de me présenter au spectacle où je ne crois pas que l'ambassadeur ait été. La promenade au plus beau clair de lune a été fort agréable sur le bord de la mer. Notre matinée ne s'est pas passée sans être visités par des brocanteurs qui aportent rarement de bonnes choses.

Naples, vendredi 20 may. — Nous voila mornes, dans la plus grande inquiétude de la maladie du Roy. Il faut que je suive le sort des bons François et que je m'abstienne à ce moment de spectacles. Je vois les secours prompts qui ont été donnés au Roy et j'en espère tout.

Le soir notre promenade seuls, entre nous, hors de la ville, par le plus beau tems, sur le chemin de Rome. On voit à droite et à gauche la campagne la plus fertile en bled et en même tems plantée de quantité d'arbres entourés de ceps de vignes qui montent fort haut et se guirlandent à faire un effet charmant quand la vigne est chargée de raisins.

Naples, samedi 21 may. — Notre matinée a été très occupée à voir toutes sortes de productions du Vésuve pour composer une suite curieuse dans un cabinet. C'est un détail infini. Peut-être me pourvoirai-je d'une suite. Il y en a à différents prix. Nous nous abandonnons tous à dessiner beaucoup, n'étant pas convenable de nous présenter en public, n'y n'en ayant envie dans un moment où nous sommes très inquiets. Le soir nous recommençons notre promenade par un tems délicieux, ce qui contribue à notre bonne santé.

Naples, dimanche 22 may, jour de la Pentecôte. — Nous aprenons à quatre heures du matin l'affreuse nouvelle de la perte que nous faisons du Roy de France. Je m'étais mis dans la tête toute espérance et je comptais bien qu'il s'en tireroit; il me paroissoit que l'on avoit bien débuté. Notre ambassadeur, M. le baron de Breteüil, paroit pénétré de la plus grande sensibilité. Et voila des jours de noir, attendant chaque courrier qui sera intéressant. Nous sommes obligés de nous priver des spectacles, et bienheureux d'aimer à nous occuper, et heureux de me trouver avec d'habiles gens. Nos courses ont langui depuis un mois que mon fils est retenu par un rhumatisme dans son lit. Le soir, notre promenade hors de la ville pour entretenir notre bonne santé. Nos porte-feüilles se trouveront augmentés de ce genre de vie un peu retraitté, du moins jusqu'à ce que nous puissions avoir du noir pour paroitre.

Naples, lundi 23 may. — Le Roy de Naples vient d'ordonner suspension de spectacles pour 9 jours et deuïl pour jeudi prochain. Le Roy et la Reine ont marqué le plus grand intérest et ne veulent voir personne d'ici à 9 jours. Nous allons au dehors, comme incognito, chercher des promenades le soir, et le reste de la journée est employé suivant notre goût à beaucoup travailler.

Naples, mardi 24 may. — Ce matin, ayant vû le plus beau soleil et le tems calme sur la mer, nous nous sommes

mis dans une petite barque pour aller à Portici où est le
Roy, non pour le voir, mais bien pour parcourir les marchands de laves, pierres et curiosités d'histoire naturelle,
provenant des explosions du mont Vésuve. Il faut une
heure pour traverser la mer, nous avons été très satisfaits de
toutes les curiosités et variétés infinies tant cuites que naturelles. A midi et demi, toujours par le plus beau soleil,
nous sommes remontés dans notre barque mais nous avons
trouvé la mer bien différente. A peine, au port, notre chaloupe vouloit elle se laisser monter. La mer ne la laissoit
pas de repos. A peine avons nous eü gagné au large que le
vent et les vagues sont devenus sérieux et nous ont retenûs
7 quarts d'heure à faire cette traversée non sans quelque inquiétude. Nous y regarderons une autre fois. Nous avons
fini par bien dîner. L'après midi notre bande fut partagée
et chacun a suivi son projet particulier. A présent me couchant par le plus superbe clair de lune, la mer se fait entendre sous mes fenêtres et est très fort agitée. Plus je la
vois, moins elle a ma confiance.

Naples, mercredi 25 may. — Nous sommes malheureusement occupés icy de nous pourvoir de deüil, n'ayant
jamais pu prévoir un événement si inattendu. Cela m'a très
tristement occupé ma matinée. L'après midi, nous avons
été nous promener un peu incognito, n'ayant pas encore notre
deüil. Comme nous rentrons à la nuit, nous sommes toujours étonnés du mouvement des plus vifs de carrosses,
coureurs, de boutiques illuminées, de limonadiers et d'un
mouvement de peuple innombrable qui semble se réveiller
la nuit, attendu qu'ils dorment exactement au milieu du jour,
et ils se trouvent encore sur pieds après minuit, chantant et

faisant beaucoup de bruit. Les chaleurs ne nous incommodent nullement. Le soleil est toujours modéré par l'air de la mer. Je crois avoir déjà dit que toutes les fois que l'on a la teste à l'abri du soleil, on a beaucoup de frais.

Naples, jeudi 26 may. — Nous voilà tous aujourd'hui en grand deüil. La cour de Naples le prend pour quatre mois du Roy de France, comme chef de famille. Nous ne savons point encore combien de tems on doit le porter en France. J'ai passé ma matinée à me faire voir avec mes pleureuses (1) de côté et d'autre, chez M. le prince de Francaville, et j'ai dîné chez notre ambassadeur. Nous nous sommes trouvés à 5 heures à un rendez-vous de tableaux que l'on annonce toujours pour être de grands maîtres et qui se trouvent être des plus communs. La journée finit par la promenade ordinaire, toujours en carrosse. Je ne parle pas de toutes les conversations que l'événement malheureux occasionne. Nous attendons avec le plus grand empressement des nouvelles de Paris. Encore nous faut-il à présent deux courriers pour avoir quelque chose de certain. Chaque François fait des nouvelles suposées et quelques uns les donnent pour sûres. Par où ont elles pû arriver ? Il n'y auroit qu'un oiseau qui eût pu les aporter. Nous attendons icy, demain, celles qui seront arrivées de lundi dernier à Rome, mais nous ne comptons pas qu'elles nous apprennent rien de nouveau.

Naples, 27 may. — Ce matin nous avons été voir les tableaux du prince Stiliano dans la rüe de Tolède. Son palais est grand et vaste comme tous ceux d'Italie mais mal

---

(1) Bandes de toile qui recouvraient les revers des manches de l'habit et que les hommes portaient autrefois pendant la durée du grand deuil.

arrangé, peu commode et qui ne donne aucune envie d'en avoir de pareils. On y voit beaucoup de Luc Jordans dans sa manière ordinaire et d'autres de lui aussi, mais souvent imitant toutes sortes de maîtres, comme l'Espagnolet, le Calabrese (1). Nous y avons vu 2 tableaux, batailles du Bourguignon (2), aussi beaux que le Salvator Rose, mais dans le plus mauvais état, comme tous les tableaux de toute l'Italie. Il y a un tableau de Calabrese qui est un Saint écorché ; j'en aurai une esquisse heurtée. C'est une belle chose dont il ne faut pas attendre d'autre explication ni détail. Il y a un petit tableau de Rubens toujours beau, mais peu brillant, étant mal tenû. Cependant ce n'est pas son meilleur. Il y a un beau Poussin très frais et qui vaudroit beaucoup, si on le mettoit en état ; mais tous ces tableaux ne peuvent pas subsister bien des années.

Le tems se dérange, il se met à la pluye et au frais, ce que je n'ai pas encore vu ; d'un autre côté il fait un vent très fort qui nous rend le spectacle de la mer très curieux et très mouvant de nos fenêtres. Toute la journée ayant été pluvieuse et orageuse et le tems s'étant un peu remis à la chûte du jour, j'ai pris mon parti comme à Paris, n'ayant pu marcher de la journée. Je me suis couvert d'une redingote et me voila une heure et demie dans la rue de Tolède qui est toujours éclairée par nombre de boutiques et par la quantité immense de carrosses qui ont presque tous un flambeau et au

(1) Preti (Mathias), surnommé le Calabrois ou le Calabrese, né dans la Calabre en 1643, mort à Malte en 1699, élève de Lanfranc et imitateur de son goût des grandes machines (suivant l'expression technique) ; ses œuvres sont nombreuses à Malte. La vie de l'apôtre St Jean, qu'il a peinte dans l'église cathédrale de St-Jean de Malte, est son plus bel ouvrage.

(2) Courtois Jacques, surnommé le Bourguignon, né en 1621, mort à Rome en 1676. Ami intime du Guide, de l'Albane, de Pietre de Cortone, de Bamboche, l'émule comme peintre militaire de Michel-Ange des Batailles, le maître de Parrocel le père.

moins un coureur. Il faut se garantir des cabriolets qui vont un train que l'on ne peut rendre et la ville étant pavée de grandes dalles de pierres du Vésuve, ils coulent comme sur un parquet, sans bruit, mais les chevaux ont de gros grelots, ce qui prévient les accidents, avec le mot de *gare* dans la langue du pays, ce qui fait un bruit de paroles continuel dans les rues !

Naples, samedi 28 may. — Ce matin nous avons été à Portici chez un marchand de productions du Vésuve. Elles sont à l'infini et fort curieuses, surtout pour les amateurs d'histoire naturelle. Tant que le Roi est à Porticy, on n'entre point dans les appartements; demain, il retourne à Naples et nous prendrons jour pour y voir quelque chose. Cela n'est pas considérable. A peu près au milieu de Portici, qui n'est qu'un village, on y voit une grande pierre sur laquelle est gravé ce que cy après et que j'ai écrit d'après la pierre moi-même :

Posteri, posteri
vestra res agitur.
Dies faciem præfert Diei nudius perendino
advortite
vicies ab statu Solis fabulatur historia
arsit Vesevus
immani semper clade hæsistantium
ne post hac incertos occupet moneo
uterum gerit mons hic
bitumine, alumine, ferro, sulphure, auro, argento,
nitro, aquarum fontibus gravem
serius ocyus ignescet pelagoque influente pariet
sedante parturit

concutitur, concutitque solum
fumigat, coruscat, flammigerat,
quatit aerem
horrendum imûgit, boat, tonat, arcet, finibus accolas
emica dum licet
jam jam enititur, erumpit, mixtum igne lacum evomit
præcipiti ruit ille lapsu seram que fugam prævertit
si corripit actum est periisti
Ann. Sal. CIↃIↃCXXXI. XVI. kal. jan.
Philippo IV Rege
Emmanuele Fonseca et Zunica Comite montis regii
pro Rege
repetita superiorum temporum calamitate suæ que cala-
mitatis humanius que munificentius
formidatus servavit spretus oppressit jucautos et avidos
quibus lar et suppellex vita potior
tum tu si sapis, audi clamantem lapidem
sperne larem sperne sarcinutas mora nulla fuge
Antonia Suares Messia Marchione vici
præfecto viarum

Traduction par M**.

Race future, c'est pour vous instruire qu'est élevé ce monument. Ce qui vient d'arriver aujourd'hui peut arriver dans votre temps. Prenés y garde. Le Vésuve s'est enflammé souvent depuis le commencement du monde. On en raconte les événements. Il a causé la perte cruelle de ceux qui ont différé de s'y soustraire. Je vais vous prévenir pour que vous ne soyez point surpris.

Cette montagne renferme dans son sein du bitume, de l'alun, du fer, du souffre, de l'or, de l'argent, du nitre, et des sources d'eau. Tôt ou tard elle s'enflammera, et la mer y pénétrant rassemblera les matières qui causeront des éruptions, lorsqu'elle sera tranquille ; elle est actuellement ébranlée, et fait trembler la terre. Elle fume et produit des éclairs, jette des flammes, frappe l'air ; elle mugit horriblement, beugle, tonne, écarte et disperse les habitans des environs. Fuyés pendant qu'il en est encore tems. Elle est en travail dans le moment, son éruption va commencer. Elle va vomir un torrent de feu dont la course est si rapide qu'elle vous devanceroit, si vous différies dans votre fuite ; s'il vous atteint vous êtes perdus.

L'an 1631, le 16 des calendes de janvier, sous le règne de Philippe 4, Emmanuel de Fonseca de Zunica comte de Montréal étant vice-roy. Les malheurs précédemment causés par les éruptions du Vésuve s'étant renouvellés, et les secours ayant été versés avec autant d'humanité que de générosité dans cette calamité, ceux qui en ont été justement intimidés et qui ont pris la fuite à propos se sont sauvés, et ceux qui n'ont pas pris à tems leurs précautions ont tous péri par leur imprudence et leur avidité, plus attachés à leurs maisons, à leurs meubles et à leurs biens qu'à leur propre vie. Ils ont négligé de la conserver.

Si vous êtes sages, faites attention à cette inscription gravée sur la pierre, quittés vos maisons, abandonnés ce qu'elles renferment, fuyés sans différer. C'est le conseil que vous donne Antoine Suarès Messia, marquis, vice-intendant des chemins.

Naples, samedi 28 may. — Le reste de la journée a été si orageuse et si pluvieuse que nous n'avons eu que la ressource du coup d'œil de la mer par nos fenêtres, admirant cet élément en courroux et encore plus, nombre de barques qui le bravoient et qui paroissoient de moment à autre disparoitre et comme englouties, mais nous n'avons vû aucun malheur, d'ailleurs nous ne sommes jamais embarassés dans notre intérieur pour nous amuser très agréablement et avec beaucoup de variété.

Naples, dimanche 29 may. — Ce matin, nous avons parcouru différentes églises, mais pour y revenir, attendu que nous n'avions pas prévu qu'il y avoit trop de monde les festes ; presque toutes les églises sont extrêmement décorées, et les jours de festes, de tentures de Damas et de beaucoup de richesses. Mais je les ay encore vûes plus décorées à Gesnes. Ce soir, le Roy est revenu de Portici à Naples où il restera jusqu'à la Vierge de septembre. Demain est la Saint-Charles, sa feste, et l'ouverture du fameux théâtre de Saint-Charles dont on parle tant, et surtout de l'illumination qui fait l'admiration de toute l'Italie. Sans l'avoir vûe, ouï le rapport de notre société de peinture, disons que c'est mauvais.

Lundi, 30 may. — Aujourd'hui est Saint-Charles, feste du Roi de Naples, jour de l'ouverture du fameux théâtre de Saint-Charles, où se donne l'opéra. C'est un des jours de gala. Dès le matin, on entend le canon et des vaisseaux ou shébèques et des différents forts, comme du château de l'OEuf, château Saint-Elme au dessus des Chartreux et autres. On élève sur plusieurs tours des pavillons aux armes du Roy ; c'est ce qui annonce la grande feste. Toute la Cour se rend chez le Roi et la Reine le matin ; on y voit, il est vrai, une magnificence étonnante en livrées et équipages, valets multipliés, nombre infini de volants ou coureurs. Tout cela est fort riche. Vieux, jeunes seigneurs, tout est couvert de nos étoffes d'or et d'argent de Lyon, mais j'y vois beaucoup d'uniformité, peu de variété, peu de goût, beaucoup d'or et d'argent et cordons rouges de Saint-Janvier sans fin. Les rües sont d'un mouvement étonnant et la promenade à Strada Nova, sur le bord de la mer, est de deux rangs d'enfilade de carrosses parés comme une noce. Ce jour là on quitte tout deüil quelconque ; j'étois comme tout le monde, et en gala d'habit assez beau, j'ai parû partout et me voila revenu à une heure après minuit de l'opéra ou fameux théâtre de Saint-Charles.

Que de mensonges j'ai faits pour répondre à tous ceux qui se sont empressés de me faire voir et de me faire admirer ! J'étois dans la loge de Mad. la princesse de Francavilla et avant 8 heures. Le Roi et la Reine sont arrivés à 8 heures et on a commencé l'opéra dit l'Olimpiade, musique de Pichini, excellent compositeur, mais qui a peu réussi cette fois cy. Me voilà débarrassé de l'article de la musique. J'en viendray à celui des voix et du chant cy après. Revenons à mon arrivée à la loge ; dans la salle, tout ce qui est nombreusement éclairé fait toujours un effet, mais il faut voir si c'est le bon effet, et puisqu'il y a prétention grande, voir si on ne peut pas faire mieux. Les seigneurs et gens du pays m'y guettent pour voir l'effet sur moy de cette salle si renommée et éclairée d'innombrables bougies vis à vis glaces et miroirs. Il a fallu jouer l'admiration en arrivant. Je la joüois d'autant mieux sur le total que je loüois pour moi la belle forme et imposante de la salle par sa grandeur garnie de six rangs de loges de hauteur, mais je n'aprouvois qu'en aparence les bougies sur les glaces sans fin. Le miroir est une face noire qui répète le point de la flamme, laissant le reste de la glace noire, ce qui multiplie, il est vrai, mais d'un mauvais effet, tous ces points blancs, et finit, de l'aveu de tout le monde, par faire grand mal aux yeux, sans compter la fumée que doit produire tant de lumières. A ceux à qui j'ai pû parler vrai, je leur ai prouvé que si leurs lumières étoient sur un panneau blanc, au lieu du fond noir d'une glace, la lumière générale seroit plus douce, plus forte et plus rassemblée. Voici comment sont mises ces glaces : le devant extérieur d'une loge qui forme l'appuy est composé d'un panneau qui est de glace. Je le voudrois blanc et doré à filets ; les pilastres ou montants qui soutiennent ou partagent les loges sont garnis de bandes de glace et un grand cierge devant. Il faudroit aussi ces bandes blanches. Vis à vis chaque panneau cy dessus, il y a deux bougies, cela fait quatre lumières vis à vis chaque loge, de plus l'usage est d'avoir dans chaque loge une et deux plaques de glace, vis à vis lesquelles il y a une ou deux bougies. Jugez de l'augmentation et des petits points lumineux et du picotement qui en arrive aux yeux. Voilà pour la décoration. Je conviens que le premier coup d'œil en est brillant, mais je soutiens qu'on rempliroit mieux le même objet sur un fond blanc. Après avoir admiré la belle forme de la salle et jugé de l'étendue du théâtre, je demande comment les acteurs peuvent se faire entendre. On me répond que cela n'est pas aisé et même rare. Je demande alors à quoi sert une belle salle ; sa beauté consiste donc dans sa grandeur et cette beauté en fait perdre l'utilité. Que d'inconvénients, que de contradictions ! Ajoutez à cela : que peuvent devenir toutes ces belles parures des femmes ou hommes qui ne peuvent pas, et même avec des lunettes, s'apercevoir dans le diamètre du spectacle? Il faut s'en tenir à son voisin à droite et à gauche. En face du spectacle est la loge du Roy, richement décorée avec un baldaquin saillant ; mais ce qui m'a étonné, c'est de voir ce baldaquin terminé par une boule sur laquelle est une croix. Cet ornement n'est pas, je crois, à sa place. Voilà du mal dit, mais du vrai et comme je l'ai vu. Les choses à grandes prétentions sont faites pour être examinées de près et controllées ; puisqu'on vous les donne pour modèles, il faut perfectionner le modèle s'il est possible.

Le spectacle commence, et j'entends que je n'entends rien aux voix, non seulement qui ne peuvent fournir dans un si grand vaisseau, mais que le bruit qu'il est libre à tout le monde de faire, surtout pendant le récitatif, empêche absolument d'entendre. La présence du Roi paroit n'y rien faire. Ainsi n'ayant que très peu entendu me voilà dispensé de m'étendre sur le chant. Le plus fameux, *Teluci*, m'a paru, avec sa voix d'Italie, chanter avec goust. Peut être entendrai-je mieux une autre fois. Les voix de femmes ont encore plus de peine à se faire entendre. Voyons donc si les ballets auront pu m'amuser. Si c'est la longueur des ballets, il en sera comme de la beauté de la salle par sa grandeur. Par ordre du Roy, l'opéra a commencé par le ballet, attendu que le Roy et la Reine ne vouloient pas attendre le moment marqué du ballet après le premier acte. Je n'ay pas pu juger si le ballet avoit rapport au sujet de l'opéra, comme nous sommes accoutumés à l'avoir. J'y ai vû beaucoup de poignards et un tout fort tragique. On m'a assuré qu'il n'étoit pas d'usage de lier les ballets au sujet de l'opéra. Ainsi me voilà tranquile sur l'irrégularité d'ouvrir l'opéra par un ballet. On peut dire : *Paschal de-*

vant, Paschal après, c'est tout un. On a mis en question si le fameux danseur Pie valoit *Vestris* (1). Je venois à l'appuy de quelqu'un qui avoit dit non, mais pour plaire aux dames, il a fallu presque dire oui. Enfin ce beau ballet a duré une heure et un quart. Ne perdez pas de vüe que la beauté des salles icy est d'être immenses et sans doute la beauté des ballets et spectacle de durer 5 heures. Nous en avons eü jusqu'à une heure après minuit. J'y ai vu avec plaisir toutes les loges bailler ; alors je me suis mis à mon aise et j'ai pensé qu'il n'y avoit pas trop de préventions dans mon jugement.

Ce théâtre étant immense, on devroit toujours y donner en nombre, car une seule personne ou deux seules font un coup d'œil bien mince. Si je revois différemment, je me retracteray, mais je conclus que de faire une salle de spectacle trop grande ou trop petite ce sont deux extrêmes à éviter, mais du moins, dans la moins grande, on jouit du spectacle des voix, des danses, qui doit être l'objet de la salle.

Naples, mardi 31 mai. — Quand on a été à un mauvais spectacle jusqu'à une heure après minuit, et qu'on s'est couché à 2 heures, il est difficile de se lever de bonne heure ; ainsi la matinée devient une affaire d'intérieur. Nos occupations sont nos garants de l'ennuy. L'après midi, il faut absolument retourner en carrosse à la promenade ordinaire de tout le monde, mais nous sommes dans l'usage d'aller plus loin et de mettre pied à terre contre la coutume du pays. Nous ne perdons pas celle de notre nation.

---

(1) Vestris (Gaetano Apollino Balthazar), surnommé Vestris Ier ou le *Beau Vestris*, né à Florence en 1729, mort à Paris en 1808, célèbre danseur de l'opéra Français, père de Marie-Auguste, surnommé Vestris II, ou le *Dieu de la Danse*, né à Paris en 1760, mort en 1842.

Naples, mercredi 1er juin. — Nous voilà, tous François, occupés des nouvelles de notre pays. On ne s'éloigne pas trop ; on se rassemble et cela suspend le peu de courses qui nous restent à faire. En attendant, je fais ma provision de desseins avec les habiles gens que j'ai avec moi, et nos amusements ne sont qu'intérieurs. Je ne parle plus des promenades, elles sont sur le pavé, le long de la mer. C'est une uniformité déplaisante et sur le quay, on voit une populace immense avec des enfans sans nombre, qui font un bruit qui ne peut se rendre et qui ne donne qu'un coup d'œil de misère.

Naples, jeudi 2 juin. — Nous voici au jour de la feste dite icy *Corpus Domini*, feste Dieu. Ses apprêts dans les églises sont magnifiques, et aux reposoirs. Les rües ne sont cependant pas tapissées comme en France et le Roy suit la procession depuis son palais. Toutes les rues par où il passe sont bordées de troupes de différents régiments, mais je n'ay pas été content de la marche et de la composition de la procession. Je comptois qu'elle répondroit à la magnificence des églises et reposoirs ; au contraire, elle m'a parû peu en ordre, on voit beaucoup de différentes communautés de prêtres qui précèdent sans ordre et à des distances sans fin. Enfin, arrive le corps du day et le Roy derrière, avec ses gardes. Mais, je n'y vois ni chant ni musique, ni pompe comme en France par nombre de riches ornemens ; je n'y vois pas ce bel appareil d'encensoirs et de fleurs. Ainsi je n'y vois après le dais que la personne du Roy et sa Cour. Tout cela ne répond pas à l'idée que je m'étois faite des processions d'Italie, en conséquence de leur dévotion. Nous verrons jeudi prochain, la feste des quatre autels dans la place del Castello où on dresse 4 autels. D'ailleurs le tems étoit chaud et très beau. Le soir, nous avons choisi une promenade de pied au dehors ; elles ne sont pas communes.

Naples, vendredi 3 juin 1774. — Le gazetier manque absolument de matière. La journée s'est passée en choses particulières qui ne méritent pas de détail.

Naples, samedi 4. — Depuis deux jours la pluye et orage nous poursuivent très fort, la mer n'est pas assés tranquile pour nous y fier et terminer des courses curieuses que nous avons à faire du côté de Puzzolle, Bayes, Cumes, Misène, Gaëta, etc. Nous en saisirons la première occasion. Les ressources de société sont très courtes. On ne connoit que les grandes conversations ; j'en use peu, j'en ay assés. Ce soir nous avons eu la ressource du théâtre florentin où il y a opéra bouffe fort agréable, avec excellente musique du Pichini. Cela mène jusqu'à une heure après minuit. On ne peut rendre le mouvement de Naples ; celui du peuple paroit innombrable, et ce n'est pas le commerce qui l'occasionne ; la nuit est éclairée sans discontinuer par un mouvement de carrosses dont chaque a au moins un flambeau et souvent trois portés par des volantes ou coureurs, et tous les gens de pied se font éclairer. Nous n'avons rien de comparable à Paris dans nos plus grands mouvements, excepté qu'à Naples cela ne peut rouler que rue de Tolède, place del Castello et Strada Nuova, et à Paris on peut citer bien plus de quartiers en mouvement.

Naples, dimanche 5 juin. — La pluye encore toute la journée, chose très rare à Naples. Nous n'avons eü ce soir que la ressource du Théâtre Bouffe dont la musique est délicieuse, et le jeu fort plaisant, mais il y vient peu de monde. MM. les Napolitains font faire de la musique et ils ne l'aiment ni ne s'y connoissent en général. Les arts sont encore dans la barbarie et les métiers encore plus. Il n'y a aucun ouvrier près de la perfection. La serrurerie est comme dans son origine, ainsi qu'à Rome ; la ferrure d'une porte ou fenêtre d'un palais peut aller de pair avec celles de nos fermes en France.

Naples, lundi 6 juin 1774. — J'étois invité à diner aujourd'hui chez M. l'ambassadeur avec tout ce qui peut se trouver de François dans Naples, en grande partie négocians ; nous étions 38, après avoir chanté une grande messe et le *Te Deum* pour l'avènement du Roy Louis XVI. J'ai oublié de marquer samedi dernier que nous avions tous assisté au service pour le feu Roy fait par la nation françoise. Je reviens à notre diner. Au moment que nous sortions de table et que nous passions sur une terrasse donnant sur la pleine mer, on a aperçu un vaisseau venant à force de voiles par un bon vent avec pavillon blanc. Les lunettes alors ont été employées et on l'a jugé frégate françoise venant chercher et promise à M. l'ambassadeur pour le ramener de Naples à Toulon. On ne peut exprimer la joye de toute la maison et encore particulièrement des domestiques, de se voir au moment de quitter Naples et de retourner dans leur patrie. M. l'ambassadeur, qui attendoit ce moment pour emmener Mad° la marquise de Matignon sa fille, n'étoit pas le moins satisfait, d'autant que les tristes événements arrivés doivent rendre à cette dame le séjour de Naples odieux. M. de Matignon, jeune de 19 ans et passionné pour la chasse, s'y étoit tué par imprudence vers la fin de l'année, laissant Madame grosse de 3 ou 4 mois. Ce moment d'arrivée du vaisseau causoit des mouvements dans chacun et dans toute la maison, singuliers; on ne se confia qu'un moment aux lunettes; on envoya des coureurs en toute diligence au port. Ils ne tardèrent pas à confirmer que le Ministre envoyoit une frégate françoise. Aussitôt tous les carrosses furent en campagne pour aller au devant de M. le capitaine et de tous les officiers; j'y ai contribué de ma voiture et ils ne tardèrent pas à se rendre chez M. l'ambassadeur. Ses ordres y furent lus et je vois que M. l'ambassadeur et encore plus Mad° la marquise de Matignon ne feront pas attendre 8 jours Monsieur le capitaine. Il n'est pas douteux qu'ils n'ayent été bien reçus, et demain ils dineront tous chez M. l'ambassadeur qui vient de m'inviter aussi. On a du plaisir à voir des gens heureux. Ce soir nous avons assisté à une petite musique particulière; nous avions été, mais trop tard, voir le vaisseau nouvellement arrivé; nous ne manquerons pas d'y aller faire visite demain.

Naples, mardi 7 juin 1774. — On est accoutumé à voir icy plusieurs jours de suite entiers d'une pluye continuelle. C'est ce qui est arrivé par redoublement aujourd'hui et sans pouvoir rien faire au dehors. J'ai été dîner chez M. l'ambassadeur avec tous les officiers de son vaisseau au nombre de 16. Nous étions 36 à table; je ne sçai ce que MM. les Napolitains peuvent dire de la joye avec laquelle on les quitte. Les moments que la pluye nous tient en chambre ne sont pas perdus; cela augmente notre provision de desseins : il y a eü 2 ou 3 orages dans la journée.

Naples, mercredi 8 juin 1774. — Continuation d'orage et

de pluye qui nous retiendront un jour plus tard, ayant encore une course à faire à Pouzolles, Cumes, Bayes, Misène, etc. Ce vilain tems m'a procuré des desseins charmans de la part de mes compagnons de voyage.

Naples, jeudi 9 juin. — Cette après midi, toute la ville a été en grand mouvement pour la procession des 4 autels. Nous nous sommes placés dans la place, vis à vis le théatre de Saint-Charles où étoient le Roy et la Reine à une très petite croisée. Toutes les troupes sont en haye et sous les armes ; toutes les fenêtres et balcons sont couverts de damas, tapisseries, mais non les rues tapissées. La procession étoit plus en ordre que celle de jeudi, mais sans magnificence à comparer aux moindres à Paris et de France. Il y a des corps de musique avant et en arrière, mais ce qu'il y a de plus qu'en France, c'est un artifice immense à chaque reposoir et un bruit de boêtes et de canons de tous les forts et de la mer. La consommation de la poudre doit être des plus considérable ces jours cy, et ce que j'y admire, au milieu d'un bruit effroyable, je n'y ay vû aucun cheval effarouché sur la grande quantité de carrosses. J'en conclus que c'est le mouvement du peuple qui fait la beauté de ces jours de feste et la consommation de poudre qui donne effectivement l'air de grande feste.

Naples, vendredi 10 juin. — Nous voila occupés à nos malles pour repartir d'ici et le beau tems nous sert à merveille. Il semble que tout ce qui est françois quitte ce pays cy et avec plaisir. M. le baron de Breteüil ambassadeur, part aussi ces jours cy, et tout le monde avec joye. Demain samedy, nous entreprenons une course dont je rendrai compte.

Naples, samedi 11 juin. — Nous voila revenus de notre grande course où nous avons eü bien chaud, quoique partis à 4 heures du matin. Il s'agit de débuter par Pouzol, à 2 lieües 1/2, où on se rend en carrosse. On y voit un temple de Sérapis ; j'y reviendrai. De là à l'antre de la Sibille de Cumes, aux étuves de Néron, au temple de Mercure, temple de Vénus, tombeau d'Agrippine, la piscine admirable et ses cent chambres ou cellules, amphitéatre, Misène, Bayes, Cumes, Champs Élisés, Solfatar, la campagne felice, etc.

J'entrerai dans quelques détails, mais non dans tous, attendu que cela me meneroit trop loin, et que je remporte des livres très détaillés sur ce. D'ailleurs, je crois que la plûpart de ces choses sont curieuses pour l'historique, mais peu pour ce qui se voit au moment, bien des choses étant détruites au point qu'il n'y a que les vrais zélés amateurs de l'antiquité qui s'échauffent à la vue d'une idée de quelques restes et qui en prennent texte pour commenter. M. de la Lande est fort étendu et très satisfaisant dans son livre de voyage d'Italie, et à Naples on trouve un petit livre intitulé : Guide des Étrangers sur Pousol, Bayes, Cumes, Misene, Gaëte par M*gr* Pompé Sarnelli, évêque de Biseglia, 4*e* édition. Il faut regarder la situation de ce voyage et des endroits cy-dessus comme une côte et chaîne de montagnes le long de la mer. On peut s'en faire une idée comme la côte de Meudon en suivant celle de Saint-Cloud. Du premier coup d'œil on est étonné quand on trouve comme à Pousol un temple où il y a des beaux restes de grandeur, le trouver dans un fond entourré de terre et montagnes; mais on aprend que tous ces temples, ces palais, ces bains ont été couverts de cendres et pierres de ponce et laves par des éruptions de volcan qui ont remué et boulversé toutes ces costes, et en général on voit clairement avec les observations bien simples et l'usage de voir, que dans ce pays, toute la nature a changé fréquemment de forme, il est vrai en quelques milliers d'années, et il y a bien des endroits où on soupçonne bien des villes englouties sous les cendres dont les anciens conteurs font mention. Revenons donc à Pousol à 2 lieues 1/2 de Naples vers le couchant. On y voit un très beau reste d'antiquité qui est un temple dit de Jupiter Serapis, célèbre par les oracles dont parle Philoxène, dans la vie d'Appollonius de Tyane. Les fouilles en ont été faites en 1750, d'où on a tiré des statues et vases d'un beau travail. On voit qu'il étoit environné de 42 chambres quarrées dont la plupart sont ruinées. Il reste 4 belles colonnes de marbre blanc dont 2 sont sur pied et 2 à terre ; les autres sont à Portici. Ce temple est pavé en entier de marbre blanc, les murs en étoient aussi revêtus, tout annonce la plus grande magnificence ; on voit que les colonnes qui sont à terre ont été baignées par la mer et sont criblées de trous faits par les cottes. Tout ce temple est bien découvert et se trouve dans un fond par raport au reste des cendres et lave qui l'entourent et annoncent qu'il y a encore quelques ville ou monument engloutis qui se découvriront quand on voudra en faire les frais. On continüe en s'embarquant sur des chaloupes pour suivre la coste et s'arrêter aux monuments qui restent. On voit en s'embarquant 13 piles de pont et quelques arcs qui font croire que c'étoit un môle pour briser l'effort de la mer, mais on lui donne le nom de pont de Caligula de ce que, suivant *Suétone*, cet empereur insensé fit faire un pont moitié de pierres et moitié de vaisseaux couverts de terre, de Bayes à Pousol, voulant y passer en triomphe, ce qu'il fit effectivement à cheval et en char de triomphe. La vüe de ces piles qui se sont soutenues si longtems devient intéressante, appuyée de la lecture, des anciens auteurs.

On voit aussi à Pousol un ancien colisée, mais peu conservé, surtout quand on a vu celui de Rome, de Nimes. A une demie lieüe de Pousol, on trouve plusieurs tombeaux ; on montre les restes ou la place d'une maison de Cicéron, sur le bord de la mer. Les pêcheurs et enfants trouvent fréquemment, sur le bord de la mer ou en plongeant, des pierres et autres marbres de porphire. On voit que la mer à repris jusqu'au bas de la montagne tout ce que les Romains lui avoient pris par leur jettée et môle en avant pour établir leurs maisons et terrasses. Toute la côte et golfe de Pousol étoit le pays le plus agréable et à la mode où étoient les maisons les plus voluptueuses du tems. *Ciceron, de lege agraria, contra Rullum*, § *36*, parle du Mont Gaurus et de Vica Herculanea comme des endroits les plus délicieux : « Multarum deliciarum et magnæ pecuniæ.» Bayes étoit devenu le rendez-vous des délices par les bains chauds. (Voy. Horace, livre 2, od. 18; Martial L. XI, 81.) N'allés pas croire que j'aye vû tout cela délicieux ; il n'y reste que des étuves et bains chauds peu engageants à s'y baigner. Il n'y reste que nombre de monuments solides de tombeaux de familles où chacun a son boulain, comme dans un colombier. Ces tombeaux sont très multipliés et quand on en a vû un ils se ressemblent tous ; ils ont jusqu'à 2 et 3 étages. Bayes étoit devenu le pays plus que galanterie mais de débauche et un philosophe n'osoit y aller. C'est ainsi qu'en écrivoit Seneque à son ami Lucilius. L'an 138 de J.-C, l'empereur Adrien mourut à Bayes ; son corps fut brulé à Poussol, dans la maison de Ciceron. Je m'aperçois que je passe mes bornes en parlant de ce que je n'ai pas vû, et dont on ne se douteroit pas au peu de restes, mais j'avoue que j'ai, comme d'autres, regardé ce pays avec extase. Il y a des rivages où on aborde et on vous porte sur les épaules dans d'anciens temples baignés à présent par la mer, comme temple de Venus, de Mars, de Diane ; on y voit des restes de plafonds en stucs, des formes et moulures qui donnent idée d'un endroit fait avec soin. Il y a aussi un monument que l'on nomme le tombeau d'Agrippine, mère de Néron ; on y voit au flambeau des stucs très finement modelés, mais il reste à savoir si c'étoit tombeau ou bains. On va de là aux bains dits de Néron ou étuves de Critola ; on peut bien entrer au commencement, mais la chaleur est trop suffocante pour pénétrer. Un homme du pays et accoutumé va jusqu'au bout y faire cuire des œufs qu'il reporte, mais il faut qu'il soit nud et il en revient cuit comme ses œufs. On fait l'expérience qu'en se baissant jusqu'à 6 pouces de terre, on ne sent pas de chaleur, mais si on reste à sa hauteur on est suffoqué. On a raisonné avant moy sur tout cela et les livres sont suffisants. On y trouve des malades qui ont besoin de suer ; on vous aporte des environs en creusant un peu, des poignées de sable qui se trouve brulant et qu'on ne peut suporter ; d'où il faut conclure que dans ce pays il y a une fermentation continuelle dans les entrailles de la terre. Suivons à Monte Novo, ou lac d'Averne, à la grotte de la Sibille. Le premier est une montagne qui peut avoir 200 pieds de haut, sortie du milieu du lac Lucrin en 1538 avec un bruit horrible, laquelle éruption abima le village de Tripergole. Les matières dont cette montagne est composée ne sont que laves, pierres de ponce brulées et spongieuses et des scories qui paroissent être sorties d'un fourneau. Le feu, le souffre, les cavernes, les volcans, les voyages d'Énée, d'Hercule, ont animé le génie des poëtes et leur ont produit toutes leurs fictions. De là au lac d'Averne et à la grotte de la Sibille qui se trouve remplie d'eau, on s'y fait porter, mais on juge que ce n'estoit autre chose que ces anciens chemins que les Romains pratiquoient en perçant les montagnes pour abréger quelques chemins. Mais les éruptions et les volcans qui ont si souvent bouleversé ces pays paroissent avoir comblé de cendres ce chemin dans la montagne. Il faudroit copier les livres bien détaillés que j'emporte pour rendre compte de tout ce qui se voit sur cette côte et aussi à un mil ou deux dans les terres, ce qui fait que je m'arrêterai, ne voulant que me conserver notte des endroits de remarque. Mais je me rapellerai d'avoir vû les Champs Élisées, le fleuve où étoit la barque pour passer un petit cap d'eau pour y arriver. J'ai vû tous les tombeaux qui bordoient la coste où on portoit et où on bruloit tous les corps, et je vois tout ce qui a échauffé la verve de Virgile et autres. Mais je ne peux dire que ces restes fassent un beau coup d'œil à voir ; il faut se rapeller ses auteurs, et le plaisir gagne plus ou moins suivant l'affection de chacun. La réflexion qui m'y occupe le plus, c'est de voir désert un endroit qui étoit si habité et le siège des délices, et de voir bien sensiblement qu'il y a sous vous des villes englouties dans la cendre où on trouveroit, si on y transportoit des François, des richesses et des curiosités sans fin ; mais ici on ne connoit que ce qui vient sous la main. Il ne faut pas que j'oublie la Solfatare qui est à un mille de Pousol : on fait ce chemin et une partie des tours cy dessus en petits cabriolets qui vont le plus grand train ; on sçait que ce qui est une plaine à présent étoit autrefois une montagne qui a fait éruption et a laissé une plaine d'un mil en long et large, environ. Tout ce terrein est de matière de souffre, d'alun, de vitriol ; on y trouve quantité de trous grands et petits d'où il sort continuellement de la fumée et en mettant l'oreille sur terre on entend un bruit comme un fleuve qui bouillonne. En marchant, le terrein résonne comme un corps creux ; on y fait aussi le vrai sel ammoniac. Petrone fait mention de la souffrière. Tous ces événemens et fermentations de la nature donnent un champ très étendu aux phisiciens et amateurs d'histoire naturelle. Je n'ay compté garder icy que des nottes de ce que j'ai vû pour pouvoir relire avec plaisir les auteurs classiques et anciens qui en ont traité. On peut répéter icy que toute cette coste, et à 3 mil dans les terres depuis Pousol, Bayes, Cumes, est un magazin de villes noyées dans la cendre dont il reste surtout les débris des temples qui font preuve de villes de conséquence, mais que les auteurs anciens indiquent assés pour juger de leur situation et n'en pas douter. Sur tous ces terreins boulversés ont été hâtis de petits villages ou maisons éparses et, d'année en année, quelques événemens de plantation ou autre occasion, font découvrir quelques maisons enterrées. Aparament qu'il faut laisser du plaisir à découvrir à ceux qui viendront après nous, et le deffaut de curieux, de gens éclairés et d'argent, laisse en repos ce cahos de villes enveloppées sous la cendre. Quand on a fait toute cette journée depuis 4 heures du matin et avec un bon soleil on en a suffisamment. M'en voila revenû, et ma mémoire reposée par ce que j'ai mis sur le papier.

Naples, dimanche 12 juin 1774. — Cejourd'huy nous devions quitter Naples, et nos voitures toutes chargées, mais nous avons pensé qu'il falloit nous reposer de nos courses de la veille, ce que nous avons fait tous d'un accord et remis à demain lundi notre départ à 3 heures du matin.

Lundi 13 et mardi 14 juin, retour de Naples à Rome. — Nous voici arrivés en 38 heures à Rome ayant pris le parti de venir de suite en nous arrêtant seulement 4 heures de la plus grande chaleur pour dîner. Nous avons eu la plus belle nuit, mais arrivés sur les Etats du Pape, prodigieusement cahotés.

Rome, mercredi 15 juin. — Nous voilà bien reposés de notre course de Naples et notre journée employée aux visites nécessaires. Demain nous projettons reprendre nos palais et églises qui nous restent à voir.

Rome, jeudi 16. — Avant 8 heures du matin nous étions en marche pour le palais Mattei dont nous n'avons pu voir que la cour qui est tapissée à l'infini de bas reliefs antiques et de fragments de tombeaux ; il y en a de très bien exécutés et du bon temps de la sculpture.

De là dans l'église St. Barthélemy dans l'Isle ; il y a une chapelle très agréable peinte par Antoine Carache. Au maître autel il y a 4 colonnes de granit et une vasque de porphire sous l'autel où est le corps du Saint. De là au Noviciat des Jésuites où on fait voir un très bel ouvrage en sculpture de le Gros. C'est dans la chambre ou célule où demeuroit saint Stanislas Koska ; il y a un lit et couverture en marbre, le Saint a la teste, mains et pieds de marbre blanc et le corps ou habillement marbre noir, habit de jésuite, un crucifix dans les mains, le tout est d'un beau travail et joüe la nature, en entrant ; les matelas ont la souplesse de la laine, les pieds sont de la plus grande vérité. Le reste de la journée commence à être difficile à employer par la chaleur qui devient sérieuse. On dîne et on dort.

Rome, retour vendredi 17 juin. — Nous étions en course avant 8 heures. Il y a plaisir à aller dans les Palais qui sont très frais. Nous avons commencé par le palais Borghese. On prétend qu'il y a dans la cour 100 colonnes de granit estimées à très bon marché 3.000 fr. chaque. Je n'ay pas trouvé les apartemens, ny si hauts ni si vastes que tous les autres. Il y a en bas, un tableau très beau du Môle (1), Saint Pierre dans la prison, où il y a un bel ange en racourci.

Un Jugement de Salomon bien composé du Valentin (2). Une adoration des Bergers, des plus beaux que j'aye vû par le Bassan, moins confus que ceux ordinairement… très bien composé, bien peint et vrai, ce qui me feroit croire que la quantité que l'on voit de luy ne sont peut être que de ses élèves par la différence extrêmement grande en tout de celuy cy.

De Jacobo Brungino (3), un beau capucin en prière ; on ne peut mieux peindre plus ferme et avec plus d'effet et d'expression ; il n'y a rien à désirer.

Un tableau du Dominiquain : l'ensemble et la composition n'en sont pas agréables, mais les testes et détails en sont de la plus grande beauté. Un beau tableau de Cara-

---

(1) Mola (Pierre-François), né à Coldré, dans le Milanais, en 1621, mort à Rome en 1666, élève du Josépin puis de l'Albane, influencé plus tard par le vigoureux coloris de l'École Vénitienne ; bon coloriste, excellent dessinateur et grand paysagiste.

(2) Valentin, peintre français, né à Coulommiers en 1600, mort à Rome en 1632, élève de Vouet, plus tard, en Italie, imitateur de Caravage.

(3) Bronzino (Agnolo), né en Toscane, mort à Florence en 1570, élève de Pontorme, excellent portraitiste.

vage : David tenant la teste de Goliath. Belle teste de sainte Cécile du Dominiquain. Un superbe portrait par Guido Reni dans le goust de Vandyck et encore plus fin, tenant du Rembrant (1) ; une très belle collection de desseins sous verres de Jules Romain ; un Saint dans la prison et une femme au travers des barreaux, superbe Guarcin (2). En haut, appartemens du prince Don Paul ou Aldobrandin, petits appartemens, assés bien entendus, où il y a des choses de goût décorées par Sterne, Romain. Il y a entr'autres une petite galerie où il y a 8 grands tableaux de Vernet, des plus beaux et qui ont été payés à Rome 150 fr. chaque, du tems qu'il y étudioit.

De là au palais Chigi, rue du Course, vastes apartemens, pas de tableaux, un très beau St François du Guercin.

De là au palais Ruspigliosi. 12 apôtres de Rubens ne m'ont pas fait grande sensation. Dans le pavillon du jardin, superbe plafond du Guide ; quelles femmes, quel beau pinceau (3) !

Rome, samedi 18 juin. — Je me suis occupé à revoir divers artistes dans Rome, et autres occupations qui ne peuvent se détailler. La chaleur nous gagne vivement ; il faut s'occuper de très grand matin dehors, être rentrés à 10 heures.

Rome, 19 juin. — Avant 8 heures j'ai été à pied revoir St Pierre. Quel immense et rare vaisseau ! quel coup d'œil de grandeur ! cela tient teste aux belles entreprises des Romains. J'en ai revû les détails avec plaisir. Il pouvoit y

---

(1) Rembrandt Van Ryn, né près de Leyde en 1608, mort à Amsterdam en 1669.
(2) Guerchin.
(3) C'est le célebre plafond, représentant l'*Aurore*.

avoir, à tout rassembler, 2000 personnes dans St-Pierre ; à mon œil, cela me faisoit l'effet dispersé de côté et d'autre, de 25 personnes. Je n'ay jamais entrepris de détail ; les livres sur ce étant multipliés et justes. Le soir, nous avons été le long des murs du Vatican où est établi un fameux jeu de Balon où se rend toute la noblesse dans une loge, et des gradins immenses pour le peuple. Les spectateurs y mettent un très grand intérêt ; il y a des paris et les applaudissements ou sifflets y sont aussi vifs qu'aux spectacles du théâtre.

Rome, lundi 20 juin. — Notre journée s'est terminée par notre visite au Saint Père, présentés par M. le cardinal de Bernis. Après avoir bien diné comme d'ordinaire chez luy et par un tems très chaud, nous nous sommes trouvés chez luy au rendez-vous à 8 heures du soir, que l'on apelle l'*ave Maria*. Nous sommes montés dans le carrosse du cardinal, au pas, en grand fioch, et nous nous sommes rendus en traversant Rome à Monte Cavallo, palais du Pape. Tous les cent Suisses étoient en haye, mais pour le cardinal, et nous voilà descendus de voiture, montant à la nuit les tristes escaliers du Saint Père, dans son anti-chambre, où il y avoit quelques valets mal peignés qui se prosternent dans le goût des révérences turques ; de là autre anti-chambre avec deux tristes lumières et trois tristes prêtres ou en ayant l'air. Un premier gentilhomme, monsignor Potentiani, nous fait entrer, après le cardinal, dans le cabinet du Pape. Nous savions qu'il falloit en entrant faire une génuflexion et ensuite deux autres jusqu'à ses pieds. Il vient au devant, et celui-cy est sans façon comme un bon petit moine, riant et avec bonté et honnêteté, parlant italien, et le cardinal répondant souvent pour nous, qui n'avons pas tout l'usage. La conversation a été fort agréable et a fini par un prestre qui est entré, s'est mis à genouïl et lui a présenté des chapelets qu'il a bénis, et nous en a remis chacun un en ajoutant je ne sçais quoy, qu'il y accordoit des indulgences, en marmotant, je crois, ce dit chapelet à tant par jour, et nous a donné sa bénédiction. Ces chapelets sont de jaspe, avec un gland et petite médaille d'or au bout. Mon fils a eu une bénédiction de plus que moy, attendu que le cardinal a dit qu'il avoit eu à Naples un rhumatisme qui l'avoit tenû au lit un mois, et qu'une bénédiction du S. P. lui feroit du bien, et en même tems, en riant, il l'a donnée ainsi ; voilà une faveur de plus. J'en ai eü une autre d'une autre façon. Il est d'usage en entrant d'ôter son épée et chapeau et les laisser en avant, ce que mon fils a fait, mais moy j'en ai été exempté à cause de mon cordon. Je n'oublie aucune circonstance pour m'en souvenir dans cent ans.

Après un quart d'heure au plus de conversation, le Saint Père, suivant son usage particulier, reconduit les présentés en marchant à la porte et l'ouvrant lui-même ; on ne fait aucune cérémonie, on le laisse faire et on sort sans la moindre politesse. On est bien aise d'être dehors, car le S. Père a pour habitude de se tenir toujours en moëteur, tout enfermé et de plus, il fait bruler du sucre. Jugez ! un grand jour de chaleur, le surcroit dont on joüit ! D'ailleurs le S.-P. est vif, bien portant et paroit faire attendre son successeur. Nous voilà engagés à voir la feste de Saint-Pierre et ce fameux feu d'artifice. Je me couche sur ma bénédiction.

Mardi, 24 juin à Frascati. — Il y a un certain circuit aux environs de Rome qu'il faut que tout étranger parcoure, et où il y a des beautés soit par le site, soit par les bâtimens et surtout par les jardins et les eaux. Il y a quelques mois que nous avons été à Tivoly à 6 lieües de Rome, endroit renommé et dont j'ai sûrement fait description dans le tems. Nous voila arrivés ce soir, à Frascati, à 7 heures, à 4 lieües de Rome ; le soleil s'est couvert et nous a fait la plus grande faveur, car il fait icy tout de bon chaud, et très chaud, et étouffant. Frascati est dans la plus belle vue et situation, parce que l'on y monte plus haut qu'à Saint-Cloud et comme à Meudon ou Saint-Germain-en-Laye. C'est une petite ville qui étoit Tusculum, dans le Latium, à présent un évêché possédé par un des six cardinaux évêques. C'est dehors cette petite ville que l'on y voit toutes les campagnes, et différentes maisons apartenant ou à grands seigneurs, ou à particuliers, et qui donnent la réputation à Frascati, qui y attirent les étrangers. Nous avons employé notre soirée à voir la *villa Ludovisi* ou *villa Conti*, que l'on trouve en sortant à gauche de Frascati. On y monte par trois vastes escaliers garnis de balustres, le tout d'une très mauvaise forme. On dit qu'autrefois tous ces escaliers n'en faisoient qu'un seul, ce qui étoit plus noble. Il faut qu'il soit venu quelqu'architecte aimant les formes tourmentées ; c'est assez le goût du pays, vis-à-vis les modèles de belles choses. On se trouve sur une terrasse où il y a de beaux effets d'eau ; de là de très belles et anciennes plantations, qui conduisent en face, à une belle cascade qui va toujours avec un gros volume d'eau. C'est ce seul volume qui puisse dédommager de la mauvaise forme de la cascade. Il y a un jet d'eau que l'on fait jouer et qui va assez haut et avec beaucoup de grosseur et d'étalage, par la façon de l'ajoutoir. Ils ont aussi le talent de procurer à ces jets un effet imposant de bruit et de pétarade continuelle, comme artifice ; ce qui est assés amusant. On monte au haut de la cascade ; on y trouve d'autres plantations avec une pièce d'eau et variété ; on redescend et on fait jouer nombre de vases le long des terrasses. La grande quantité fait que l'on passe cette petite division d'eau que l'on peut suporter, parce qu'elle est répétée ; mais on admire les très belles plantations. Il ne faut pas parler de l'habitation, elle n'en vaut nullement la peine. Les terrasses différentes, de l'eau partout et la plus belle vüe et intéressante sur la campagne de Rome, magasin à histoire et à traités de batailles et événements sans fin de l'histoire romaine. De là, on se promène pour rachever la journée au clair de la lune ; on se retire et on se couche pour projeter de continuer ses courses demain matin à six heures.

Frascati, mercredi 22 juin. — Nous étions en route ce matin à six heures, et ce n'est pas trop tôt pour entreprendre de parcourir les différentes maisons. En commençant par *Villa Pamphili* dite *Aldobrandini ou Belvedere*, tout près de Frascati, la description ci-dessus peut y servir, quoiqu'il y ait sûrement des différences ; mais il y a toujours cascades et beaucoup d'eaux variées, la plus belle vue et des plantations qui sont vertes l'hiver comme l'été, plantées de lauriers, cyprès, chênes verts, etc. Cependant cette villa là est plus agréable, le château étant bien situé et logeable. C'étoit la campagne qu'occupoit M. de Choiseul, lorsqu'il étoit ambassadeur à Rome. Il y a un fort beau salon d'où on voit d'un côté une très noble cascade d'une jolie perspective et en bas, un grand cercle bien décoré et de figures et d'eau, et de l'autre côté, toujours dans le sallon, on voit la plus belle vüe sur les campagnes de Rome, de belles terrasses et de là, on repasse tous les traités d'histoires intéressantes de tous les peuples de cette coste vis à vis les Romains, et toutes les actions qui se sont passées dans ces environs. Peut-être que l'histoire les a encore embellies. Il y a entre les cascades et le sallon une large terrasse avec un cercle de bâtiment, de décorations pour eau et un sallon dans le fond duquel est le Parnasse, avec figures de ronde bosse, mal composé et mal rendu. Cela ne peut faire qu'une capucinade, mais cela occasionne mils effets d'eau, assez amusants, comme de procurer un courant d'air très violant à deux tuyaus à l'entrée, aux deux côtés de la porte, qui soufflent violemment aux oreilles de celui qui entre; de même, au milieu de ce sallon, se trouve un tuyau d'où sort de l'air assez violent pour soutenir en l'air une balle légère de noix de Galle ou autre, ce qui est susceptible de mils effets et amusements hydrauliques. Il ne s'agit que d'éviter le mauvais goût et faire un bon choix pour rendre tous ces jeux agréables. Je ne m'étendray pas sur les tableaux qui s'y trouvent dans les plafonds, n'y ayant rien d'extrêmement séduisant. Ils tiennent leur place pour décorer. J'oubliois de dire que dans toutes ces villas ou campagnes, on aime à avoir des atrapes d'eau qui sortent de tous côtés, sous les pieds, dans des passages, dans des escaliers; nous connoissons cela en France. Cela est encore plus agréable dans les pays très chauds, mais ce que je n'ay pas vu en France, c'est la variété qu'ils donnent à un jet d'eau par les ajoutoirs qui rendent tantôt le jet d'eau en neige, tantôt en pluye, ou en eau lisse et en forme dont j'aporterai les modèles.

Villa Borghese ou villa Taverna, est située au dessus de Frascati et renferme toujours des eaux et des plantations immenses et très pittoresques. De là on va de suite à Mondragone apartenant au même maître. Le château en est très vaste, sans agrément; à un des bouts on se trouve à une gallerie ou portique de vignoble, composé de cinq arcades décorées de plâtres ioniques et colonnes d'une pierre jeaunâtre brune, apellée de Péronne. De cette colonade on passe dans un jardin comme une orangerie, autour duquel on monte sur une terrasse. Il y a un grand bassin avec une forte balustrade et toutes sortes de forme de têtes d'eau, que l'on conduit soy-même ; les ajoutoirs étant en cuir, chacun peut s'y amuser suivant son goût. De cette villa on a la plus belle vüe d'un côté sur la mer, et de l'autre Rome et comme les autres cy dessus.

En montant toujours plus haut, on trouve le couvent des capucins et on vous montre un crucifix d'ébène sur lequel est peint un Christ, dit-on, par le Guide; mais nous n'en avons rien crû. On continue à monter et on trouve la Rufinella, maison de campagne des Jésuites ; comme on donne icy des noms à tout, on l'apelle la maison qui apartenoit à Gabinus. Et encore plus haut, au sommet, on trouve un pavillon couvert de planches, qui met à l'abri les débris d'un sallon ou temple. C'est un parquet d'environ 3 toises, en mosaïque, au milieu duquel est en médaillon une grande tête de Méduse et autour les signes du Zodiaque. Il y a toute aparence qu'il y avoit sur cette cime de montagne ou un palais ou un temple, toute la montagne étant couverte de petits morceaux quarrés de marbre de toutes couleurs qui composoient les planchers en mosaïque. Il est fort dur de parcourir et de monter pour peu qu'il fasse chaud. On ne parle dans toutes ces situations que des maisons de Domitien, Lucullus, Cicéron. On fait remarquer, de ces hauteurs, le lac Regile ou de Sainte Praxède, à présent fameux par le gain de la bataille dont Castor et Pollux aportèrent la première nouvelle à Rome et qui donna aux Romains la supériorité sur tous les Latins, car tout ce pays cy est, ou étoit, le *Latium*. Suivons et allons à Grotta Ferrata, belle et grande abbaye de 40.000 fr. de rente, à une petite lieue de Frascati, dont l'église est très ancienne. On y va pour voir, dans l'église, six grands tableaux du Dominiquain. Effectivement, ils sont peints à fresque et ont bien le caractère du grand homme. Les têtes ont toute l'expression possible. C'est l'histoire de Saint-Nil qui vint s'y établir l'an 1000. Il y en a entr'autres un qui représente le saint guérissant un possédé ; tout est de la plus grande vérité, et tous les détails nous ont longtems occupés et cela n'est bon à voir, vu la peine que cela donne, que pour les vrais amateurs.

Rome, jeudi 23 juin. — Nous voici de retour à 9 heures du soir. Ce matin, nous étions à la suite de nos courses à 6 heures, en commençant par Marino, qui est une terre de la maison Colonne, et une petite villa. On y va voir, dans la collégiale, le martyr de Saint Barnabas par le Guerchin, tableau médiocre ; le martyr de Saint Barthélemy du même, qui est en manière, et dont les positions, posées tranquiles, deviennent fausses dans le moment d'une action aussi terrible. Il y en a encore un autre du Guerchin ou soi disant ; on pouroit épargner toute cette médiocre curiosité aux voyageurs qui ont déjà assés de mal. C'est dans les palais et vrais cabinets où on voit les beaux Guide et Guerchin ; on les goûte et on en profite. Suivons à Castel Gandolfo ; c'est la maison de campagne du Pape, vilaine entrée, vilains détails sentant le séminaire et non la maison d'un souverain. Beaucoup de chambres y tournent autour d'une cour et de galleries étroites, sans jardins. On voit aussi, près de Castel Gandolfo, la villa Barberini. On communique à toutes ces campagnes par des allées très couvertes de chênes verds. Les jardins de villa Barberini renferment les ruines de la campagne de Domitien. On y voit effectivement des fragmens de batisses très considérables qui donnent idée d'un très grand plan. On y voit des routes et des galleries soutéraines très décorées de caissons de stuc et d'une longueur considérable. S'il fait trop chaud en voyant tous ces débris, l'intérest en diminue beaucoup, mais il faut tout voir. Toutes ces côtes de montagnes se voyent clairement avoir été des volcans ; la terre en est brulée ; on y voit des roches de lave qui a coulé, la pierre de ponce et tous les indices reconnus.

En suivant au-dessous de Castel Gandolfo le long du lac dit Lago Castello, on va par des avenues de chênes verds et couvertes, à Albano, petite ville située au pied du même lac. C'est le siège d'un des six cardinaux évêques. C'est à présent et depuis peu, M. le cardinal de Bernis qui en est évêque. Il n'y a rien de curieux qu'à l'entrée, un mausole composé d'une masse faisant base et dessus cinq piramides de dix pieds de diamètre. On l'apelle sans certitude précise, tombeau des Horaces et des Curiaces ; d'autres disent du Grand Pompée. Il y a près du lac ci-dessus une montagne percée qu'on apelle Émissaire du lac ou Emissario, par lequel les eaux vont se rendre dans la plaine lorsqu'elles sont trop hautes. Ayant vû plusieurs de ces anciens ouvrages là des Romains, nous n'avons pas jugé à propos de nous y transporter par une chaleur très décidée. Nous avons fini le soir à six heures par la Riccia, gros bourg près Albano, qui étoit Aricia, dont il est parlé dans la 5ᵉ satyre du 1ᵉʳ livre d'Horace. Elle est sur l'ancienne voye Appia. On y va voir une église en forme de rotonde, bâtie par le Bernin qui en a fait l'architecture, sculpture et peinture. L'intérieur est bien et fait plaisir; il y a bien à souhaiter sur l'extérieur. Devant l'église est un grand palais et, entre lequel et l'église, il y a une grande place longue et deux fontaines. Toute cette belle disposition est encore plus rare dans un très petit endroit. Si on vouloit, aux environs et sur les chemins, s'arrêter à chaque môle de pierre, tombeau ou débris, il y auroit de quoi s'y occuper des mois, en combinant les noms qu'on y donne. Le raisonnement le plus sûr à faire sur ce terrain est la certitude qu'il a été volcan il y a milliers d'années; les preuves en sont claires et visibles. On devient dans le moment connoisseur sur cette matière, mais le degré d'amateur n'est pas donné à tout le monde. Je les crois encore plus zélés et plus entousiastes que les amateurs d'art.

Nous avons, après tout cela, été bien aises de retrouver nos voitures pour nous reposer et revenir à Rome, veille de S. Jean.

Rome, S.-Jean vendredi 24 juin. — J'ai dîné aujourd'hui chez M. le Cardinal de Bernis, avec autres cardinaux. Comment ferai-je pour m'en passer ! Les après diners sont chaudes et on végète; quand le soleil est couché on commence à sortir. Il n'y a pour aujourd'hui que nos occupations ordinaires.

Rome, samedi 25 juin. — J'ai profité du peu de tems qui me reste pour revoir la fameuse église de S. Pierre. J'y ai passé 2 heures et delà à la Rotonde, autre Eglise, anciennement un temple. J'en ai parlé dans mes premières descriptions. Tout cela a fait ma promenade du matin. Ce qu'il y a à voir et revoir est icy inépuisable. Quelle différence de Naples, où il ne se présente que de l'histoire naturelle ! Il est vrai que c'est un autre canevas qui va à l'infini, et qui trouve des amateurs zélés. Je ne peux désaprouver leurs recherches et plaisirs, mais je ne me sens pas appelé à cette connoissance.

Rome, dimanche 26 juin. —Autre visite à S. Pierre ce matin, pour y entendre la messe, en lui donnant la préférence sur toutes autres Eglises ! Il pouvoit y avoir 2000 personnes dans l'Eglise, qui faisoient l'effet de 25 ; ce qui peut donner une idée du vaste de cette Eglise. L'après midi se passe à attendre la fraîcheur le soir, et beaucoup l'attendent sur leur lit, car outre la chaleur, il s'y mêle un chiroque qui est un tems lourd et assommant, provenant d'un vent de midy. Les Italiens se couchent tout à fait après leur diné ; quelque fois j'ai fait la méridienne, mais c'est l'affaire d'un quart d'heure.

Rome, lundi 27. – Aujourd'hui, le jour du courrier est intéressant et fera époque dans mon voyage. Nous y apprenons avec inquiétude l'inoculation du Roy, et de Monsieur et M. et Mme la C. d'Artois. Les bons patriotes et qui sont éloignés sont interdits d'une pareille nouvelle. On ne sçait si on doit s'en réjouir. Il faut s'en tenir à faire des vœux et espérer une prompte réussite.

Rome, mardi 28. — C'est aujourd'hui la veille de S. Pierre dont on s'occupe icy depuis beaucoup de jours. C'est le saint des saints ici ; l'Eglise S. Pierre est dans la plus grande parure. On attendoit avec impatience, de la part du Roy de Naples, l'ordre, au connétable Colonne, pour présenter la haquenée au Pape avec une lettre de change de 12000 écus Romains, environ 60 mille livres monnoye de France. Cet ordre, qui arrive ordinairement un mois ou deux avant S. Pierre, n'est arrivé qu'avant hier ; ce qui entretenoit icy nombre de propos et d'inquiétudes, croyant que le Roy de Naples vouloit se débarasser de ce tribut. Sans doute que ce retard aura augmenté le plaisir à proportion de l'inquiétude. Il s'est trouvé que le premier commis des affaires étrangères à Naples, étant nouveau, avoit oublié cette affaire. Les préparatifs et de fête et de feu devenoient nuls sans cela ; jugez du regret des étrangers qui viennent pour fêter ce grand saint !

Nous avons diné chez M. le cardinal de Bernis. Delà, on est en mouvement jusqu'à minuit et même une heure. On va voir les préparatifs du feu, place Farnèze ; ordinairement la décoration faite par les Italiens n'en vaut rien. Autrefois elle étoit faite par les pensionnaires de l'Académie de France, et on parle encore de leur réussite. Il y a bien des raisons, trop longues qui ont laissé perdre cet usage. Aujourd'hui, le palais Farnèze, occupé ordinairement par le cardinal Orsini, ministre de Naples à Rome, est aujourd'hui tout entier au prince Colonne, Connétable, et toujours auprès du throne du Pape. C'est là que le connétable établit sa feste ; la veille et le jour de S. Pierre, le palais est à lui. Nous avons été le voir dans tout son étalage. Il part de chez lui à 5 heures 1/2 monté sur un cheval blanc de grande distinction ; il est vêtu d'un manteau d'or et tout le reste dans le goût de l'habillement de l'ordre du S. Esprit. Il est précédé de tous les cuirassiers et chevaux légers du Pape, de deux gentilshommes abbés que chaque cardinal envoye à cheval. Cette calvacade d'abbés n'est pas ce qu'il y a de plus beau, après nombre de livrées superbes et le connétable à cheval suivi d'une douzaine de carrosses très beaux faits à Paris. Il marche ainsi pour se rendre à S. Pierre présenter au Pape la haquenée et la lettre de change de 12.000 écus de 5 livres. J'ai oublié de mettre la hacquenée de S. Pierre à sa place, et c'est le héros de la feste. Après les troupes elle marche entourée de palfreniers richement vêtus ; la susdite hacquenée est un très vieux cheval blanc, très sage au milieu du bruit et richement caparaçonné et sellé. On lui couvre même les sabots de feuilles d'argent. Il y a deux palfreniers qui soutiennent sur sa croupe un très gros bouquet d'argent qui est aussi remis au S. Père. Suivons la marche ; la hacquenée arrive à S. Pierre et monte jusque dans l'Eglise où elle attend le connétable. Pendant tout ce tems, le Pape continue les vespres et l'office, et de S. Pierre jusqu'au connétable il y a continuellement des coureurs qui viennent rendre compte où en est l'office, ce qui règle sa marche pour avancer plus ou moins, attendu que le Pape ne veut pas attendre le connétable et celui-cy de même ne croît pas devoir l'attendre ; au moyen de quoy, la marche ne peut pas manquer d'être bien combinée pour que l'un et l'autre se trouve au milieu de S. Pierre où le Pape est porté sur les épaules dans son fauteüil. C'est précisément dans le milieu, qu'élevé sur son trône, il reçoit la lettre de change qui lui est remise et la haquenée. J'étois tout près de l'*encante* de sa garde et je lui ay entendu en conséquence prononcer des prières et vu donner sa bénédiction à la hacquenée et au connétable. Chacun joüe son rôle et le Pape se retire dans son palais du Vatican dont il verra le feu du château S. Ange et où il doit coucher jusques à demain mercredi au soïr, jour de S. Pierre. Ainsi, nous voila la veille et le jour toujours en fête et en mouvement. Il y a eu des années où le cheval qui joüe et représente la hacquenée étoit dressé à se mettre à genoüil. Je crois que l'on a aussi bien fait de retrancher ce joujou. Après toute cette cérémonie, le connétable reprend la même route, mais en carrosse, avec le cardinal Orsini, ministre de Naples, et vont se rendre au palais Farnèze. A leur passage, vis-à-vis le château de S. Ange, ils sont salués du canon comme en venant, tout le peuple est en grand concours comme dans toutes les fêtes et il y a une très grande quantité de carrosses. Il se trouve à ce moment qu'il est près de huit heures du soir, alors on commence à allumer la petite illumination de la coupole de S. Pierre et de la Colonade, ce qui fait un effet fort agréable, surtout celle de la coupole immense, et avec le beau tems qu'il fait ordinairement dans cette saison. Une heure après, vers les neuf heures et demie, en un clin d'œil deux cent bras avec flambeaux allument l'illumination de la coupole en gros pots à feu deux fois gros comme ma teste; cela ressemble à un rêve ou à un conte des fées. Rien n'est plus surprenant que cette terrible augmentation de lumière qui fait paroître l'autre illumination comme des testes d'épingles et l'étouffe tout à fait. C'est une opération imposante et un effet qui ne se peut voir nulle part. Delà on attend le signal du Pape pour commencer le feu du Château S. Ange; beaucoup de boêtes et coups de canons ont précédé; tout est en bruit et en feu. A la fin, environ à 10 heures, on se transporte vis à vis le Chateau Saint-Ange et le feu commence par un bouquet en girande qui m'a étonné. On m'avoit dit qu'il n'y avoit pas autre chose et j'étois content de l'effet surprenant, mais le feu a continué d'une vivacité extraordinaire pendant plus d'une demie heure avec beaucoup de variété et de bruit et a fini par la fameuse girande qui part du haut du château Saint-Ange et qui effectivement mérite bien la réputation qu'on lui donne. Voilà qui est vù, mais on ne s'en tient pas là ; il faut delà aller à la place du palais Farnese voir le feu du connétable. Nous y étions invités par le cardinal Orsini. Je venois de voir un feu très bruyant, qui avoit duré plus d'une demie heure, j'en ay bien vù d'autre, mais tout cela n'est rien. Il dure, je crois trois quarts d'heure. On ne peut avoir idée de la quantité immense d'artifice sans discontinuer, avec un tapage capable d'attaquer les nerfs les plus solides. Pendant ce tems là, on but force rafraichissements de toute espèce dont on a le plus grand besoin, car la chaleur est extrême depuis quinze jours. Toute cette fête mêne environ jusqu'à 1 heure après minuit que nous sommes entrés chez nous avec obligation de revoir demain, jour de Saint-Pierre, les mêmes illuminations et feux à l'exception de la hacquenée qui n'a plus de représentation à faire. Demain après midi le connétable et le cardinal Orsini se promènent dans leurs beaux carrosses comme un jour d'entrée, dans la rue du Course jusqu'à la Porte du Peuple dont je rendrai compte (1).

A Florence, vendredi 8 juillet. — Nous ne perdons pas de tems et nous avons été en course toute la matinée, mais en carrosse, par un très grand chaud. Nous avons commen-

(1) Il y a dans le manuscrit une lacune qui s'étend du 28 juin au 8 juillet.

cé par la fameuse gallerie de Florence. Je vois et j'ai vu que l'on donne toujours de trop grands noms aux choses. Il y y a beauconp de belles choses, mais le coup d'œil et le détail ne répondent pas à l'idée que je m'en étois fait. Je cherche des points de comparaison et je ne vois pas que rien approche de la gallerie ou des galleries de Dusseldorph. Le coup d'œil, les tableaux bien tenus, et où on voit clair sont les premiers souhaits que tout amateur doit avoir, lorsqu'il se transporte pour voir ce qu'il croit n'être pas dans son pays. Revenons à cette gallerie de Florence. Elle est divisée par plusieurs galleries et cabinets, jusqu'à 3 grandes galleries ou dix salles au second étage. Je vois que le détail de M. de la Lande répond en débutant à ce que nous avons vû. En débutant on trouve un vestibule dans lequel il y a une grande collection de tombeaux, bas reliefs, inscriptions antiques ; deux beaux chiens de ronde bosse antique et autre par Michel-Ange ; j'en avois vû de beaux plâtres à Rome, de ces chiens, chez M. Mynx (1), fameux peintre de portraits à présent en Espagne. Le détail que l'on trouve dans le livre de M. de la Lande et celui de M. Cochin me dispense de celui que je me garderois cependant bien de faire, demandant beaucoup de soin et de tems. Le coup d'œil de ces trois galleries n'est pas agréable, se trouvant basses pour leur longueur ; elles sont garnies de beaucoup de gaisnes avec leurs bustes de tous les Empereurs et, tant que l'on a pû, de leurs femmes de l'autre côté et vis à vis. Tous ne sont pas beaux ; par rapport au beau tra-

---

(1) Mengs (Antoine-Raphaël), peintre allemand, né le 12 mars 1728 à Aussig, en Bohême, mort le 29 juin 1779 à Rome. Il a eu une réelle renommée et on l'a longtemps comparé à Raphaël. Mariette combat énergiquement cette appréciation. Cependant Diderot fait le plus grand éloge de son talent. (V. correspondance de Grimm et Diderot, 1er juin 1756, t. I, p. 473.)

vail de marbre, ils sont rares. On y voit une belle figure de Ciceron, Sophocle, Marc-Aurèle, Lucius Verus, mais de ce dernier les plus belles et de la grande beauté sont à Rome, à Villa Borghese. Au bout de la gallerie, il y a une belle copie de Laocoon, en marbre, par Bandinelli (1) ; une belle tête de Sénèque. Il y a, dans quelques intervalles, des tableaux, mais peu de remarque et peu séduisants par le mauvais ordre où ils sont. Il y a un très grand tableau Rubens plus qu'ébauché. On est toujours attiré à la vue des ouvrages de ce grand artiste. Il est poëtique et la facilité de l'exécution répondoit au feu de son génie. M. Cochin rend compte avec un détail et jugement sur des tableaux en général ; s'il y en a quelques uns de beaux dans cette gallerie, ils donnent beaucoup de regret de n'en pouvoir juger que d'une portion, étant absolument trop négligés et noirs. On trouvera peut-être que je ne suis pas louangeur, mais je me suis promis de rendre compte et de me rendre compte généralement de tout comme j'auray vû. Suivons.

Entrons dans un sallon appelé *Tribuna.* C'est un grand sallon de forme octogone, éclairé de huit fenêtres pratiquées sous la voute. Le plafond est en forme de coupole, le parquet est de différents marbres ; on y est satisfait du très beau coup d'œil des six statues grecques si connües : la Vénus de Médicis, la Vénus Céleste ou pudique, la femme qui danse, l'Espion ou Rémouleur, les Lutteurs et la Vénus Victrix, qui tient une pomme à la main. La première surtout est le chef d'œuvre de l'art. Il n'est pas possible d'entreprendre d'en dire davantage. Il y a outre cela des tableaux

---

(1) Bandinelli (Baccio), sculpteur et peintre, né à Florence en 1487, mort dans la même ville en 1559. Plus apprécié comme sculpteur que comme peintre, ses meilleurs marbres sont à Rome et à Florence.

distingués autour de ce sallon, de Raphaël, de Léonard de Vinci (1), d'André Delsarto (2), son portrait par lui-même; un beau tableau de Gérardou (3), représentant un Charlatan, c'est l'espèce de tableau qui demanderoit à être vu bien nettoyé clair et verni comme on les voit en France. Il en est de même d'un beau Mieris (4), un beau portrait de Cardinal par le Titien ; sur une tablette qui règne autour, se trouvent nombre de figures, sculptures de jaspe, porphire, cristal et bronzes, de plus une armoire ou cabinet antique, composé de jaspe, agathe et toutes sortes de pierres précieuses où l'on a employé en forme de clous des rubis, topases, saphirs, émeraudes ; de tout cela, il n'y a qu'un bon tableau qui m'arrête. Entrons à présent dans une salle où il y a plus de 200 tableaux, portraits de peintres par eux-mêmes : de Vandeyck, Rubens, Rimbrand, de Guide, Bassan, Anibal Carrache, Vivien (5), *Rosalba* (6), et en dernier lieu un très beau portrait qui y est depuis peu, de M. Mynx, peintre célèbre et vivant actuellement en Espagne. Cette collection est très intéressante pour les artistes et amateurs.

Autre cabinet dit le cabinet des arts (*Camera d'Arti*), il

---

(1) Léonard de Vinci est né au château de Vinci, près Florence, en 1443; il est mort en France (à Cloux, près d'Amboise), en 1519.

(2) Andréa del Sarto est né à Florence en 1488; il mourut dans la même ville en 1530.

(3) Gérard Dow, né à Leyde en 1623, élève de Rembrandt. Ses œuvres sont d'un fini remarquable et son coloris est plein de fraîcheur et de force. Il tenait de son maître une entente parfaite du clair obscur; mort en 1674 ou 1680.

(4) Il y eut deux peintres de ce nom : François Mieris, dit le Vieux, né à Leyde en 1635, mort dans la même ville en 1681, et Guillaume dit le Jeune, son fils, qui est bien loin d'avoir eu le talent de son père. C'est du premier qu'il s'agit ici.

(5) Vivien Joseph, né à Lyon en 1657, mort à Bonn, près Cologne, en 1735, portraitiste d'un certain mérite qui a employé l'un des premiers le pastel.

(6) Rosalba Carriera, célèbre pastelliste, née à Venise en 1675, morte en la même ville en 1757. M. Alfred Sensier a publié chez Téchener, en 1865, le journal de Rosalba pendant son séjour à Paris en 1720 et 1721.

y a plusieurs armoires de marqueterie dont les portes sont de glaces qui renferment quantité d'ouvrages d'yvoire tant tournés que sculptés ; tous les effets du tour y sont portés au plus haut point. On y voit des anatomies en cire, qui le disputent par leur vérité à la nature.

Entrons dans la salle dite de l'hermaphrodite. C'est là que l'on voit le bel hermaphrodite antique, couché sur une peau de lion. Il se trouve semblable à celui qui est à Rome, à Villa Borghese, mais on dit qu'il fut trouvé longtems auparavant, et il est très bien conservé. Les anciens mettoient tant de tems et de soin à une seule figure que leur perfection portoit les autres artistes à en faire des copies précieuses, ce qui jette souvent dans des équivoques sur le vrai original. On voit sous verre de très beaux desseins de Michel-Ange et de Raphaël.

Dans une autre salle on voit le tabernacle et l'autel destinés pour la superbe chapelle des Médicis. L'autel est un beau bloc de jaspe de Barga ; le tabernacle représente la façon d'une petite église. Tout cela est précieux, mais de mauvais goût. L'autel et le tabernacle sont incrustés de pierres et de bijouteries des plus précieuses, mais tout cet ouvrage est imparfait et restera longtems et peut être toujours dans cet état. Quoique je ne donne icy que des nottes de ce que j'ai vû dans ce que l'on apelle la Gallerie de Florence, cependant, nous avons mis deux grandes matinées à la voir et les autres salles.

Nous avons terminé notre journée par la Comédie Française établie à Florence depuis peu de jours. Il paroit qu'elle est goutée, surtout du Duc et Grande Duchesse, sans être acteurs du premier ny du second ordre. Les voyayeurs françois revoyent avec plaisir le théâtre de leur nation.

Florence, samedi 9 juillet. — Notre intention est de ne pas perdre de tems; ainsi dès le matin nous nous mettons en campagne. Commençons par le palais Ricardi qui fut bâti en 1430 par Côme, père de la patrie, Gonfalonier de la République de Florence. Ce fût là le berceau et l'azile des lettres. Enfin c'étoit l'habitation des Médicis. La décoration est d'un stile très mâle, par Michel-Ange. La seule et très grande beauté qu'il y ait est la gallerie de moyenne grandeur et dont le plafond est de Luc Jordans, d'un seul tableau représentant l'apothéose de Côme Ier, qui paroit, suivi de sa famille, au milieu de tous les dieux. On ne se lasse pas d'admirer la belle couleur totale et, avec grand plaisir, chaque grouppe et figure en particulier. J'y ais pris un vrai plaisir; tout en est d'un bon choix, et des femmes remplies de grâce. Je ne parle pas de la dorure ni ornements, qui sont loin du bon goût. Le soir, après avoir été promener hors la ville où sont de belles avenües avec des prairies très champêtres, on revient à la Comédie françoise.

Florence, dimanche 10 juillet. — Nous en sommes à parcourir le palais Pitti, habitation du grand Duc. Il communique à la gallerie et au palais Vieux par un corridor couvert qui a 250 toises de longueur. Ce palais fût bâti vers l'an 1460 par Luc Pitti, gentilhomme florentin; il fut obligé de le vendre à cause du dérangement de ses affaires. Ce palais est d'une architecture que l'on apelle mâle et dans le goût à peu près de tous les palais de Florence. Pour moy, je les regarde comme des citadelles. Ce ne sont que bossages poussés à l'extrême et refends vermiculés. L'intérieur de la cour est d'un stil un peu moins dur; je vais de suite aux apartemens qui sont fort bien et d'une belle proportion, sans cependant la magnificence qu'on lui donne dans les livres de voyages. Mais ces apartemens sont remplis de riches tableaux en bon état, et capables de faire le plus grand plaisir. C'est l'effet qu'ils m'ont fait. Au rez-de-chaussée, les apartemens sont bien faits pour se mettre à l'abri des grandes chaleurs ; il y a beaucoup de peinture, mais beaucoup de peinture tourmentée, beaucoup d'effets de perspective et stucs peints ; c'est à quoy je ne m'arrête pas. Montons au premier ; avant d'entrer dans quelque détail si j'y entre, je dirai premièrement que voilà de toute l'Italie les premiers cabinets que j'ai vu en bon ordre et qui m'ont fait le plus grand plaisir. De peur que les tableaux de grande réputation ne m'échappent, c'est par eux que je commence. C'est la Vierge de Raphaël dite *Madonna della sedia*, dans le sallon d'Hercule. Effectivement, je cherche à rabattre des choses souvent trop annoncées, mais icy il n'y a pas moyen. C'est véritablement une des belles choses que l'on puisse voir de ce maitre. Les bustes sont de grandeur naturelle et le tableau rond. La teste de la Vierge est ronde et spirituelle, fine de dessein ; la couleur en est vraie et belle ; l'enfant Jésus est fort beau. Il y a un effet de lumière et une rondeur donnée par la façon de peindre qui est rare dans Raphaël. Je compte revoir ce tableau 2 ou 3 fois. Voilà un vrai tableau et rare et à ne pas oublier; dans ce même sallon, sont de très beaux tableaux de Guercin, de Rubens, du *Bourguignon* des batailles, un portrait du Titien peint par lui-même, bataille et marine par Salvator Rose. Revenons au sallon de Vénus. Quel beau plafond par Pierre de Cortone (1) ! Qu'elle cou-

---

(1) Pierre de Cortone, né à Cortone (Toscane) en 1596, mort à Rome en 1669, artiste excellent dont les vastes compositions sont remarquables par l'arrangement des groupes et l'expression des figures.

leur et quelles grâces. Par où commencer pour en faire l'éloge ? C'est une affaire de sentiment qui ne peut se rendre. Il y a sur ce des livres de détail, mais ils ne peuvent rendre l'enthousiasme que cette peinture inspire à ceux qui savent la voir.

Florence, lundi 11 juillet.—Aujourd'hui nous avons dîné chez M. le marquis *de Barbantanne*, ministre plénipotentiaire de France. Le matin nous avions été au palais Vecchio, vieux palais. Il est situé dans la place dite *Piazza del Granduca*, a cause de la statue équestre de Come Ier, qui fut le premier Grand Duc de Florence. Cette place est assés grande, mais elle ne peut être regardée comme belle, quoiqu'il y ait une statue équestre, une grande fontaine, d'autres statues, et la face du vieux palais. Mais tout est posé si singulièrement hors de sa place, sans ordre ni cimétrie, que je la regarde comme le contraire du beau. La salle immense qui s'y trouve mérite d'être remarquée et est imposante ; on n'en peut avoir de plus belle pour donner des fêtes. Les murailles en sont peintes par l'école des anciens maîtres. Beaucoup de composition ; on voit gens qui dessinoient mais sans effet ; on ne la regarde que comme une décoration totale. On voit ensuite une autre très grande salle entourée de grandes armoires, remplies de richesses inouïes en argenterie, garnie de diamants et pierres précieuses. Chaque armoire jette dans une nouvelle surprise et admiration. Toutes ces choses précieuses seront peut être un jour des ressources très grandes ; on prétend même qu'il y en a quelques unes de diminuées.

Florence, mardi 12 juillet. — Ce matin, nous avons voulu revoir le palais Pitti dont j'ai parlé cy devant. La fameuse madone de Raphaël est bonne à revoir plus d'une fois, ainsi qu'un très beau Vandick, portrait habillé de noir et jusqu'aux genoüils et un beau Rubens. Les plafonds toujours beaux, et m'ont paru de même. La madone de Raphaël m'a paru très bonne, mais un peu de lourd dans la cuisse et genoüils du dessus. Comme ce tableau est de la plus grande réputation, il faut se rendre compte à soi même, si on le voit comme ceux qui le chantent tant. Je dis seulement que le Vandick en dessus me fait plus de plaisir, et que j'ai rencontré des tableaux, surtout de Vandick et du Guide, qui m'en ont fait davantage.

A Bologne, jeudi 14 juillet 1774. — Nous étions partis de Florence le mardi au soir 12 à 4 heures, pour aller de suite et de nuit à Bologne, pour la raison de la très grande chaleur, et du deffaut d'auberge même passable, et nous sommes arrivés hier à Bologne, qui est à 9 postes, faisant 18 lieües; mais il faut 20 heures pour les faire. On est 3 heures à faire la première poste partant de Florence, attendu que l'on commence à monter les Apennins. Les chemins sont durs pour les chevaux; on ne peut qu'aller doucement. Il n'y a aucun risque, mais il faut enrayer et dérayer continuellement. Comme on va au pas, je trouve que l'on passe la nuit fort commodément en carrosse.

Voilà donc pour nous une autre décoration, autre ville, autre tournure. Bologne est assés grande; de belles rües, le tout plat, sans monter; les rues, pour la plupart assés larges, mais presque toutes les maisons sur des arcades, ce qui forme des dessous fort commodes pour se transporter d'un bout de la ville à l'autre. La ville paroît toujours fort tranquille, faute de population, quoique l'on dise qu'il y ait 70 mille âmes. Nous avons suivi jusqu'à présent toutes les Églises indiquées dans les livres. Il peut y avoir quelques tableaux, mais peu méritent un détail particulier, même celui du Dominiquain dans Sainte Agnès. Nous en avons vû de mieux et de la plus grande vérité à Grotta Ferrata, près de Rome.

Jusqu'à ce moment, je ne peux me charger d'aucun tableau que de celui que je viens de voir au palais Sampieri, superbe tableau du Guide et bien différent de tous ceux que l'on voit. Il tiendroit du Guerchin. C'est S. Pierre pleurant. Tout y est à souhait, vigoureux, de grand caractère, draperie divinement peinte, des jambes et pieds peints d'une magie qui le dispute à la nature, et le tableau bien conservé. Il y a aussi des plafonds de Louis Carrache et d'Annibal Carrache du plus fier dessein, et presque tous de deux figures seulement. Il y a aussi un fort beau tableau d'Annibal Carrache, représentant la Samaritaine, mais il ne m'affecte pas comme les plafonds des Carraches. Suivons nos courses :

L'institut de Bologne est un établissement célèbre même dans l'Italie, relativement aux sciences. C'est un vaste Palais donné et augmenté par divers bienfaiteurs où on trouve toutes les distributions et salles propres aux sciences de toutes espèces : belle bibliothèque, observatoires bien montés, grand cabinet d'histoire naturelle et de phisique, salles pour la marine, pour l'art militaire, pour les antiquités, pour l'alchimie, pour les accouchemens où sont rendus en cire tous les événemens connûs, pour la peinture et sculpture, salle bien meublée d'antiques et tous modèles propres au progrès de la peinture et sculpture. J'ai été très édifié de tous ces établissements. Il y a des professeurs pour chaque partie et qui y démontrent à des heures marquées ; chacune de ces salles est meublée de choses particulières à la science de sa destination. Il suffit de dire que chaque partie est trop nombreuse pour en entreprendre le détail et que rien n'est plus curieux et satisfaisant.

Le cabinet d'histoire naturelle est composé de plusieurs salles très bien rangées et dans tous les genres de curiosités.

Bologne, vendredi 15 juillet. — Depuis le 13 jusqu'à ce jour, vendredi au soir 15, j'ai vû peut être cinq palais où on nous annonçoit de belles choses, mais nous nous sommes trouvés fatigués de n'avoir rien vû. Presque tous ces palais sont démembrés ou par mort ou par vente de beaucoup de tableaux. Il nous reste demain samedi à parcourir et églises et palais. J'observe que tous ces palais sont bien bourgeois vis à vis de ceux de Gênes, Rome, Naples ; cela ne peut en prendre que le nom. Je remarque que la plupart des femmes du médiocre état sont ici habillées à la Vénitienne, composée d'une jupe et queüe noire et longue, le corset de couleur et une très grande coëffe noire, dont les bouts viennent se croiser sur la ceinture et se noüer sur les reins. La coëffe avance extraordinairement et oblige à faire continuellement un mouvement de l'éventail pour écarter la coëffe, ou pour se faire voir, ou pour se procurer du jour ou de l'air ; cela n'est pas sans coquetterie. Les femmes au dessus et de condition sont tout à fait à la françoise, comme par toute l'Italie. Je n'ay vu aucune apparence dans l'habillement des hommes de tous états. Tous les soirs, nous avons été à une comédie italienne ou à la promenade ; on joüoit en Italien *Mahomet*, tragédie de Voltaire.

Bologne, samedi 16 juillet. — Ce matin nous avons été hors de la ville à la Chartreuse ; elle est assés vaste, mais en pays plat et rien de piquant par sa situation. Le livre de M. de la Lande y annonce des tableaux du Carrache qui y sont effectivement dans l'Eglise, mais dans le plus mauvais état, rouges de couleur ; on ne les reconnoît qu'en aprochant et recherchant les pieds et mains où on reconnoit un beau caractère de dessein. De là, nous avons été aux capucines, où il y a un seul tableau à regarder et qui ne satisfait pas. Il est de l'Albane (1), mal composé, a quelques testes gracieuses. Nous avons employé notre soirée à voir Saint-Michel in Bosco, camaldules, hors Bologne ; on y voit un cloître octogone rempli de fresques d'Annibal Carrache, mais presque tout dégradé et péri. Tout ce qui s'annonce dans les livres est bien douteux, ou le tems les a rendu ainsi. On s'épargneroit bien du chemin et perte de tems si on étoit plus précisément instruit. Nous voila partis d'ici à minuit par le plus beau tems. On ne s'aperçoit pas de la nuit.

A Ferrare, dimanche 17 juillet. — Nous voilà arrivés icy à 11 heures du matin, par les plus beaux chemins et les plus beaux pays, les mieux cultivés ; pays plat, le chemin est en partie sur de belles chaussées ; on nous en annonce encore de plus beaux. Ce matin à 5 heures, nous nous sommes trouvés à passer par Cento (2), la patrie du *Guercin*, Jean Barbieri, dit le Guercin, parce qu'il étoit borgne. Il voulut

---

(1) Albane François, né à Bologne en 1578, mort dans la même ville en 1660, élève de Calvart et des Carraches, émule du Guide, pinceau frais et gracieux qui convenait aux idées riantes et poétiques qu'il a traitées. Bologne et Rome sont les deux villes qui possèdent le plus grand nombre de ses ouvrages.

(2) C'est en effet à Cento, près Bologne, que naquit en 1590 Jean-François Barbieri da Cento, dit le Guerchin.

laisser beaucoup de ses ouvrages pour attirer du monde dans sa ville. On dit qu'il a fait plus de 100 tableaux d'autel et 150 d'histoire, sans y comprendre les coupoles, plafonds, morceaux peints sur les murs d'église et les petits tableaux de chevalet. Dans une petite église du Rosaire, on voit quatre beaux tableaux, bien bons et fermes, et assés bien soignés et couverts de rideaux, et ainsi dans quatre ou cinq autres églises ou couvents. Nous voila donc à Ferrare où nous laisserons passer les chaleurs jusqu'à 4 heures. La ville est composée de rues extrêmement larges, longues et régulières, mais elles n'en font que plus apercevoir le défaut de la population. Nous n'y avons vu autre chose qu'un tableau du Guercin dans la cathédrale ; c'est la résurrection du Lazarre. Il sent l'habile homme, mais il ne nous a pas flatté ni remué comme les autres du Cento. Il a perdu, ayant sans doute été négligé. Nous avons parcouru longuement une partie des longues lignes de la ville, mais la chaleur nous a fait rentrer. Nous allons avant 5 heures continuer notre route pour Padoüe et Venise. Nous nous arrêterons peut être 8 jours à ce dernier endroit et nous espérons arriver demain au soir.

A Padoüe, lundi 18 juillet. Nous voilà embarqués à Padoüe à 3 heures après midi, sur la rivière de la Brenta pour Venise. Il ne nous faut que 7 heures. J'écris ma nuit et journée jusqu'à ce moment. Nous avions calculé de pouvoir arriver hier au soir à Padoüe, nous avions trouvé que les chemins beaux nous servoient bien, mais les postes sont curieusement longues et le soir à 9 heures, nous nous sommes trouvés à Rovigo où il faut s'embarquer et ses voitures pour passer tout au travers des champs qui sont inondés par le débordement de l'Adige qui avoit crevé les chaussées. Nous n'avons pû nous y embarquer que ce matin à la pointe du jour, étant nécessaire d'y voir très clair pour embarquer nos voitures et pour suivre une route d'eau dans la campagne, au milieu des arbres. Tout cela s'est bien passé avec les difficultés indispensables, et peines ordinaires vis à vis les barques ; tout cela ne sont que des chagrins courts et que nous oublions bientôt. Après ce passage, nous n'avons rencontré que des pays superbes et très beaux chemins jusqu'à Padoüe où nous avons diné et nous voilà dans des barques où nous jouissons d'une vraie tranquillité sur la Brenta, espérant arriver à 9 ou 10 heures à Venise. Pour de la chaleur, elle n'est pas médiocre, mais à couvert sur l'eau.

A Venise, mardi 19 juillet.— Nous voila à Venise d'hier au soir onze heures par un très beau clair de lune, nous étant embarqués à 2 heures après midi à Padoüe moyennant 4 zequins, faisant environ 41 livres pour toute notre bande de dix personnes, en laissant nos voitures à Padoüe. Si nous les eussions embarquées pour Venise, chose inutile, le marché auroit été de 6 zequins.

Toute la route se fait sur des canaux, meublés de maisons fort agréables et qui par la curiosité tiennent plutôt dehors que dedans la chambre de la barque. En arrivant le soir à 11 heures, nous n'avons pu voir le coup d'œil de Venise, ce que nous n'avons pas manqué d'aller voir ce matin. Nous en avons été très satisfaits, et dès le matin, nous avons voulu parcourir tous les canaux et aussi le peu de rues qu'il y a, toutes remplies de boutiques et marchands de toute espèce. On y marche commodément par l'espèce de pavé large et ne rencontrant ni animaux ni voitures aucunes. Jusqu'à présent je trouve dans Venise beaucoup plus de choses nouvelles que dans toutes les autres villes qui se ressemblent presque toutes. La situation, la manière de s'y mouvoir, toujours dans une voiture d'eau, la tranquillité, tout cela fait un genre de ville tout nouveau et curieux. Toute notre journée s'est employée sans chercher à rien voir de suite, mais cependant un coup d'œil général de la situation d'un endroit que nous allons demain parcourir avec détail.

Venise, mardi 20 juillet. — Ce matin à 9 heures, nous sommes en course en commençant par la place St-Marc. Il y a la grande et la petite place; la petite est du côté de la mer entourée de bâtiments des plus gothiques. Il y a deux colonnes en avant de la place, mal à leur place, sans idée de cimétrie; c'est entre ces deux colonnes que se font les exécutions des criminels. A la suite est la grande place, extrêmement longue et fort large; elle présente des arcades tout au tour; elle forme un quarré long. Toutes ces arcades sont occupées par quelques boutiques, mais la plus grande partie par des caffés. Il n'y a pas de ville où il y en ait d'avantage; c'est sur cette place que les gens de commerce se rendent le matin et le soir, on s'y rend pour la promenade. Elle est pavée de grandes dalles unies et faciles à marcher et au cas de pluye ou pendant le soleil, on peut marcher sous les arcades. Cette étendue et répétition d'arcades forme une place imposante. En face de cette place et sur la droite en y entrant par la petite place, on trouve la *Chieza ducale de St-Marc* ou la cathédrale. On voit sur le portail de cette cathédrale quatre chevaux antiques que M. Cochin dit fort beaux, ce que je n'ay pu juger de loin. M. Cochin la fait très riche et par les marbres et par les mosaïques. Tout cela existe effectivement et cependant, je l'ai vue une des plus noires et des plus vilaines églises ; des yeux meilleurs que les miens l'ont vue de même et au même moment. On monte de suite au Palais ducal ou de St-Marc. Je ne m'amuserai pas à suivre toutes les salles l'une après l'autre, les livres de voyages y annoncent beaucoup de tableaux du Tintoret(1), de Bassan, de Paul Véronèse (2) et autres auteurs. Je n'en ai vu que très peu et en plafond, de Paul Véronèse qui m'ont effectivement fait plaisir, je crois dans une seule petite salle. Je me suis beaucoup amusé dans une grande salle d'audience à entendre plaider. La manière en paroit toute différente de la nôtre. Les juges paroissent placés comme les notres, avec des perruques de la plus grande ampleur ; l'avocat plaidant n'est pas fixé à une seule place, il est devant le cerclique, comme les juges, allant et venant et criant et gesticulant à faire rire ; la façon de plaider paroit toute différente de la nôtre. Tous les juges sont munis d'un factum et il y a derrière l'avocat un clerc appartenant à l'avocat qui lit le factum d'une rapidité étonnante, et sans s'arrêter que rarement ; pendant ce tems, l'avocat tenant un pareil factum, va et vient vis à vis ses juges répétant, criant et appuyant et pesant sur les articles qui valent la peine de réveiller l'attention. L'avocat a une perruque encore plus ample que celle des juges. Un étranger ne peut s'empêcher d'y rire ; nous n'avons pu voir la fin de l'audience, nous

---

(1) Robusti Jacques, surnommé le Tintoret, né à Venise en 1512, mort dans la même ville en 1594, l'un des peintres les plus célèbres de l'École Vénitienne, l'émule du Titien.
(2) Paul Caliari, dit Véronèse, né à Vérone en 1532, mort à Venise en 1588 ; artiste tellement connu qu'il est inutile d'ajouter à son nom quoi que ce soit.

espérons pouvoir reprendre ce plaisir. L'après-midi, nous avons été voir quelques églises. Ce sont toujours des regrets de voir des tableaux de Véronèse, Tiepolo (1), souvent mal en ordre par l'humidité dans les églises. J'observe que ce qui a mis tous ces beaux tableaux en réputation dans l'Italie est sans difficulté leur beauté réelle, mais ce sont les artistes qui en sont revenus enthousiasmés et qui les ont vantés avec raison, étant faits pour ceux qui ont trouvé moyen d'y dessiner si ce n'est le tout, du moins par partie, des testes, bras et jambes ; d'autres pour en prendre seulement l'ensemble, car pour un amateur ou autre qui n'y fait que regarder et non dessiner d'après, il est bien difficile qu'ils puissent le satisfaire. Les tableaux de tous les cabinets, palais et galleries de l'Italie sont encore de quelque ressource ; on peut les voir, mais je me suis trouvé avec gens qui les avoient vus il y a 14 ans. Ils les ont trouvés murs et plus salis et plus noircis qu'ils ne les avoient vus. Je vous avouerai que peu de satisfaction de la vue des tableaux faits pour être vus et que l'on ne voit plus, donne de l'humeur au voyageur ; aussi je me rejette sur les belles galleries des souverains quand j'en rencontre.

Venise, jeudi 21 juillet. — La matinée s'est passée à marcher à pied dans la ville pendant 4 heures chez tous les marchands de toute espèce, estampes, tableaux ; il y a peu de chose, cependant en gravure : les suites de piazettes gravées par Pitteri, suite de Tiepolo, vues et fonctions du Doge par Marieschi.

L'après midi, nous avons été à l'arsenal. Il en coute fort

---

(1) Tiepolo Giambattista, né à Venise en 1693, mort dans la même ville en 1769, le dernier des grands peintres Vénitiens.

cher, devant payer à chaque gardien de salle. Il est vrai que l'emplacement est beau et vaste et commode, mais je ne le trouve pas plus beau que Toulon, si ce n'est que je vois icy des angards couverts et fermés où on peut laisser un vaisseau dix ans à construire sans qu'il se gâte. La fonderie des canons, la manière et machine pour les forer m'ont parû curieuses, mais surtout cinq salles d'armes arrangées tout au mieux et bien soignées m'ont fait grand plaisir. J'ai été étonné de la très grande provision de canons de fonte sans compter ceux de fer avec grande provision de boulets, bombes. Tout ce bon ordre et travail font le plus grand plaisir, mais je n'y vois rien de plus que dans nos fameux arsenaux de Toulon, Brest. On finit par le *Bucentaure*. On dit que le premier mot était *Ducentaure*, pour tenir 200 personnes. C'est une espèce de galère d'environ 107 pieds de long sur 22, destinée à la grande cérémonie du Doge qui épouse la mer en face de la place St-Marc. On n'y a pas épargné la sculpture ni la dorure qui y sont mis avec profusion et confusion. Au surplus, cela fait un total de machine imposante et des plus riches, surtout lorsque le tout est garni en dedans et dehors de tapis de velours avec crépines d'or. Je sens le très bel effet que cela peut faire. Ce beau bâtiment étoit sous sa remise à sec et bien soigné, à l'abri du tems. Je me suis assis sur le trône du Doge et voila mon rolle fait pour la soirée.

Il n'y a ici aucune ressource de spectacle ni société. Le café et pour femme et pour homme est le seul passe-tems à la chute du jour. Cette visite de l'arsenal est fort longue et demande du tems.

Venise, vendredi 22 juillet. — Le métier de voyageur

est d'être toujours en mouvement. Dès le matin 8 heures, je fais une promenade de pied, seul, pour avoir le plaisir de me perdre et me retrouver. A 10 heures je m'embarque avec mon monde pour courir les églises. Jusqu'à présent j'en suis peu content parce qu'il faut voir les tableaux avant d'en juger, et presque tous ont poussé au noir ou bien se sont tellement gâtés par l'humidité que l'on ne peut les voir. J'ai cependant vu dans quelques uns des tableaux de *Ricci* (1) bien conservés, de beaux tableaux de *Piazetta*, quelques Véronèse, beaucoup de Tintoret qui ont dû être beaux, et qui laissent le regret. L'après midi s'est passée de même à prendre de l'humeur dans les églises, vis à vis nombre de tableaux qui ont été beaux et qu'il n'est pas possible de voir, et des plus grands maîtres. Ils sont tous cités dans M. Cochin et M. de la Lande. La journée finit par la promenade de la place St-Marc où nous trouvons M. le Baron de *Zulmande* (1) ambassadeur de France, à qui nous faisons notre cour. On se retire à 11 heures et nous projettons alors pour le lendemain.

Venise, le 23 juillet 1774. — Ce matin j'ai bien vu des tableaux dans des églises et de grands maitres, mais peu en état à être vus : ce soir, notre après midi s'est mieux passée. J'ai vu le palais *Priani Moreto*, qui est un des mieux. On y voit un très grand tableau de Piazetta qui est la mort de Darius.

---

(1) Ricci Sebastiano, né à Belluno, dans les États de Venise, en 1659, mort à Venise en 1754; a séjourné longtemps à Londres et à Paris, où il fut reçu membre de l'Académie Royale de peinture et de sculpture. Son tableau de réception est au Louvre.

(1) Zuckmantel (Baron de), maréchal de camp et l'un des directeurs du corps de la noblesse immédiate de la Basse Alsace, nommé le 19 novembre 1763 par le Roi pour résider à Dresde avec le caractère de ministre plénipotentiaire de S. M. auprès de l'Electeur de Saxe, plus tard transféré auprès de la République de Venise.

Je suis persuadé que son agréable couleur et ses beaux effets de lumière doivent le rendre agréable aux moins connoissants. Il est d'un beau pinceau et du plus beau faire. Il m'a fait le plus grand plaisir. Le plafond est de Tiepolo qui est un peintre fort séduisant et agréable, à qui le genre de plafond va bien. Dans une autre pièce, un grand Paul Véronèse : La Continence de Scipion : ils sont rares en aussi bon état et bien tenus, alors on en jouit et on en reconnoit tout le mérite. Quelle beauté de testes et de draperies, et quelle belle composition ! C'est le second après celui de la Madelaine aux pieds de J. C. à Gênes, qui soit bien conservé. J'en ai vû icy une grande quantité de noirs qu'il faut deviner.

Palais Delfino. Il y a un très grand sallon fort décoré où il y a dix beaux et grands tableaux de Tiepolo, sujets d'histoire romaine. C'est encore un peintre ragoutant et séduisant ; la composition en est noble, de beaux partis de lumière, de la netteté et fermeté ; ils m'ont fait le plus grand plaisir. Palais Rezonico ; 4 beaux tableaux de Jordano, de Naples, dans deux pièces différentes ; deux jolis plafonds de Tiepolo que je trouve foibles ; un très beau portrait par Mynx, du Cardinal Rezonico ; autre très grand sallon peint en architecture, faisant de l'effet, figures en bronze entre les colonnes peintes par Tiepolo, ainsi que le plafond ; en haut 4 beaux tableaux d'animaux de Roze (1). De là à St-Cosme et St-Damien, église toute peinte en grands tableaux qui font beaucoup de plaisir, de Ricci, de *Riltoni*, de Tiepolo, de *Molinari*, mais plus moux, du *Trévisan*, goût de Rici ; je tâcherai de trouver du tems pour la revoir.

(1) Salvator Rosa.

Voilà notre journée. Tout cela se fait sur des canaux fort doucement et fort agréablement.

Venise, dimanche 24 juillet.—Nous avons employé notre matinée à nous promener sur terre dans la ville. A 3 heures nous avons dîné chez M. l'ambassadeur qui est fort honnête et qui fait on ne peut pas mieux les honneurs de chez lui. Il est fort agréablement logé et a un cazin sur le bord des canaux au bout de son jardin, chose rare à Venise. Le soir à 9 heures à la place, promenade place St-Marc où les dames se rendent, mais on n'y voit plus clair. Je ne sçais si j'ai parlé ci devant de la situation singulière de Venise, tout à fait dans l'eau : Quoique la plus grande partie des rues soient d'eau, cependant il y a beaucoup plus de rues en terre ferme que l'on ne m'avoit dit. Il y a quelques petites places, nombre de rues très petites et étroites, ce qui fait que l'on s'y perd aisément. Il y a plus de 400 petits ponts ; il est fort difficile d'en apprendre le plan. Je trouve qu'il y a beaucoup de libraires et assés d'autres espèces de marchands. Il n'y a pas moyen d'y avoir ni chevaux ni voitures, tout est bateau ; les gondoles qui tiennent lieu de voiture sont toutes noires et couvertes de noir, d'ailleurs joliment coupées, fort lestes et fort commodes. Rien n'est plus tranquille que cette ville : cela nous paroit même jusqu'à l'ennui. M. l'ambassadeur, qui ne peut absolument communiquer avec qui que ce soit du pays, convient de cet ennui et est à portée de le sentir vivement toute l'année. Il faut se faire beaucoup d'occupations pour pouvoir se garantir icy de cette maladie, surtout quand on n'est pas naturel du pays. On ne voit aucune magnificence ni troupes, ni extérieur brillant; Venise est comme un grand cloître de moines.

Venise, lundi 25.—Nous voudrions bien nous mettre en course dès le matin, mais dans tous ces pays cy, on ne se couche qu'à trois heures du matin et on se lève très tard, ce qui rend inutile de s'y prendre de si bonne heure ; on ne trouveroit personne. Nous y sommes avant 10 heures, en commençant aujourd'hui par St-Alvise, couvent de religieuses; à côté du maître autel, un superbe tableau de Tiepolo, un portement de croix par J. C. On ne peut rien de mieux composé, de mieux groupé ; l'expression est juste partout, Quelle belle lumière, quel beau parti pris, quelle fraicheur ! Rien n'est plus agréable et plus séduisant, malgré la tristesse du sujet.

Autre tableau du même auteur et assés extraordinaire, attendu qu'il y a dans le même tableau deux sujets différents : Jésus Ch. couronné d'épines et une flagellation. La belle pâte de peinture, l'agréable et heureuse disposition, le beau choix, font regarder ce tableau avec le plus grand plaisir.

Le Palais Labia. Il n'y a qu'un seul grand sallon peint par Tiepolo, à chaque bout un grand tableau, l'un représentant le départ de Marc Antoine et de Cléopâtre, l'autre le Repas. Tout en est grand et noble, de la plus riche composition. J'aurais souhaité plus de noblesse dans la figure de Cléopâtre et de Marc Antoine, mais les détails en sont ravissants. Mille accessoires de chiens, de nains sont admirables et bien à leur place : il y a encore 4 autres petits tableaux étroits et hauts dans les coins, composés de 3 ou 2 figures singulièrement retournées ; tout y est large, grand et plein de goût et fait pour plaire à tout le monde. L'architecture peinte se trouve auprès de la réelle, faisant la plus grande illusion. Ce n'est pas de lui. Si le tems me le permet, je ferai l'impossible pour revoir ce sallon et me reposer des Tintoret, Paul Véronèse, qui ne peuvent plus se voir ici étant tous en désordre et très noirs.

Église S. Marciliano. On y voit un petit plafond de Rizzi (1) fort élevé dont on jouit peu, mais bien composé et d'une couleur agréable.

De là à la Fava, Eglise où on voit un tableau des plus agréables, l'*Education de la Vierge*, par Tiepolo. Il ne se dément pas ; il est de la composition la plus heureuse et de la plus belle couleur. Dans la même Eglise, chapelle de S. Philippe de Néri. Il y a un très bon tableau par Piazetta ; c'est encore un peintre que j'aime beaucoup et qui a un pinceau et une pâte moëleuse et séduisante.

Aux Capucines, petite Eglise où il y a un plafond de Tiepolo, vigoureux ; c'est Ste Hélène qui guérit un malade par le moyen de la vraie Croix. Tout est pour lui, la composition, la perspective aérienne, la plus belle couleur. Dans les côtés, il y a des tableaux de Rizzi aussi vigoureux et toujours beaucoup de goût.

A S. Joseph, couvent de filles, au maître autel, beau Paul Véronèse : adoration des mages. Il y faudroit plus de jour pour en jouir ; il est moins gâté que les autres, je sens qu'il a des beautés et plus de sévérité, mais pour lui donner la préférence et tout l'éloge qu'il mérite il faudroit voir cet auteur aussi frais et en état que ceux-cy dessus.

Nous avons fini notre journée, par l'Eglise della Pieta. C'est un conservatoire où on élève des filles recommandées par différents protecteurs. On leur donne de l'éducation et surtout pour la musique en tout genre. Il y a plusieurs de ces établissements, et plusieurs fois par semaine on va en-

(1) Sebastiano Ricci ou Rizzi.

tendre leur musique dans l'Eglise, exécutée par toutes filles dans tous instruments différents et nécessaires et orgues. J'y ay entendu une très belle voix.

Venise, mardi 26 juillet.— Continuons nos dévotions. A Saint Zacharie, un beau tableau de Paul Veronèse ; un S. François, une Vierge en haut. Effectivement, quand ils ne sont pas trop sales, c'est une belle chose. Celui-là est du nombre et m'a fait plaisir.

La Carita, église ; beau tableau de Bassan : Résurrection du Lazarre. Ils sont rares de ce genre. Il y a de très jolies figures, une belle couleur qui est cependant toujours la sienne.

Scolla della Carita. Un très beau tableau de Sebastiano Rizzi, Massacre des Innocents, bien peint, mais la composition un peu confuse et quelques mauvais choix : Un tableau du Titien, de très belles testes et beaux détails.

Eglise des Frari ; Chapelle Pezaro, Doge. Très beau Titien, très belles draperies, superbes testes.

Voilà notre journée. A la chute du jour, notre promenade en gondole sur la mer et grands canaux. Le soir à 9 heures place S. Marc où tout le beau monde se rend et que l'on ne peut voir. On peut apeller cette ville singulière pour la situation qui n'est cependant pas agréable de voir des petites rues en canaux. Tout cela est fort triste le jour et le soir, je ne parle que d'après les ambassadeurs et ce que j'en ay vû en quinze jours.

Venise, mercredi 27 juillet.— Nous n'avons rien fait que de nous promener chacun à notre fantaisie, ayant presque tout vû. Je n'ai écrit que les choses principales qui ont pu me toucher particulièrement. Le soir quelques courses sur les grands canaux pour voir Venise de tous les sens, c'est une situation singulière. Le matin, je me perds aisément dans les rues dont la plupart ont trois ou quatre pieds de large, ce qui fait un labirinthe. Il n'est pas possible sans un tems considérable d'en connoître la marche. Le soir on fait comme tout le monde et toutes les belles dames, on se promène à la place S. Marc sur le pavé, qui est large, et nous finissons par aller prendre des glaces ou au caffé ou chez M. l'ambassadeur qui a deux chambres sur cette place. Cela s'apelle un casin, fort vilain, car ce sont des entresols, précisément sous les arcades comme la place royale à Paris. Mais voilà où s'étend le bon air ; les grands doivent y avoir un casin.

Venise, jeudi 28 juillet. — Aujourd'hui après quelques courses du matin nous avons été diner chez M. l'ambassadeur de France avec M. l'ambassadeur de Vienne et Madame l'ambassadrice. Nous y avons chaudement passé la journée. Le soir à 8 heures, près de 9, nous avons monté dans la grande gondole de l'ambassadeur de Vienne avec sa musique de haubois, bassons, etc., et nous nous sommes rendus au grand canal de la Guideca où se fête aujourd'hui la Ste Marthe; c'est une des deux fêtes de l'année sur l'eau avec celle de l'Ascension. Effectivement, tout le canal qui est immense et large est couvert d'une multitude de gondoles noires avec les lanternes et d'une infinité de grandes barques parées et illuminées avec des soupers dessus, les uns de gens de conséquence et d'autres de toutes sortes de monde. C'est un coup d'œil peu commun et varié à l'infini. Le calme sans une haleine de vent contribuoit à l'agrément. Beaucoup de batteaux chargés de musique ; le nôtre futbientôt entouré de milliers de barques ; du nôtre, elles se transportent à un plus nouveau et voilà la feste. Les quays d'ailleurs sont garnis de tables et de convives de tous les états. C'est une vraie fête et qu'il n'est pas possible de voir ailleurs. Il n'y a pas une âme ni père de famille qui crut pouvoir se dispenser d'aller sur le canal ou sur le quay faire son repas. Nous en sommes sortis à une heure après minuit, mais il y aura eu du monde jusqu'à 4 heures. On nous a dit qu'autre fois cela étoit encore plus vif. Je sens que cela peut faire un cannevas de feste varié à l'infini. Me voilà couché à 2 heures 1/2. Tout le soupé dans notre gondole a été limonade et glace de toute espèce. Nous avions diné à 3 heures 1/2.

Venise, vendredi 29 juillet.—Ce n'est pas toujours feste. Il faut se dépêcher de voir, mais quelques églises et tableaux quoique de grands maîtres ne nous ont pas touchés. Nous avons l'air de gens sur le départ, qui n'ont pas grand chose à faire que le soir, la triste promenade de la place S. Marc et de là penser à nos paquets pour après demain pour Vienne en Allemagne. Laissant l'Italie, l'ordinaire prochain je m'étendraï sur les raisons de couper ainsi le voyage et elles sont bonnes ; mais chacun fait une route parce qu'une autre l'a faite et peu osent juger, trancher, et prendre un autre parti.

Venise, samedi 30 juillet. — Je dois rendre compte, du moins je l'ai promis, pourquoi je change ma marche par Vienne. Cela devient une histoire par quelqu'usage que j'ai de voyager. Je crois que les renseignemens que l'on demande à différentes personnes avant le départ, soit pour la route à tenir, soit pour les curiosités ou la façon de les voir, tiennent absolument aux talents différents des personnes qui vous conseillent, et qui voyent chacun différemment les objets de toutes espèces qui se présentent. Ceux qui ne voyent que par les autres et qui conviennent n'être affectés d'aucune curiosité particulière sont faits pour être soumis à tous ces avis ; mais quand on sçait particulièrement, en voyageant, ce que l'on cherche, on recueille tous ces avis et avec l'usage des voyages, et son goût décidé, on doit prendre un parti résumé de tous les conseils et de son jugement à soy. Quand j'ai fait le voyage de Flandre, j'ai commencé par les plus grandes villes : Bruxelles, Anvers, etc. J'y ai trouvé de quoi me satisfaire amplement et en tableaux d'église et en beaux cabinets. De là je me suis transporté dans d'autres petites villes de Flandre où j'ai vû bien peu de belles choses, ou une seule, avec beaucoup de chemins pour y parvenir. Je pris mon parti d'après l'annonce des livres de les laisser de côté, sauf à les revoir en revenant d'Hollande où je trouvois des choses innombrables à voir et surtout quelqu'un en état de me conseiller qui m'affirma qu'après avoir vû Bruxelles, Anvers et quelques principales villes et ensuite la Hollande, il falloit laisser toutes les petites villes où on voyoit quelque fois tout au plus un tableau de Rubens, et on me conseilloit, pour mieux employer mon tems et mon argent, d'entreprendre d'aller voir les belles galleries de Dusseldorph sur le Rhin. Ce que je saisis et dont j'ai rendu compte dans mes relations dans le tems (1). Aujourd'hui, dans mon voyage d'Italie, je n'ay pas manqué de

---

(1) Bergeret a donc écrit un journal de son voyage dans les Flandres et la Hollande qui, malheureusement, a disparu.

conseiller par écrit de ma route à tenir. Après avoir parcourû la plus grande partie d'Italie et m'être fait rendre compte par gens qui n'ignorent aucune ville de ce que j'aurois à y voir, j'en ay conclu qu'il y avoit beaucoup de murailles et que les villes se ressemblent presque toutes ; que les curiosités y sont rares et que pour un tableau souvent en mauvais ordre, on a fait beaucoup de chemin cher et inutile. J'ai donc conclu, d'après gens instruits, que la base d'Italie étoit Gênes, architecture et palais et tableaux en grand nombre et singuliers, Rome, magazin sans fin de toute espèce de curiosités, Naples autre d'histoire naturelle et beaucoup de tableaux et découvertes curieuses, Florence, superbe collection du Grand Duc où est la fameuse madone de Raphaël, et Venise, unique dans son genre, pour sa situation et remplie de belles peintures de tous grands maîtres mais dont la plupart, comme Tintoret, Titien et autres sont par leur mauvais état dans l'impossibilité d'être vues. Voilà donc comment, à mesure que j'ai vu l'Italie, ce que j'en ai conclu, et me voilà tenant conseil à Venise, dégoûté de n'y plus voir ce qui est en place pour être vû. Savoir si je m'amuserai à courir par Modène, Plaisance, Mantoue, Turin, etc., ou si je chercherai à employer mon tems hors de chez moi, pour une fois, à chercher les galleries renommées des princes et par une autre route que je vois s'accorder par mes calculs en distance avec celle que j'aurois faite pour poursuivre comme icy dessus le voyage ordinaire d'Italie par Turin ? Je prends donc le parti, de Venise, de gagner Vienne. Il y a de beaux tableaux, mais à Dresde, la superbe collection renommée, de là prendre en échange l'Allemagne à Manheim sur le Rhin, belle collection, remonter le Rhin jusqu'à Dusseldorph. De tous ces endroits, je me fais une fête d'en revenir avec nombre de rares desseins. Et de Dusseldorph, ou je reviendrai par Manheim et Strasbourg ou de Dusseldorph par Aix la Chapelle, Reims, Paris. Je n'ay trouvé de tout ce changement et de cette nouvelle marche que 15 postes de différance au plus par Vienne ; encore je n'évalue pas le tems et argent qu'il faut pour aller au pas dans la Savoye pendant 15 jours, n'y pouvant aller autrement et par des cahots des plus durs, de plus l'affreuse incommodité et très chère d'être obligé de démonter ses voitures au mont Cenis. J'en ai vu un petit échantillon au passage de Gesnes.

Venise, dimanche 31 juillet.— Mon parti pris, j'ai commencé par me débarrasser de deux très bons domestiques que je renvoye par la Savoye à Paris, ou avec leur argent, comme ils l'entendront. Cela rend mon bagage plus leste. Il m'en reste trois dont un cuisinier, meuble indispensable en Allemagne comme en Italie ; et je pars ce matin à 4 heures de Venise. On n'en peut sortir autrement que par eau, dans une moyenne barque, pour se rendre à Mestre à 5 quarts d'heure de chemin. Nous y sommes arrivés heureusement et nous y avons trouvé nos voitures qui étoient restées à Padoüe d'où nous les avions fait venir à Mestre, par les deux domestiques qui doivent nous quitter. Mais, pour première avanture, ils avoient oublié à Padoue les selles et bottes et il faut 6 heures au moins pour les aller chercher en poste. Voila un article pour avoir beaucoup d'humeur pour le retard. Cependant nous primes le parti d'aller en avant et d'attendre à deux ou trois postes nos courriers. Il y a de plus grand malheur que celui-là ; notre humeur ne fut que passagère. Il faut aussi, dans cette saison horriblement chaude, arrêter absolument à 10 heures. On brûle tout vif et on repart à 4 heures après midi et toute la nuit jusqu'au matin 10 heures.

A Lubiana, mercredi 3 août ou Laubach. — Nous avons eu à 2 postes de Mestre pour commencer notre route une montagne véritable à monter. Ce sont les Alpes. Il ne faut pas moins de quatre heures pour la monter et descendre. On en vient à bout, mais du moins on ne démonte point les voitures comme par le mont Cenis et on arrive. D'ailleurs, on ne peut voir de plus beaux chemins et mieux pris dans les montagnes. Le pays est des mieux cultivés et nous sommes dans l'Allemagne. La langue italienne finit insensiblement.

A Gonavoitz, jeudi 4. — Pour le coup, la langue italienne est éteinte et nous n'entendons absolument plus que de l'allemand sans y rien comprendre, mais nous avons recours aux gestes et nous nous tirons d'affaire. On ne sçauroit faire trop d'éloge de la beauté des chemins et des soins qu'il paroit que l'on y prend. Depuis deux jours nous traversons la Carniola; toute la bâtisse est absolument changée; ce sont des constructions en bois, très artistement arrangées. Le paysan paroit avoir beaucoup d'ordre et de propreté. Nous sommes arrivés icy hier au soir à 8 heures. C'est immense, la quantité de très petites montagnes courtes, mais de la plus grande roideur. On ne fait qu'enrayer continuellement pour les descendre, ce qui fatigue extrêmement les voitures et en a fait rompre une hier au soir; par bonheur, à la vue d'icy. C'est un de nos cabriolets dont le poids de l'enrayure a fait casser le brancard ; nous l'avons conduit jusqu'icy où nous voilà nécessairement arrêtés jusqu'à demain midi. Voila le chapitre des événements : les montagnes, rivières, longueur de postes de trois heures, les moindres, de là le défaut de calcul qui se fait en partant, soit pour l'arrivée, soit pour la dépense, et barrières continuelles pour le payement de l'entretien des chemins. Mais, ce retard et événement arrivé par le plus beau tems, une auberge très propre et à propos pour nous reposer entre deux draps, ne nous étant pas couchés depuis cinq jours.

Du même endroit, vendredi 5 août. —Nous voilà bien remis de nos fatigues et une très bonne nuit passée. Il y a cependant aparence que nous ne pouvons repartir d'icy que vers les dix heures. Il fait chaud, mais cela n'est pas comparable à celle que nous avions avant de passer les Alpes. Il n'étoit pas possible de continuer notre route le matin à 10 heures jusqu'à 4 heures et, contre tous mes principes, il falloit marcher toute la nuit et nous reposer et dîner depuis 2 heures jusqu'à 4 heures ou 5 heures du soir. Il y a deux jours que nous faisons tout le contraire.

A Vienne, dimanche 7 août. — Nous voici arrivés a Vienne, à 3 heures après midi et voila le plus vilain de notre voyage, étant débarqués à la douanne, où 2 heures n'ont pas suffi pour nous visiter, déballer absolument tout, jusqu'au moindre chiffon. On ne peut rendre une pareille déplaisance pour des voyageurs qui ont marché toute la nuit, qui ont crû diner en arrivant et qui n'ont pu manger qu'à 6 heures du soir sans compter l'humeur que l'on prend de toutes les mauvaises tracasseries des commis. Je m'arrête, car il faudroit s'en plaindre dans les plus mauvais termes ; la loi est pour tout le monde. Il est vrai qu'elle pourroit s'exécuter également, mais avec plus d'égards. Au surplus, on compte près de cent lieuës de Venise à Vienne qui en vaudroient deux cent de France. Il est vrai que rien n'est plus beau ni comparable aux chemins, même des montagnes ; tout y est fait avec le plus grand soin, et c'est un jardin d'un pays immense, et chevaux bien montés. On traverse les pays les mieux cultivés : la Carniole, la Carinthie, la Styrie, des pays de plaines immenses, cultivées, et des gorges de montagnes ainsi que les montagnes non arides mais couvertes de bois. Mille petits événements, friponneries aux portes, sont cause que nous avons été 8 jours en route ; nous aurions dû n'en être que six, mais voila le sort des étrangers ; ils ne peuvent aprendre qu'à mesure qu'ils voyagent et ils ne sont instruits que quand il n'est plus tems. Nous allons cependant profiter de nos écoles involontaires pour le reste de l'Allemagne. Vienne n'est annoncée dans les livres que comme une ville très commune; ses faubourgs, fort vastes et fort grands, sont renommés. Effectivement, il y a trois jours que nous y sommes et je ne la vois que médiocre, sans rues de distinction, quelques petites places avec des genres d'ornements des plus barbares et de mauvais goût, sans aucun édifice de remarque. Dans le moment, j'aperçois la petite poste, comme à Paris. Cela désigne de quoy s'occuper et une grande ville. Nous avons été hier à la promenade où tout le monde se rend. Cela peut se comparer au bois de Boulogne, près Paris. Elle est très bien plantée ; on paye en entrant 10 fr. par personne le jour du feu d'artifice ; nous y avons trouvé beaucoup de peuple et de bourgeoisie sans monde de distinction que l'ambassadeur Turc et sa suite et on le suit, comme je vois que nous faisons à Paris. Je ne vois ni dans le peuple ni autrement en homme ou femme d'habillements différents qu'à Paris, et je vois que le petit peuple dans tous les pays veut être à la françoise. Je souhaiterois cependant pour le voyageur trouver un caractère différent dans chaque pays, ce que l'on ne rencontre que dans les villages et encore faut-il qu'ils ne soient pas sur les routes. Ce qu'il y a d'insuportable, ce sont les changements de langue ; c'est une très grande incommodité ; on est absolument comme des sourds et muets. Il faut se parler par gestes.

Aujourd'hui, nous avons eu besoin de toute notre matinée pour nous reposer de 8 jours de route assés vive ; voila toutes nos fatigues oubliées. L'après midi se passe à faire les visites nécessaires chez les ambassadeurs ou autres personnes pour lesquelles on a des lettres.

M. le *Prince Louis* n'y étant point, nous avons eu l'honneur de voir M. l'abbé *Georgel*, chargé des affaires de France. On ne peut rien de plus honnête, allant au devant de tout ce qui peut obliger et être utile. Le soir, nous nous sommes rendus au parc qui est le bois de Boulogne, très bien planté et fort agréable. On y tiroit un feu d'artifice où l'ambassadeur Turc s'est rendu avec toute sa suite. Cela nous a fait un spectacle nouveau.

Vienne, mardi 9 aoust.— Ce matin nous avons fait usage de nos lettres pour pouvoir jouir des cabinets et y dessiner. Le soir, nous avons été à une comédie allemande où je me suis trouvé de niveau avec les Turcs qui n'y entendoient rien. On leur donnoit une comédie, beaucoup de machine mais très mauvaise pour nous. J'entrerai dans plus de détail par la suite ; le courrier presse et le soleil de la route m'a fatigué la vue. Il faut s'arrêter.

Vienne, mardi 10 aoust. — Il n'est point aisé d'écrire de suite ni de mettre un ordre bien régulier dans ce que je vois ; je ne m'y suis pas engagé et j'écris à mesure que je découvre. Me voici au 4ᵉ jour à Vienne ; c'est une ville qui me paroit nette, rues de médiocre grandeur, mais bien percées, peu d'édifices de remarque, plusieurs places sans être entourées de bâtiments cimétrisés, mais ornées de fontaines médiocres d'architecture, mais où il se trouve de la sculpture assez bien faite. La ville est plus petite que grande, étant renfermée dans des fortifications. Mais les faubourgs sont des villes grandes et bien bâties. Les remparts servent de promenades sans arbres ; on n'y a d'agréable que le coup d'œil des fauxbourgs. Les rues sont très bien éclairées la nuit de lanternes à droite et à gauche des deux côtés de la rue ; on y voit peu de faste ; les plaisirs y sont tranquils et je vois gens du pays qui les regardent comme très mornes. On y connoit très peu les arts et on s'en occupe peu. Les auberges sont chères. Les choses principales à voir sont les arsenaux ; aucune église remarquable, le manège de la cour, la bibliothèque de l'Empereur, et en tableaux, le palais du Prince Lichtemstein, riche en beaux Rubens et superbes Vandyck. J'en raporte des desseins faits par M. Fragonard. Mais Vienne n'a la réputation de rien renfermer de curieux. En cherchant bien, on peut trouver quelques cabinets, mais nous ne resterons que huitaine suffisante. De là à Dresde, vraie gallerie et renommée. Je ne vois absolument aucune différence dans les habillemens des hommes, très peu dans celui des femmes du peuple et aucune différence de nos modes parmi les femmes et hommes de la cour et au dessous.

Vienne, jeudi 11 aoust. — J'ai été ce matin voir le manège que l'on apelle Manège de la cour, étant auprès du palais du Roy. On l'admire beaucoup, attendu qu'il est entouré d'une colonnade qui fait gallerie et en procure une au dessus. Il est sûr que ces colonnes font richesse, mais je souhaiterois le manège plus large et plus long et qu'il y eut du fini et pente le long du mur à hauteur des jambes, pour éviter de les frotter et heurter contre la muraille. J'aurois bien des choses à dire si je m'étendois sur l'article de la cavalerie, cela ne procureroit matière trop longue et qui ennuyeroit ceux qui ne sont pas obligés d'être amateurs. Delà, nous avons vû la bibliothèque avec détail. C'est un vaisseau assez grand, divisé par un rond dans le milieu et à la suite deux formes de galleries annoncées par deux grandes colonnes à chaque bout; le tout est d'une belle hauteur qui fait un coup d'œil imposant. Il y a grand nombre de livres et curieux et rares manuscrits. On y voit aussi une suite considérable en estampes les plus rares et de tous les maîtres. Au surplus, toute la décoration, peinture, etc., en est de mauvais goût. Il n'y a que la partie des livres qui passe pour être un recueil distingué. Il y a, toujours à la suite du palais, près de la bibliothèque, une salle de bal assés grande, et une autre moins grande ; je n'y vois rien de merveilleux ; les ornements sont peu ingénieux et médiocres.

Ce soir nous avons été à un opéra bouffon assez bon, mais cela n'empêchoit pas le spectacle d'être presque vide. Nous y avons passé assés agréablement la soirée.

A Vienne, vendredi 12 aoust.—Ce matin, j'ai pris connoissance de la ville et des fausbourgs, seul et en polisson, chacun de son côté, c'est la vraie façon de connoître un pays. J'ai trouvé les rues fort mouvantes et commerçantes, on y remarque que la ville est vivante, mouvante, sans confusion. Il n'y a suffisament de monde que pour la meubler, mais les fauxbourgs, sur l'échantillon que j'en ai vu, sont des villes entières, bien bâties et bien allignées. Je remarque que l'on y rencontre très peu de pauvres; mais je vois que pour entrer et sortir de la ville en voiture, il faut toujours payer et le soir, à une certaine heure, les gens de pied même. On prétend que l'on refuse l'entrée à un pauvre qui n'a pas un sol ou liard pour payer. Au milieu de très bonnes choses qui se disent du souverain, on remarque que dans ce pays cy comme dans tous autres, il y a toujours quelque coin qui se sent de l'humanité. L'après midi, nous avons été à Shenbrun, l'habitation de l'Impératrice pendant l'été à une demie lieue de la ville. L'endroit est vaste et grand sans beauté; les jardins ont du mérite. Il y a de belles parties et aussi de jolis endroits, mais peu d'ornements, ni vases, ni figures, ce que j'aime encore mieux que d'en faire de mauvaises. Nous y avons aperçu l'Impératrice dans les jardins où elle se promène sans suite et à son aise. Il paroit que son peuple y est fort attaché: elle porte un caractère de figure aimable et respectable.

Vienne, samedi 13 aoust. — La matinée s'est passée à parcourir la ville et les églises où il n'y a absolument rien de remarquable. Je ne scais si j'ai écrit hier vendredy que nous avions été à Shombrun, habitation de l'Impératrice à un quart de lieue de Vienne. L'habitation ou Palais est assés vaste sans beauté ni la moindre décoration. Je me rappelle que j'en ay parlé.

Ce soir nous avons été à un opera bouffon assés plaisant, toujours italien et de Pichini, fameux compositeur, que nous avons vu à Naples. L'opera a fini par un ballet pantomime de la tragédie du *Cid* de Corneille. Il paroit que ces ballets sont fort goutés dans le pays ; cependant, il faut d'excellents pantomimes et d'excellents danseurs, sans quoy cela devient souvent risible.

Vienne, dimanche 14 août. — Aujourd'hui dimanche et demain lundi, feste, ainsi que les vendredis, il n'y a aucun plaisir ny spectacle. En général, la vie est monacale et très austère pour la police et mœurs. Le soir il y a tout au plus une promenade où il y a très grande, belle et nombreuse compagnie de Noblesse, car la compagnie, noble ou non, se distingue toujours icy et dans les spectacles et aux promenades, ce qui met un triste et prive la société de bien des gens qui valent souvent mieux que ceux à 16 quartiers ; mais c'est le genre de la nation. Aujourd'hui, veille de notre départ, nous avons éprouvé de la part de la douanne toutes sortes de tracasseries dont nous n'avons pu nous tirer qu'à force de protection et secours de la part du chargé des affaires de France, M. l'abbé Georgel, qui nous a aussi tiré d'affaire pour être mieux traité aux postes, d'après les vives plaintes que j'ai faites des postes de la route de Venise a Vienne. J'en garde notte icy : On ne doit mettre sur les berlines que 4 chevaux même quand on a sur le siège deux domestiques, et deux chevaux sur un cabriolet. Quand on connoit les usages du pays on ne s'en laisse pas mettre davantage, mais les fripons de maitres de postes vous induisent en partant, sous quelque prétexte, à en mettre six à la berline et 3 au cabriolet, et l'usage en Allemagne est que quand on a commencé ainsi avec six, on demande inutilement à en mettre 4. Pendant ce tems, les frais de postillons, chevaux, augmentent considérablement. De plus, nous ne payons juste que le prix réglé des guides, sur quoy les postillons ne font ni murmure, ni représentation, mais cela se dit de l'un à l'autre et à chaque poste, au lieu d'avoir des chevaux dans le moment, on disoit pendant 3 quarts d'heure qu'il mangeoient l'avoine et à la fin, ils nous menoient mais presque au pas ; ce qui par notre ignorance nous a mené 8 jours de Venise à Vienne. Mais 4 ou 5 postes avant Vienne, nous avons apris d'honnêtes gens toute la friponnerie des maitres de poste et aussi que les postillons ne se plaindroient jamais des guides justes, mais nous feroient attendre et nous méneroient au pas pendant cent lieues. On nous a dit le secret de paye nécessaire et de là nous avons été ventre à terre par les plus beaux chemins, en augmentant les guides.

Vienne, lundi 15 aoust. — Aujourd'hui, nous comptions partir d'icy à 8 heures du matin pour Prague, mais la poste nous ayant envoyé six chevaux au lieu de 4, nous n'avons pas voulu les recevoir, tout dépendant du début, et à force de secours de M. l'abbé Georgel, nous sommes partis avec 4 et nous serons sûrs de n'en pas avoir davantage. C'est une affaire et d'honneur et de profit. Et par un mémoire que j'ai fait de plaintes très vives, toutes les postes de la route avant Vienne ont eu de vives réprimandes et il y a aparence que le premier sera puni.

A Iglau, route de Prague, mardi au soir 16 aoust. — Toute notre route de 15 postes environ jusqu'à présent est des plus heureuses et des plus agréables par des chemins comme en France et peut être mieux soignés ; beaucoup de

villes et villages, beau pays et belle récolte. Le nom de
Bohême nous paroissoit effrayant, mais la plaine Saint-
Denis n'est pas plus belle. Nous avons environ dix postes à
faire jusqu'à Prague. Nous sommes tous en bonne santé,
nous nous arrêtons de bonne heure courant depuis le matin.
La chaleur est sensiblement modérée et très suportable à
midi, et on ne nous met que nos 4 chevaux qui est le
nombre que l'on met en Allemagne sur voitures quelconques.
Nous venons de rencontrer des berlines très chargées de
malles, 4 personnes dedans, 2 domestiques sur le siège, et
il n'y a pas plus de 4 chevaux. J'ai augmenté mes domestiques d'un Allemand qui nous est très utile pour la langue.

A Planiault, mercredi 17 aoust. — Nous voici à six lieues
de Prague. Beau pays, beaux chemins, belles récoltes.
Nous commençons à voir les différents postes ou le Roy de
Prusse a eu de vives affaires ; demain matin nous comptons
être de très bonne heure à Prague, y diner, y mettre un
coup d'œil sur nos anciennes campagnes, et de là, sans y
coucher, aller diner à quelques postes sur le chemin de
Dresde qui est à 8 postes de Prague.

Nous ne remarquons sur la route que des chemins bien
allignés, bien cailloutés, comme en France et des pays
variés de plaines sans montagnes considérables ; beaucoup
de villages et de villes, ce qui désigne le bon pays, les
gens fort honnêtes et ce que l'on apelle la Bohême. Nous
sommes arrivés et restés icy à 6 heures, où nous avons
bien soupé moyennant notre cuisinier, sans quoy il faudroit
manger du pain et de l'eau. Nous n'avons pas entrepris
d'aller plus loin, ce qui nous auroit mené trop tard et à un
gîte incertain. Demain matin à 3 heures, nous repartirons

pour Prague, étant couchés à 9 heures ce soir et en bonne santé, favorisés d'un orage qui vient de nous rafraichir, le tems d'abattre la poussière. Nos santés sont comme sortant de Paris ; je réponds de la mienne.

A Welduis, jeudi 18 aoust. — Nous voici couchés à 2 postes par delà Prague. Ce matin, nous étions arrivés à Prague avant onze heures ; nous y avons pris un carrosse de remise pour nous promener une heure avant notre diner et après jusqu'à 5 heures. Prague est composée de trois villes partagées par des rivières très peu grandes ; nous avons essayé d'y aller voir les églises, mais en vérité elles sont de trop mauvais goût, et chargées de tant de mauvais ornemens, dorures mal placées et de tant de superstitions et folles dévotions que cela aproche beaucoup du paganisme. L'église des Jésuites est d'un brillant étonnant en dorures et stuc, mais d'un goût si étrange et si ridicule à nos yeux, que nous n'avons pas été plus loin, nous ayant assuré que c'étoit la plus belle. Nous nous sommes livrés aux lumières de notre cocher de remise pour nous promener. Il nous a mené à la cathédrale qui est tout en haut, fort escarpée, du côté où les François ont attaqué et pris Prague. Il paroit qu'ils ont maltraité cette cathédrale dont les bombes et le canon ont culbuté une grande portion. Nous pouvons dire à présent avoir bien vû deux endroits renommés, Prague et Bergopsoom. Jusqu'à cette couchée cy le chemin est fort beau. Je reviens à Prague que nous avons parcouru en carrosse ; nous n'avons pû trouver d'autre curiosité que le marchand de verres de Bohême et caraffes et de toutes les formes dorés et sans dorure. Nous avons bien diné et nous avons bien voulu à 5 heures rendre la ville et continuer notre route.

A Peterwald, vendredi 19 aoust. — En calculant sur la carte avec le doigt, on croit que dans la journée on peut aller à Dresde; mais point du tout, cette dernière poste cy nous a occupés 5 heures à monter au pas des montagnes des plus cahotantes, dont nous avions oublié les charmes. Ainsi nous voilà restés dans un mauvais endroit à 2 postes ou 5 heures de chemin de Dresde, où nous serons demain matin 14 heures. Nous avons peu de lits, mauvais pain, excellent vin, mais la ressource de nos provisions et cuisinier nous fait courage au défaut de ce qui peut nous manquer. Nous avons remarqué dans la route de la journée différents champs de batailles du Roy de Prusse le long de l'Elbe, comme celui de la bataille de *Lobosschitz;* on ne rencontre que châteaux et murailles et maisons non relevées, provenants des faits et gestes du Roy de Prusse. Nous lirons à présent les Gazettes avec profit et connoissance de cause.

Au surplus, le pays est meublé de villages et bien cultivé, mais il n'est plus question de beaux chemins depuis deux postes après Prague. Demain à peu de distance d'icy, nous entrons en Saxe, bien portant. La saison se fait sentir différente; la chaleur est très modérée et les habitans nous disent qu'ils font encore du feu dans leurs poêles. Quelle différence de l'Italie où nous étions il y a trois semaines! Nos lits, quand il y en a, sont composés de lits de plumes dessus et dessous, mais ceux que cela n'accommode pas s'arrangent comme ils veulent. Voila jusqu'à présent depuis notre voyage la seule route ou les auberges sont fort mauvaises, et avec trop peu de lits. Cependant on entre dans des bâtiments qui ont l'air fort vastes, de très grands corridors et on finit par voir qu'il n'y a que de l'aparence. Mais nous sommes faits à tout étant toujours surs de la partie des vivres.

A Dresde, samedi 20 août. — Nous voila donc dans la capitale de la Saxe, arrivés aujourd'hui à 2 heures après midi par un beau tems mais frais; nous voyons tout le monde et femmes du peuple avec bonnets de peaux sur la teste. Ils conviennent qu'ils ont neuf mois de fort hiver; c'est de quoi nous consoler des hivers de Paris. La ville de Dresde, au premier coup d'œil, nous paroit fort agréable, petite, mais de belles rües et l'air fort propre. La rivière de l'Elbe y procure des sites fort agréables et un pont qui fait promenade. Je n'ai encore jetté qu'un coup d'œil sur les fameuses galleries remplies de nombre de tableaux des meilleurs maîtres et beaucoup de Rubens, et j'ai parcouru à pied quelques principales rues, surtout la grande rue qui va au chateau ou palais de l'Electeur. On n'entend parler icy que du voisin, le Roy de Prusse, qui a fait beaucoup de mal à la ville et au pays, il y a quelques années. Cependant avec les avantages, il y a eu alternativement de grands désavantages. Il ne paroit pas fort aimé. Cependant on dit que la plupart du peuple luthérien est pour luy et prend part à ses heureux succès. J'estime que je pourray rester icy 8 jours et de là continuer ma route par *Barethre*, Nuremberg, Strasbourg. Je vais me coucher.

A Dresden, le dimanche 21 aoust. — Aujourd'hui à raison du dimanche, on ne voit pas les belles galleries, ce sont de ces belles privations qu'il paroit que l'on voit souvent à Vienne et villes d'Allemagne. Je ne peux croire que ce jour en soit mieux sanctifié. Cela fait pour les étrangers un jour vuide et sans ressource ; aussi cela s'accorde bien avec une fluxion de gensive qui me tient en chambre pour la première fois depuis dix mois. C'est une vraie mortification pour moi, de ne pouvoir prendre connoissance d'une ville à pied, surtout d'une ville aussi historique que celle cy, où l'on voit de tristes restes de la colère du Roy de Prusse. Il faut bien rester en chambre. Eh bien, il y a des occupations de chambres, on dessine beaucoup et on parcourt les portefeuilles.

Dresden, lundi 22. — Ma fluxion m'ayant un peu laissé en repos, je suis retourné en carrosses aux galleries où est établi M. et M°°° Fragonard dès le matin, pour y faire récolte de desseins. Je crois que l'on iroit exactement pendant un mois qu'il ne seroit pas possible de se faire un local suffisant de tout ce qu'il peut s'y voir. Il y a à terre encore 400 tableaux qui attendent place ; ce ne sont que tableaux précieux de *Miris* (1), *Girardoux*, etc. Quand on y est, il est difficile d'en sortir. Il y a un inspecteur et des gardiens, tous des plus honnêtes, avec liberté à tout le monde d'y dessiner, copier ce que l'on veut. Rien n'est plus glorieux pour un prince que de se prêter ainsi au progrès des arts ; j'en feray bien honte à quelques soi disans princes Romains qui tiennent les tableaux enfermés en mauvais état, les laissant dépérir sans être de la moindre utilité aux arts, et cela, de ce qu'ils n'y connoissent rien et de leur parfaite ignorance. Le soir, il a fallu m'en tenir à une promenade de carrosse autour de la ville, voir nombre de maisons renversées et criblées de coups de canon, par le plus beau soleil, mais avec un vent de nos hyvers. Il y a trois semaines que nous étions

(1) Van Micris et Gerard Dow.

en pays trop chaud. Rien de plus de ma journée que des conversations sur mils événemens du siège ou des sièges du Roy de Prusse dans Dresden.

Je vois que dans tous les pays et Nord et Méridionaux, tout le monde aime la paix, mais malheureusement elle ne tient qu'à bien peu de chose dans les cabinets des rois et princes que l'on abuse d'une vaine gloire.

A Dresden, mardi 23 aout. — Il faut recommencer tous les matins à 8 heures à revoir les galleries et toujours elles sont nouvelles et remplissent très bien l'idée que nous en avions et c'est une ressource inépuisable pour les gens d'arts et pour les amateurs; l'un et l'autre perdent bien du tems en Italie qu'il faut cependant avoir vue, mais plus légèrement et de là se jetter dans les belles galleries de Dresden, Dusseldorph, Manheim.

Je trouve aussi moyen de parcourir la ville en dehors et en dedans. On ne voit de tous côtés que des maisons neuves reconstruites à côté d'autres culbutées et saccagées par les bombes du Roy de Prusse, il y a environ 10 ans. La ville est très bien percée, très propre. La deffense la plus rigoureuse d'y jetter de l'eau et la moindre ordure l'entretient dans cette propreté. On a grand soin de prévenir les étrangers de ne rien jetter par les fenêtres, car les amendes sont considérables; d'un autre côté, elle est on ne peut pas plus mal pavée, on a de la peine à y supporter le mouvement du carrosse et beaucoup de difficulté à y marcher. Les dehors de la ville sont riants; il y a un grand pont sur l'Elbe qui fait promenade, y ayant des trottoirs fort larges. Le peu de bâtiments de distinction qu'il y ait est d'architecture fort mauvaise et fort tourmentée. On n'entend plus parler en Allemagne de Madone, de la Vierge, comme les Italiens ; ce sont les crucifix qui se voyent partout avec les plus grands détails de tout ce qui peut faire spectacle de la Passion. C'est une autre superstition et abus ; la ville est très bien éclairée le soir par des lampes le long des maisons. C'est une très jolie ville, des gens fort honnêtes et à ce que l'on dit, la société fort agréable. Il y a sur le pont une police assez singulière quoique fort commode : c'est que chaque côté ou parapet est destiné l'un pour ceux qui viennent de la ville et l'autre pour ceux qui y rentrent ; de cette façon, personne ne se rencontre et ne s'embarasse.

A Dresden, mercredi 24. — Aujourd'hui feste comme dimanche. Point de galerie ouverte ; il faut parcourir la ville en polisson et le soir promenade. Nous avons diné aujourd'hui chez M. le comte de Sacken, ministre des affaires étrangères. On ne peut rien de plus honnête, ainsi que madame, qui fait les honneurs, on ne peut pas mieux et du meilleur ton. Après avoir bien diné, les pauvres étrangers ont peu de ressources, surtout quand au bout de quatre jours on a presque tout vû. Nous sommes dans l'été du pays, et effectivement, il fait chaud, mais sans comparer à nos chaleurs d'Italie.

A Dresden, jeudi 25 aout. — Nouvelle visite ce matin aux galleries et de tems en tems on revoit une petite gallerie où il y a 50 tableaux de la Rosalba. C'est une collection bien aimable. Il est fâcheux que la matière en soit si délicate, on y voit aussi dans des tiroirs de ces miniatures précieuses en émail, de Mynx, peintre très justement renommé en Italie et que le Roy d'Espagne vient d'attirer chez luy. Après visite recommencée à la gallerie, nous allons le soir à 5 heures voir quelques environs, plutôt Guinguette qu'autrement. Nous avons été présentés à la sœur du maréchal de Saxe qui se tient dans une campagne à la porte de la ville. Son habitation est assés agréable sans y avoir rien d'extraordinaire.

Dresden, vendredy 26. — Ce matin, nous avons été présenté au duc de Courlande (1), oncle maternel du Roy Louis XVI, frère de feue Madame la Dauphine. Il est fort honnête, fort affable et parle très familièrement avec tout le monde... Je ne vois rien dans notre journée que nos visites de matin et soir dans les galleries, ce qui est plus commode que d'aller de ville en ville voir dans une Eglise un Tableau ou mauvais ou douteux, ou moins noir.

Dresden, 27. — Je découvre tous les jours en me promenant les matins non pas de petites maisons, mais de vrais hôtels très grands culbutés et écrasés par les bombes et qui ne sont pas encore relevés. On est bien heureux d'être loin d'un pareil fléau. J'ay oublié de parler cy-devant de l'Académie de peinture de Dresden. Il y a des bâtimens très bien disposés avec toutes les distributions pour les différents genres d'étude et des professeurs fort intelligents, entr'autres M. Cazanove, frère de celui qui est à Paris. Le directeur est M. Huttin, peintre de l'Académie royale de Paris qui est icy depuis 25 ans. Cet établissement paroit très bien fondé et les jeunes gens ont de plus la ressource d'aller peindre et copier dans les galleries d'après les maîtres qui leur conviennent.

---

(1) Xavier de Saxe-Weimar, duc de Courlande, frère de Marie-Josèphe de Saxe, femme de Louis, dauphin de France, fils de Louis XV et père de Louis XVI de Louis XVIII et de Charles X.

Dresden, dimanche 28.—Aujourd'hui l'Electeur de Saxe a coutume de revenir icy de la campagne tous les dimanches. Nous nous sommes trouvés à la messe en musique comme celle de Versailles. Il a tout l'étalage d'un souverain; des cent-suisses, gardes et troupes et domestiques bien tenus et bien vêtus ; cela a le meilleur air. Après la messe, nous y avons été présentés dans son appartement dont il sort pour donner audience à un très grand nombre de monde qui remplit une grande salle avant son cabinet. A la porte de son intérieur ou de son appartement, sont deux très grands Turcs avec robes et turbans. Cela vient d'un ancien usage du Roy de Pologne ; ils sont en dehors de la porte tous deux et quand elle s'ouvre ils en tiennent chacun une moitié. Ce sont les plus beaux hommes et cela a fort bon air. L'Electeur sort de cette porte et fait politesse à un cercle qui se forme, parlant honnêtement à l'un et à l'autre, peu à la vérité, ayant l'air timide. Nous avons eu l'honneur d'y être présentés par le ministre de Suède, au défaut de celui de France. On le traite de Msr et d'Altesse Électorale. Les questions ordinaires ne sont pas difficiles à deviner, savoir combien il y a de tems que l'on est arrivé, d'où l'on vient, où on va. Cela n'est pas long, mais beaucoup pour un souverain. Nous avons tout lieu d'être contents de son honnêteté ; après s'être informé plus particulièrement de notre marche, il nous a fait dire qu'aujourd'hui dimanche il ne pouvoit nous recevoir à diner, étant le dimanche alternatif, où il donne à manger aux ministres étrangers seulement et un autre dimanche aux étrangers comme nous ou autres ; que ce ne pouvoit être que pour dimanche prochain, mais qu'il aprenoit que nous partions. Effectivement, nous partons mercredy prochain 31 du courant. Le soir à 6 heures, l'Électeur tient appartement et jeux ; c'est là que nous avons été présentés à l'Electrice (1), qui est grande et bien faite et très honnête. Dela, présentés aux trois frères de l'Electeur et à une princesse sœur, tous très polis et assés parlants. L'assemblée est fort nombreuse et en seigneurs dont la plus grande partie est en uniforme et botte et beaucoup de dames toutes très attentives et prévenantes pour les étrangers ; la salle est garnie de tables de jeux; à la teste, est celle de l'Electeur qui fait sa partie. On y joue très petit jeu, et aucun d'hazard, notre jeu de wisk, ancien cadrille et try. Toute cette cour a l'air de grandeur et cependant unie et de bonne intelligence. Nous avons regardé joüer et toutes les parties étant bien en train et disposées, nous nous sommes retirés comme bien d'autres et voila notre journée. Il faisoit aujourd'huy la plus grande chaleur ; nous avons été le soir prendre l'air sur le pont qui conduit à la ville nouvelle.

A Dresden, lundi 29 aoust. — Nous passons l'extrême chaleur d'hier par une pluye continuelle cette nuit et toute la journée, ce qui a rafraîchi le tems ; mais peu propre à voir les tableaux des galleries. Nous n'avons plus que demain à en profiter, notre parti étant pris de repartir d'icy après demain matin mercredi pour Leypsik, Francfort, Manheim, Strasbourg, Paris. Cela se dit en peu de mots,

---

(1) Frédéric-Charles-Auguste, Electeur de Saxe, épousa le 29 janvier 1769 Marie-Amélie-Auguste, princesse palatine des Deux-Ponts, née le 10 mai 1752. L'Electeur avait en effet en 1774 trois frères et une sœur vivants :
    1° Charles-Maximilien,
    2° Antoine-Clément-Théodore,
    3° Marie-Amélie, qui épousa Charles-Christian duc des Deux-Ponts ;
    4° Maximilien-Marie-Joseph.
Marie-Anne, cinquième enfant de l'Electeur père de Frédéric-Charles-Auguste, était décédée antérieurement à 1774.

mais il faudra quelques tours de roües. Au surplus, nous sommes en haleine et le courage ne nous a jamais manqué, encore moins quand il s'agit de revenir dans sa patrie, après avoir vû toutes les pièces de comparaison de bien des pays et chauds et froids.

Dresden, mardi 30. — Histoires de paquets, adieux, visites reiteratives, visites à la gallerie. J'ai peut être oublié de dire que la religion protestante et luthérienne est la dominante icy; celle du Prince est la catholique, mais en très petit nombre. Il y a ici comme dans toutes les villes des établissements d'hopitaux et autres, mais il y en a un entr'autres de pauvres étudians, comme collège où on leur aprend la musique, et il est de leur fondation d'aller alternativement, par bandes de 12 ou 15 en différents quartiers dans les rües dans la matinée, chantant des espèces d'hymnes. Ils se mettent au milieu de la rue en haye vis à vis une porte et chantent de là à une autre et où on leur donne quelque chose.

Partant de Dresden, mercredi 21 aoust, à Weryen, 4 lieues avant Leypsick. — Nous voici partis à cinq heures ce matin par une pluye qui a duré toute la nuit, ce qui a fort bien fait pour les sables considérables pendant 2 postes. Les pauvres voyageurs sont dans un tourment continuel pour se deffendre contre les maîtres de poste qui cherchent à augmenter le nombre de chevaux sur les voitures. Il a fallu en partant de Dresden employer toute l'autorité avec laquelle nous avions fait connoissance, et nous avons eu justice fort honnêtement. Nous avons parcouru de forts beaux pays de plaine, dans la Saxe, en suivant souvent l'Elbe ; la pluye ne nous a pas quitté, mais avec un tems doux et nous avons fait environ 20 lieües arrivant à 8 heures du soir.

Voicy que l'on nous attaque icy et que l'on nous propose de mettre 6 chevaux sur notre berline au lieu de 4 ; nous demandons à voir les ordonnances que l'on a peine à trouver, ce que nous sçaurons demain matin. Je vais me coucher. Rien n'est de plus de conséquence pour les frais d'un voyageur, car quand on a laissé mettre 6 chevaux, on ne peut plus revenir à 4 et toute la route s'en suit. Nous avons vû à une poste et demie de Dresden la manufacture de *porcelaine* et bien légèrement, attendu que les opérations sont les mêmes que dans les autres manufactures et qu'il est inutile de s'amuser ne pouvant voir le secret de la matière.

A Naumbourg, jeudi 1ᵉʳ septembre.— Nous voila absolument à 6 chevaux au lieu de 4 ; sans quoy nous n'irions pas. C'est tout ce que nous avons pu faire que 3 postes de 4 et 5 heures chacune par des sables et mauvais chemins. Cependant la Saxe est un beau et bon pays, bien découvert et garni de villages. La pluye ne nous a pas trop quitté jusqu'à dix heures que nous nous sommes trouvés arrivés contre mon régime ordinaire, mais les uns disent qu'il faut 4 heures pour une poste, d'autres cinq, d'autres trois ; ce qui fait qu'à 6 heures on hasarde encore une poste.

A Erfurt, vendredi 2 septembre. — Nous avons fait trois postes d'une poste et demie chaque, mais la moindre est de 3 heures par un jour très chaud. Peut être qu'à la première pluye on embourbera dans les chemins que nous avons passés. Nous voicy dans l'été de la Saxe; dans un mois ils auront 5 pieds de neige. Nous voici arrivés en plein soleil icy à 4 heures 1/2, mais comme il nous faudroit 4 heures et peut être 5 pour aller à Gotha, la première poste, je me souviens d'hier que je suis arrivé à 10 heures 1/2 et je m'arrête. Nous avons le tems de souper, de nous coucher de bonne heure pour repartir à 3 heures du matin. Nous avons soupé avec un grand appétit à 6 heures. Nous avons parcouru cette petite ville qui est comme bien d'autres un point de conséquence dans nos guerres, ce qui me fait souvenir qu'hier nous avons passé près le fameux champ de bataille et peu heureux de Rausbach (1). Tout ce pays a été le théâtre de nos guerres; c'est un beau pays et je le crois bon. Nous sommes couchés à 9 heures et quelques uns à 8 par un tems décidé chaud, mais c'est peu de chose vis à vis notre Italie.

A Vacha, samedi 3 septembre. — Nous voicy arrivés à 7 heures du soir à Vacha, après avoir passé ce matin par Gotha. Tout le pays nous paroit beau et bon et en pleine récolte, mais les chemins, de Gotha à Bercha et de Bercha à Vacha, mettent une voiture à l'épreuve; nous les jugeons impraticables dans le vilain tems; nous avons eu fort chaud. Gotha est une petite ville qui paroit bien tenue et fort propre. Le palais du Prince est dans l'emplacement de la citadelle et bien situé. Les troupes bien vêtues et bien tenües. On y travailloit à décorer les jardins et de terrasse nouvelle et de pièce d'eau. Comme je ne me suis arrêté à Leypsick, après Dresden, qu'une couple d'heures pour y

---

(1) Rosbach, village de Saxe où Frédéric II vainquit le maréchal-prince de Soubise en 1757.

voir un cabinet de tableaux de M. Godefroy Vinkler, négotiant, j'ai oublié d'en parler cy devant à la couché de Naumbourg. Il y a nombre de tableaux dans ce cabinet de négotiant, mais il y a beaucoup de copies; on y peut compter une trentaine de beaux et vrais tableaux et c'est beaucoup. Cela nous a fait très grand plaisir et nous a occupé environ deux heures. L'endroit où nous sommes est un très petit bourg; notre auberge n'est pas mauvaise, du moins assez bien logés et notre cuisinier nous est d'un secours nécessaire, joint aux provisions dont nous sommes munis, car on est sûr de ne jamais rien trouver. En Italie, nos lits étaient trop durs, icy nous sommes toujours dans la plume, mais permis à nous d'arranger nos lits à la mode.

A Schluchtern, dimanche 4 septembre. — Nous voicy arrivés à 7 heures du soir ayant fait 4 postes 1/2 ; mais chaque poste est au moins de 3 heures 1/2. De Vacha où nous avons couché, nous avons passé par Hunefeld, Fulda, Neuhof, et le petit bourg où nous sommes. Une partie de ce pays est à un prince (1) qui habite Fulda qui m'a paru une jolie ville, avec de beaux jardins, où on voit que le prince habite. Il étoit à ce moment à une lieue de la ville, à un château. Il y a quelques beaux chemins commencés dans cette principauté, mais aussi beaucoup de très mauvais et beaucoup de montagnes. Tout ce pays cy est bien cultivé, bien meublé de villages et entrecoupé de jolies plaines et de bois ; mais les pauvres passagers y sont écorchés dans les auberges où on ne mangeroit rien si on n'avoit pas de cuisinier, et d'ailleurs les maitres de poste sont les maitres de vous augmenter le nombre des chevaux en vous faisant payer d'avance sans

---

(1) Prince de Hesse-Cassel.

aucun remède, et si vous n'y consentés pas, ils font oter les chevaux et vous restés là, obligés de se rendre à leur loi. Depuis Vienne et auparavant, rien n'est réglé pour la poste, ou s'il y a des loix, ils n'en font pas de cas. Nous jouissons du plus beau tems ; nous arrivons de bonne heure, nous gardant bien de nous mettre dans les chemins douteux et nous ne partons qu'à la pointe du jour, 4 heures 1/2 ; ainsi, nous avons une nuit complette, nous soupons à l'aise pour seul repas, nous nous portons très bien. On dit que nous pouvons arriver à Francfort demain. Ce sera sans doute le soir, ayant le même chemin à faire, mais c'est la qualité du chemin qui décide de tout. Nous visons droit à Paris.

Francfort, lundi 5 septembre.—Nous voici arrivés avant 6 heures du soir à Francfort, ville renommée sur le Mein. C'est une très grande ville fortifiée, remplie de négotians et très commerçante. Il y a plusieurs foires considérables dont une commencera dans 8 jours ; alors, il y en aura plusieurs spectacles ; elle dure trois semaines. Ses rues sont belles et larges et le soir très éclairées par des lanternes de chaque côté. Les deux dernières postes pour y arriver sont de très beaux chemins, quoiqu'en partie un peu de sable. Nous sommes toujours en admiration sur la beauté des pays que nous parcourons, tous bien meublés de forêts et de beaux vallons dont la récolte en reguain se fait actuellement depuis plus de six postes, avec un mouvement étonnant de chariots et de faucheurs. Mais, nous sommes étonnés depuis Dresde de ne voir nulle part ni âne ni cheval pour porter, et aux environs des villes où on apporte de la campagne des livres, surtout les jours de marché, on voit tous les paysans apporter tous de très loin dans des hottes et à brouette qu'un homme ou femme roule et qu'un autre tire en avant avec une corde, et cela de très loin.

On commence à trouver icy beaucoup plus de monde qui parle françois ; notre ignorance d'allemand nous a souvent embarassés. Nous avons un interprète domestique qui marche avec moi depuis Venise, mais cela n'est utile que pour demander les choses absolument nécessaires. Ces espèces de domestiques sont ordinairement d'esprit très borné et croyant savoir plusieurs langues n'en savent aucune. Il faut s'en tenir au nécessaire. Nous sommes couchés à la poste et par toute l'Allemagne assez proprement. Nous avons eü le tems en arrivant avant 6 heures de parcourir la ville. Il paroit qu'on n'y connoit que le commerce. Les arts y sont endormis comme dans toute l'Allemagne ; il n'y a aucun monument à voir ni ancien ni moderne, et quand ils veulent décorer leurs maisons et hôtels avec prétention, ils tombent dans un embarras d'ornemens des plus multipliés et ridicules.

A Heppenheim, mardi 6 septembre. — De Francfort icy Heppenheim, deux postes et de fait l'une de 5 l'autre de 4 heures dans des sables, au milieu de quantité de matériaux préparés pour faire de beaux chemins ; on y travaille. Nous sommes toujours dans des auberges propres avec beaucoup trop de plumes, mais on retranche suivant la dose que l'on en veut. Le lecteur trouvera que nous faisons de fréquents campemens, et qu'effectivement nous marchons bien à l'aise. Nous nous sommes arrêtés icy à 5 heures attendu qu'il en falloit encore 4 pour arriver à Manheim où nous serions arrivés trop tard et peut être les portes fermées. Demain matin nous y serons à 8 heures. Tout le pays que nous parcourons de l'Allemagne est bien boisé, bien cultivé et des gens honnêtes, excepté aux postes et auberges où il n'y a ni loi ni règles. On y est rançonné sans pouvoir avoir justice. Je ne sçais si j'ai parlé quelquefois des postillons sonnant du cor dont les gazettes sont remplies ; effectivement tous les postillons avant Vienne ont un cor en bandouillère dont ils tirent des sons tout au plus comme la corne de nos vaches à la campagne. Je remarque qu'il n'y a que depuis une douzaine ou quinzaine de lieues que les postillons font entendre la gamme ou du moins quelques airs un peu de suite. Je croyois autrefois en lisant les gazettes que c'étoit quelque chose de beau, mais ils cornent ainsi pour avertir dans les chemins étroits et tournants afin de ne pas être surpris et ne pas s'embarrasser par quelqu'autre voiture.

Nous sortons de table après avoir fait notre seul repas de bien souper. Logement très propre et coucher avant dix heures pour moi qui écris jusqu'à cette heure, et demain, avant 4 heures, nous continuerons sans mal ni douleur notre route comme de coutume par un beau tems, ni froid ni chaud. Notre but étant de voir les tableaux de Manheim, nous n'y resterons que quelques heures nécessaires, ayant pour point de vue aussi ardent d'arriver à Paris, que nous en avions d'arriver à Rome il y a un an.

A Landau, mercredi 7 septembre. — Je crois avoir oublié cy-devant entre Francfort et Manheim de parler d'Armstadt qui est une principauté qui paroit en bon ordre; des troupes qui ont fort bon air, grand château et tout ce qui annonce le grand seigneur. Le prince et la cour étoient à 2 lieües de là, autre château. C'est à Armstadt où nous avons pris des chevaux de poste dans l'avant cour du prince. Tout ce pays est beau, riant, bien cultivé et de belles forêts. Nous voici couchés à Landau. Le matin, nous sommes arrivés à 8 heures à Manheim pour y voir promptement la gallerie des tableaux. Tout a été selon nos souhaits; nous avons trouvé M. Shmaltz, banquier très honnête qui nous a conduit par toute cette gallerie, où plusieurs cabinets sont remplis de nombre de tableaux; mais les plus précieux, sont un très beau Téniers, et beaucoup de Girardoux, Vendevel (1), Vermeulen, mais, dans ce genre, du plus beau que j'ay vû. Une belle chasse d'ours de *Sneyder* (2), un beau Rubens, grand, et beaucoup d'autres Italiens, que l'on croit originaux. Notre but est rempli et notre voyage agréablement consommé par la vue de cette gallerie. L'endroit est grandement bâti pour le château; belle salle de comédie, jolie ville, bien bâtie régulièrement et proprement, un prince et une cour des plus aimables, un spectacle continuel chez le prince dont tout le monde peut jouir. Pour le moment toute la Cour est à un château à une lieüe avec toute la musique et spectacle. Ce pays paroit heureux et bien réglé.

Avant midi nous avions tout vû et nous sommes repartis pour arriver à Landau à 6 heures du soir où nous couchons. Voila donc l'Allemagne bien parcourue, Vienne, Dresde, Saxe et beaucoup d'Electorats. Nous voici avec joye au bout d'un an dans notre patrie et nous voyons avec plaisir notre langue revenir; il y a longtemps que nos oreilles n'entendent qu'un mélange fort incommode. Demain matin, nous partons pour Strasbourg où nous serons arrivés à ce

---

(1) Velde (Adrien van de), peintre hollandais très estimé pour ses paysages et ses tableaux d'animaux.
(2) Snyders, peintre de l'Ecole flamande, 1579-1657.

qu'on dit à 3 heures après midi. Il y a apparence que nous continuerons le lendemain notre route pour Paris avec le moins de retard que nous pourrons ; seulement suivant le courage de nos domestiques.

Nous nous portons tous bien et moy toujours le dernier couché, écrivant, comme Frontin, l'histoire de mes voyages. Tout va bien, jusqu'à notre voiture, qui a fait bien des cent lieües et à laquelle il ne manque rien. Ce n'est pas la faute des cahos et chemins affreux et du Nord et du Midi qui l'ont mise à de rudes épreuves. Je finis et me couche.

TABLE ALPHABÉTIQUE

DES NOMS DE PERSONNES ET DE LIEUX CITÉS DANS CET OUVRAGE

(*Les noms de lieux sont imprimés en italique*)

A

- Académie de France, 135, 159, 181, 219, 239, 364.
Académie de Dresde, 412.
Agnano (lac d'), 308.
Agrippine (tombeau d'), 348.
Aiguilla, 44, 98.
Aix (en Provence), 43, 80, 81.
Albane (François), 378.
Albani (cardinal), 157.
Albani (villa), 157.
Albano, 361.
Albertas (premier président), 81.
Aldobrandini (prince), 353.
Aldobrandini (villa), 357.
Alexandre VII (pape), 257.
Aliberte (théâtre), 179, 185, 187, 194, 198, 202.
Amblerieux (Michel d'), 24.
Anfossy (musicien), 179, 180, 187.
Antibes, 43, 87, 88, 89.
Antiquaires de l'Ouest (Société des), 1, 28, 36.
Antonine (colonne), 257.
Anvers, 78.
Appia (porte), 173.
Appia (Via), 164, 165, 202, 272, 291, 361.
Ardisol, 107.
Argentino (théâtre), 183, 185, 191, 195, 202, 205.
Argenton, 41, 70.
Arlequin, 212.
Arsenal de Venise (l'), 383.
Artois (comte et comtesse d'), 80, 383.
Artois (comte et comtesse d'), 80, 363.
Arunces (tombeau des), 265.

Aumale (Mgr le duc d'), 62, 65.
Averne (lac d'), 348.
Avignon, 223.

B

Bachiche (J.-B. Gauli, dit le), 142.
Baïa, 347.
Balbus (inscription de), 322.
Balby (palais), 110.
Bandinelli (Baccio), 369.
Barassy (M. de), 40.
Barbantane (le marquis de), 123, 128, 374.
Barberini (palais), 258.
Burberini (villa), 361.
Barbieri (Jean, dit le Guerchin), 256, 257, 260, 263, 296, 353, 360, 373, 376, 378, 379.
Barochio, 257, 263.
Bassano (Jacopo da Ponte dit), 263, 352, 370, 382, 390.
Battoni (Pompéo), 256.
Bayanne (Mgr de), 46, 148, 181, 182, 198, 205, 217, 243, 253, 269.
Beaucaire, 79.
Beaujon, 53.
Beaumanoir de Lavardin, 19.
Belvédère (le), 357.
Benedette Lutti, 93, 126, 256.
Bénévent, 198.
Benserade, 4, 6, 7, 8.
Bercha, 417.
Bergeret, 2, 3, 4, 5, 6, 7, 8, 9, 10, 11, 12.
Bergeret (Madame), 54, 55, 68.
Bergeret de Grancourt, 1, 12, 13, 15, 16, 17, 18, 20, 21, 22, 23, 24.

Bergeret de Grancourt (Pierre-Jacques), 56, 58, 59, 60, 62, 63, 68.
Bergeret (Jacques-Pierre-Onésyme), 24, 25, 26, 29, 30, 31, 32, 33, 34, 35, 36, 37, 40, 41, 42, 45, 46, 47, 48, 49, 50, 51, 52, 53, 54, 55, 57, 58, 59, 61, 62, 63, 68.
Bergeret (Pierrette), 56, 59, 61, 63.
Bergeret de Talmont, 56, 57, 59.
Bergeret de Fronville, 60.
Bergeret de Morinval, 60.
Bergopsoom, 406.
Bernard (Samuel), 13.
Bernin, 260, 264, 273, 275, 362.
Bernis (le cardinal de), 44, 45, 47, 136, 138, 147, 148, 150, 151, 165, 174, 179, 181, 183, 189, 190, 191, 195, 197, 199, 200, 201, 203, 209, 211, 212, 213, 218, 224, 232, 235, 242, 244, 246, 249, 250, 253, 261, 266, 267, 284, 354, 361, 362, 364.
Berthelemy (peintre), 47, 172.
Béziers, 43, 77.
Bibliothèque de la Vienne (la), 401.
Blanc (M. Charles), 37, 49, 50, 52, 62, 65.
Boccapaduli (palais), 264.
Boisset (Randon de), 29, 34.
Bologne, 50, 375, 377, 378.
Bologne (Institut de), 376.
Bologne (Jean de), 126.
Bonnet (Antoine), 20.
Bonnet de la Vernhes, 20.
Bonsergent (M.), 36.
Bonvallet (M.), 28.
Borée (le marquis de), 92, 93, 94.
Borghèse (famille), 284.
Borghèse (villa), 181, 233, 258, 358, 369, 371.
Borromini (François), 260.
Botlari (Jean), 146.
Boucher (François), 29, 34, 35, 313.
Boucherat (chancelier), 2.
Bouillon (cardinal de), 10.
Bouillon (duc de), 19.
Bourbon-Montpensier (Charlotte de), 19.
Bourdon (Sébastien), 81.
Bourguignon (Jacques-Courtois, dit le), 331, 373.
Boyer (M. de), 110, 115.
Brest, 384.
Breteuil (le bailly de), 46, 148, 181, 183, 195, 231.
Breteuil (le baron de), 49, 293, 297, 300, 303, 323, 328, 330, 342, 343, 344.
Brignolle, 118.
Brissac (le duc de Cossé), 63.
Brives, 72, 74.
Bronzino, 352.
Brosses (le président de), 34.
Bucentaure (le), 384.

Buchelai (Savalette de), 34.
Buonacorsi (Perino del Vaga), 112.
Buonarroti (Michel-Ange), 130, 141, 144, 203, 277, 285, 368, 371, 372.

C

Cacha, 418.
Caetani (le cardinal), 47, 161.
Cahors, 41, 75.
Caïus Cestius (pyramide de), 172.
Calabrese (Mathias Preti, dit le), 141, 331.
Callet (François), 109.
Callières (le marquis de), 12.
Campo Santo de *Pise*, 127.
Campo Vaccino, 159.
Capitole (le), 143, 144, 169, 205, 213, 217, 237, 267, 269.
Capo di Monte (château de), 296, 297.
Capucins (couvent des), 359.
Capucines (Eglise des), 389.
Caracalla (cirque de), 164.
Caracalla (Thermes de), 273.
Caraman (Catherine de), 19.
Caraman (Louis de), 18.
Caravage (Michel-Ange de), 255, 263, 314, 352.
Carcassonne, 43, 77.
Carignan (le prince de), 162.
Carneville (M. et Mme Simon de), 59.
Carrache (Annibal), 141, 142, 193, 203, 255, 256, 370, 376, 378.
Carrache (Antoine), 351.
Carrache (Louis), 376.
Caserte, 298.
Cassan (château de), 29, 32, 53, 59, 63.
Castel Gandolfo, 360.
Castello (lac), 361.
Castello (Porte del), 159.
Cavalchini (le cardinal), 217.
Cazanova, 412.
Cento, 378.
Cesari (Joseph), dit le Josépin, 145.
Champ-de-Mars (le), 237.
Charité (Ecole de la), 390.
Charité (Eglise de la), 396.
Charles IX, 18.
Chartres (le duc de), 34.
Chartreuse (la), 378.
Château Saint-Ange (le), 46, 159, 196, 241, 283, 289, 366.
Châtelet (lo), 287.
Chaumont (le chevalier de), 10.
Chausse (de la), 146.
Cheverny (Dufort de), 39.
Chiaia (la), 324.
Chien (grotte du), 307.
Chigi (chapelle des), 254.
Chigi (palais), 257, 353.
Choiseul (le comte de), 357.

Choisy (l'abbé de), 9, 10, 11.
Choisy-le-Roy, 40.
Cid (le), tragédie, 403.
Clément XII (pape), 263.
Clément XIII (pape), 146.
Clément XIV (pape), 354, 364.
Clodion, 62.
Cochin, 83, 110, 112, 126, 127, 295, 313, 318, 369, 381, 385.
Colbert de Croissy, 2.
Colonna (le connétable), 168, 200.
Colonna (palais), 256.
Colysée (le), 143, 172, 207, 213.
Condamine (de la), 222, 230, 308.
Constantin (arc de), 143.
Conti (villa), 356.
Comédie française, 371, 372.
Corcellet, 56, 57.
Cordemoy (Géraud de), 3, 5, 6.
Corneille (Pierre), 3, 4, 5, 403.
Corneille (Thomas), 3, 4.
Corsini (palais), 262.
Corso (le), 47, 137, 148, 189, 210, 214, 217, 218, 221, 223, 224, 226, 231, 240, 250, 367.
Cortone (Pierre de), 373.
Cossé-Brissac (le duc de), 63.
Courlande (duc de), 412.
Courtois (Jacques, dit le Bourguignon), 331, 373.
Crozat, 29.
Cumberland (le duc de), 246, 249, 251, 253, 266, 282, 284, 287, 289.

D

Dargenville, 15.
Darmstadt, 421.
Datterie (la), 247.
Delfino (palais), 386.
Della Torre (le père), 308.
Della Valle (théâtre), 212.
Deshayes (l'abbé), 136.
Deshoulières (Mme), 8.
Desnoiresterres (M.), 16.
Devals aîné (M.), 20.
Diderot, 30.
Didot (l'aîné), 65.
Dioclétien (Thermes de), 243.
Dôme de *Pise* (le), 125.
Dominiquin (le), 141, 142, 203, 256, 257, 352, 353, 360, 376.
Doria (le marquis), 104.
Doria (palais), 112.
Doria (princesse), 47, 162.
Dow (Gérard), 370, 409, 422.
Dresde, 50, 408, 410, 411, 412, 413, 414, 415.
Dubarry (Mme), 63.
Dubois (le cardinal), 74.
Ducal (palais) ou de Saint-Marc, 382.
Duclos, 15.

Duclos (Bernard), 61.
Dughet (Gaspard, dit le Guaspre), 256, 261.
Dumas, 25.
Dumas (Mlle Marie), 42.
Dumas de Rauly (M.), 21, 24, 25, 31, 41, 42, 54.
Dusseldorf, 368, 410.

E

Eglise des Capucines, 389.
Eglise de la Charité, 390.
Eglise de Frari, 390.
Eglise du Jésu, 142, 260.
Eglise des Jésuites, 406.
Eglise de la Minerve, 266, 284, 288.
Eglise Notre-Dame-des-Vignes, 115.
Eglise della Pieta, 389.
Eglise du Rosaire, 379.
Eglise de la Rotonde, 363.
Eglise San Marciliano, 389.
Eglise de San Martino, 294.
Eglise Sant Andrea della Valle, 141.
Eglise Santa Croce, 130.
Eglise Santa Maria della Solitaria, 313.
Eglise des Saints-Apôtres, 198, 247, 248.
Eglise Saint-Barthélemy, 351.
Eglise des Saints-Côme-et-Damiens, 386.
Eglise du Saint-Esprit, 294, 313.
Eglise Saint-François-de-Paule, 313.
Eglise Saint-Janvier, 309, 310.
Eglise de Saint-Jean-de-Latran, 150, 151, 170, 213, 273.
Eglise Saint-Jérôme-de-la-Charité, 142.
Eglise Saint-Joseph, 389.
Eglise Saint-Louis-du-Palais, 313.
Eglise Saint-Marc, 381.
Eglise Saint-Michel in Bosco, 378.
Eglise Saint-Paul, 196, 241.
Eglise Saint-Pierre, 44, 135, 136, 137, 149, 160, 189, 195, 200, 210, 241, 249, 266, 277, 278, 281, 282, 283, 284, 287, 289, 353, 362, 363, 364.
Eglise Saint-Pierre in Montorio, 155.
Eglise Saint-Sébastien-des-Catacombes, 273.
Eglise Saint-Zacharie, 390.
Eglise Sainte-Alvise, 388.
Eglise Sainte-Catherine, 119.
Eglise Sainte-Marie-Majeure, 158, 213, 244.
Eglise Sainte-Marie-des-Miracles, 255.
Eglise Sainte-Marie-du-Peuple, 254.
Eglise de la Trinité-du-Mont, 153, 155, 213, 237, 243, 244, 248.
Eisen, 53.
Eon (le chevalier d'), 9.
Erfurth, 416.

Este (villa de l'), 280, 281.
Etiolles (le Normand d'), 15.

F

Farnèse (palais), 142, 193, 364, 366, 367.
Farnèse (place) 364.
Fava (église de la), 389.
Favart, 16, 17, 18.
Favart (Mᵐᵉ), 16, 18.
Favart (Charles), 16.
Ferrare, 50, 378.
Feti (Domenico), 264.
Feuillet de Conche (M.), 62, 65.
Fillon (Benjamin), 36.
Final, 100.
Florence, 44, 50, 128, 129, 367, 372, 374, 394.
Florentino (théâtre), 323, 341.
Fonseca (Emmanuel de), 334.
Fontaine de Moyse, 243.
Fragonard, 1, 29, 35, 36, 37, 38, 41, 42, 45, 46, 48, 49, 50, 51, 52, 56, 62, 63, 64, 65, 67, 73, 240, 245, 400, 409.
Fragonard (Mᵐᵉ), 38, 51, 67, 409.
Fragonard (Théophile), 53, 59.
Francavilla (prince de), 49, 298, 304, 305, 308, 311, 312, 326, 330, 336.
Francfort, 50, 419.
Frari (église des), 390.
Frascati, 284, 355, 357.
Frédéric (de Prusse), 405, 407, 408, 409, 418.
Fréjus, 43, 86.
Fulda, 418.
Furetière, 4, 6.

G

Gaëte, 291.
Gaignat, 29.
Gauli (Jean-Baptiste), dit le Bachiche, 142, 260.
Gelée (Claude, dit le Lorrain), 256, 257.
Gênes, 43, 44, 105, 109, 110, 111, 115, 391.
Genlis (Mᵐᵉ de), 34, 45.
Gentil (Mᵐᵉ), 39.
Georgel (l'abbé), 399, 403, 404.
Gerardo della notte (Honthorst Gérard, dit), 259.
Ginetti (palais), 290.
Girennerie (vicomte de la), 54.
Girennerie (Mᵐᵉ de la), 54, 60.
Gonavoitz, 396, 397.
Goncourt (MM. de), 1, 36, 42, 50, 51, 53, 54, 56, 59, 61, 62, 64, 234.
Gotha, 417.
Grand-duc (palais du), 130.
Grand-Duc (place du), 374.

Grimaldy (marquis de), 90.
Grimaldy Monaco (Andrea), 114.
Grimm, 30.
Grotta-Ferrata, 360, 376.
Guaspre (Dughet Gaspard, dit le), 256, 263.
Gudin (le baron), 60.
Guerchin (Barbieri Jean, dit le), 256, 257, 260, 263, 296, 353, 360, 373, 376, 378, 379.
Guglielmi, 212.
Guido-Reni, 155, 256, 257, 258, 263, 264, 353, 359, 360, 370, 375, 376.
Guyard, 158.

H

Hamilton (le chevalier), 49, 300, 309, 323.
Heppenheim, 420.
Herculanum, 318.
Herpaillet-Duchesneau, 25.
Hesse-Cassel (prince de), 418.
Hestenheim (comte d'), 34.
Honthorst Gérard (dit Gerardo della Notte), 259.
Houdon, 54.
Hozier (d'), 31.
Hubert-Robert, 29, 33, 34, 35.
Huet (Jean-Baptiste), 64.
Hunefeldt, 418.
Hutin, 413.

I

Iglau, 404.
Inscription de *Portici*, 332.
Institut *de Bologne*, 376.

J

Jacquier (le Père), 160.
Janus (temple de), 207.
Jesu (église du), 142, 260.
Jésuites (église des), 406.
Jordaens (Luc), 81, 263, 294, 295, 313, 314, 331, 372, 386.
Josépin (Cesari Joseph, dit le), 145.
Justiniani (palais), 258.

K

Koska (Saint-Stanislas), 351.

L

Labia (palais), 388.
La Fontaine, 62, 64, 65.
Lagrenée (l'aîné), 29, 56.
La Harpe, 30.
La Joue, 92, 109.

Lalande (de), 34, 110, 112, 126, 127, 133, 148, 160, 222, 230, 260, 261, 291, 296, 299, 313, 345, 368, 378, 385.
Lanceloti (prince), 290.
Landau, 50, 421, 422.
Lanfranc, 295.
Laocoon (groupe de), 272, 369.
Laperlier (collection), 53.
La Rue, 64.
La Tour (Quentin de), 9.
La Tour d'Auvergne (Maurice de), 19.
Lavardin (Jean de Beaumanoir de), 19.
Law, 16.
Le Blanc (abbé), 33.
Legros, 143, 234, 351.
Le Luc, 43, 85.
Le Normand d'Etioles, 15.
Le Normand de Tournehem, 33.
Le Moyne, 257.
Léricy, 44, 120.
Leyde, 417.
Lichtenstein (le prince), 400.
Limoges, 41, 72, 73.
Locatelli, 256, 264.
Lomellini (palais), 106.
Lorrain (Gelée-Claude, dit le), 256-257.
Louis XV, 29, 49, 196, 327, 328, 330.
Louis XVI, 49, 342, 363, 412.
Louis (le prince), 379.
Louvois, 3, 4, 8.
Lubiana, 396.
Lucrin (le lac), 348.
Lucullus (maison de), 310.
Ludovisi (villa), 356.
Lunel, 43, 78.
Lustrinum, 272.
Lutti (Benedette), 93, 126, 256.
Lyon, 40.

M

Mahomet (tragédie de Voltaire), 377.
Majeure (Porte), 170, 244.
Manège de *Vienne* (le), 401.
Manheim, 410, 420, 422.
Marais Pontins, 291.
Maratte (Carle), 254, 255.
Marc-Aurèle (statue de), 207.
Marieschi, 383.
Marigny (marquis de), 33.
Marino (villa), 360.
Marseille, 43, 82.
Marsille (M. Eudoxe), 54.
Masse, 121.
Massimo, 314.
Matignon (madame de), 312, 342.
Mattei (Paul, dit Poaluccio), 294.
Mattei (villa), 46, 156, 158, 351.
—Médicis (Chapelle des), 372.
Médicis (Côme de), 372.
Médicis (villa), 44, 135, 237.
Ménage, 3, 46, 89.

Ménageot, 47, 175, 177.
Mengs (Raphaël), 368, 370, 386, 411.
Mestre, 395, 516.
Metella (tour de), 274.
Mieris (François), 370, 409.
Michel-Ange Buonarroti, 130, 141, 144, 203, 277, 285, 368, 371, 372.
Michel-Ange de Caravage, 255, 263, 296, 314.
Minerve (église de la), 266, 284, 288.
Mississipi de Mointel, 13, 16, 153.
Mondragone, 359.
Mola (Francisco), 352.
Molinari, 386.
Montauban, 1, 42.
Mont-de-piété, 233.
Monte-Calvare, 324, 325.
Monte-Cavallo, 47, 166, 206, 209, 239, 247, 274, 283, 354.
Moyse (fontaine de), 243.
Murillo, 264.

N

Naples, 48, 291, 292, 293, 297, 300, 304, 305, 307, 308, 309, 310, 311, 312, 314, 322, 324, 325, 326, 327, 328, 329, 330, 331, 334, 335, 339, 340, 341, 342, 343, 344, 345, 350, 394.
Nassau (Elisabeth de), 19.
Natoire, 29, 30, 44, 46, 47, 135, 161, 162, 176.
Natoire (Mlle), 176.
Naumbourg, 416, 418.
Navone (place), 164, 195.
Neefs (Peter), 81.
Négrepelisse, 18, 19, 20, 21, 22, 23, 26, 29, 31, 41, 42, 55, 60, 71, 74, 75, 76.
Néron (bains de), 348.
Nerva Medica (temple de), 265.
Neuhof, 418.
Nicollet, 116, 186.
Nimes, 86.
Nointel (château de), 13, 15, 16, 17, 32, 140, 206.
Nointel (Mississipi de), 13, 16, 153.
Notre-Dame-des-Vignes (église de), 115.

O

Oivet (l'abbé d'), 8.
Ondedei (le comte), 34.
Oneil, 44, 95.
Orange (Guillaume d'), 19.
Orléans, 41, 67.
Orsini (cardinal), 182, 187, 193, 208, 364, 366, 367.

P

Padoue, 50, 379, 395.
Pagani (palais), 253.

Paix (temple de la), 207.
Palais Colonna, 256.
— Corsini, 262.
— Farnèse, 142, 193, 364, 366, 367.
— Ginetti, 290.
— Pagani, 253.
— Pitti, 372, 375.
— Priami-Moreto, 385.
— Rezonico, 386.
— Riari, 263.
— Ricardi, 372.
— Rondanini, 255.
— Rospigliosi, 353.
— Royal à Naples, 294-295.
— Saint-Marc ou Ducal, 382.
— Sampieri, 376.
— Spada, 259.
— Vecchio, 372, 374.
Palestine (prince de la), 152.
Pamphili (villa), 155, 357.
Pandolfe, 264.
Panthéon (le), 140.
Paoluccio (Mattei Paul, dit), 294.
Paris, 41, 50, 69, 105, 116, 125, 129, 139, 148, 199, 209, 210, 214, 243, 248, 303, 341,365.
Pâris (architecte), 155, 270.
Pâris de Montmartel, 13, 29.
Parmesan (Parmigiano, le), 256.
Patrice (villa), 208.
Paul V (pape), 159.
Pauline (chapelle), 277, 278.
Pausilippe (le), 294, 304.
Pernet, 64.
Pérugin, 277.
Peterwalden, 407.
Peuple (porte du), 46, 136, 137, 148, 159, 181, 216, 218, 233, 235, 238, 254, 367.
Pezzy, 106.
Phidias, 206.
Piazzetta, 381, 389.
Piccini, 49, 306, 308, 336, 341, 402.
Pie (danseur), 334.
Pie (porte), 169, 178, 208, 227, 239.
Pierre, 64.
Pieta (église de la), 389.
Piola, 112.
Piranèse, 176, 194.
Pise, 44, 124, 125, 126, 127.
Pise (Campo Santo de), 127.
Pise (dôme de), 125.
Pise (tour penchée de), 126.
Pitteri, 383.
Pitti (palais), 372, 375.
Place d'Espagne, 134, 137, 159, 204, 213, 214, 247.
Place Farnèse, 364.
Place du Grand-Duc, 374.
Place Navone, 164, 195.
Place Saint-Marc, 381, 385, 387, 390.

Planiault, 405.
Polichinelle, 212.
Pompadour (Mᵐᵉ de), 13, 15, 29, 33.
Pompée (statue de), 259, 260.
Pompéi, 314.
Ponte Molle, 193, 233.
Portalis (baron), 65.
Porte Appia, 173.
Porte Majeure, 170, 244.
Porte du Peuple, 46, 136, 137, 148, 159, 181, 216, 218, 233, 235, 238, 254, 367.
Porte Pie, 169, 178, 208, 227, 239.
Porte Saint-Laurent, 243.
Porte Saint-Paul, 172.
Porte Saint-Sébastien, 173.
Porte Solara, 181.
Portici, 292, 293, 295, 301, 311, 313, 318, 320, 332.
Portici (inscription de), 332.
Potentiani (Mgr), 354.
Poussin (Nicolas), 256, 264, 331.
Pouzzole, 304, 345, 346, 347.
Prague, 405, 406.
Praxitele, 206.
Prétendant (Stuard Jacques, dit le), 174, 189, 210, 215, 218, 226, 235, 251.
Preti (Mathias) (dit le Calabrese), 141.
Priami Moreto (palais), 385.
Prost, 57.
Puget, 82.
Puymontbrun (Mᵐᵉ de), 45, 46, 152, 161, 246, 261, 266.

R

Racine, 4, 5, 6, 7.
Raphaël, 141, 145, 146, 155, 203, 370, 371, 373, 375, 394.
Redecofani, 44, 132, 209.
Régile (le lac), 359.
Rembrandt, 353, 370.
Rezonico (le cardinal), 386.
Rezonico (palais), 386.
Riari (palais), 263.
Ribera, 295, 314, 331.
Ricardi (palais), 372.
Ricci (Sébastiano), 385, 386, 389, 390.
Ricciarelli (dit Daniel de Volterre), 254.
Richelieu (le duc de), 40.
Richelieu (rue de), 210.
Rigny (de), 106, 123.
Riftoni, 385.
Rivarol, 32.
Romain (Jules), 145, 353.
Rome, 44, 46, 49, 134, 136, 138, 140, 143, 147, 150, 153, 154, 157, 159, 160, 161, 162, 163, 164, 165, 170, 171, 172, 174, 176, 177, 181, 187, 188, 189, 190, 191, 193, 194, 195, 197, 198, 200, 201, 202, 203, 204, 205, 206, 208, 209, 211, 212,

213, 214, 217, 221, 222, 224, 226, 227,
228, 230, 233, 235, 236, 238, 239, 240,
241, 243, 244, 245, 246, 247, 249, 250,
251, 252, 253, 258, 261, 265, 267, 269,
270, 272, 274, 278, 279, 281, 283, 284,
286, 287, 288, 290, 301, 351, 352, 353,
354, 360, 362. 363, 394.
Rondanini (palais), 255.
Rosaire (église du), 379.
Rosalba-Carriera, 370, 411.
Rosbach, 417.
Rospigliosi (palais), 353.
Rotonde (église de la), 363.
Rovere (palais), 108.
Rovigo, 379.
Rubens, 264, 269, 331, 353, 370, 373, 375, 400, 408, 422.
Ruffinella (la), 359.

S

Sacken (comte de), 411.
Saint-Aignan (duc de), 11.
Saint-Barthélemy (église), 354.
Saint-Elme (château), 291.
Saint-Esprit (église du), 294, 313.
Saint-François-de-Paule (église), 313.
Saint-Janvier (église), 309, 310.
Saint-Jean-de-Latran (église), 150, 151, 170, 213, 273.
Saint-Jérôme-de-la-Charité (église), 142.
Saint-Joseph (église), 389.
Saint-Laurent (porte), 243.
Saint-Louis-du-Palais (église), 313.
Saint-Marc (église), 381.
Saint-Marc ou Ducal (palais), 382.
Saint-Marc (place), 384, 385, 387, 390.
Saint-Michel-in-Bosco (église), 378.
Saint-Nou (l'abbé de), 30, 33, 52.
Saint-Paul (église), 196, 241.
Saint-Paul (porte), 172.
Saint-Pierre (église), 44, 135, 136, 137, 149, 160, 189, 195, 200, 210, 241, 249, 266, 277, 278, 281, 282, 284, 287, 289, 353, 362, 363, 364.
Saint-Pierre-in-Montorio (église), 155.
Saint-Sébastien (porte), 173.
Saint-Sébastien-aux-Catacombes (église), 273.
Saint-Sulpice (baron de), 19.
Saint-Zacharie (église), 390.
Saints-Apôtres (église des), 198, 247, 248.
Saints-Côme-et-Damien (église des), 386.
Sainte-Alvise (église), 388.
Sainte-Catherine (église), 119.
Sainte-Lucie, 324.
Sainte-Marie-Majeure (église), 158, 213, 244.
Saint-Marie-des-Miracles (église), 255.

Sainte-Marie-du-Peuple (église), 254.
Salvator Rosa, 81, 255, 256, 257, 268, 331, 373, 386.
Sampieri (palais), 370.
San Andrea della Valle (église), 141.
San Carlo (théâtre), 49, 335.
San Marciliano (église), 389.
San Martino (église), 294.
San Remo, 44, 89, 91.
Sansovino (Tatti Jacques, dit le), 254.
Santa Croce (église), 130.
Santa Maria della solitaria (église), 313.
Sarnelli (Mr Pompeo), 345.
Sarto (Andrea del), 126, 256, 370.
Sarzanne, 121.
Savalette de Buchelai, 34.
Savalette de Magnanville, 13, 15.
Savone, 44, 103.
Saxe (Electeur et Electrice de), 413, 414.
Saxe (le maréchal de), 16, 18, 412.
Scalken (Godefroy), 63.
Schedone, 296.
Schernicheff (général), 253.
Schluchtern, 418.
Schmaltz (M.), 422.
Schœnbrün, 402.
Sestri, 41, 116, 118, 119.
Serapis (temple de), 345, 346.
Siam (roi de), 10.
Sybille (grotte de la), 348.
Sybille (temple de la), 279.
Sienne, 44, 131.
Sinateri (l'abbé), 160.
Sixte IV (pape), 263.
Sixtine (chapelle), 275.
Snyders, 422.
Solara (porte), 181.
Solfatare (la), 349.
Solimène, 313.
Sorrado, 313.
Soufflot, 33.
Souillac, 74.
Spada (palais), 259.
Spinola (marquis de), 109.
Spolverini (Ilario), 296.
Strasbourg, 11, 12, 50, 422.
Sterne, 353.
Stuart (Jacques, dit le Prétendant), 174, 189, 210, 215, 218, 221, 235, 251.
Suarès (Antonio), 334.
Subleyras, 256.

T

Talon, 2.
Tarascon, 43, 78.
Tatti (Jacques, dit Sansovino), 254.
Telucci, 338.
Temple de Janus, 207.
Temple de Nerva Medica, 265.

Temple de la Paix, 207.
Téniers, 81, 422.
Terracine, 291.
Thermes de Dioclétien, 243.
Thermes de Titus, 271, 272.
Tiepolo, 383, 386, 388, 389.
Tintoret, 382, 385, 389, 394.
Titien, 256, 370, 373, 390, 394.
Titus (thermes de), 271, 272.
Tivoly, 279, 386.
Tolède (rue de), 292, 293, 331, 332.
Toulon, 43, 83, 84, 384.
Toulouse, 43, 76.
Tournehem (Le Normand de), 33.
Tourves (château de), 81.
Trevisani, 386.
Tribune (la), 369.
Trinité du Mont (église de la), 153, 155, 213, 237, 243, 244, 248.
Turenne (maréchal de), 19, 43.
Turmenyès, 13, 15, 16.

U

Urbain VIII (statue d'), 290.
Uzerches, 41, 73.

V

Vacha, 417.
Vaga (Perino del), dit Buonacorsi, 112.
Valbelle (le marquis de), 81.
Valentin, 352.
Vandières (marquis de), 33.
Van de Velde (Adrien), 63, 422.
Vandyck, 257, 353, 370, 375, 400.
Van Ouden, 63.
Vasi, 254.
Vatel (M.), 63.
Vatican (le), 46, 145, 159, 195, 199, 241, 260, 274, 275, 283, 366.
Vecchio (palais), 372, 374.
Velletry, 290.
Venise, 50, 380, 381, 383, 384, 385, 387, 388, 390, 391, 392, 394, 395.
Vernet (Joseph), 82, 256, 353.
Vermeulen, 422.
Véronèse (Paul), 382, 383, 385, 386, 388, 389, 390.

Vesiris, 889.
Vésuve (le), 49, 291, 294, 295, 396, 364.
Viareggio, 44, 121.
Vienna, 50, 397, 399, 400, 401, 402, 403, 404.
Vienne (la bibliothèque de), 401.
Vierzon, 41, 69.
Viguier, 55, 60.
Villa Aldobrandini, 357.
Villa Albani, 157.
— Barberini, 361.
— Borghèse, 358, 369, 371.
— Conti, 356.
— d'Este, 280, 281.
— Ludovisi, 356.
— Marino, 360.
— Mattei, 46, 156, 158, 351.
— Medicis, 44, 135, 237.
— Pamphili, 155, 357.
— Patrice, 208.
— Taverna, 358.
Villars (maréchal de), 11, 12.
Vincent, 48, 240, 245.
Vinci (Léonard de), 370.
Vinkler (Godefroy), 418.
Viterbe, 44, 133.
Vivien (Joseph), 370.
Voisenon (l'abbé de), 16.
Volaire, 300, 303.
Voltaire, 377.
Volterre (Daniel de), Ricciarelli, 254.
Voliry, 105.

W

Wailly (de), 109, 110.
Walferdin (M.), 65.
Watteau, 35.
Watelet, 30.
Welduis, 406.
Weryen, 415.

Y

Yverdun, 34.

Z

Zuckmandel (baron de), 385, 387, 391.

Extrait des *Mémoires de la Société des Antiquaires de l'Ouest.*

Année 1894, Tome XVII, deuxième série.

ERRATA

Page 185. — Ligne 8, au lieu de *8*, lisez *2*.
Page 240. — Note, ligne 5, supprimez *un*; ligne 6, lisez *Borée* au lieu de *Bóée*
Page 246. — Note 1, lisez *1746* au lieu de *1845*.

www.ingramcontent.com/pod-product-compliance
Lightning Source LLC
Chambersburg PA
CBHW071106230426
43666CB00009B/1846